Karl May beim Kartenspiel

DER RIESENOCHSENFROSCH

UND ANDERE HUMORISTISCHE ERZÄHLUNGEN

VON

KARL MAY

KARL-MAY-VERLAG
BAMBERG · RADEBEUL

Herausgegeben von Karlheinz Eckardt

Herausgeber der grünen Bände:
Lothar und Bernhard Schmid

Deckelbild und Illustrationen auf den Seiten
106, 136, 159, 175, 188, 333, 358, 369, 403 und 457
von Carl-Heinz Dömken;

Illustrationen auf den Seiten 66 und 294/295
von Rudi Hoffmann

Druck: Fuldaer Verlagsanstalt
ISBN 978-3-7802-0184-3

www.karl-may.de

INHALT

Vorwort

Mit Karl Mays Name verbindet sich die Erfüllung einer Sehnsucht nach Ferne und Abenteuern, wie wir sie uns heute in unserer Fantasie nicht mehr erträumen können. Dank seiner natürlichen schriftstellerischen Begabung konnte May Millionen von Lesern die bunten Geschehnisse, von denen er erzählt, als im Wesentlichen real erlebt schildern und sich in der Folge selbst als Superhelden charakterisieren. Er schuf eine Scheinwelt, in der seine Figuren wie wirklich lebende Menschen agieren und nicht nur als strahlende Gewinner und Überwinder von Schicksalsschlägen in einem Roman.

Oft genug durchwob Karl May seine Erzählungen aber auch mit den düsteren Fäden der Tragik. Mehrfach kommen Menschen gewaltsam zu Tode, die May als liebenswert und ihm als Romanfigur nahestehend darstellt und die ein solch bitteres Schicksal nicht verdient haben, und immer bezieht er durch eine Art von Seelenbindung seine Leserschaft in das Geschehen ein. Die so aufwühlend geschilderten Morde weißer Schurken an Winnetous Vater Inschu tschuna und der bildhübschen Nscho-tschi, der Schwester Winnetous, rufen tiefes Mitgefühl hervor und haben vielen Tausenden von Lesern der Karl-May-Bücher Tränen der Scham und des Mitleidens in die Augen getrieben.

Der tschechische Künstler Zdenek Burian hat mit der Darstellung des vom tiefen Schmerz überwältigten Winnetou und des völlig verzweifelten Old Shatterhand eine der ergreifendsten Szenen der *Winnetou*-Trilogie illustriert und damit auch die Regungen der Leser genau getroffen.

Oder denken wir an den sinnlosen Mord an Benda, der schönen Perserin aus Band 3, *Von Bagdad nach Stambul*, die ein glückhaftes Zeichen auf ein gutes Ende der Pilgerfahrt nach Mesched im Nordosten des persischen Reiches hoffen lässt. Nun aber wird der Leser in den düsteren Abgrund des Entsetzens geschleudert. Musste Benda aus dem Anfang ihres blühenden Lebens herausgerissen werden? Aber gerade das ist doch das Leben selbst, das Karl May in seinen Schriften schildert, jenes Leben, das unabänderlich rätselhaften und manchmal grausamen Gesetzen folgt. Und Kara Ben Nemsi weint.

Auch der Tod des alten Scheik Mohammed Emin im fernen kurdischen Gebirge – gefallen im Kampf mit Banditen – berührt uns zutiefst: ein Schicksal, wie es vom Leben selbst geschrieben worden sein könnte. Als der harte Weltenläufer Kara Ben Nemsi in den Felsen seinem toten Freund das Grab bereitet, sieht er die Sonne den Horizont berühren und er klagt, und das klingt wie die Wahrheit selbst:

Die Sonne küsste den Horizont, und ihre scheidenden Strahlen färbten ihn mit flammenden Lichtern, die sich, dem Osten entgegen, in immer milderen Tinten verloren. Die bewaldeten Höhen unter mir glichen einem grünen Meer, über dessen erstarrte Wogen die Dämmerung ihre langsam vorrückenden Schatten breitete. Nur über die nahe liegenden Kämme merkte man den Abendwind streichen, vor dessen Hauch sich die Wipfel leise neigten. Die Schatten wurden dunkler; die Ferne verschwand; das Abendrot war verglüht, und nun legte auch die Nähe das alles verhüllende Gewand des Abends an. Wer doch mit der Sonne ziehen könnte! Wer ihr doch folgen könnte, weit fort zum Westen wo ihre Strahlen noch voll und warm die Heimat beleuchteten! Hier auf der einsamen Höhe streckte das Heimweh seine Hand nach mir aus, das Heimweh, dem in der Fremde kein Mensch entrinnen kann, in dessen Brust ein fühlendes Herz schlägt. „Ubi bene ibi patria" ist ein Spruch, dessen kalte Gleichgültigkeit im Leben nicht allzu oft ihre Bestätigung findet. Die Eindrücke der Jugend sind niemals gänzlich zu verwischen, und die Erinnerung kann wohl schlafen, aber nicht sterben. Sie erwacht, wenn wir es am allerwenigsten denken, und bringt jene Sehnsucht über uns, an deren Weh das Gemüt so schwer erkranken kann.

(Aus Karl Mays Gesammelte Werke Band 3, *Von Bagdad nach Stambul*)

Für die Leser künden diese Sätze von tiefer Lebensweisheit, von erfahrenem Leid und einem durch Schicksalsschläge gereiften Charakter des Autors. So ist das Leben, sagten sich Tausende und weinten Tränen des Mitleids; und diese und ähnliche Erzählungen gewannen dem Schriftsteller Liebe und Verehrung.

Doch jedes Bild wird von zwei Seiten begrenzt, und so zerfällt auch das Charakterbild Karl Mays in zwei Teile, die einander entgegengesetzt gespiegelt erscheinen und sich doch sinnvoll ergänzen. Seine Entwicklung bis hin zur vollen Reife als Schriftsteller setzte bereits sehr früh ein. Langsam aber sicher legte er die unbeholfene Schreibweise des Anfängers ab und offenbarte sich seinem schnell wachsenden Publikum als genialer Erzähler. Es wuchsen die Bereitschaft und auch das Können, wirklich eindringlich zu erzählen – er wurde sich des Darstellbaren bewusst. Allerdings befand er sich in der misslichen Lage, durch das Schreiben seinen Unterhalt finanzieren zu müssen, und sah sich daher veranlasst, durch das Geschriebene auch bekannt zu werden. So musste er sich mit den zu jener Zeit äußerst beliebten – doch von der zeitgenössischen seriösen Literaturkritik verachteten – Humoresken befassen, einem Zweig der schreibenden Zunft, für den Kritiker gerne den nichtssagenden Begriff „launige Literatur" verwendeten.

In literarischen Familienzeitschriften aber, wie etwa der *Gartenlaube* und anderen Periodika, wurden mit solchen Humoresken – darunter auch Produkte noch wenig bekannter Schriftsteller – gerne Leser geworben. Man offerierte mit dem Hinweis auf diese leichte und zweifellos oft auch seichte Literatur vor allem dem Arbeiterstand und dem wenig gebildeten Publikum einen angemessenen Erzählstoff. Entsprechende Vorankündigungen versprachen bereits von vornherein ein anspruchsloses Lesevergnügen aus dem weitgespannten Bereich der Heimat- und Dorfgeschichten. Diese Beiträge erschöpften sich dann auch meist in der Darstellung belangloser Alltäglichkeiten; da gab es

Schilderungen von geplatzten Verlobungen oder von Versuchen, durch das Auffinden von Schätzen die sicher vorhandene wirtschaftliche Not zu lindern, und vor allem humorvoll abgehandelte Verwechslungsgeschichten.

In dieser Zeit schrieb auch Karl May eine Reihe kleinerer Geschichten, die von den Verlagen zwar gern akzeptiert, aber kaum adäquat bezahlt wurden. Ein knappes Dutzend dieser milieugerechten, harmlosen Erzählungen bildet heute den Hauptinhalt von Band 47 der Gesammelten Werke, *Professor Vitzliputzli*, zum Beispiel *Die beiden Nachtwächter*, *Der Wollteufel*, *Am Ernsttaler Stammtisch*, *Die verhexte Ziege*, *Die Erben wider Willen* und andere mehr.

Mit der Zeit löste sich May von dieser auf eher schlichtem Niveau angesiedelten Literatur. Die Geschichten besitzen für die heutige Zeit allerdings einen hohen Quellenwert, da sie uns seinen schriftstellerischen Werdegang aufzeigen. Wie vergleichbare Texte anderer zeitgenössischer Autoren auch leben sie meist nur von lustigen Wortverdrehungen, Wortwitzen simpler Art und zum Teil auch von im landesüblichen sächsischen Dialekt abgefassten Dialogen. Diese Art von Humor darf man wohl, ohne May unrecht zu tun, mit dem Begriff ‚Klamauk' umschreiben, da sich ein tieferer Sinn nicht erschließt und wohl auch kaum beabsichtigt gewesen ist. Das oft geübte Spiel von Verwechslungen und Vertauschungen im Milieu der ‚kleinen Leute' wiederholt sich in ungeahnter Vielfalt der Variationen, und die klein- bzw. spießbürgerliche Gesellschaft erfreut sich daran; sozialkritische Aspekte aber werden um des lieben dörflichen Friedens Willen peinlich vermieden. Der oft primitive Wortwitz wird in den kleinen Geschichten Karl Mays allerdings zunehmend von Momenten der Situationskomik abgelöst, die bald auch in seinen längeren Erzählungen und Romanen größere Passagen einnehmen. Natürlich gehen beide Arten witziger Darstellung oft auch eine Symbiose ein und bilden schließlich sogar ein tragendes Element der gesamten Handlung.

In diesem Zusammenhang soll auf eine Fotoschau des Autors nicht verzichtet werden. Die große Mehrzahl der Porträtfotos Karl Mays zeigen ihn ernst oder nachdenklich, auf den Bildern aus den späten Jahren sind seine Züge – bewirkt durch die öffentlichen Anfeindungen – regelrecht zerfurcht und haben einen verhärmten Ausdruck. In nur wenigen Fällen schauen wir in das Antlitz eines freundlich blickenden Menschen oder gar in ein lächelndes Gesicht. Am besten gefällt mir Karl May auf einem Foto von 1896, das ihn in der Villa Shatterhand zusammen mit seiner Frau Emma, dem Ehepaar Plöhn und Adolf Nunwarz beim Skatspiel an einem Tisch sitzend zeigt.[1] May war ein leidenschaftlicher Skatspieler. An diese für ihn glückhafte Zeit erinnert eine Anekdote, die Konrad Guenther, der Schwiegersohn von Friedrich Ernst Fehsenfeld, in seiner Schrift *Karl May und sein Verleger* (1934)[2] veröffentlichte:

„Auch in der Freude an diesem Spiel fanden sich Verfasser und Verleger, und Karl May hat einmal drei Tage und Nächte Skat gespielt, bis die andern vor Müdigkeit unter den Tisch sanken."

Das erwähnte Foto zeigt uns den Schriftsteller mit einem überaus gelösten Gesichtsausdruck; lächelnd und doch listig lauernd beobachtet er seine Gegenspieler und freut sich im Geheimen, dass er, wie es scheint, ihre Spielzüge errät und wahrscheinlich durchkreuzt. Der Zeichner Carl-Heinz Dömken hat dieses Foto als Vorlage für das Deckelbild der May-Biografie „Winnetous Blutsbruder" von Christian Heermann verwendet, nur legte er May anstelle der Karten Winnetous Silberbüchse in die Hand.

Während der Vorbereitungen zu meiner großen Karl-May-Ausstellung im ‚Schwarzen Kloster' in Freiburg im Breisgau im Jahr 2002 besuchten wir auch den Jagdsitz des Verlegers Friedrich Ernst Fehsenfeld, den Lehenhof in Ehrenstetten, südlich von Freiburg, um Informationen zu sam-

[1] Ein Ausschnitt dieses Fotos ist dem vorliegenden Band als Frontispiz beigegeben.

[2] Heute abgedruckt im Anhang zu Band 92 der Gesammelten Werke und Briefe, *Briefwechsel mit Friedrich Ernst Fehsenfeld II*

meln und Fotos zu machen. Das Anwesen wurde noch von Frau Annegret Guenther, der Witwe von Fehsenfelds Enkelsohn Ekke Guenther, bewohnt, die uns freundlich empfing und mit Kaffee und Kuchen bewirtete. Sie erteilte uns auch die Erlaubnis, das Haus zu besichtigen, in dem Karl May zu Besuch weilte, wenn er in Freiburg zu tun hatte. Dabei führte sie uns in ein kleines Zimmer im Südwestbereich des Hauses und erzählte uns folgende Geschichte:

Eines Tages, als Karl May sich im Haus aufhielt, zogen er und Fehsenfeld sich in diesen Raum zurück, um dort dem Kartenspiel zu huldigen. May spielte gerne Karten. Frau Guenther berichtete uns, dass das fröhliche Spiel bis tief in die Nacht fortdauerte und Karl May, der zu der Zeit noch ein starker Raucher war, so viele Zigarren dampfte, dass das Zimmer in dichte Schwaden von Tabaksqualm gehüllt war und man fast nichts mehr sehen konnte. Am nächsten Morgen fand man den Kanarienvogel, der in diesem Raum zu Hause war, tot im Käfig vor – er war erstickt.

Völlig verbannen ließen sich Mays literarische Jugendsünden aus seinen späteren Werken nicht, er erfand in seinen im Wilden Westen spielenden Romanen ganze Serien komischer Gestalten, deren Aussehen und Handeln den manchmal trockenen Handlungsablauf auflockern sollten. Da gibt es Figuren wie den Gunstick Uncle, den oder die Tante Droll, natürlich den Hobble-Frank und noch andere ulkige Vögel, denen allen gemein ist, dass sie zwar lustig und komisch wirken, aber trotzdem tüchtige Westmänner sind. Und natürlich kamen (fast) all diese Typen aus dem fernen Germany. Nach dem Urteil einer amerikanischen Journalistin hätten diese von Karl May ersonnenen lustigen Figuren den harten Kampf ums Dasein in den ‚dark and bloody grounds' des fernen Westens Nordamerikas nur wenige Wochen überlebt.

Ein Meisterwerk Mayschen Humors ist zweifellos die Erzählung von der Einlösung des *Kong kheou*, eines Ehrenworts, das ein verkrachter, abgehalfterter Student einem in einer deutschen Universitätsstadt ansässigen Exilchinesen gegeben hat. Der Student, bewaffnet mit Bierbauch und einer roten Säufernase, soll die in Revolutionswirren verschollenen Angehörigen und den Familienschatz des gelbhäutigen Emigranten finden und nach dem glückseligen Deutschland bringen. Karl May lässt seine Leser in dem später in *Der blaurote Methusalem* umbenannten Roman an der gefährlichen Reise nach dem Reich der Mitte teilnehmen. Die Helden geraten alsbald in einen Strudel aberwitziger Geschehnisse, und als sich der Gruppe noch ein holländischer Herr von Kartoffelkraut (Mijnher van Aardappelenbosch) anschließt, kommt man aus dem Lachen nicht mehr heraus. Das von Legionen von Pennälern imitierte ‚Chinesisch' des welterfahrenen Kapitäns Turnerstick, der da glaubt, man könne diese Sprache durch das einfache Anhängen der Endungen -ang, -eng, -ing, -ong und -ung an deutsche Worte fehlerfrei sprechen, und eine ungeahnte Fülle von weiteren lustigen Ereignissen erheben den sonst eher banalen Roman zu einem vielgelesenen Jugendbuch. Daher sind dem *Methusalem* auch einige der lustigsten Episoden unserer Zusammenstellung entnommen. Ob über die von seltsamen Göttern bevölkerten Tempel einer alten Kaiserstadt berichtet wird, vom Wettlauf in einer Sänfte am Hafen oder dem Wiederfinden dickbäuchiger Götzen im Garten eines vornehmen Chinesen – der Enfallsreichtum Karl Mays ist bewundernswert!

Es muss nicht eigens erwähnt werden, dass Karl May diese unglaubliche Geschichte speziell für junge Leser geschrieben hat, denn die Story um den Blauroten Methusalem trägt unübersehbar Züge eines Märchens; und mit welchem Schlüssel öffnet man die Herzen junger Menschen besser als mit dem Märchen? Karl May tat instinktiv das Richtige: Er verlegte sein Kunstmärchen in das weit entfernte Riesenreich China, von dem sich deutsche Leser des 19. Jahrhunderts kaum eine Vorstellung machen konnten.

Außerdem verstand er es sehr geschickt, dem Abenteuer mit seiner Fülle lustiger und abenteuerlicher Einzelteile einen für deutsche Gemüter befriedigenden Schluss zu geben.

Aber er nutzte nicht nur China als Schauplatz spannender und humoristischer Szenen – auch die unbekannten Weiten Sibiriens boten ihm Raum für lustige Streiche einiger seiner sonst eher in Amerika agierenden Westmänner, die sich in einer Privatangelegenheit in diesem Landstrich aufhalten. Hier beschreibt May unter anderem das Erscheinen eines Geisterfrosches, der einen Schatz anzeigen soll, und gar den Auftritt des Teufels samt seiner Großmutter höchstselbst als Furcht erregende pechverschmierte Gestalten. Auch diese Episoden aus Band 63 der Gesammelten Werke, *Zobeljäger und Kosak*, fanden Aufnahme in unseren vorliegenden Sammelband.

Alle diese Geschichten schenkten dem lesehungrigen Publikum ein ungetrübtes Vergnügen und mehrten den Ruhm Karl Mays. Seine einfachen Erzählungen wurden verstanden und setzten keine höhere Bildung voraus. So wurde May nicht nur als Schöpfer spannungsgeladener, aber oft auch tragisch endender Geschichten bekannt, sondern gleichermaßen als Autor humorvoller Episoden. Noch immer bewahrheitet sich in diesen seinen Büchern der Satz, dass der Humor eine kostbare Gabe für den Menschen ist, um den Unzulänglichkeiten der Welt und der Mitmenschen sowie den Schwierigkeiten und Missgeschicken des Alltags mit heiterer Gelassenheit begegnen zu können.

Karlheinz Eckardt

Sprechen Sie Chinesisch?

Held der ersten Geschichte ist Frick Turnerstick, ein wackerer deutscher Kapitän, der seinen angeborenen Familiennamen „Drechslerstock" in die englische Sprache übersetzt hat und sich nun Turnerstick nennt. Karl May charakterisiert diesen ‚Seehelden' folgendermaßen:

„Er besaß trotz seiner bedeutenden seemännischen Kenntnisse kein sehr geistreiches Angesicht. Mitten darin saß das, was der Seemann eine Vorlukennase nennt. Sie war höchst vorwitzig nach oben gerichtet und durch einen Faustschlag, den der gute Kapitän in seiner Jugend erhalten hatte, ansehnlich weit zur Seite getrieben worden, was seinem Antlitz ein höchst ordnungswidriges Aussehen gab."

Turnerstick zeichnet sich durch eine Marotte aus, die schon ganze Heerscharen von Lesern zum Lachen und zur Nachahmung reizte: Er hält sich für ein Sprachgenie. Doch mit dieser Ansicht steht er ziemlich alleine da, wenn es weiter heißt:

„Er hatte alle möglichen Küstenländer angesegelt und überall einige Worte der betreffenden Sprache mit davongenommen. Diese Reiseergebnisse lagen in seinem Kopf so wirr durcheinander wie ungefähr die Trümmer eines verunglückten Eisenbahnzuges. Dennoch war er vollständig davon überzeugt, so einige Dutzend Sprachen und Dialekte zu beherrschen, und brachte bei jeder passenden Gelegenheit diese unglückseligen philologischen Trümmer herbeigeschleppt. Zuweilen allerdings schien es, als ob auch eine leise, leise Selbstironie dabei im Spiel sei, denn der Kapitän liebte es sehr, lachende Gesichter um sich zu sehen."

An Bord des schnellsten Klippers, den der Kapitän je befehligt hat, befinden sich auf dieser Reise auch Gäste, die in Singapur zugestiegen sind. Es sind dies ein Herr Fritz Degenfeld, den man den ‚blauroten Methusalem' nennt, das Faktotum Gottfried von Bouillon, der Gymnasiast Richard Stein und ein riesiger, superbraver Hund. Die Herren sitzen miteinander auf dem Oberdeck und unterhalten sich köstlich. Man erörtert auch die Kenntnisse der Sprachen, die man beherrschen sollte, wenn man ferne Länder besucht. Die Küste Chinas erscheint am Horizont. Turnerstick hofft, bereits am Nachmittag „vor Hongkong zu Anker gehen" zu können.

„Bald werden sich da vorn die Segel mehren, welche die gleiche Richtung haben."

„So haben wir eine feine Fahrt gemacht."

„Unvergleichlich! Wir machen siebzehn Knoten. Das will etwas sagen. In nicht ganz vier Tagen von Singapur bis hierher, das soll Frick Turnerstick einmal ein anderer nachmachen!"

„Ja, Sie und Ihr gutes Schiff, da lässt sich etwas erreichen. Ich hätte nicht geglaubt, China so schnell begrüßen zu können."

„Wissen Sie denn auch, wie man dieses gelobte Land der Zöpfe begrüßt?"

„Nun, wie?"

„‚Tsching tsching!', muss man rufen. Das ist der echt chinesische Gruß."

„Ach! Sie sprechen wohl auch ein wenig Chinesisch?"

Turnerstick setzte den Klemmer auf die Nase, hielt ihn dort fest, weil er sonst gleich wieder herabgefallen wäre, warf Degenfeld einen missbilligenden Blick zu und antwortete: „Wie können Sie so fragen! Ein bemoostes Haupt wie Sie hat doch an der Universität ein genug langes Garn gesponnen, um zu wissen, dass man dem Kapitän Turnerstick so nicht kommen darf. Ein wenig Chinesisch! Da liegen Sie vor Topp und Takel bei und treiben wohl bis sieben Striche ab! Wenn ich einmal ein Tau in meine Hand nehme, so nehme ich es ganz."

„So sprechen Sie vollständig Chinesisch?"

„Natürlich! Wie anders?"

Das war in einem Ton gesprochen, als ob er gefragt worden sei, ob er Wasser trinken könne.

„Das ist mir neu!“, gestand Degenfeld. „Sie haben darüber noch kein einziges Wort verloren!“

„Wozu sollte ich davon reden? Von etwas, was sich ganz von selbst versteht, macht man doch kein Geschrei.“

„Nun, desto wertvoller ist mir die Entdeckung, die ich da an Ihnen mache. Sie haben zugesagt, sich uns für einige Tage anzuschließen. Da ist es für uns natürlich vom größten Vorteil, dass Sie die chinesische Sprache völlig beherrschen.“

„Pah! Nicht der Rede wert! Eine wahre Kleinigkeit! Sie haben doch auch Chinesisch getrieben, wie Sie mir sagten.“

„Nur zwei Jahre lang.“

„Das ist mehr als genug, denn diese Sprache ist die leichteste, die ich kenne.“

„Und ich habe ihre Erlernung für höchst schwierig gehalten.“

„Da haben Sie freilich ein sehr falsches Segel gesetzt. Sie natürlich müssen ja mit dem obligaten Latein und Griechisch den richtigen Kurs verlieren. Wem der Kopf mit so viel klassischer Ware vollgestaut wird, der hat eben zuletzt für das Leichteste keinen Platz mehr übrig. Dann segeln solche überstudierte Menschen in der Welt herum und können kein Panzerschiff von einer Heringskuff unterscheiden. Ich sage Ihnen, dass mir das Chinesische geradezu angeboren gewesen ist. Es ist ganz von selbst gekommen.“

Der Methusalem kannte die Achillesferse des Kapitäns und sagte im ernstesten Ton: „Das kann eben nur Ihnen passieren. Sie sind ein wahrer Walfisch im Meer der Dialekte. Sie schwimmen spielend darin herum und blasen die schwierigsten Worte nur so aus der Nase.“

Turnerstick hielt den Klemmer empor, warf durch ihn einen forschenden Blick auf den Sprecher und fragte:

„Durch die Nase! Soll das etwa eine Hindeutung auf meine Gesichtszüge enthalten?“

„Was fällt Ihnen ein! Ich spreche vom Walfisch, und dass der bläst, das wissen Sie wohl!“

„Ja, und zwar aus der Nase. Sie haben Recht. Wie der sich im Wasser wälzt, so wälze ich mich in allen Sprachen herum. Und gerade das Chinesische ist mir völlig Wurst."

„Für mich ist es im Gegenteil ein sehr harter Knochen gewesen, woran ich mir die Zähne locker gebissen habe. Bedenken Sie nur die Dialekte! Es sind ihrer neun!"

„Das ist wenig genug! So ein Dialekt läuft bei mir hinunter wie ein steifer Grog. Die Hauptsache ist doch, dass man sich eben an die Hauptsache hält, und das sind im Chinesischen die Endungen."

„So? Ich bin stets der Meinung gewesen, dass das Chinesische gar keine Endungen habe."

„Was! Keine Endungen! Ja, nun ist's mir freilich sehr erklärlich, dass Sie es trotz zweier voller Jahre zu nichts gebracht haben! Wenn Sie nichts von den Endungen wissen, so ist das gerade so, als wenn Sie ohne Wasser schwimmen oder ohne Flügel fliegen wollen. Ich sage Ihnen, dass ich im Stande bin, Ihnen das ganze Chinesische mit allen neun Dialekten in fünf Minuten beizubringen!"

„Unglaublich!"

„Sie werden es gleich glauben müssen. Nennen Sie mir doch einmal die Namen von einigen chinesischen Städten oder Flüssen!"

„Das ist leicht. Da haben wir zum Beispiel Jang-tsekiang, Gin-seng, Pe-king, Hong-kong, Wu-sung..."

„Halt!", unterbrach ihn der Kapitän. „Das genügt vollständig. Da haben Sie ja gleich fünf Endungen!"

„Endungen? Wohl nicht!"

„Was denn? Sie haben sie ja genannt, ang, eng, ing, ong und ung! Wenn das keine Endungen sind, dann bin ich nicht Frick Turnerstick! Diese Endungen sind die wirklichen Kaninchen! Mit ihrer Hilfe schüttelt man das Chinesische nur so aus den Ärmeln. Die Endungen, die Endungen, die geben den Speck zu den dicken Erbsen. Sie freilich mit Ihrem Griechischen und Lateinischen haben überhaupt keine Ahnung von einer anständigen, brauchbaren und bequemen Endung! Ich glaube, auf allen Ihren Universitäten ist keine einzige ordentliche und mundgerechte Endung zu finden wie so ein chinesisches ing, ang oder ung! Mit fünf solchen Endungen stecke ich ganz China in den Sack. Da draußen hält ein Kutter auf uns zu. Es ist ein Lotse. Ich werde ihm sogleich das Signal geben, dass er an Bord kommen soll. Dann werde ich Chinesisch mit ihm sprechen und Sie sollen Ihre Freude daran haben. Sie werden sich wundern, dass Sie nicht ganz von selbst auch darauf gekommen sind."

Er gab den betreffenden Befehl und bald wehte vom Vortopp des Klippers das Zeichen „PT" des internationalen Signalbuches.

Der Lotse sah die Aufforderung und folgte ihr. Er hatte kein chinesisches Boot. Sein Fahrzeug war sehr scharf auf den Kiel gebaut und der Vordersteven stand fast rechtwinklig auf. Es führte eine sehr hohe Stenge, horizontal liegendes Bugspriet, Gaffel- und Gaffeltoppsegel, Stackfock und großen Klüver. Es war eine Lust, zu sehen, wie schnell und anmutig es herbeigeschossen kam. Es gab den Lotsen an Bord und hielt dann mit der Bedienung von dem Klipper ab.

Der Lotse ging chinesisch gekleidet und trug auf dem Kopf einen ungeheuer breiten Grashut, der sein Gesicht so beschattete, dass es kaum zu erkennen war.

„Jetzt passen Sie auf!", sagte der Kapitän zu Fritz Degenfeld. „Jetzt geht es los mit dem Chinesischen."

Er trat auf den Lotsen zu und grüßte: „Tsching, tsching, tsching..."

„Nonsense!", unterbrach ihn der Mann grob. „Sagt einfach welcome, Sir! Ein Amerikaner hat es nicht nötig, mit dem chinesischen Zopf zu wedeln!"

„Ihr seid kein Chinese, loadsman?"

„Nein. Ich bin ein guter Schottländer aus Greenock am Clyde, wisst Ihr, wo die famosesten eisernen Schiffe gebaut werden. Wir können uns also Eurer Muttersprache bedienen."

„Ich wollte aber Chinesisch mit Euch reden“, meinte Turnerstick enttäuscht.

„Ach was, Chinesisch! Diese schlitzäugigen Kerls sind es gar nicht wert, dass man sich um ihre Sprache kümmert. Sorgt lieber dafür, dass ich einen guten Rum zum Willkommen erhalte, sonst gehe ich wieder von Bord und Ihr könnt Euch dann meinetwegen den Bug an der Lamma-Insel einrennen.“

Er ging nach der Kapitänskajüte und Turnerstick musste ihm wohl oder übel folgen.

„O weh!“, sagte Richard Stein. „Da hat er sein Chinesisch leider nicht anbringen können! Was er nur mit seinen Endungen wollte!“

„Es dämmert eine leise Ahnung in mir auf; er wird doch nicht etwa ein mit seinen berühmten Endungen versehenes Deutsch sprechen wollen! Das wäre allerdings im höchsten Grade drollig. Und dennoch ist's ihm zuzutrauen. Ich sehe lustige Szenen kommen. Gottfried – – ho su!“

Diese beiden chinesischen Worte bedeuten „gib Feuer!“ Seit sich die drei unterwegs befanden, hatte der Student die beiden anderen in die Lehre genommen. Besonders der Wichsier erhielt seine Befehle und Anweisungen alle in chinesischer Sprache, was manches spaßhafte Missverständnis hervorgerufen hatte.

„Ki eulh! – Ich höre!“, antwortete er sehr ernsthaft, indem er einen Fidibus aus der Tasche zog, ihn in Brand steckte und sodann seinem Herrn half, die ausgegangene Pfeife wieder anzuzünden. Dann setzte er sich wieder hinter ihm nieder.

Nach kurzer Zeit kehrte der Pilot mit dem Kapitän aus der Kajüte zurück. Er übernahm das Kommando des Schiffes und Turnerstick hatte also Zeit, sich mit seinen Passagieren zu beschäftigen.

Die Segel, die rings zu sehen waren, wurden zahlreicher. Weißblaue Rauchstreifen zeigten Dampfer an, welche nach Kanton wollten oder von dort kamen. Die See belebte sich mehr und mehr mit Fahrzeugen und dann tauchten die Felsenmassen Hongkongs und der anderen vor dem Perlenfluss liegenden Inseln langsam auf.

„Höchst ärgerlich, dass der Lotse kein Chinese ist", meinte der Kapitän. „Aber wir haben nur noch kurze Zeit zu warten, dann werden wir von Booten förmlich umringt sein und ich kann Ihnen zeigen, wie ich die Sprache der Himmelssöhne beherrsche. Es wird übrigens Zeit, dass Sie Ihre Koffer öffnen."

„Warum?", fragte Degenfeld.

„Um Ihre chinesischen Anzüge hervorzuholen."

„Wir haben keine."

„Was? Sie wollen an das Land gehen und sich mitten in das Treiben der Chinesenstadt begeben, ohne sich nach der Sitte dieses Landes zu kleiden? Sie wollen geradeso gehen, wie Sie hier sitzen, mit der bunten Studentenkappe auf dem Kopf?"

„Warum nicht?"

„Weil dies grundfalsch ist. Man wird Sie anstaunen und auslachen. Man wird Sie belästigen und einen fremden Barbaren schimpfen. Sie werden allerhand Ärgerlichkeiten erleben und vielleicht sogar in wirkliche Gefahr geraten."

„Pah! Wer will es mir verbieten, mich so zu kleiden, wie es mir beliebt?"

„Der gesunde Menschenverstand. Wenn Sie China und die Chinesen richtig kennenlernen wollen, so dürfen Sie möglichst wenig verraten, dass sie kein Chinese sind. Sie kennen dieses Volk noch nicht. Man hat sie gezwungen, uns ihre Häfen zu öffnen, aber sie hassen uns als Fremdlinge, die mit Gewalt bei ihnen eingedrungen sind. Sie werden als Ausländer nicht einmal im Bereich der Konsulargewalt vollständig sicher sein. Begeben Sie sich aber gar darüber hinaus, wie es doch Ihre Absicht ist, so werden Sie nur auf Feinde stoßen."

„Wollen sehen. Ich habe wenig Lust, aus reiner Angst meine deutsche Abstammung zu verleugnen."

„Das ist sehr ehrenwert und sehr national gedacht, aber – – hm, streng genommen haben Sie freilich nicht Unrecht. Denn wenn Sie sich genau wie ein echter Chinese kleiden, wird man an Ihrer Unkenntnis der Sprache sofort den Ausländer erkennen, während ich für einen Eingeborenen gelten werde. Aber es ist trotzdem besser, wenn Sie sich den hiesigen Gebräuchen fügen."

„Nun, was das betrifft, so ist es gar nicht ausgeschlossen, dass wir drei uns auch nach Landessitte kleiden. Zunächst jedoch mag es so bleiben, wie es ist. Wie lange werden Sie von Ihren Pflichten in Hongkong zurückgehalten?"

„Gar nicht. Ich werde dem Steuermann Vollmacht geben. Nur einige kleine Formalitäten sind zu erfüllen, die mich aber kaum eine Stunde lang beschäftigen werden. Den amerikanischen Konsul, den ich aufsuchen muss, treffe ich in Kanton."

„Das ist mir lieb, weil wir uns sonach nicht erst zu trennen brauchen. Ich werde mich nämlich gar nicht in Hongkong verweilen, das mir gar nichts bietet. Es ist eine auf chinesischen Boden gesetzte europäische Stadt, an die ich keine Stunde meiner Zeit verschwenden möchte."

„Mir auch ganz recht. Wir können uns eines Dampfers der China Navigation Compagnie bedienen, aber auch, um uns sofort ins hiesige Leben zu stürzen, auf einer chinesischen Dschunke nach Kanton fahren."

„Ich ziehe das Erstere vor, weil ich möglichst schnell dort ankommen möchte. Dann ist es ja noch vollauf Zeit, mit dem chinesischen Drachen anzubinden. Unsere Koffer lassen wir an Bord zurück, da wir uns nicht allzu lange in Kanton aufhalten werden."

Inzwischen hatte sich der Klipper schnell der Mündung des Tschu-kiang[1] genähert. Alle Mann standen an ihren Plätzen, um die Befehle des Lotsen augenblicklich auszuführen. Das Schiff lenkte in die westliche Lamma-Straße ein, bog um die grüne Insel und steuerte dann dem Hong-

[1] Perlenfluss

kong-Kai zu, in das dichte Gewühl der Dampfer, Segelschiffe, Ruderboote und Dschunken hinein. Dort ließ es die Segel fallen und der Anker ging auf Grund.

„Tsching tsching!“, rief Turnerstick, indem er begeistert die Arme ausbreitete, als ob er ganz Hongkong umarmen wolle. „Jetzt sind wir da und werden zeigen, was wir für Kerls sind.“

Der Hafen bot trotz des europäischen Charakters der Stadt immerhin ein genügendes Bild ostasiatischen Verkehrslebens. Von dem wohl 1.200 Fuß hohen Viktoriaberg blickte das neben der Flaggenstange stehende Wachthäuschen herab. An seinem Abhang zog sich die Promenade der Kennedy-Road hin. Darunter die belebte Stadt mit der von Schiffen bedeckten Bai. Jenseits das chinesische Bergland, ziemlich gut angebaut, und links davon die vielen, sich bis nach Macao hinziehenden, leider kahlen Felseninseln.

Am Landeplatz wimmelte es von Europäern aller Nationen, von Chinesen, Japanern, Malaien, Hindus, Parsen, Singhalesen, portugiesischen Mestizen und tiefdunkel gefärbten Afrikanern.

Und in der Nähe des Schiffes schossen eine ganze Menge von Kähnen und Flößen durcheinander, beladen mit frischen Erzeugnissen des Landes und allerhand chinesischem Krimskrams. Jeder der Bootsführer wollte der Erste sein, der den Neuangekommenen seine Ware anbot, um den mit den hiesigen Preisen noch Unbekannten die gewöhnlich mehrfache Bezahlung abzunehmen. Das war ein Schreien, Rufen, Brüllen, Zanken, Fluchen, Loben und Anpreisen, dass einem die Ohren gellten.

„Nur nichts kaufen!“, warnte der Kapitän. „Hier wird man riesig übers Ohr gehauen. Am besten ist's, man lässt die Kerls gar nicht heran, sonst wimmeln sie förmlich an Bord und man ist sein eigener Herr nicht mehr. Ich verstehe mit diesem Volk zu sprechen. Das sollen Sie gleich sehen.“

Er ließ schnell einige Wassereimer füllen und hart an die

Schanzkleidung stellen. Dann bog er sich über die Letztere hinaus und brüllte mit laut schallender Stimme in das Bootsgewühl hinein: „Zurück hier! Wir werden nichts kaufang! Fort mit euch, ihr Halunking! Augangblickling fort mit euch, forteng, forting, fortung! Travaillez, travaillong, travaillang!"

Nicht diese Worte waren es, welche wirkten, sondern seine gewaltige Stimme und seine wilden, drohenden Gesten hatten den Erfolg, dass unten das Geschrei für einige Augenblicke verstummte. Die Blicke der Händler richteten sich erstaunt auf ihn.

„Habt ihr's gehörengt!", rief er weiter. „Wir können nichts gebrauching. Wir habeng kein Geld. Ihr könnt euch von danneng trolling!"

Noch waren die erstaunten Kulis still. Sie wussten nicht, was sie denken sollten. Gottfried von Bouillon sah das riesige Sprachrohr in seiner Nähe lehnen. Er ergriff es, hielt es dem Kapitän hin und sagte im ernstesten Ton: „Alle tausend Teufling, Kapitäng! Da hört mang freiling, dass Sie in den neun Dialekteng etwas los habing. Bitte, das Sprachrohr zu nehmang! Das wird ungeheure Wirkung machung!"

„Was höre ich da!", antwortete Turnerstick. „Sie sprechen ja ganz unvergleichliches Chinesisch. Sehen Sie, wie schnell meine Lehre von den Endungen gewirkt hat! Gratuliere herzlich! Mit dem Sprachrohr haben Sie Recht. Geben Sie mal her!"

Die Bootsinsassen hatten ihre Ruder wieder in Bewegung gesetzt und drängten von Neuem herbei. Da hielt Turnerstick ihnen das Sprachrohr entgegen und donnerte sie an: „Augenblickling halteng, ihr Schurkang, ihr Halunking. Wollt ihr gleich folgeng und gehorchung! Zurück, zurück mit euch! Flink, flunk, flank, flink, flink!"

Das Sprachrohr sandte diesen Befehl weithin über das Wasser. Hunderte wurden aufmerksam auf den Klipper und die sich an ihn drängenden Boote. Turnerstick ergriff jetzt einen der bereitgestellten Wassereimer nach dem anderen und schüttete den Inhalt auf die Köpfe der zudringlichen Handelsleute.

Diese mussten nun erkennen, dass man hier nichts von ihnen wissen wolle, und zogen sich unter zornigem Geschrei zurück. Geschadet hatte das Wasser ihrer Kleidung nichts. Viele von ihnen trugen nichts als kurze Leinen- oder Kattunhosen, und auf ihre unglaubliche Unsauberkeit konnte ein solches Sturzbad nur wohltätig wirken.

Jetzt wendete sich der Kapitän zu Degenfeld und fragte triumphierend: „Nun, Freundchen, was sagen Sie dazu? Bin ich nicht von den Kerls verstanden worden?“

„Allerdings“, antwortete der Gefragte ernst. „Ich habe das zu meiner lebhaften Bewunderung erfahren.“

„Oh, zu bewundern gibt es da nichts. Es ist ganz außerordentlich einfach. Die Endungen sind’s, die Endungen ganz allein, mit denen man so etwas fertig bringt. Freilich gehört ein gewisses angeborenes Talent dazu. Wer das aber hat, dem ist das bisschen Chinesisch die reine Buttermilch.“

Da legte der Lotse, welcher dabeigestanden und alles gehört und gesehen hatte, ihm die Hand auf die Achsel und sagte lachend: „Sir, soll das etwa heißen, dass Sie sich einbilden, Chinesisch sprechen zu können?“

„Was beliebt?“, fragte Turnerstick schnippisch, indem er den Klemmer empornahm und den Sprecher geringschätzend musterte.

„Ich frage, ob Sie denken, da mit den Kulis Chinesisch gesprochen zu haben?“

„Natürlich. Was sonst?“

„All devils! Das ist lustig! Redet der Mann ein Kauderwelsch, dass man meint, es ziehe einem alle Zähne aus, und das gibt er für Chinesisch! Mein bester Sir, ich bin so ziemlich der hiesigen Mundarten mächtig, nämlich des Punti, Hakka, Hah-kian, Fuh-kian, Fu-tscheu, Nan-tschang und Ooei-tscheu, denn ich treibe mich nun bereits an die fünfzehn Jahre hier herum, aber was Sie da zusammengereimt haben, das habe ich noch nicht gehört!“

Turnerstick ließ den Klemmer fallen, spreizte die Beine nach Seemannsart weit aus und öffnete bereits den Mund zu einer geharnischten Entgegnung, da aber schnitt ihm der Lotse diese mit den Worten ab: „Bitte, keine Reden halten! Ich habe keine Zeit, sie anzuhören. Zahlen Sie mir meine Gebühr und ich gebe Ihnen meine Quittung; dann scheiden wir in Frieden voneinander."

„Ja", stieß der Kapitän hervor, „machen wir uns schleunigst voneinander los, sonst geraten Sie auf Leegerwall[1] und können sich nicht wieder abarbeiten. Warum haben Sie vorhin nicht mit mir Chinesisch reden wollen? Weil Sie es nicht können! So ist es!"

Er ging wie ein beleidigter, seiner Überlegenheit wohlbewusster Held nach der Kajüte ab. Der Lotse folgte ihm und kehrte bald darauf zurück, um das Schiff zu verlassen.

Turnerstick ließ sich noch nicht sehen. Nach Verlauf von fast einer Stunde, während welcher der Steuermann das Bergen der Segel und anderes Notwendige angeordnet und beaufsichtigt hatte, hielt Fritz Degenfeld es doch für geboten, einmal nach dem Beleidigten zu sehen.

Eben als er an die Kajütentür klopfen wollte, wurde diese geöffnet und heraus trat – – ein Mann, den der Student für einen Vollblutchinesen gehalten hätte, wenn nicht der goldene Klemmer gewesen wäre, der soeben von dem schiefen Stumpfnäschen herabrutschte.

„Kapitän!", rief Degenfeld. „Fast hätte ich Sie nicht erkannt!"

„Nicht wahr!", antwortete Turnerstick, indem er eine höchst befriedigte, selbstgefällige Miene zeigte. „Ja, ich bin der reine Chinamann! Nicht?"

„Allerdings! Gerade wie im kaiserlichen Lustschloss zu Yuan-ning-yuen geboren und erzogen! Lassen Sie sich doch einmal ansehen!" Er fasste ihn bei den Achseln und drehte ihn nach allen Seiten, um die Verwandlung, der Turnerstick sich unterworfen hatte, genau in Augenschein zu nehmen.

[1] Gefährliche Lage eines Schiffes vor der Küste

„Fein, sehr fein! Alles aus Seide!“, erklärte der Kapitän, indem er die Obergewänder öffnete, damit Degenfeld auch die Unterkleider sehen könne.

Er trug eine außerordentlich weite Hose aus roter, weiß geblümter Seide, die unten über den Knöcheln mit breiten Bändern zusammengebunden war, und darüber eine Weste von dem gleichen Stoff, die ihm bis auf die Hälfte der Oberschenkel ging. Darüber kam ein weißes, ärmelloses Hemd von Seide. Dann folgte ein ziemlich enges, schlafrockähnliches, blaues Gewand, das fast bis zur Erde reichte. Die Ärmel desselben wurden nach unten außerordentlich weit und hingen bis über die Hände herab; sie konnten als Taschen gebraucht werden. Um die Hüfte war ein langer, golddurchwirkter Gürtel gebunden, dessen Enden bis über das Knie niedergingen. An ihm hingen nebst der Taschenuhr allerlei Futterale mit den verschiedensten Gegenständen, wie man ihrer in China in jedem Augenblick bedarf. Darüber hatte er noch ein weites, burnusartiges Gewand gezogen, welches etwas kürzer war als das vorige. Es zeigte auf grünem Grund rote Raupen und gelbe Schmetterlinge und hatte Ärmel, die nicht ganz bis zum Ellbogen gingen.

An den Füßen trug er absatzlose, rotseidene Schuhe, deren Spitzen weit nach oben gebogen waren. Die Sohlen, die aus festem, unten mit Leder belegtem Pappdeckel bestanden, waren gut drei Fingerbreit hoch.

Den Kopf beschützte ein aus Rohr geflochtener und mit einem weichen Stoff gefütterter Hut, der einer riesigen, umgekehrten Schüssel glich. Er war verziert durch einen großen Busch rot gefärbter Pferdehaare und eine aus dünnem, goldig schimmerndem Blech gefertigte Drachengestalt.

An einem über die rechte Schulter gehenden Wehrgehäng waren zwei krumme Säbel befestigt, deren einer etwas kürzer war, während der andere auf dem Boden rasselte.

Und, um die Hauptsache nicht zu vergessen, trug er in der Hand einen Fächer, hinter dem er, als er ihn jetzt entfaltete, seinen ganzen Oberkörper wenigstens zweimal verstecken konnte. Dieses notwendige Stück, das keinem Chinesen fehlen darf, war mit einer blutigen Kriegsszene bemalt, über welcher in goldenen Zeichen eine chinesische Inschrift prangte.

„Nun, wie gefalle ich Ihnen?", fragte er.

„Ausgezeichnet!", antwortete Degenfeld. „Aber wo haben Sie denn diese Kleidung her?"

Um die Wahrheit zu sagen, musste Turnerstick nach chinesischen Begriffen einen höchst stattlichen Eindruck machen.

„In Singapur gekauft", erklärte er. „Dort habe ich mir auch die Aufschrift auf den Fächer machen lassen. Es war gerade noch Zeit dazu."

„Können Sie sie lesen?"

„Nein. Mit der chinesischen Schrift stehe ich nicht auf bestem Fuß. Bitte, lesen Sie."

Degenfeld betrachtete sich die Zeichen genau und erklärte: „Die Chinesen haben kein ‚r', sie sprechen dasselbe wie ‚l' aus. Es ist darum schwer, hier die erste Silbe zu enträtseln. Jedenfalls soll man anstatt Tul Tur sagen?"

„Natürlich. Es ist ja mein Name, ins Chinesische übertragen."

„Ah, da ist der Zweifel gelöst. Die Inschrift lautet also ‚Tur-ning-sti-king Kuo-ngan-ta-fu-tsiang'. Stimmt es so?"

„Ich denke. Können Sie es übersetzen?"

„Ja. Es lautet: ‚Turnerstick, der große Generalmajor Exzellenz'. Sind Sie denn des Teufels, Kapitän! Ein Generalmajor wollen Sie sein, und noch dazu ein großer, das heißt doch wohl ein berühmter?"

„Warum denn nicht?", lachte der Gefragte. „So gescheit wie ein chinesischer Generalmajor bin ich allemal."

„Aber wenn Sie nun beweisen sollen, dass Sie es wirklich sind?"

„Demjenigen, der dies von mir verlangt, werde ich es sofort beweisen, und zwar mit meinen beiden guten Fäusten. Das ist eine Legitimation, der sicherlich kein Chinese zu widerstehen vermag. Und was meinen Sie nun zu diesem da?“ Er lüpfte den Hut ein wenig und sofort schlängelte sich ein allerliebster Zopf herab, den er bisher darunter verborgen hatte.

„Ein Pen-tse“, lachte der Student, „wahrhaftig ein richtiger Pen-tse, ein Zopf, wie er im Buche steht. Wie haben Sie ihn befestigt?“

„Er hängt an einem äußerst feinen, fast unsichtbaren Netz, das ich über mein eigenes Haar ziehe. Sie sehen, dass ich vollständig vorbereitet bin, eine Wanderung zu den Himmelssöhnen anzutreten.“

„Wenn Sie dabei nur nicht zu viel wagen!“

„Wagen? Nicht dass ich wüsste! Kapitän Frick Turnerstick weiß stets, was er tut. Denken Sie nur an meine Sprachfertigkeit, an meine Endungen und Dialekte! Was kann mir geschehen! Übrigens bin ich geborener Deutscher und amerikanischer Staatsbürger. Was kann mir geschehen, wenn ich mich als Gentleman betrage? Nichts, gar nichts! Ich habe mir meinen Titel beigelegt, damit die Herren Chinesen nicht etwa denken sollen, dass ich nur von Holundersuppe lebe. Was können sie dagegen haben? Also, ich bin zum Aufbruch bereit. Will nur dem Steuermann noch einiges sagen. Wie steht es mit Ihnen? Haben Sie Ihre Vorbereitungen getroffen?“

„Große Vorbereitungen habe ich nicht zu treffen. Wenn Sie mit dem Steuermann fertig sind, werden wir drei uns Ihnen anschließen können. Gepäck nehmen wir ja nicht mit; also sind wir schnell bereit.“

„Nun, ganz so schnell wie Sie denken, wird es doch nicht gehen. Da kommt das Polizeiboot, dessen Insassen wir Rede und Antwort zu stehen haben. Ein Glück, dass wir nicht aus einer verseuchten Gegend kommen und keine Kranken an Bord haben, sonst würde man uns zu einer Quarantäne zwingen, die bis zehn Tage währen könnte. Eigentlich hätte uns dieses Boot schon weit draußen ansegeln sollen.“

Das Boot legte an und der Polizeikommissar kam mit

dem Arzt und einem Unterbeamten an Bord. Das waren Engländer, denn Hongkong ist ja englische Besitzung. Sie erstaunten nicht wenig, als Turnerstick sich ihnen als Kapitän vorstellte; aber als sie einige Redensarten mit ihm gewechselt hatten, erkannten sie, wes Geistes Kind er sei, und gaben sich Mühe, ihre amtlichen Fragen in ernster Höflichkeit an ihn zu richten. Sie fanden alles in Ordnung, und da der Steuermann alles Weitere zu besorgen hatte, so stand, als sie sich entfernt hatten, dem wackeren Kapitän nichts im Wege, an das Land zu gehen.

Während der letzteren Verhandlung war es dem Besitzer eines der vielen Boote, die sich vorhin herbeigedrängt hatten, doch gelungen, am Fallreep anzulegen und an Bord zu kommen. Er war ein alter Chinese in schmutzigem Gewand, barfuß und mit einem riesigen Binsenhut auf dem Kopf. Hinten hing ihm ein mageres, kurzes Zöpfchen wie ein Rattenschwanz herab und vorn tanzte eine riesige Brille auf dem mongolischen Stumpfnäschen. Als er bemerkte, dass der Kapitän ihn zornig fortweisen wollte, kam er ihm zuvor, indem er ihn höflich, und zwar in dem hier gebräuchlichen Pidgin-Englisch fragte: „Money, money! To want you money? I am money-exchanger; to be banker. I will exchange!“

Er hatte einen Teil der Unterredung Turnersticks mit den Beamten mit angehört und wusste also, dass der Kapitän trotz seiner kostbaren chinesischen Kleidung kein Eingeborener sei.

Sein Anerbieten beseitigte sofort den Unwillen Turnersticks, der überzeugt war, dass ein wenig Kleingeld in der Tasche stets von Vorteil sei. Darum hellte sich die finstere Miene des Kapitäns auf; er zog einen langen, dicken, wohlgefüllten Lederbeutel aus der Tasche seiner weißen Hose, öffnete ihn, nahm ein Geldstück heraus und sagte – aber nicht etwa englisch, o nein, denn er wollte ja als ein Chinese gelten: „Ja, ja! Ich brauching Moneteng, viele kleine Moneteng. Wechslung Sie mir eineng Dollaring!“

Er hielt das Geldstück dem Wechsler entgegen. Dieser öffnete die Augen doppelt weit, starrte ihn ob dieses Chinesisch ganz betroffen an und antwortete: „I can not understand. I shall exchange this dollar?"

„Ja, yes, oui! Ich habing doch deutling genung gesprocheng!"

Der Chinese schüttelte dennoch leise den Kopf; aber da er wenigstens das Yes verstanden hatte, so erkundigte er sich: „Which money to wish you?"

Turnerstick wendete sich an den Methusalem, der die Szene mit stillem Vergnügen beobachtete: „Bitte, wie heißt denn eigentlich die hiesige Scheidemünze? Ich will möglichst Kleingeld haben."

Um die Lippen des Gefragten spielte ein nicht zu unterdrückendes Lächeln, als er erwiderte: „Die kleinste Münze ist die Sapeke, hier Li genannt. Zehn Li sind ein Fen, zehn Fen ein Tschung und zehn Tschung ein Liang."

Turnerstick bedankte sich mit einem Kopfnicken für die Auskunft und befahl dem Wechsler: „Gebeng Sie mir Li, lauter Li! Ich will Li, nichts als Li bekomming!"

Dabei gab er ihm den Dollar in die Hand. Der Wechsler blickte drei-, viermal zwischen dem Dollar und dem Gesicht des Kapitäns hin und zurück, öffnete den Mund noch weiter als vorher, zog die Stirn in solche Falten, dass ihm die Brille über das Näschen rutschen wollte, und meinte bedenklich: „Li, li, li! I have li, li, li!"

Er trat an die Reling und rief den beiden Burschen, die in seinem Boot saßen, einige chinesische Worte zu, worauf sie einen Holzkasten heraufgeschleppt brachten, den sie vor ihn hinstellten. Er legte den Zeigefinger an die Nase, machte in halblautem Ton seine Berechnung und öffnete dann den Kasten.

„Gebeng Sie mir für zwei Dollaring, für drei Dollaring!", gebot Turnerstick, indem er noch zwei Dollar aus dem Beutel zog und sie dem Wechsler reichte. Dieser wiederholte die schon erwähnte Grimasse, griff dann in den Kasten und zog drei Schnüre hervor, an welche je 600 Li gereiht waren.

Es sind dies jene chinesischen Scheidemünzen, die in der Mitte ein viereckiges Loch haben, durch das man die Schnur steckt. Man pflegt sie wie Ketten um den Hals zu tragen.

„Potztausend!", rief der Kapitän. „So viel soll ich bekommeng für drei Dollaring?"

„Yes, yes!", nickte der Wechsler, der zwar nicht seine Worte, desto besser aber seine Miene verstanden hatte. „I am reasonable. Good bye, Sir!"

Er steckte die drei Dollar ein und eilte das Fallreep hinab. Die beiden Burschen folgten ihm mit dem Kasten in der nämlichen Eile. Turnerstick hielt die Schnüre in den Händen und sagte zu dem Methusalem: „Sollte man es glauben, dass man für drei Dollar so eine Masse von Geld bekommt?"

„Viele Stücke sind es, jawohl", lachte der Student. „Aber Sie hatten noch mehr zu erhalten."

„Wie viel denn?"

„Drei Dollar geben 1965 Li. Der Mann hat 165 weniger gegeben, was also neuneinhalb Prozent Gewinn für ihn macht."

„Neuneinhalb Prozent in fünf Minuten! Das ergibt für das Jahr über hunderttausend Prozent! Der Kerl muss zurück! Er muss mir mehr zahlen, sonst hänge ich ihn an der Rah auf, dass er baumelt!"

Er trat an die Reling hin und rief zornig hinab: „Wolleng Sie sofortong wieder heraufkomming, Sie Schurkung, Sie Spitzbubang! Ich kann höchstenfallsing nur zwei Prozentang erlaubeng!"

Aber das Boot war schon vom Schiff gestoßen. Die beiden Burschen ruderten aus Leibeskräften und der alte Chinese winkte freudegrinsend herauf und antwortete: „Tsching leao! I have been noble, extraordinary noble. Tsching leao tsching!"

„Da segelt er hin, der Spitzbube!", zürnte Turnerstick. „Hätte ich ihn, wie wollte ich ihn, nämlich verhauen, und zwar mit dem stärksten Tauende! Und dabei ruft er mir noch ein Tsching tsching zu! Wenn der erste Gruß dieses Landes gleich in einem Betrug besteht, so können diese Chinamänner mir alle gestohlen werden."

Aber so leicht lässt sich ein Frick Turnerstick natürlich nicht entmutigen, vielmehr ist er immer noch überzeugt, besser Chinesisch zu sprechen und mehr über China zu wissen als alle Chinesen zusammen. Zu welch grotesken Erfahrungen ihm sein unerschütterliches Selbstvertrauen schon gleich beim ersten Landgang in Hongkong verhilft, lesen Sie ab Seite 63.

(Gesammelte Werke Band 40 „Der blaurote Methusalem")

Der Geisterfrosch

Das Westmannkleebatt Sam Hawkens, Dick Stone und Will Parker befindet sich im ‚Wilden Osten' des russischen Zarenreiches auf der Suche nach verschollenen Mitgliedern der Familie von Adlerhorst. Auf der langen Reise per Dampfer von Wladiwostok nach Nikolajewsk, dann den Amur und die Schilka stromaufwärts bis Mitrofanowa und schließlich zu Pferde bis Werchne-Udinsk, quält sich Hawkens rechtschaffen, bis seine Kenntnis der russischen Sprache immerhin so weit gediehen ist, dass er sich in dem fremden Land ganz gut durchschlagen kann.

Einer der Hauptschuldigen am Unglück der Familie Adlerhorst ist deren ehemaliger Diener Bill Newton, der auch schon in der Maske des Derwisch Osman auftrat und sich nun Fedor Lomonow nennt. Zwar hat das Kleeblatt in Sibirien Newtons Spur gefunden, doch gelingt es diesem vorerst, seinen Verfolgern zu entkommen. Sam und seine Freunde gebärden sich auch im fernen Russland als echte Westmänner und geraten sofort mit Offizieren der russischen Armee in Streit, als diese den Verbannten Nummer Zehn verhaften und im Feuerwehrhaus einsperren.

Will Parker führte die Kameraden, weil er wusste, wo das Feuerwehrgebäude lag.

In der Nähe des Gefängnisses ließ Sam die beiden Langen zurück, legte sich auf den Boden und kroch auf das Häuschen zu. Die Nacht war so dunkel, dass man einen Menschen auf zehn Schritt kaum noch erkennen konnte.

Die beiden Wächter hatten es sich bequem gemacht. Sie saßen unter dem Gebäude an einen der Pfähle gelehnt und sprachen halblaut miteinander. Ihre Unterhaltung drehte sich um den Gefangenen, obgleich er sich gerade über ihnen befand und jedes Wort hören musste.

Sam pirschte sich ganz nahe an sie heran. So bemerkte er, dass unmittelbar neben ihnen eine kurze Leiter angelegt war.

Das Gespräch der Wächter belustigte den Kleinen sehr und es fiel ihm einige Male schwer, ein Lachen zu verbeißen. Zwar verstand er nicht jedes Wort, aber der Sinn war ihm klar. Ihm offenbarte sich da eine Kindlichkeit und ein Aberglauben, wie er sie kaum noch für möglich gehalten hätte.

„Wenn es ihm gelänge auszureißen, so erhielte jeder von uns hundert Knutenhiebe", sagte der eine.

Der andere langte mit der Hand nach hinten, um sich bei dem Gedanken an die Hiebe den Rücken zu reiben – vielleicht wusste er aus Erfahrung, wie sie schmecken.

„Glücklicherweise kann er nicht fort. Er ist angebunden."

„Wenn er aber die Stricke zerreißt?"

„So erschießen wir ihn."

„Das sollte mir leid tun. Ich schieße nicht gern auf einen Menschen."

„Ich auch nicht. Ich würde vorher zu ihm sagen: Brüderchen, bleib da und lass dich wieder binden, wir müssen sonst auf dich feuern!"

„Das wäre das Beste. Er ist ja ein verständiger Kerl, der sich nicht um das Leben und uns nicht unter die Knute bringen wird. Machen wir uns also keine Sorgen! Ich bin überzeugt, dass alles gut ablaufen wird."

„Warum?"

„Weil heute der glücklichste Tag im Jahr ist. Weißt du schon, dass es glückliche und unglückliche Tage gibt?"

„Das habe ich schon als Kind gewusst. Es gibt besondere Tage, an denen man nichts unternehmen darf, weder säen, noch ernten, keine Reise antreten, keinen Kauf abschließen, keine Verabredung treffen – gar nichts."

„Richtig. Die drei unglücklichsten Tage sind der erste März, weil da Sodom und Gomorra untergingen, der erste August, weil da der Teufel vom Himmel heruntergeworfen wurde, und der erste Dezember, weil an diesem Tag Adam in den Apfel gebissen hat. Ebenso gibt es drei glückliche

Tage; der allerglücklichste aber ist der heutige, der Tag des heiligen Iwan Wassiljewitsch oder der Tag des Schatzhebens."

„Was du sagst!"

„Ja, ich weiß es genau. Meine Großmutter hat es erfahren. Sie hat viele tausend Millionen Rubel gefunden."

„Und dennoch bist du ein so armer Schlucker?"

„Ja, Brüderchen, sie hat den Schatz nicht ganz herausgebracht. Sie ist so unvorsichtig gewesen, dabei zu sprechen. Es sind aber nur gewisse Worte erlaubt. Etwas anderes darf man dabei nicht sagen, sonst verschwindet alles wieder mit einem Donnerschlag."

„Kennst du diese Worte?"

„Ja, sehr genau. Meine Großmutter hat sie mir mitgeteilt und ich lernte sie auswendig. Aber nur Sonntagskinder sind im Stande, Schätze zu heben."

„Ich bin an einem Sonntag geboren."

„Ich auch."

„Du, dann müssten wir beide von Rechts wegen Glück haben und einen Schatz finden!"

„O heilige Theodosia, ich würde ihn nicht lange liegen lassen!"

„Ich auch nicht. Wie aber geht es denn zu, wenn einem ein Schatz erscheint?"

„Das hat mir meine Großmutter auch ganz deutlich beschrieben. Zuerst lässt sich ein Licht sehen. Je dunkler es ist, also zum Beispiel dunkelgrün, umso weniger beträgt der Schatz. Ein helles, gelbes Licht ist das beste, weil gelb auf Gold deutet. Sodann erscheint der Geist."

„Hu – in welcher Gestalt?"

„Auch das ist verschieden. Meiner Großmutter ist er als Ljaguschka[1] erschienen. Je größer das Tier ist, desto umfangreicher der Schatz. Die Ljaguschka meiner Großmutter war zweimal so groß wie meine Pelzmütze und hat gequakt, dass man es sehr weit hören konnte. Sie meinte, mir würde

[1] Frosch

der Geist auch einmal als Frosch erscheinen. Die Tierart pflegt bei Gliedern derselben Familie gleich zu bleiben."

„Heiliger Iwan Wassiljewitsch, lass heute eine Ljaguschka kommen!"

„Am liebsten eine recht große!"

„Erzähle weiter!"

„Nun muss man dem Geist langsam nachgehen, bis zur Stelle, wo er verschwindet. Solange darf man noch reden. Man kann sogar den Geist nach verschiedenen Dingen fragen."

„Und er antwortet?"

„Ja, natürlich mit der Stimme des Tieres, in dessen Gestalt er erscheint. Zuweilen aber, wenn man nämlich ein recht glückliches Sonntagskind ist, spricht der Geist auch in menschlichen Worten. Auf der Stelle, wo er verschwindet, findet man die Erde schon aufgewühlt. Das hat der Geist getan, zum Zeichen, dass dort der Schatz liegt."

„Und da muss man graben?"

„Sofort, weil mit Tagesanbruch der Schatz wieder verschwindet. Aber von dem Augenblick an, wo man zu schaufeln anfängt, darf kein anderes Wort mehr gesagt werden als nur die Beschwörungsformel, mag auch geschehen, was da will, sonst geht alles verloren. Bei meiner Großmutter war der Schatz beinahe aus dem Erdboden heraus, da wurde sie gerufen. Sie vergaß das Gebot und antwortete und im selben Augenblick versank der Schatz mit einem Krach, als bräche die Erde auseinander."

„Du kennst die Beschwörung?"

„Ja."

„Oh! Wenn ich sie auch wüsste!"

„Ich habe bisher darüber geschwiegen. Dir aber will ich sie mitteilen; denn ich habe das Empfinden, dass uns heute ein Geist erscheint. Man muss, während man hackt und schaufelt, immer halblaut vor sich hinsprechen:

An diesem Platz,
da liegt ein Schatz.

Ich hol' ihn raus,
schaff' ihn nach Haus.
Ihr lieben Geister, steht mir bei;
Ich halte euch mit Wodka frei!

Wenn der Schatz dann heraus ist, fällt das Loch von ganz allein wieder zu, sodass kein Mensch sehen kann, was geschehen ist. Von diesem Augenblick an darf man wieder reden."

„Trinken denn die Geister Wodka? Das habe ich noch gar nicht gewusst."

„Weil du ein großer Dummkopf bist, Brüderchen. Die Geister stecken doch in der Erde, wo sie den Schatz bewachen. Dort aber ist es kalt und feucht. Ist es da ein Wunder, wenn sie sich erkälten und..."

Mehr wollte Sam Hawkens nicht hören. Was er da erfahren hatte, das war prachtvoll. Das war vorzüglich. Sein Plan stand schon fest. Er kroch zu den Gefährten zurück.

„Lasst euch nicht stören, wenn ihr ein Streichholz aufflammen seht und einen Frosch quaken hört!", sagte er eilig.

„Einen...", begann Dick Stone.

„...Frosch?", vollendete Will Parker verständnislos.

„Habe keine Zeit zu einer langen Erklärung. Die beiden Wächter möchten einen Schatz heben. Sie sitzen unter dem Gefängnis. Schleicht euch vorsichtig hin! Sobald sie fort sind, komme ich; dann holen wir den Gefangenen heraus, wenn ich mich nicht irre, hihihihi!", kicherte er in sich hinein.

Er verschwand und schlug einen Bogen, bis er sich in einer Entfernung von ungefähr dreihundert Schritten dem Pfahlbau gegenüber befand. Dort zog er sein Messer und begann ein Loch zu graben. Dann kroch er auf die beiden Wächter zu und zog ein Streichholz hervor. Wenn er seinen Hut nahe an die Erde hielt und das Hölzchen darunter entzündete, konnte man ihn selber nicht sehen und es hatte den Anschein, als käme der Lichtschein aus der Erde empor.

Inzwischen unterhielten sich die Kosaken weiter.

„Zu welcher Zeit pflegen denn die Geister zu erscheinen?“, fragte der eine gespannt.

„Gegen Mitternacht.“

„Dann wäre jetzt so ziemlich die richtige Zeit. Ich glaube, es ist Mitternacht.“

„Das meine ich auch. Du würdest dich nicht fürchten?“

„Keinen Augenblick!“

„Ich auch nicht. Ich würde dem Geist nachlaufen wie ein Hund dem Mann mit der Fleischmulde. Darum wollte ich, dass du – – da – da – da – i – i – i – ist ein Li – li – licht!“

Der Kosak hatte den Arm des anderen ergriffen und brachte die letzten Worte nur stotternd hervor. Trotz seiner Versicherung, er würde sich nicht fürchten, lief es ihm doch eiskalt über den Rücken.

Seinem Kameraden ging es ebenso. Er starrte erschrocken in den scheinbar unterirdischen Lichtschein.

„I – i – ist das etwa der Gei – gei – geist?“

„Wahr – sch – scheinlich.“

„Heiliger Iwan Wassiljewitsch! Dort hockt ein mächtiger Frosch!“

„Ein Fro – ro – sch?“

„Der Fro – ro – rosch deiner Gro – ro – roßmutter!“

„Ja, das i – i – ist er.“

„Aber viel grö – rößer!“

„Er ist gewachsen. Das sind nun fast fünfzig Jahre her. Die Geisterfrö – rö – rösche wachsen doch a – a – auch.“

„Das ist möglich.“

„Quaaaak!“, ertönte es vor ihnen.

„Hörst du es?“

„Ja. Er ruft uns.“

„Sollen wir ihm folgen?“

„Fürchtest du dich?“

„Nein. Du dich etwa?“

„Keine Spur!“

„So komm!“

Sie erhoben sich langsam mit zitternden Knien, hüteten

sich aber, es einander einzugestehen. Der Geist hüpfte mit froschähnlichen Bewegungen zurück. Sie folgten mit schlotternden Beinen.

„Quaaaak!“, machte er dann und blieb hocken.

Sofort hielten auch die Kosaken an.

„Schau, wie groß er ist! Wollen wir ihn anreden?“

„Ja.“

„Dann sprich!“

„Nein, versuch du es!“

„Nein, du! Es ist ja der Frosch deiner Großmutter!“

„Meinetwegen.“

Bebend trat der Kosak einen kleinen Schritt vor.

„Bist du ein Geist?“

„Quak!“, klang es kurz, wie ein festes Ja.

„Willst du uns einen Schatz zeigen?“

„Quak!“

„Sollen wir dir folgen?“

„Quak!“

Dann sprang die Erscheinung weiter und die Kosaken gingen abermals hinterdrein. Endlich hielt der Geisterfrosch wieder an. Der Enkel der Großmutter hatte jetzt Mut gewonnen.

„Wo liegt der Schatz?“, fragte er.

„Quak!“

Das sollte wohl ein entschiedenes ‚Hier‘ bedeuten. Und zur Bekräftigung tat der Frosch einen Satz in die Luft und dann einen lauten Plumps auf die Erde zurück.

„Sollen wir dort nachgraben?“

„Quak!“

„Und wir werden den Schatz finden?“

„Quaaaak–quak–quak–quak–quarrrk!“

Das klang, als ließe ein Frosch, der am Teichrand sitzt, zum Abschied noch einmal seine Stimme hören, um darauf im Wasser unterzutauchen. Und wirklich verschwand der Geisterfrosch, wenn auch nicht in einem Tümpel, sondern im Dunkel der Nacht.

Die beiden Schatzgräber gingen mit klopfenden Herzen langsam vorwärts. Als sie die Stelle erreichten, wo sie ihren Geist zum letzten Mal gesehen hatten, bückten sie sich, um die Erde zu untersuchen.

„Oh, du heiliger Iwan Wassiljewitsch – hier ist ein Loch!"

„Graben wir?"

„Natürlich! Gleich da drüben ist das Gärtchen des jungen Alexej Philippowitsch; in der hintersten Ecke liegen Hacke und Schaufel. Ich werde sie holen."

„Soll ich einstweilen hier blieben?"

„Ja, du darfst nicht von der Stelle weichen, sonst fällt das Loch wieder zu. Sag, wenn ich fort bin, den Spruch! Und wenn ich zurückkehre, darf zwischen uns kein unerlaubtes Wort fallen."

Der Kosak eilte davon und sein Kamerad begann die Zauberformel zu murmeln. Bald kam der erste zurück mit den Werkzeugen und nun fingen die beiden an zu arbeiten, dass ihnen der Schweiß von der Stirn troff.

Das Loch war schon einen Meter tief, da bemerkten sie einen Lichtschein, der sich ihnen vom Haus des Kreishauptmanns her näherte. Sie wurden ängstlich. Zwei Männer waren es, von denen einer eine Laterne trug, die statt des Glases, das in diesen Gegenden selten ist, mit geöltem Papier verklebt war.

Unglücklicherweise kamen sie gerade auf die Schatzgrube zu und standen bald vor den beiden Arbeitenden, die jetzt nicht nur vor Anstrengung, sondern auch vor Angst schwitzten, denn die zwei Männer waren – der Kreishauptmann und sein Sohn.

„Donnerwetter!", rief der Rittmeister. „Was geht hier vor?"

Keine Antwort.

„Was macht ihr hier?"

„Ich hol' ihn raus!", murmelte es.

„Wen denn?"

„Ihr lieben Geister, steht mir bei!", stammelte es daneben.

„Alle Teufel! Ich selber werde euch beistehen!"

Damit zog der Rittmeister die Knute und begann die Rücken der in dem Loch Arbeitenden aus allen Kräften zu bläuen. Die närrischen Schatzgräber aber nahmen die Hiebe geduldig hin, hackten und schaufelten weiter und murmelten ihre Beschwörung dazu. So weh ihnen die Hiebe auch taten, sie ertrugen die Schmerzen und hörten auch nicht auf zu arbeiten, bis der Rittmeister müde wurde und den Arm sinken ließ.

„Habt ihr denn kein Gefühl, ihr Halunken?", brüllte er. „Wollt ihr wohl heraus aus dem Loch!"

„An diesem Platz…", sagte der eine.

„Kerl, was faselst du?"

„…da liegt ein Schatz", ergänzte der andere dem Spruch getreu.

„Ein Schatz? Beim heiligen Cyprianus, jetzt geht mir ein Licht auf! Einen Schatz wollen sie heben!", sagte er zum Isprawnik. „Dazu graben sie hier ein Loch, anstatt auf ihrem Posten zu bleiben. Kerls, wer hat euch denn das weisgemacht? Ihr seid ja so dämlich, dass es einen Hund erbarmen könnte!"

Das war dem einen der Schatzgräber denn doch zu viel. Für dämlich wollte er nicht gelten. Er vergaß, dass er schweigen musste, und fiel aus der Rolle.

„Dämlich? Nein, Väterchen, dämlich sind wir nicht, sondern im Gegenteil sehr klug."

Da stieß sein Kamerad einen Laut des Schreckens aus.

„O heilige Veronika, nun ist alles verloren! Du hast gesprochen!"

Sofort erkannte der Schwätzer, welch einen Fehler er begangen hatte; er ließ die Hacke sinken.

„Heiliger Iwan Wassiljewitsch!", jammerte er. „Was habe ich getan?"

„Kannst du denn dein Maul nicht halten? Ich wollte, der Teufel käme und führte dich durch alle Lüfte!", tobte der andere.

Beide dachten in ihrem Leid nicht an ihre Vorgesetzten und standen sich zornig gegenüber.

Sprachlos sahen der Kreishauptmann und der Rittmeister auf die Kosaken.

„Heute war der richtige Tag!“, fuhr der Großmutter-Enkel weinerlich fort. „Jahrelang habe ich auf den Frosch meiner Ahne vergeblich gewartet. Endlich erschien er uns, und wie groß, wie groß er war! Millionen liegen hier, ganz gewiss – denn je größer der Frosch, umso größer der Schatz. Ich habe mir den Rücken wund schlagen lassen, ohne zu mucksen, und nun war doch alles umsonst, denn du hast geschwatzt und der Schatz ist wieder versunken!“

„Vielleicht kommt er übers Jahr wieder herauf.“

„Er wird sich hüten, du Quatschkopf! So bald erscheint der Frosch nicht wieder. Ach, dieses Unglück! Nun ist alles, alles aus!“

Jetzt verlor der Rittmeister die Geduld.

„Du irrst dich!“, knurrte er böse. „Es ist noch nicht alles aus! Jetzt beginnt erst die Hauptsache, die Strafe für euer Verhalten! Ich lasse euch in Fesseln legen! Spießrutenlaufen müsst ihr Halunken!“

Entsetzt sprangen die beiden Kosaken aus der Grube und warfen sich vor dem Rittmeister nieder.

„Väterchen, das wirst du nicht tun!“, rief der unglückliche Enkel der unglücklichen Großmutter.

„Das werden wir nicht aushalten!“, jammerte der andere.

„Das sollt ihr auch nicht! Ich lasse euch peitschen, bis ihr erledigt seid, ihr pflichtvergessenen Hunde!“

„Wir sind nicht pflichtvergessen, Herr! Wir sind allezeit eifrig im Dienst.“

„Ihr habt euern Posten verlassen! Wir kommen, um uns zu überzeugen, dass sich der Gefangene in festem Gewahrsam befindet. Ihr solltet das Gefängnis bewachen, und anstatt das zu tun, grabt ihr nach einem Schatz. Indessen kann der Bursche über alle Berge sein.“

„Er ist ja angebunden, mein gutes Väterchen.“

„Das wäre euer Glück. Wir werden nach ihm sehen. Wehe euch, wenn nicht alles in Ordnung ist! Ihr wartet hier, bis wir wiederkommen. Dann werde ich bestimmen, was mit euch geschehen soll. Also keinen Schritt von hier! Verstanden?“

„Keinen Schritt, Väterchen, bis du wiederkommst. Wir gehorchen.“

Der Rittmeister wandte sich mit dem Isprawnik zum Feuerwehrhaus. Sie stiegen die Leiter hinauf und der Sohn befühlte den Verschluss der Tür.

„Ist alles in Ordnung?“, fragte der Kreishauptmann.

„Ja; aber das beweist noch nichts. Wollen weiter sehen!“

Der Rittmeister zog den Vorstecker aus der Krampe, schob die Tür auf und trat ein.

Da hörte der Isprawnik ein leises Geräusch wie das unterdrückte Aufstöhnen eines Menschen.

„Was hast du? Was gibt's?“, fragte er.

„Nichts. Komm herauf – schnell!“, antwortete es von innen.

Eilig stieg der Alte die Leiter hinauf.

*

Während die beiden Wachtposten nach dem Schatz gruben, hatte sich Sam Hawkens auf einem Umweg zu seinen beiden Gefährten geschlichen, die unter dem Feuerwehrhaus auf ihn warteten.

„Was spielst du denn da für eine Komödie?“, fragte Will.

„Hihihihi, altes Coon, ich bin ein großer Geist!“

„Du bist verrückt, Sam. Hält sich der Kerl gar noch für Manitou!“

„Unsinn, Will!“, kicherte Sam Hawkens vergnügt. „Die Kerle glauben, ihnen wäre ein Geist erschienen, noch dazu ein Geisterfrosch. Dieses Wunder habe ich heraufbeschworen. Habt ihr das famose Quaken nicht gehört?“

„Freilich. Und das Licht haben wir auch gesehen.“

„So dumm wie diese Menschen kann man wirklich nur in Sibirien sein, wenn ich mich nicht irre. Wir haben genügend Zeit, den Gefangenen in aller Gemächlichkeit herauszuholen. Sie werden graben bis zum frühen Morgen und natürlich nichts finden. Inzwischen ist der eigentliche Schatz, den sie zu bewachen haben, verschwunden, hihihihi!"

Sam erzählte ihnen schnell das Gespräch, das er belauscht hatte.

„Steigen wir alle drei hinauf?", fragte Will.

„Das ist nicht nötig", meinte Sam. „Ihr bleibt unten und haltet Wache. Man weiß niemals, was geschehen kann, und wenn der Teufel seine Hand im Spiel hat, kann doch eine Überraschung über uns kommen. Also passt scharf auf!"

Damit stieg er hinauf, zog den Vorstecker heraus, öffnete die Tür und trat ein.

„Nummer Zehn!", rief er halblaut. „Wo steckst du?"

„Hier an der Wand! Wer ist's?"

„Dein Freund, der Fremde, der dich schon einmal in Schutz nahm, wenn ich mich nicht irre."

„Oh! – Ich bin hier am Balken festgebunden!"

„Werde dich losmachen."

Sam ging der Richtung nach, woher die Stimme kam, und hielt die Hände vor, bis er den Gesuchten fühlte.

„Ah, da bist du! Gleich wirst du frei sein."

„Das ist sehr freundlich von dir, Brüderchen, aber ich darf von dieser Güte keinen Gebrauch machen."

„Weshalb nicht?"

„Aus mehreren Gründen. Zunächst würde der Verdacht, mich befreit zu haben, auf dich fallen und du hättest die Folgen zu tragen."

„Auf diese Folgen pfeife ich. Euer braver Kreishauptmann ist ein Schafskopf ersten Ranges. Er kann mir nicht bange machen. Übrigens vermag mir kein Mensch nachzuweisen, dass ich hier gewesen bin."

„Werden denn nicht die beiden Posten auf den Gedanken kommen?"

„K tschortu – zum Teufel! So weißt du also, wie ich sie überlistet habe?“

„Gewiss. Sie sprachen doch so laut, dass ich jedes Wort verstand. Und als sie sich entfernten, hörte ich es unter mir flüstern. Das waren wohl deine beiden Gefährten, denn ich vernahm einige halblaute englische Worte.“

„Verstehst du Englisch?“

„Ja.“

„Ein sibirischer Kosak, der Englisch sprich? Alle Achtung vor dir!“, staunte Sam.

„Ich bin kein Kosak, überhaupt kein Asiat und auch kein Russe.“

„So? Was denn?“

„Ein Deutscher.“

„Potztausend!“, fuhr der Kleine auf Deutsch fort. „Sollte man so etwas für möglich halten? Und ein Verbannter bist du? Wie kann man einen Deutschen nach Sibirien schicken?“

„Ich war russischer Offizier.“

„Das ist was anderes. Also Offizier! Dann werde ich mir das ‚Du‘ sofort abgewöhnen. Aber als Deutscher müssen Sie unbedingt loskommen! Sie dürfen sich nicht weigern, mit mir zu gehen.“

Sam hielt inne, vom Eingang her ertönte eine Warnung.

„Pst! Macht rasch! Es kommen Leute – keine Minute ist zu verlieren!“

Sam Hawkens eilte zur Tür, wo Dick Stone auf der Leiter stand, und bemerkte in der Richtung, wo die beiden Posten bisher gehackt und geschaufelt hatten, den Schein einer Laterne, während zugleich die laute, zornige Stimme des Rittmeisters herüberdrang.

„Damned! Das ist der Rittmeister“, sagte er.

„Ja. Er kommt jedenfalls, um nach dem Gefangenen zu sehen. Schnell herunter mit dem Mann!“

„Fällt mir nicht ein. Geht nicht!“, erklärte Sam ruhig.

„Weshalb nicht?“

„Wenn seine Flucht schon jetzt entdeckt würde, könnte man ihn leicht wieder ergreifen. Nein. Ich habe einen prachtvollen Plan. Hole Will schnell herauf!“

Eine Minute später waren die Gefährten oben.

„Well!“, meinte Sam. „Rasch herein! Muss die Tür verschließen.“

Neben der Tür hatte Sam ein Loch in der Holzwand entdeckt, durch das man hinausgreifen und den Vorstecker in die Haspe schieben konnte. Eine Nachlässigkeit, die nur da denkbar ist, wo man einen alten Schuppen als Gefängnis benützt. Sam machte sogleich Gebrauch davon, sicherte die Tür und lachte leise vor sich hin.

„Welch eine Überraschung, wenn der Herr Rittmeister seine vier besten Freunde hier versammelt findet! Das gibt einen Jux, wenn ich mich nicht irre. Binden wir aber vorher den Gefangenen los!“

Während Dick Stone den Befehl Sams ausführte, hörte man deutlich das Klatschen der Knutenhiebe, womit der Rittmeister die beiden Posten bedachte. Dann vernahm man seinen lauten Befehl:

„Ihr wartet hier, bis wir wiederkommen!“

„Er sagt ‚wir‘. Demnach ist er nicht allein“, meinte Sam. „Das ist schlimm.“

Er trat ans Loch und blickte hinaus. Im spärlichen Licht der Laterne erkannte er nun auch den anderen.

„Der Kreishauptmann ist dabei. Das freut mich. So erwischen wir sie alle beide. – Aufgepasst! Sie nahen.“

Sam schlich zur Seite. Der Vorstecker klirrte, die Tür wurde geöffnet und dann stieg der Rittmeister herein. Eben wollte er sich nach seinem Vater umdrehen, da legte ihm Sam die Hände um den Hals. Ein kraftvoller Druck, ein kurzes, halblautes Stöhnen, und der Offizier war besinnungslos.

Der Kreishauptmann hörte dieses leichte Stöhnen und fragte besorgt:

„Was hast du? Was gibt’s?“

Der geistesgegenwärtige Kosak Nummer Zehn gab darauf Antwort, wobei er die Stimme des Rittmeisters nachzuahmen suchte:

„Nichts. Komm herauf – schnell!"

Es gelang: Der Kreishauptmann folgte seinem Sohn. Sofort riss ihm Dick Stone die Laterne aus der Hand. Das war notwendig, denn erstens durfte der Isprawnik niemanden erkennen und zweitens konnte leicht ein Brand entstehen, wenn sie ihm entfiel. Will Parker fasste ihn so kräftig bei der Gurgel, dass der Überraschte sofort die Arme hängen ließ, einmal aufröchelte und dann bewusstlos niedersank.

Vater und Sohn wurden nebeneinander auf den Fußboden gelegt. Sam ergriff die Laterne und leuchtete ihnen ins Gesicht.

„Sie werden wohl Taschentücher haben. Bindet sie ihnen über die Augen, dass sie uns nicht sehen können, wenn sie erwachen!"

„Das ist nicht notwendig", widersprach Will. „Wir werden uns doch nicht hinstellen und warten, bis sie munter sind. Das wäre eine Torheit."

„Bist du wieder einmal klüger als ich?", spöttelte Sam. „Ich habe große Lust, noch ein Viertelstündchen hier zu verweilen."

„Wozu?"

„Um dieser Angelegenheit einen lustigen Anstrich zu geben. Ihr kennt euern alten Sam Hawkens und wisst, dass er ein vergnügter Kerl ist. Wir werden sie lynchen."

„Was?", fuhr Will auf.

„Nun, nicht eigentlich lynchen; aber ein echt amerikanisches Verfahren werden wir an ihnen vornehmen. Ihr seid doch schon öfters dabei gewesen, wenn einer geteert und gefedert wurde."

„Bounce! Dieser Gedanke ist freilich nicht übel."

„Nicht wahr? Ja, Sam Hawkens hat überhaupt keine üblen Einfälle unter seinem Skalp, wenn ich mich nicht irre. Federn können wir sie allerdings nicht, denn hier gibt es keine Federn, dafür aber ist Werg genug vorhanden. Und dort steht ein Kübel voll Teer. Das passt ganz vortrefflich. Schnell, zieht sie aus, bevor sie wieder zu sich kommen!"

„Hallo, ich bin dabei! Das soll morgen ein Spaß sein!", freute sich Will.

„Diese Schande! Aber die beiden eingebildeten Laffen haben es reichlich verdient", meinte Dick zufrieden.

Sam hängte die Laterne an einen Nagel und nun waren acht Hände eifrig beschäftigt, die beiden ihrer Oberkleider zu entledigen, nachdem ihnen die Augen verbunden worden waren. Sie erhielten aus Werg geformte Knebel und wurden gefesselt. Dann tauchte man sie bis an den Hals in den Teerkübel und rollte sie in kurzgezupftem Werg hin und her, das auf dem Teer sofort festklebte. Darauf wurden beide an den Balken geschnürt, woran der Kosak vorher angebunden gewesen war. Vater und Sohn waren durch die unsanfte Behandlung längst aus ihrer Betäubung erwacht. Sie wussten nicht, was mit ihnen geschah. Die Tücher vor ihren Augen hinderten sie am Sehen, zu hören war nichts, was sie über ihre Lage aufklären konnte, und so blieb ihnen alles ein unheimliches Rätsel. Endlich knurrten und fauchten sie. Da waren die Quälgeister schon fertig mit ihnen.

„Sie mögen raten, was hier los ist, und sich abmühen an ihren Stricken", kicherte Sam im Flüsterton. „Ich möchte nicht an ihrer Stelle sein. Eine halbe Nacht in diesem Zustand! Das kann man im ganzen Leben nicht vergessen! Es mag ihnen eine Lehre sein. – Kommt! Wir sind fertig, wenn ich mich nicht irre."

Man löschte die Laterne und dann stiegen die drei Freunde und der Kosak hinab. Sam als der Letzte verschloss die Tür. Sie verließen den Ort unbemerkt, denn die beiden Schatzgräber hockten noch immer traurig beieinander an der Schatzgrube, getreu dem Befehl des Rittmeisters, sich nicht zu entfernen.

(Gesammelte Werke Band 63 „Zobeljäger und Kosak")

Der Teufel und seine Großmutter

Gleich nach der Schilderung des Ereignisses mit dem Geisterfrosch entwickelt May die folgende humoristische Szene. Ein russischer Leutnant betritt das Haus des Kreishauptmanns und gerät sogleich in Streit mit der Dame des Hauses. Er will sofort den Hausherrn oder dessen Sohn sprechen, doch die Suche nach den beiden Männern – selbst im Schlafzimmer – bleibt ergebnislos. Der Leutnant verlässt wütend das Gebäude.

Als der Leutnant aus dem Haus trat, begegneten ihm drei Männer, die im Begriff waren, einzutreten. Sein Gesicht verfinsterte sich, denn es war das Kleeblatt. Er war gestern auch im Tanzsaal gewesen, wusste also von allem, was sich dort ereignet hatte.

„Was wollen Sie hier?", fuhr er die Eintretenden an.

Sam blickte ihm lächelnd ins Gesicht.

„Wohnen Sie in diesem Haus?"

„Nein."

„Dann dürfte es Ihnen gleichgültig sein, was wir hier wollen."

„Erlauben Sie, es ist ein Regierungsgebäude!"

„Das weiß ich."

„Und ich bin Regierungsbeamter. Ich verlange Antwort!"

Da wurde Sam Hawkens ernst.

„Mensch, denkst du vielleicht, wir lassen uns von einem Kosaken schulmeistern? Das bilde dir ja nicht ein! Wenn du noch ein einziges unhöfliches Wort sagst, schreibe ich meinem Freund, dem Generalgouverneur von Ostsibirien, wenn ich mich nicht irre. Der wird dafür sorgen, dass du höflicher wirst!"

Das schien die richtige Art und Weise, sich in Achtung zu setzen.

„Verzeihung, Väterchen!", stieß der Leutnant betroffen hervor. Er erinnerte sich an das frühere Auftreten Sams, besonders an das ‚Kaffetrinken und Kartenspielen in Zarskoje Selo'. „Ich habe nicht gewusst, dass der Generalgouverneur Ihr Freund ist", fügte er hinzu.

„Sie könnten auch ohne dies höflich sein!", tadelte Sam, scheinbar noch immer gekränkt. „Wir wollen zum Kreishauptmann."

„Den werden Sie nicht antreffen, er ist verschwunden. Wir müssen ihn erst suchen."

„Dann werden wir seinen Sohn, den Rittmeister..."

„Der ist auch verschwunden", unterbrach ihn der Leutnant diensteifrig.

„Und ihr habt keine Ahnung, wohin?"

„Nein."

„Nun, das werden wir schon herauskriegen. Einem Fremden gelingt das manchmal leichter als einem Einheimischen. – Was sind denn das für zwei Kerle, die da drüben so steif stehen, als hätten sie Spazierstöcke verschlungen?"

„Das sind Wachtposten."

„So wissen die vielleicht, wohin sich die beiden begeben haben; sie können ja ganz gut bis hierher sehen."

„Ich habe sie bereits verhört. Sie wissen es nicht."

„Wahrscheinlich haben Sie nicht richtig gefragt. Ich war früher Gerichtspräsident und habe gelernt, die Fragen so zu stellen, dass die Antworten, die ich haben will, erfolgen müssen, hihihihi!"

„Dann werden Euer Gnaden vielleicht die Güte haben, mir bei einem nochmaligen Verhör behilflich zu sein!", bat der Leutnant. Seine Hochachtung vor dem Kleinen war mächtig gewachsen. Er ließ die drei vorausschreiten und ging höflich hinter ihnen her.

Sam pflanzte sich breitspurig vor die Posten hin.

„Meine lieben Söhnchen! Wisst ihr, wo der Herr Rittmeister steckt?"

„Nein, Gospodin", antwortete der eine.

„Wer hat euch denn hierhergestellt?"

„Unser Väterchen, der Rittmeister."

„Also habt ihr ihn doch gesehen. Wann war denn das?“

„Um Mitternacht.“

„War er allein?“

„Nein, unser Väterchen, der Kreishauptmann, war bei ihm.“

„Was wollten sie hier?“

„Wir wissen es nicht.“

„Sie müssen doch irgendetwas gesagt haben. – Übrigens, zeig einmal her! Deine Jacke hat eine Menge Striemen. Du hast Prügel bekommen. Von wem denn?“

„Vom Väterchen, dem Rittmeister.“

„Das war recht unfreundlich von ihm. Weshalb hat er denn die Knute reden lassen?“

„Des Frosches wegen.“

„Kinderchen, so kommen wir nicht weiter. Ich muss euch ja jedes Wort abkaufen und das erfordert zu viel Zeit und Geduld. Erzählt einmal, was losgewesen ist!“

Dabei nahm Sam Hawkens die Peitsche, die er hier in Sibirien als Zierde seiner Männlichkeit trug, aus dem Gürtel, um mit dieser Geste seine Aufforderung zu unterstreichen.

„Also: Was war es mit dem Frosch?“

„Er wollte uns den Schatz zeigen.“

„Einen Schatz? Der sollte wohl hier an dieser Stelle liegen, und als ihr ihn ausgraben wolltet, kamen die beiden Väterchen dazu?“

„Ja, so war es. Dann befahl uns das junge Väterchen, diesen Ort nicht eher zu verlassen, als bis er zurückgekehrt wäre.“

„Aber ihr müsst doch die Richtung kennen, in der die beiden verschwunden sind. Habt ihr ihnen denn nicht nachgeblickt?“

„Nein. Erstens war es sehr finster und zweitens mussten wir geradeso stehen bleiben, wie wir standen.“

Da konnte sich Sam nicht mehr halten – er brach in ein lautes Gelächter aus. Die dummen Gesichter dieser beiden Kosaken, das nicht viel gescheitere des Leutnants und die ganze Lage waren zu drollig, als dass er hätte dabei ernst bleiben können. Die zwei benahmen sich wie Maschinen, die geradeso verharren, wie sie eingestellt worden sind. Sie hatten mit dem Rücken zum Gefängnis hin gestanden, als der Rittmeister mit seinem Vater von ihnen gegangen war, und da man ihnen befohlen hatte, hier zu bleiben, hatten sie die ganze Nacht wie angenagelt ausgehalten, ohne sich zu bewegen, hatten sich nicht umgedreht und also auch nicht bemerkt, dass ihre Vorgesetzten die Leiter hinaufgestiegen waren.

Auf dem Platz vor dem Gefängnis hatten sich inzwischen viele Leute angesammelt, meist Kosaken, die neugierig einen Kreis um die kleine Gruppe bildeten.

„Ihr wisst also nicht, wohin die Väterchen verschwunden sind?“, fuhr Sam fort. „Nun, um Mitternacht geht man nicht spazieren; so viel ist gewiss. Sie müssen einen Zweck verfolgt haben, als sie bei euch vorbeikamen. – Wart ihr nur hier, um den Schatz zu heben?“

„Nein, wir sollten Wache halten vor dem Gefängnis.“

„Gefängnis? Wo liegt das?“

Diese Frage war an den Leutnant gerichtet.

„Gleich hier!“, antwortete er mit einer Handbewegung nach dem ärmlichen Pfahlbau.

„Aha! Sie haben sicherlich in das Gefängnis steigen wollen. Ist jemand drin?“

„Kosak Nummer Zehn.“

„So wollten sie sich von seiner Anwesenheit überzeugen. Es bleibt Ihnen nun wohl nichts weiter übrig, Herr Leutnant, als einmal hinzugehen und nachzusehen, ob dort alles in Ordnung ist. Vielleicht ist den Herren gar etwas zugestoßen. Dann ist es Ihre Pflicht, ihnen zu helfen.“

Das leuchtete dem Leutnant ein. Aber er bequemte sich nur zögernd und widerwillig, denn er fürchtete sich vor dem Zorn des Rittmeisters, falls sein Handeln nicht nach dessen Wunsch war.

„Werden Sie mitkommen?“, fragte er den Kleinen zögernd.

„Ja, ich werde Sie begleiten und meine beiden Kameraden auch."

Die Zuschauer eilten hinter ihnen her. Am Feuerwehrgebäude machten sie Halt. Dort überlegte es sich der Offizier noch einmal, ob er es wagen dürfe, selbständig etwas zu unternehmen, und erst als Sam ihm zuredete, stieg er langsam die Leiter hinauf.

In lautloser Erwartung standen die Neugierigen von fern. Einmal hegten sie alle große Teilnahme für den Kosaken Nummer Zehn, den die Prinzessin Karpala gestern durch ihre Aufforderung zum Tanz ausgezeichnet hatte und der so mutig gegen den Rittmeister aufgetreten war. Und nun kam dazu das geheimnisvolle Verschwinden der beiden bedeutendsten Männer der Stadt. Vielleicht stand man jetzt vor der Aufklärung dieses Geheimnisses. Dabei wollte keiner fehlen.

Der Leutnant stieg die wenigen Sprossen hinauf, zog den Vorstecker heraus, öffnete vorsichtig die Tür und blickte hinein. Entsetzt fuhr er zurück. „Alle Heiligen!", schrie er.

„Was gibt's?", fragte Sam Hawkens.

Ohne zu antworten, sprang der Offizier mit einem einzigen Satz von oben herunter. Sein Gesicht war kreideweiß, er zitterte am ganzen Körper.

„Nun, was ist los?"

„Der – der Teufel!", brüllte jetzt der Leutnant, dass es über den Platz hallte.

Sam tat, als hielte er den persönlichen Besuch des Teufels in Werchne-Udinsk gar nicht für unmöglich.

„Der Teufel? Ist's wirklich wahr?", fragte er harmlos.

„Ja, ja, ja! Da – da – da oben!"

Der Leutnant deutete mit zitternder Hand hinauf zur offen stehenden Tür. Sofort drängte sich die Menge näher, um kein Wort von dem Gespräch zu verlieren.

„Irren Sie sich auch nicht?", meinte jetzt der Kleine.

„Nein, nein! Ich sah es ganz deutlich. Es ist der Teufel, das Väterchen mit dem Mütterchen, der Großmutter!"

„O Himmel – es sind zwei?“

„Ja, er und sie.“

„Der Teufel, das Väterchen und seine Großmutter!“, murmelte es im Kreis der Zuschauer und sofort zog man sich weiter zurück.

„Fast möchte ich es nicht glauben“, meinte Sam Hawkens und kletterte nun auch hinauf.

Der Anblick, der sich ihm bot, war allerdings dazu angetan, dass sich nicht nur ein ungebildeter und abergläubischer Mensch darüber entsetzen konnte. Zu seiner Beruhigung bemerkte Sam, dass sich die beiden Gefangenen bewegten. Sie machten krampfhafte Anstrengungen, von den Stricken loszukommen, hatten also an Leib und Leben keinen Schaden genommen.

Sam stieß nun ebenfalls einen lauten Schrei aus und sprang von der Leiter herab.

Auch Dick und Will stiegen nacheinander hinauf und kamen mit allen Zeichen heftigen Schrecks wieder herunter.

„Ihre Freunde sind ebenso mutig wie Sie und ich“, lachte der Leutnant gezwungen. „Was sagen sie dazu?“

„Sie sind gleichfalls der Ansicht, dass es der Teufel mit seiner Großmutter ist.“

In der Menge entstand eine lebhafte Bewegung. Der Teufel und seine Großmutter – entsetzlich!

Diese Kunde wurde mit ungeheurer Schnelligkeit weitergetragen. Sie verbreitete sich rasch auch draußen auf dem Jahrmarktsplatz und so kam es, dass alles hier versammelte Volk, Russen, Ostjaken, Wogulen, Samojeden, Burjaten, Sojoten und Kalmücken, in höchster Aufregung nach dem Platz vor dem Feuerwehrgebäude strömte. Alle diese Leute waren von einer heillosen Furcht erfüllt und teilten sich erregt ihre verschiedenen Ansichten darüber mit, weshalb der Teufel hier erschienen wäre und was er wohl tun würde.

Auch der ‚Teufelsaustreiber‘ von Werchne-Udinsk vernahm das Gerücht. Es war der hoch betagte Hirt Bibikow, der bei der einfachen Bevölkerung in gutem Ansehen stand wegen seiner Wunderkuren mit Kräutern und selbstverfertigten Salben. Er war auch ein belesener Mann – eine außerordentliche Seltenheit unter diesen Menschen – und beschäftigte sich viel mit übersinnlichen Dingen. Seitdem er vor vielen Jahren bei dem schwachsinnigen Sohn eines Jägers die ‚Besessenheit' geheilt hatte, galt er in der weiten Umgegend als der ‚Herr über Geister und Teufel'. Selber hatte er zwar den Teufel noch nicht gesehen; aber in alten, vergilbten Büchern und Handschriften waren ihm Anweisungen über das Austreiben und Bannen des Satans begegnet. So griff er denn jetzt zu seinem Büchlein mit den Beschwörungsformeln und machte sich auf den Weg.

Gar wohl zu Mute war ihm freilich nicht. Wer mochte sich auf den Teufel verlassen, zumal wenn dieser seine Großmutter bei sich hatte, von deren Behandlung in den Büchern gar nichts stand? Man konnte dabei Leben und Seligkeit verlieren. Deshalb nahm er sich vor, mit der größten Vorsicht zu verfahren.

Als er auf dem Platz eintraf und die Menschenmenge erblickte, die ihm ehrfurchtsvoll Platz machte, hatte er das Gefühl, als würde er seekrank. Und je weiter er sich dem Feuerwehrhaus näherte, umso schlechter wurde ihm.

So kam er bei der Gruppe an, die von einigen Offizieren, dem Grafen Polikeff, der sich inzwischen unauffällig hinzugesellt hatte, dem Leutnant und den drei Präriejägern gebildet wurde.

Dem alten Hirten trat der Schweiß auf die Stirn. Er nahm die Mütze vom Kopf, um sich den Schädel zu trocknen, setzte sie wieder auf und schritt langsam auf die Leiter zu.

Zögernd stieg er auf die erste Stufe und es dauerte lange, bevor er den Fuß auf die zweite setzte.

Seine Augen befanden sich jetzt in gleicher Höhe mit der unteren Türlinie. Nun hob er das Beschwörungsbuch hoch, um es dem Teufel zu zeigen.

„Siehst du diese Bannschrift?", fragte er.

Ein stöhnendes Röcheln antwortete.

„Sie ist mein Schutz und Schirm. Denke nicht etwa, dass du mir etwas anhaben kannst, wenn ich dieses Buch bei mir trage!"

Da grunzte es drinnen wie zustimmend. Das gab ihm so viel Mut, dass er noch eine Stufe höher stieg und nun in das Innere des Raumes blicken konnte. Aber kaum hatte er die beiden Gestalten gesehen, so ließ er das Buch mit lautem Schrei fallen.

„Helft mir, ihr Engel des Himmels, helft!"

Er rutschte von der Leiter herab, sodass er mit gespreizten Beinen auf dem Erdboden landete und sich mit einem vernehmbaren Ruck hinsetzte.

Doch er raffte sich wieder auf, hob sein Büchlein auf und begann mit lauter Stimme tapfer die Beschwörungsformel zu sprechen.

Die anwesende Menge hörte mit frommem Schauder zu.

„Komm heraus!", gebot er endlich und wich vorsichtig eine Strecke zurück.

Aber weder der Teufel noch seine Großmutter erschienen.

„Ich befehle dir: Komm heraus!", wiederholte der Beschwörer.

Doch auch diese Aufforderung blieb ohne Erfolg.

„Ich befehle dir zum dritten und letzten Mal: Komm herau..." Hier ging der Befehl in einen Schrei über. „O Himmel! Er gehorcht! Er kommt!" –

Die beiden Gefangenen hatten eine entsetzliche Nacht hinter sich. Als es Tag geworden war, hofften sie, aus ihrer Lage befreit zu werden, doch vergebens. Erst später hörten sie endlich Leute nahen, die die Tür öffneten, hereinschauten, aber, ohne Hilfe zu bringen, wieder verschwanden.

Des Rittmeisters bemächtigte sich eine fürchterliche Wut; er zerrte immer von Neuem an seinen Fesseln, bis sich die Stricke lockerten.

Gerade in diesem Augenblick schaute der Teufelsaustreiber herein und stürzte vor Schreck von der Leiter herab.

Der Zorn des Rittmeisters steigerte sich fast zum Wahnwitz. Er zerrte und zog mit aller Gewalt – und es gelang: Er bekam doch wenigstens einen Arm frei.

Nun riss er sich vor allen Dingen den Knebel aus dem Mund, damit er freier atmen konnte, zog die Binde von den Augen und brachte, als die frische Luft ihm neue Lebenskraft gegeben hatte, auch den andern Arm los. Jetzt war es nicht mehr schwer, die übrigen Stricke zu entfernen.

Er reckte und dehnte die Glieder, die in den Fesseln steif geworden waren. Ein lautes Stöhnen erinnerte ihn an seinen Vater und er begann nun auch ihm den Knebel aus dem Mund zu ziehen und ihn zu befreien.

„Endlich, endlich!“, ächzte der Isprawnik. „Fast wäre ich erstickt!“

„Komm!“, sagte der Rittmeister barsch und trat einige Schritte vor, um hinauszulugen; er fuhr erschrocken zurück.

„Alle Millionen Teufel! Sämtliche Bewohner der Stadt und des Zeltdorfs warten draußen! – Ha, und dort stehen die Offiziere neben den drei verfluchten Fremden und – es ist noch ein anderer dabei, der mir bekannt vorkommt! K tschortu! Ist's möglich? Sieh den Herrn an, der gerade mit dem Leutnant sprich! Kennst du ihn?“

„Der Graf!“, flüsterte der Kreishauptmann entsetzt.

„Ja, es ist Polikeff. In einer solchen Lage darf er uns nicht sehen!“

„Unmöglich!“

„Aber wie fortkommen? Durch die Menschenmenge? Und keiner von den Halunken wird sich entfernen, bevor er erfahren hat, wer wir sind.“

„Wir bleiben am besten hier“, riet der Alte, „bis – ah, der verrückte Bibikow!“

„Was will denn der?“, schimpfte der Rittmeister.

„Er macht Kreuze. Alle Wetter! Man hält uns für böse Geister.“

„Daran ist gar kein Zweifel. Man will uns beschwören –

es ist ja zum Heulen mit diesen Dummköpfen! Schließlich sind wir für diese Menschen gar noch leibhaftige Teufel."

„Wir sehen auch ganz danach aus. Da kommt mir ein Gedanke: Wenn wir jetzt hinaussteigen und gerade auf das Volk losrennen, reißt alles aus!"

„Du, das ist möglich! – Wollen wir?"

„Es bleibt uns wohl doch nichts anderes übrig", entschied der Isprawnik. „Sind wir einmal drüben im Haus, so können wir den Leuten schon ein X für ein U vormachen."

„Also vorwärts! Vergiss Rock und Mütze nicht! Braucht niemand zu wissen, wer die Teufel gewesen sind."

Der Rittmeister trat vor und sein Vater folgte ihm.

Beide glaubten, während der Beobachtungen, die sie soeben angestellt hatten, nicht bemerkt worden zu sein. Sie kannten aber die Verschlagenheit eines Sam Hawkens nicht. Der hatte gar wohl ihre Gesichter am Türspalt gesehen und ihr Flüstern vernommen. Ja, es glückte ihm sogar, einige Worte zu verstehen. Der Rittmeister war nämlich in der Erregung über das unerwartete Erscheinen des Grafen lauter geworden, als er wollte, und so hatte Sam ganz deutlich den Namen Polikeff gehört. Zuerst war er vor Erstaunen starr gewesen. Also der sehnlichst Erwartete war schon hier? Aber wo? Sam blickte sich um und sein Auge blieb auf dem Mann haften, der an der Seite der Offiziere in lässiger Haltung die Vorgänge um das Feuerwehrgebäude beobachtete. Er war von schlanker, mittelgroßer Gestalt; sein bleiches, ausdrucksloses Gesicht wurde von einem dichten, dunklen Schnurrbart beschattet; sein stark entwickeltes Kinn ließ auf Rücksichtslosigkeit und Willensstärke schließen.

Sam wandte sich leise an seine Kameraden.

„Schaut euch einmal unauffällig den Kerl an dort neben den Offizieren!"

Dick und Will folgten seiner Aufforderung.

„Well, was ist's mit ihm?", fragte Dick Stone.

„Er ist unser Mann, wenn ich mich nicht irre."

„Welcher Mann? Kenne ihn nicht."

„Das glaube ich gern, hihihihi! Auch ich sehe ihn jetzt zum ersten Mal. Es ist Graf Polikeff."

„Egad! Woher willst du das wissen?"

„Der Teufel in dem Loch da drin hat seinen Namen genannt. Oder war es seine Großmutter? Genau weiß ich's nicht."

„Dann hätten wir ihn ja! – Aber hast du auch richtig gehört?", fiel Will Parker ein.

„Sam Hawkens hört immer richtig, wenn ich mich nicht irre."

„Was tun wir? Wollen wir ihn anreden?"

„Du bist und bleibst doch ein unverbesserliches Greenhorn, Will! Das wäre das Dümmste, was wir anfangen könnten. Nein, der Mustang muss anders aufgezäumt werden."

„Wie?"

„Lasst Sam Hawkens nur machen! Schätze, dass das Theater bald beginnen wird. Ich setze meinen Skalp zum Pfand, dass die beiden Kerle herausstürmen. Dann reißt voraussichtlich alles aus. Ich trolle mich sofort ins Regierungsgebäude. Dort wird die Komödie zum Abschluss kommen und ich möchte das Ende belauschen. Also, ich drücke mich."

Gerade als sich Bibikow, der alte Hirt, von seinem Sturz aufgerappelt hatte und dem Teufel gebot, zu erscheinen, schlich sich Sam fort, um die zusammengedrängte Menge herum, und eilte nach dem Regierungsgebäude. Da kein Mensch auf ihn achtete, gelangte er auch unbemerkt ans Ziel.

Wenn seine Vermutung richtig war, dass die beiden Teufel aus dem Feuerwehrhaus ausbrachen, so war zu erwarten, dass sie in ihre Wohnung laufen und dort die Tür hinter sich verschließen würden, damit kein Unberufener eindringen konnte. Also galt es für ihn zunächst, im Haus einen Ort zu finden, wo er vor Entdeckung sicher war.

Sam Hawkens schaute sich im Regierungsgebäude um.

Zur Rechten fand er eine Tür, woran das Wort ‚Keller' zu lesen war.

In diesem Augenblick erhob sich draußen ein fürchterliches Geschrei.

„Ah!", schmunzelte er. „Sie kommen schon. Ich habe keine Zeit, mich nach einem anderen Versteck umzusehen. Also hinein in den Keller!"

Der Schlüssel steckte im Schloss. Rasch öffnete er, huschte hinein und blieb auf der ersten Stufe stehen, um das Schloss zu untersuchen. Es bestand nur in einem eisernen Riegel, der durch den Schlüssel hin und her bewegt wurde, sodass man also auch von innen aufmachen konnte. Sam schob den Riegel vor und lauschte.

Der Lärm schien sich zu nähern. Zugleich aber hörte er eilige Schritte, die Haustür wurde aufgerissen und dann vernahm er eine keuchende Stimme:

„Schließ gut zu! Es darf keiner herein!"

Darauf knarrte ein Riegel und eine andere Stimme antwortete:

„Aber in die Stube können wir in diesem Aufzug doch auch nicht! Das Gesinde darf uns nicht sehen."

Etwas wie ein unterdrückter Fluch erklang.

„Hast Recht. Wir müssen die Mutter rufen."

Gleich darauf dröhnte es durchs ganze Haus:

„Natalia, Natalia!"

Eine weibliche Stimme antwortete:

„Was gibt's?"

„Mach schnell! – Ich bin's. Aber keiner sonst darf kommen!"

„Gleich, gleich!"

Trotz des Lärms, der immer noch auf der Straße tobte, hörte Sam Hawkens hastige Schritte. Dann gellte ein Schreckensschrei.

„Alle heiligen Nothelfer! – Der Teufel!"

„Unsinn! Wir sind's. Iwan und ich!"

„Himmel! – Ihr? Was ist denn mit euch geschehen?"

„Wirst es nachher erfahren. Wir können uns so nicht blicken lassen und müssen in den Keller!“

„Kommt in die Wohnung!“

„Den Teer bringen wir nur mit Petroleum oder Kienöl ab und beides ist unten. Schaffe zwei andere Anzüge herbei und Wasser und Licht! Unsere alten Sachen sind schmutzig. Wir werfen die Röcke gleich hier in den Winkel. – Aber lass keinen Menschen ins Haus!“

(Gesammelte Werke Band 63 „Zobeljäger und Kosak“)

Der Sänftenlauf des Turnerstick

Die Reisegesellschaft um Kapitän Turnerstick und den Methusalem betritt chinesischen Boden. Der Kapitän hat noch wichtige Formalitäten zu erledigen und bietet den Reisenden an, sie in das Hongkong-Hotel zu führen, wo sie seine Rückkehr abwarten sollen. Turnerstick trägt inzwischen chinesische Gewänder, will sich als hoher Mandarin ausgeben und hält es darum für seiner unwürdig, die Strecke bis zum Logis zu Fuß zurückzulegen. Er will sich in einer Sänfte tragen lassen, doch handelt er zu hart mit den Kulis um den Preis. Das hätte er nicht tun sollen, denn die Träger rächen sich auf ihre Art.

Turnerstick war zu der Gruppe der Kulis getreten und hatte zu zweien derselben, welche die hübscheste Sänfte besaßen, gesagt: „Was kosting es, mich von hier bis zum Hotelung Hongkong zu trageng?“

Sie sahen ihn verwundert an, schüttelten die Köpfe und einer antwortete: „Yes, Sir, you are in Hongkong.“

Er hatte nur das Wort Hongkong verstanden und war der Ansicht, Turnerstick wolle wissen, ob er sich in Hongkong befinde. Dass er ihn Sir nannte, war ein sicheres Zeichen, dass er ihn trotz der chinesischen Kleidung nicht für einen Sohn der Mitte hielt. Das erregte den Zorn des Kapitäns; er setzte den Klemmer auf sein Vorlukennäschen, warf dem Kuli durch denselben einen möglichst großartigen Blick zu und sagte: „Ich muss mir ausbitting, dass Ihr mit mir Chinesisch sprechengt! Ich bin ein Mandaring der obersten Klassong und habe keine Lust, fremde Dialekting zu duldung! Also was habe ich von hier bis ins Hotel zu zahleng?“

„Hotel?“, fragte der Kuli, der jetzt dieses eine Wort verstanden hatte.

„Ja, Hotel Hongkong.“

„Ah, we shall bear to Hongkong-Hotel?“

„Ja, dorthing will ich getrageng seiang. Wie viel habeng ich dafür zu bezahlong?“

Da er bei dem „Ja" zustimmend nickte, so wurde er verstanden. Bei seiner letzten Frage machte er die Pantomime des Geldzählens, die in aller Herren Länder ganz dieselbe ist. Darum wusste der Kuli, was er meine, und antwortete: „Fifteen Fen or Candarins."

„Fünfzehn Fen sind hundertfünfzig Li, also eine ganze Mark; das ist zu viel!", brummte der Kapitän vor sich hin. Und laut setzte er hinzu: „So viel zu bezahling kann mir nicht einfalleng. Ich bin chinesischer Mandaring und lasse mich von keinem Kuli überteuerong. Ihr sollt hundert Li bekommung, aber keinen Pfennig mehr!"

Er knüpfte eine der Schnüre auf, zählte hundert Li ab und gab sie dem einen der Kulis. Dieser zählte nach, schüttelte den Kopf und sagte: „Hundred-fifty Li, not hundred!"

„Ich gebe hundert; dabei hat's zu bleibing", beharrte Turnerstick.

Der Kuli sah aus der Miene des Kapitäns, was dieser meinte, und entgegnete: „Sir, do you are a miser, a nigard, a churl?"

„Was, ich solling ein Geizhals seiung? Ein Knicker? Das ist stark! Das ist im höchsteng Grade beleidigingd! Gebt mir mein Geld zurück! Ich werde mich von anderen trageng lassung!"

Er rief das so laut und zornig, dass die zahlreichen Zuschauer sich in Erwartung einer Szene näher herandrängten. Die beiden Kulis wechselten einige halblaute chinesische Sätze, musterten Turnerstick noch einmal, und zwar genauer als vorher, und wollten ihm dann Bescheid sagen. Er aber kam ihnen zuvor, indem er, um ihnen zu imponieren, seinen riesigen Fächer öffnete und, auf seine goldenen Zeichen deutend, sie anherrschte: „Solltet ihr mir nicht anseheng, wer ich eigentlich bing, so lest hier meine Visitenkartong! Tur-ning-sti-king Kuo-ngan-ta-fu-tsiang! Ich bing Generalmajoring! Verstanding? Euch soll der Teufling holang, wenn ihr nicht gehorchung wollt! Ihr tragt mich für hundert Li, sonst werde ich euch bei den Ohreng nehmang!"

Die Umstehenden ließen ein Gemurmel des Unwillens hören. Der Kuli aber beruhigte sie mit einigen chinesischen Worten, die Turnerstick nicht verstand, und sagte unter einer tiefen Verbeugung zu ihm: „Well, hundred Li; get in, Sir!"

Dabei öffnete er die Tür der Sänfte und lud durch eine Handbewegung den Kapitän ein, sich hineinzusetzen. Turnerstick freute sich über den Sieg, den er errungen zu haben meinte. Er beachtete die schadenfroh erwartungsvollen Blicke nicht, die auf ihn gerichtet waren, und stieg ein.

Kaum hatte er es sich auf dem Polstersitz bequem gemacht, so hoben die beiden kräftigen Kulis die beiden Tragstangen auf ihre Schultern. Zugleich sprangen zwei andere Kulis herbei, einer an die rechte und der andere an die linke Seite der Sänfte. Der Boden der Letzteren war beweglich; er konnte, wohl der bequemeren Reinigung wegen, nach unten geöffnet werden, indem man rechts und links je einen Haken aus seiner Öse zog. Die zwei letzterwähnten Kulis taten dies, der Boden der Sänfte klappte nach unten auf, Turnerstick rutschte natürlich nach und kam auf die Beine zu stehen.

„Alle Teufel!", schrie er. „Was soll das heißing? Die Sänfting ist anstatt des Bodens mit einer Falltür versehang! Ich will..."

Weiter kam er nicht, denn die beiden Träger setzten sich, ohne auf ihn zu achten, in Bewegung. Sie rannten nach dortiger Weise in raschem Trab davon. Turnerstick steckte in der Sänfte und musste mittraben, er mochte wollen oder nicht; aber sein Brüllen und Zetern war noch aus der Ferne zu hören. Die Zeugen dieses für ihn nicht sehr ehrenvollen Vorkommnisses lachten im Stillen über den gelungenen Streich, ohne aber ihre Befriedigung laut werden zu lassen. Man musste ja so tun, als ob der Unfall des ‚Generalmajors' gar nicht bemerkt worden sei.

Jedermann, an dem der seltsame Transport vorüberkam, blieb stehen. Man sah zwei Kulis mit einer verhängten Sänfte daherstürmen, deren Boden niederhing. Unten erblickte

Turnerstick steckte in der Sänfte und musste mittraben, er mochte wollen oder nicht.

man zwei Beine, deren mit rotseidenen Schuhen bekleidete Füße krampfhaft tätig waren, mit den Kulis gleichen Schritt zu halten. Dabei brüllte der unglückliche Besitzer dieser Beine in einem fort: „Halt, halt! Wollt ihr gleich anhalteng! Donner und Doria! Ich kann nicht mehr laufing; der Atem geht mir aus! Halt, sage ich, ihr Schurking, halt, stopp au – oh – ah!"

Der Anblick dieses eigenartigen Transports musste den ernstesten Menschen zum Lachen bringen. Ein Haufen Jungens rannte schreiend, johlend und pfeifend hinterher. Am dramatischsten wirkten die beiden ernsten Gesichter der Kulis, die so große Eile zeigten und dabei gar nicht taten, als ob sie wüssten, dass ihr Passagier zum Laufen gezwungen sei.

Sie mussten auch an dem Methusalem, Gottfried von Bouillon und Richard Stein vorüber. Diese drei hörten hinter sich die scheltende Stimme ihres Gefährten. Sie blieben stehen und blickten zurück. Da sahen sie, in welcher Lage sich ihr Tur-ning-sti-king Kuo-ngan-ta-fu-tsiang befand; aber ehe es ihnen möglich war, einzuschreiten, waren die Kulis mit der Sänfte an ihnen vorübergesaust.

„Herrjott!", rief Gottfried von Bouillon. „Wer war das? Wenn das nicht die Beine unseres Seehelden jewesen sind, so kann ich mir nicht mehr auf meine eigenen Augen verlassen. Und seine Stimme war es auch. Wie kommt er dazu, in dieser Weise an uns vorüberzujondeln?"

„Man möchte allerdings seinen Augen nicht trauen", antwortete der Methusalem. „Turnerstick war es, es ist kein Zweifel möglich. Wie aber ist er in diese lächerliche Lage gekommen? Pyramidale Blamage!"

„Das ist richtig. So eine Palankin-Spinde zu bezahlen und dennoch laufen, dieser Jedanke ist jrad so bodenlos wie die Sänfte selber. Ich habe mal einen Elefanten jesehen, der in ähnlicher Weise transportiert wurde. Bei so einem Tier hat das seine Jründer, bei einem Menschen aber ist es jrundlos zu nennen."

„Wer weiß, welche Dummheit er begangen hat. Wir werden es ja hören. Wollen uns beeilen, damit er nicht etwa noch Ärgeres unternimmt."

Sie schritten nun schneller aus als bisher und nahmen sich nicht Zeit, auf die Aufmerksamkeit, die sie erregten, zu achten. Glücklicherweise lag das Hotel in ziemlicher Nähe.

Hongkong heißt bei den Chinesen Hiang-Kiang und ist eine bergige Insel, die rechts vor dem Eingang des Mündungsgolfes des Tschu-kiang liegt. Es besitzt einen der besten Häfen des chinesischen Reiches und kann als das englische Gibraltar des Ostens angesehen werden. Die Hauptstadt ist Viktoria. Sie ist ganz europäisch gebaut, hat breite Straßen, schöne große Häuser, großartige Warenspeicher und elegante Villen. Wer chinesisches Leben kennenlernen will, wird sich hier nicht verweilen, sondern die erste Gelegenheit benutzen, nach Kanton zu gehen, was ja auch die Absicht des ‚blauroten Methusalem' war.

Als dieser mit seinen Begleitern das Hotel erreichte, hörten sie aus dem Innern die laute, zornige Stimme Turnersticks erschallen. Sie traten in die Restaurationsstube und sahen da den Kapitän, umgeben von den in langen, blauen Gewändern steckenden Kellnern und mehreren Polizisten. Diese Letzteren stammen meist aus Vorderindien, tragen dunkelblaue Uniformen und rote Turbane und sind mit kurzen Keulenstäben bewaffnet.

Diese Leute hörten die Erzählung des Seemanns an, konnten aber nichts verstehen, da er nicht dazu zu bringen war, Englisch zu sprechen. Er stieß die ihm im Wege Stehenden beiseite, eilte auf den Methusalem zu und sagte: „Es ist unerhört, wirklich unerhört! Erst zwingt man mich, in der wohlbezahlten Sänfte zu laufen, und dann, als ich mich darüber beschweren will, kann kein einziger dieser Eingeborenen Chinesisch verstehen. Es ist zum Verzweifeln!"

„Sie irren sich, Kapitän, wenn Sie diese Leute für Eingeborene halten", belehrte ihn der Angeredete. „Sprechen Sie doch Englisch, so wird man Sie verstehen."

„Englisch? Fällt mir gar nicht ein! Wenn ich mich in China befinde, so bediene ich mich der Sprache des himmlischen Reiches. Ich kann verlangen, dass man mich versteht, mich, einen Mandarin von achtzehnhundert Sapeken!“

„Sie sind doch nicht in China, sondern in England, Hongkong ist englische Besitzung.“

„Das weiß ich wohl; aber ich verlange, dass man auch hier sich meiner Sprachkenntnisse erfreue. Wissen Sie, was mir passiert ist?“

„Ja. Es hat Ihnen beliebt, in einer Sänfte Dauerlauf zu üben.“

„Beliebt? Wollen Sie mich auch noch foppen? Gezwungen hat man mich, hinterlistig gezwungen!“

„Und Sie haben sich nicht gewehrt?“

„Konnte ich mich etwa wehren?“

„Warum nicht?“

„Weil man mir den Kopf eingestoßen hätte, wenn ich nicht mitgelaufen wäre. Ich nahm vergnügt in der Sänfte Platz, da schwand der Boden unter mir und ich geriet mit den Beinen in die Unterwelt. Das wäre noch gar nicht schlimm gewesen, denn der Boden konnte leicht wieder eingehakt werden; aber anstatt das zu tun, rannten die Kerls wie besessen von dannen und mir blieb nichts anderes übrig, als mitzurennen.“

„Vielleicht haben die Leute gar nicht bemerkt, dass Sie aus dem oberen Stockwerk ins Parterre geraten waren?“

„Oho! Die haben es gar wohl gewusst. Ich wollte ja stehen bleiben, sie schoben aber aus Leibeskräften, ich bekam Stoß auf Stoß. Mein Kopf brummt mir noch jetzt wie eine Bassgeige, mein Rücken muss in allen Farben schillern und in den Beinen habe ich eine Empfindung, als ob ich auf dem hohen Turmseil getanzt hätte. Mir zittern alle achtundneunzig Glieder, es ist mir ganz schwindelig zu Mute und der Schweiß marschiert mir in dicken Strömen und Kolonnen vom Leibe. Soll ich mir das gefallen lassen?“

„Sagen Sie mir vor allen Dingen, wo die beiden Kulis sind!“

„Wo die sind? Ja, wo sind sie denn? Ich weiß es nicht."

„Aber gerade Sie müssen doch am besten wissen, wo sie sich befinden. Sie haben sich ja von ihnen tragen lassen."

„Tragen lassen! Tragen lassen!!! Welch eine Schlechtigkeit von Ihnen! Ich sage Ihnen ja, dass ich nicht getragen, sondern gelaufen worden bin! Ich danke für dieses chinesische Reich, wo man hundert Li bezahlen muss, um Sänfte rennen zu dürfen! Das ging so atemlos rasch, dass ich keine Zeit fand, einen rettenden Gedanken zu fassen. Ich weiß nur noch, dass ich gebrüllt habe wie ein Tiger; aber geholfen hat es nichts, denn die Kerls verstanden kein Sterbenswort Chinesisch. Und als sie endlich hier vor der Tür anhielten, schütteten sie die Sänfte um, sodass ich dick auf die Mutter Erde zu sitzen kam, und rannten von dannen. ‚Tsching leao', haben sie mir noch zugerufen. Was bedeutet das?"

„Es ist der chinesische Abschiedsgruß."

„Danke für solchen Gruß! Ich bin natürlich sofort hier hereingegangen und habe nach Polizei und Staatsanwalt verlangt. Stattdessen aber kamen diese Blaukittels, die nichts tun, als die Mäuler aufsperren. Ist das etwa Zucht und Sitte?"

„Nein, jedenfalls geschieht es nur aus Bewunderung Ihrer Sprachkenntnisse."

„Wenn das der Fall wäre, so wollte ich es mir gefallen lassen."

„Leider scheinen diese braven Leute sich noch zu wenig mit der chinesischen Sprache beschäftigt zu haben. Man bedient sich hier vorzugsweise des Pidgin-Englisch. Wollen Sie verstanden werden, so müssen Sie Englisch sprechen."

„Leider scheinen Sie da Recht zu haben. Aber ist es nicht eine Schande, hier in Hongkong nicht verstanden zu werden? Freilich ist es gerade wie im Deutschen. Der Plattdeutsche kann den Hochdeutschen nicht verstehen, und weil ich das reinste Hochchinesisch mit eleganten Endungen spreche, so können sich diese Menschen nicht in meine Linguistik finden. Ich werde mich also des Englischen bedienen müssen, wenn ich Genugtuung haben will. Denn bestraft müssen diese Halunken werden, exemplarisch bestraft. Man muss sie mir ausliefern. Ich transportiere sie auf mein Schiff und lasse sie da auspeitschen, dass sie für ewig und noch länger an mich denken sollen!"

Er hatte noch immer im zornigsten Ton gesprochen. Die Polizisten und Hotelbediensteten standen wartend da, neugierig wie die Angelegenheit sich weiter entwickeln werde.

War das Erscheinen des Kapitäns für diese Leute schon ein ungewöhnliches gewesen, so doch noch viel mehr das Auftreten der drei studentisch gekleideten Personen. Sie wussten nicht, was sie von diesen halten sollten, doch zeigten ihre respektvollen Mienen, dass sie keine geringe Meinung von ihnen hatten. Sie verstanden zwar nicht die Worte, die der Methusalem an Turnerstick richtete, aber sein Ton und seine ernste, selbstbewusste Haltung imponierten ihnen. Er hielt es für angezeigt, den Kapitän von Weiterungen abzuhalten. Darum zog er ihn am Arm zur Seite und sagte zu ihm: „Auf das Auspeitschen wollen wir doch lieber verzichten, mein lieber Freund."

„Verzichten? Was fällt Ihnen ein! Wenn Sie mich um meine Satisfaktion bringen wollen, so brauchen Sie mich gar nicht Ihren ‚lieben Freund' zu nennen. Mein Freund ist nur derjenige, der in meinem Interesse handelt."

„Das tue ich ja, indem ich Sie davor bewahre, sich abermals zu blamieren."

„Blamieren – – abermals? Habe ich mich denn schon blamiert?"

„Riesig sogar."

„Oho, Herr Degenfeld! Wie kommen Sie mir vor! Wollen Sie mich beleidigen? Sie würden mich da zwingen, die Angelegenheit durch scharf geschliffene Säbel mit Ihnen auszumachen!"

„Das könnte für Sie nur eine schlimme Wendung nehmen, denn ich darf wohl sagen, dass man mich daheim für den besten Schläger hielt. Ihr hochgeehrtes, sterbliches Gehäuse würde jedenfalls eine ebenso intime wie unliebsame Bekanntschaft mit meiner Klinge machen. Zu einem solchen Verfahren ist übrigens nicht der geringste Grund vorhanden, da ich es nicht bös, sondern herzlich gut mit Ihnen meine. Es sah jedoch wirklich gar zu absonderlich aus, Ihre Beine in so angestrengter Tätigkeit zu beobachten. Konnte doch ich selbst mich kaum des Lachens enthalten."

„So? Also haben Sie mich gesehen?"

„Ja."

„Und es fiel Ihnen nicht ein, mir zu helfen, mich aus dieser fatalen Lage zu befreien?"

„Natürlich hatte ich diese Absicht; aber ich konnte sie nicht ausführen, da Sie so außerordentlich schnell vorüber waren. Die Kulis haben unbedingt gewusst, dass der Boden der Sänfte offen war; es muss für sie also ein Grund vorhanden gewesen sein, sich so zu verhalten, als ob sie es nicht bemerkt hätten."

„Natürlich! Die Kerls haben sich für die fünfzig Li, die ich ihnen abzog, rächen wollen. Ich sollte nämlich hundertfünfzig bezahlen."

„Ah! Und Sie haben nur hundert gegeben? Sie haben ihnen lumpige dreißig Pfennige abgezogen? War das eines Mandarins, der sie doch sein wollten, würdig?"

„Etwa nicht?"

„Nein. Ein General geizt nicht mit fünfzig Li. Durch diese übel angebrachte Sparsamkeit haben Sie verraten, dass Sie weder Chinese noch Mandarin sind. Hätte man Sie für einen solchen Beamten gehalten, so hätte man es sicherlich nicht gewagt, Sie Sänfte wandeln zu lassen. Dringen Sie nun auf die Bestrafung dieser Leute, so wird das für Sie jedenfalls fatale Ereignis noch bekannter, als es jetzt ist; man wird sie behördlicherseits auffordern, sich als Generalmajor zu legitimieren, und da Sie das nicht können, so dürften Sie in eine Lage kommen, die ich wenigstens mir nicht wünschen mag."

Turnerstick fuhr sich mit beiden Händen hinter die Ohren, um sich zu kratzen. „Sapperlot!“, brummte er. „Daran habe ich natürlich nicht gedacht. Soll ich etwa als Angeklagter vor diesen Tsching-Tschang-Tschongs stehen? Da will ich die beiden Halunken doch lieber laufen lassen.

„Das ist es eben, was ich Ihnen raten will. Sie meinten, es schicke sich nicht für uns, nach dem Hotel zu gehen. Sie sind dennoch nicht nur gegangen, sondern gelaufen. Sie sprachen davon, dass man mich nicht mit der nötigen Hochachtung behandeln werde. Welche Hochachtung hat man denn Ihnen erwiesen?“

„Ja, nun können Sie wohl dicke tun! Aber es soll mir so etwas gewiss nicht wieder passieren!“

„Dasselbe sagten Sie, als Sie von dem Geldwechsler geprellt worden waren!“

„Hm, ja! Es ist kein angenehmes Tsching-tsching, womit mich das Reich der Mitte begrüßt, aber ich werde den ‚Söhnen des Himmels‘ schon noch Ehrerbietung abzwingen. Als guter Diplomat will ich auf die Verfolgung der Kulis verzichten. Aber wehe dem Chinesen, dem es einfallen sollte, sich fernerhin einen ähnlichen Spaß mit mir zu erlauben! Ich würde ihn an seinem eigenen Zopf aufhängen. Also diese Angelegenheit ist erledigt. Was tun wir jetzt?“

„Das, wozu mein Hund uns das Beispiel gibt: Wir trinken eins.“

Und es wird, wenn unsere Freunde erst einmal eingekehrt sind, nicht bei dem ‚einen‘ bleiben, werden sie doch ab Seite 118 von einem wahren Großmeister des Schlingens und Schluckens von Speis und Trank herausgefordert.

(Gesammelte Werke Band 40 „Der blaurote Methusalem“)

Die Entführung aus dem Serail

Lord David Lindsay geht in Tunis spazieren, seine Jacht liegt sicher im Hafen. Unter merkwürdigen Umständen lernt er drei Schwestern kennen, die in einem Harem eingekerkert leben und sich nach Freiheit sehnen. Lindsays gutes Herz empört sich bekanntlich gegen alle Ungerechtigkeiten der Welt, und so beschließt er, die Damen von ihrem traurigen Dasein zu erlösen und sie zu entführen. Prächtiges Abenteuer, yes! Es endet nur nicht nach der Vorstellung des Engländers.

Indem er langsam dahinschlenderte und die Augen überall hin schweifen ließ, wo es etwas zu sehen gab, fiel sein Blick auch auf eine Frau, die er schon vorhin am Ufer bemerkt hatte und die nun, gleich ihm, die Absicht zu hegen schien, nach der Stadt zu spazieren. Sie war von stattlichem Aussehen und von jugendlich geschmeidigen Bewegungen.

„By Jove!", brummte Lindsay. „Prachtvolles Weib. Wahrscheinlich aus einem vornehmen Harem. Leider aber bin ich allein und spreche nicht Türkisch. Wenn Normann oder Hermann hier wäre! Doch nein – die schnappten mir diese Sultana noch vor der Nase weg. Werde einmal versuchen, ob sie Französisch versteht."

Er zog im Vorübergehen den hohen, grau gewürfelten Hut.

„Bonjour, Mademoiselle!"

„Bonjour, Monsieur!"

„Ah, Sie sprechen Französisch!"

„Wie Sie hören!"

„Wonderful! Dürfen Sie denn mit einem Mann reden?"

Sie schien ihn durch den Schleier erstaunt zu betrachten.

„Hier ist es allerdings zu auffällig, wenn ich mit Ihnen spreche!", entgegnete sie zögernd.

„Gibt es nicht einen Ort, wo wir besser miteinander plaudern können als hier?"

„Wünschen Sie das, Monsieur?"

„Yes“, verfiel er unwillkürlich wieder ins Englische.

„Nun, so will ich Ihnen etwas sagen. Sie warten hier, bis ich ein Stück am Ufer weitergegangen bin, und winken dann einem dieser Kahnführer. Sie steigen ein und sagen ihm nur das Wort ‚Karthago‘.“

„Wozu?“

„Die Ruinen von Karthago liegen da drüben. Dorthin fahren wir, denn da sind wir unbeobachtet!“

„Well!“

„Dann, wenn der Mann mich eingeholt hat, zeigen Sie auf mich und sagen zu ihm ‚beraber almak‘.“

„Was heißt das?“

„Mitnehmen. Er wird daraufhin anlegen und mich einsteigen lassen.“

„Marvellous! Well, laufen Sie nur! Werde meine Sache schon machen. Also winken und ‚beraber almak‘! Schön!“

Sie ging. Er bemerkte die vielen erstaunten Blicke nicht, die auf ihm ruhten, er dachte nur noch an das Abenteuer, das ihm hier so unverhofft winkte. Gewiss, David Lindsay war ein kluger Kopf – aber der Drang zum romantischen Erlebnis ließ ihn oft alle Überlegung vergessen. Dazu kam die Einstellung des Europäers, der mit dem Wort Türkin oder Mohammedanerin gleich auch die Begriffe von Harem und großer Gefahr verbindet oder doch verband. Und alles, was mit Gefahr verknüpft war, das lockte ihn.

„Ein Stelldichein in den Ruinen von Karthago!“, murmelte er. „Das werden die Karthager auch nicht vermutet haben, dass ich in ihren Ruinen ein Haremsabenteuer anzettle! Feines Abenteuer! Yes.“

Damit winkte er einem Schiffer und stieg ein. Der Mann lächelte eigentümlich, als sein Fahrgast ihm das Wort ‚Karthago‘ nannte, und warf einen schlauen, verständnisvollen Blick auf das voranschreitende Mädchen. Er schien in diese Art von Geheimnissen schon eingeweiht zu sein.

„Beraber almak!“, befahl Sir David, als er es an der Zeit fand.

Sofort lenkte der Schiffer ans Ufer und die Schöne wurde aufgenommen. Sie setzte sich dem Engländer gegenüber.

Nun ging es in langsamer Fahrt quer über den Binnensee.

„Sie sind wohl kein Türke?“, fragte sie harmlos.

„No. Ich bin Engländer.“

„O Allah, ein Giaur!“

„Bitte, erschrecken Sie nicht darüber! Wir Christen sind keine Menschenfresser. Yes.“

„Das beruhigt mich“, erwiderte sie kindlich ernst.

„Ich bin vielmehr bereit, Ihnen alles Gute zu erweisen. Sie dürfen mir nur Gelegenheit dazu geben.“

„O Allah, die könnte ich Ihnen geben.“

„Vorher aber müssen Sie mir eine Bitte erfüllen. Gewähren Sie mir den Vorzug, Ihr schönes Angesicht betrachten zu dürfen. Sie sehen ja das meinige auch.“

„Wissen Sie nicht, dass das verboten ist?“

„Yes. Weiß es. Aber wir sind doch allein.“

„Der Schiffer – – – !“

„Oh, der ist so stumm wie die Fische im Wasser hier.“

„Nun, ich will es wagen. Sie sind ein Mann, dem man schon einen solchen Gefallen tun kann.“

Sie zog den Gesichtsschleier auseinander. In der Tat, sie war schön. Der Mund war voll, die Wange weich gerundet, der Blick verführerisch. Das Mädchen gefiel ihm.

„Nun, sind Sie zufrieden?“

„Yes, sehr“, antwortete er in aller Aufrichtigkeit. „Sagen Sie einmal, ist Ihr Harem groß?“

„Ja.“

„Wie viele Frauen sind darin?“

„Sechs. Darunter wir drei Töchter.“

„So ist Ihr Vater der Besitzer?“

„Ja.“

„Sind Sie glücklich?“

Sie sah ihn überrascht und forschend an. Diese Frage hatte sie augenscheinlich nicht erwartet und sie überlegte, wie sie sich diesem sonderbaren Fremden gegenüber verhalten sollte.

„N – ein“, kam es nach einer Weile zögernd aus ihrem Mund.

„Well! Sehr gut! Ausgezeichnet!“

„Wie? Sie freuen sich darüber?“

„Yes. Sogar sehr! Werde Ihnen den Grund sagen, wenn wir allein sind. Jetzt zu gefährlich!“

Damit verstummte die Unterhaltung, sehr zum Missvergnügen des Mädchens, das aus dem Verhalten des Engländers nicht klug wurde. Verliebt war er nicht in sie, das war ihr sofort klar. Was wollte er dann aber von ihr?

Der Kahn legte an und Lindsay stieg mit seiner ‚Sultana‘ aus. Da ihn das bevorstehende Abenteuer in gute Laune versetzt hatte, fiel die Bezahlung so reichlich aus, dass der Kahnführer vergnügt in den Bart hineinschmunzelte und den großzügigen Geber fast mitleidig musterte.

Aber David Lindsay kümmerte sich nicht weiter um den Mann, sondern machte sich mit seiner Begleiterin sofort auf den Weg nach den Ruinen. So bemerkte er auch den pfiffigen Blick nicht, den ihm der Ruderer nachschickte.

„Ins Netz gegangen!“, sagte der Kahnführer vor sich hin. „Wird schwer bluten müssen, bis er von der Bande wieder loskommt.“

Diesseits des Wassers war die Gegend nicht sehr belebt. Man sah nur selten einen einsamen Wanderer, der in den Ruinen der einst so mächtigen und reichen Handelsstadt Karthago herumstrich.

Nach einer kurzen Strecke blieb das Mädchen stehen.

„Nun sagen Sie mir, warum Sie sich darüber freuen, dass ich nicht glücklich bin!“, begann sie unvermittelt.

„Well, weil Sie dann mit meiner Absicht schnell einverstanden sein werden.“

„Mit welcher Absicht?“

„Ich werde Sie glücklich machen. Yes!“

„Glücklich machen? Wie wollen Sie denn das anfangen?“

„Sehr einfach, Mademoiselle. Ich werde Sie aus Ihrer traurigen Umgebung befreien!“

„Befreien?“

„Well. Entführen. Yes.“

„Ent – – führen?“

„Yes.“

„Aus dem väterlichen Harem?“

„Yes.“

Abermals blickte ihn das Mädchen eine Weile prüfend an. Sprach er wirklich im Ernst? War er tatsächlich so arglos oder stellte er sich nur so, als merkte er nicht, dass sie ihr Spiel mit ihm trieb?

„Warum suchen Sie sich dazu nicht eine Engländerin?“

Seine Nase schien sich vor Verwunderung über diese dumme Frage zu verlängern.

„Im freien England gibt es keinen Harem und keine Sklaverei! Yes!“

„Wollen Sie denn heiraten?“

„Nonsense! Nicht heiraten! Nur entführen!“

Jetzt schien sie zu begreifen, woran sie mit ihm war. Ein spleeniger Engländer, weiter nichts! Der kam ihr indes gerade recht und sie beschloss, auf seine Schrulle einzugehen.

„Aber das ist schwer, sehr schwer“, sagte sie im Weitergehen.

„Well! Umso besser. Aber wohin führen Sie mich?“

„Sehen Sie da drüben die Säule? An ihrem Fuß befindet sich eine kleine Hütte – dort werden wir allein sein und ungestört sprechen können.“

„Wem gehört sie?“

„Einem sehr guten Bekannten von mir. Er war meines Vaters Sklave, wurde aber später zum Lohn seiner Treue freigegeben. Warten Sie hier ein wenig! Ich will erst einmal nachsehen, ob vielleicht Fremde dort sind.“

„Well, werde warten.“

Sie ging und David Lindsay lehnte sich erwartungsvoll an einen gewaltigen, viele Jahrhunderte alten Steinblock und behielt unverwandt die Hütte im Auge, in die das Mädchen verschwunden war. Es währte eine geraume Weile, bevor er sie wieder sah. Sie erschien zusammen mit einem anderen Mädchen und einem Mann und deutete nach ihm. Er wurde darauf sehr angelegentlich betrachtet.

„Ein Mann?“, dachte er. „Well, soll ein gutes Bakschisch haben, wenn er sich vernünftig benimmt.“

Jetzt kehrte seine Begleiterin zurück.

„Nun, wie steht es?“, fragte er voll Spannung.

„Wir sind sicher. Kommen Sie!“

„Das war also der freigelassene Sklave Ihres Vaters?“

„Ja.“

„Aber es war ein Frauenzimmer bei ihm!“

„Das braucht Ihnen keine Sorge zu machen. Es ist meine Lieblingsschwester, die ebenso wie ich einen Spaziergang nach den Ruinen gemacht hat.“

„Ah! Oh! Schwester! Ist sie hübsch?“

„Sogar sehr schön!“

„Jung?“

„Zwei Jahre jünger als ich.“

„Hat sie einen Mann oder Geliebten?“

„Nein.“

„Well! Kommen Sie, kommen Sie!“

Die Hütte war aus rohen Steinen erbaut und machte keineswegs einen anheimelnden Eindruck. Vor der Tür stand der ehemalige Sklave, ein langer, hagerer Kerl mit schief liegenden Augen und in eine Kleidung gehüllt, für die der Ausdruck Lumpen am bezeichnendsten gewesen wäre. Sein Aussehen war nicht besonders Vertrauen erweckend, zumal in dem Strick, der ihm als Gürtel diente, zwei lange Messer steckten.

„Sallam aleikum!“, grüßte er und verneigte sich demütig.

„Bonjour!“, antwortete David Lindsay.

Dann zog er ein Goldstück aus seiner wohlgefüllten Börse und gab es ihm. Das Gesicht des Menschen grinste vor

Vergnügen. Er machte eine noch tiefere Verbeugung als vorher.

„Tausend Dank, Monsieur!“, erwiderte er nun ebenfalls französisch. „Treten Sie ein in meine arme Behausung! Ich bin Ihr Beschützer und werde wachen, dass kein Mensch Sie stören soll!“

Lindsay folgte der Einladung. Er musste sich allerdings tief bücken, um durch die niedrige Tür zu gelangen. Das Innere der Hütte bestand aus einem viereckigen Raum, der nichts enthielt als eine lange Strohmatte, auf der zur Verschönerung ein alter Teppich lag. In einer Ecke sah man ein paar zerbrochene Töpfe und ähnlich schmutziges Geschirr und in der anderen standen einige Flaschen und ein Weinglas. Eine kleine Öffnung diente als Fenster.

Auf dem Teppich saß die junge Schwester. Sie begrüßte Sir David in französischer Sprache.

„Meine Schwester hat mir von Ihnen erzählt“, sagte sie. „Seien Sie also willkommen, obgleich wir uns eigentlich von keinem sehen lassen und auch mit keinem sprechen dürfen. Nur meiner Schwester wegen will ich eine Ausnahme machen. Nehmen Sie Platz!“

Lindsay legte Hut und Regenschirm ab und ließ sich dicht neben ihr auf den Teppich nieder, damit die ältere Schwester auch noch Platz finden sollte. Diese aber machte noch keine Miene, sich zu setzen. Sie blickte erst noch einmal zur Tür hinaus; dann fragte sie:

„Wissen Sie, dass es hier in Tunis Sitte ist, einen lieben Gast zu bewillkommnen?“

„Das ist überall Sitte und ihr habt es ja auch schon getan.“

„Aber den Willkommenstrunk haben wir Ihnen noch nicht gereicht.“

„Ach so, einen Trunk? Wo habt ihr ihn denn?“

„Dort in den Flaschen. Wollen Sie eine haben, damit wir mit Ihnen trinken dürfen?“

„Meinetwegen.“

„Aber der Besitzer dieser Hütte ist arm, er kann den Wein nicht umsonst geben."

„Excellent! Ich soll einen Willkommenstrunk erhalten und ihn auch bezahlen. Well. Was kostet diese Flasche?"

„Zehn Franken. Ist es Ihnen zu viel?"

„Das kann ich jetzt noch nicht sagen, da ich nicht weiß, was der Wein wert ist. Aber euch zu Gefallen ist es mir sicherlich nicht zu viel."

„So bezahlen Sie!"

„Ah – gleich?"

„Ja."

„Also Stundung bis zum Fortgehen gibt es nicht? Gut, hier ist das Geld, kleine Hexe."

Damit gab er ihr die zehn Franken und sie brachte eine der Flaschen, füllte das Glas und bot es ihm dar.

„Hier, trinken Sie! Allah erhalte Sie recht lange!"

„Well! Trinken nur Sie vorher!"

Sie setzte an und leerte das Glas in einem Zug.

„Nicht übel!", sagte er erstaunt. „Sie haben einen sehr guten Zug, fast so wie mein Steuermann. Geben Sie nun auch Ihrer Schwester!"

„Nein, erst kommen Sie. Sie sind der Gast."

„Well! So geben Sie her!"

Vorsichtig führte er das schnell wieder gefüllte Glas zunächst an sein Riechorgan. Seine Augen zogen sich dabei zusammen und seine misstrauische Nase geriet in eine pendelnde Bewegung. Dann setzte er das Glas entschlossen an und tat einen raschen Zug. Die Folge davon war ein ganz unbeschreibliches Gesicht. Die dünnen Lippen legten sich zusammen, wie wenn sie entschlossen seien, sich nie wieder aufzutun, und die Nase hob und senkte sich in raschen Bewegungen, als ob sie tief entrüstet sei über das Unrecht, das man ihr zufügte. Dann aber erfolgte ein Ausbruch, den man geradezu vulkanisch hätte nennen können. Es schüttelte ihn am ganzen Körper und er begann in einem Atem zu husten und zu niesen. Während ihm die Tränen über die

Wangen liefen, lachten die beiden Mädchen laut und herzlos über diese schmerzliche Wirkung ihres Willkommens.

„Was habt ihr zu – – abzieeh! – – zu lachen, ihr Kobolde!", schimpfte er. „Dieses verteufelte – – abzieeh! – verteufelte Zeug brennt ja – – abzieeh! – wie die Hölle! Und das nennt – – abzieeh! – Das nennt ihr ein Willkommen? Woraus ist denn dieser Trank gemacht?"

„Aus Spiritus."

„Ja, das merke ich! Und aus was für welchem! Heavens! Aber was ist noch drin in dem Spiritus?"

„Apfelsinenschalen, Koloquinten und Knoblauch."

„Kolo – – und Knob – – The devil, seid ihr verrückt? Dann ist es freilich kein Wunder, dass es beißt wie toll! Und diesen Schnaps trinken Sie wie ein alter Wachtmeister?"

„Meine Schwester auch. Sehen Sie!"

Das Mädchen hatte bei diesen Worten lachend das Glas der Schwester gegeben, die es auch sofort in einem Zug leerte.

„Na, meinetwegen! Euer Schlund muss allerdings beschaffen sein wie ein alter Kanonenstiefelschaft. Koloquinten und Knoblauch! Zehn Franken!"

„Ist Ihnen das etwa zu teuer!"

„No. Euretwegen nicht. Aber dürft ihr denn als Mohammedanerinnen solches Zeug trinken?"

„Natürlich, es ist ja kein Wein."

„Da wäre Mohammed doch gescheiter gewesen, wenn er euch den Wein erlaubt und diesen Höllentrunk verboten hätte! Wonderful! So zarte Mädchen, und bringen dieses Fegefeuer hinunter! Im Orient darf man sich wirklich über nichts mehr wundern. Yes."

Nun nahm die Schwester an seiner anderen Seite Platz, und da der Teppich nicht sehr lang war, saßen sie jetzt alle drei eng nebeneinander. Das wurde dem Engländer doch ein wenig zu ungemütlich. Er hatte es ja keineswegs auf eine Liebelei abgesehen. Ihm lag nur an dem Haremsabenteuer, wenn möglich also an einer Türkin, die sich aus ihrem Harem entführen ließ. Jetzt aber stiegen doch schon leise Zweifel in ihm auf, ob er hier auf dem rechten Weg sei. Denn diese beiden Frauen machten auf ihn nicht den Eindruck, als ob sie sich in ihren Verhältnissen unglücklich fühlten und das Wagnis einer Entführung wert seien.

„Na, Kinder", sagte er in etwas gepresstem Ton, „zutraulich seid ihr ja, das ist richtig. Aber wie steht es denn mit der Entführung?"

Die Mädchen blickten sich verständnisvoll an. Sie kämpften mit dem Lachen. „Es ist bei uns schwer, sehr schwer", antwortete die eine. „Wir sind eingeschlossen."

„Das will gar nichts sagen. Übrigens sehe ich auch nichts davon. Ihr lauft ja hier ganz frei herum!"

„Oh, das ist nur zum Schein. Wir werden von Weitem sehr scharf beaufsichtigt."

„Auch das tut nichts. Ich brauche euch nur nach meiner Jacht zu bringen, so seid ihr frei."

„Das geht nicht so leicht, wie Sie denken. Wir werden bewacht, ohne dass Sie es bemerken. Sie würden mit uns Ihr Schiff nicht erreichen."

„Hm, das gefällt mir."

„Wir könnten wohl nur aus unserer Wohnung in der Stadt entführt werden. Aber unser Vater ist sehr wachsam und streng. Er würde Sie töten, wenn er Sie dabei erwischte."

„Töten? Wird ihm nicht so leicht gelingen. Yes."

„Und sodann ist noch ein Hindernis vorhanden. Ich lasse mich nämlich nicht allein entführen."

„Nicht? Warum nicht? Soll ich etwa alle sechs, von denen Sie sprachen, fortschaffen?"

„Nein, denn drei davon sind schon Frauen und sind obendrein alt."

„So mögen sie bleiben, wo sie sind!"

„Aber wir drei anderen, wir Schwestern, wir haben uns lieb und gegenseitig zugeschworen, uns nicht zu verlassen. Wenn Sie nicht gleich alle drei..."

„By Jove! Gleich drei!"

„Nicht wahr, diese Bedingung ist so schwierig, dass Sie nun von mir nichts mehr wissen wollen?"

„Schwierig? Nonsense. Aber wie steht es mit der dritten Schwester? Von ihr habe ich bisher noch nichts Näheres erfahren. Ist sie jung?"

„Sie ist die Jüngste von uns."

„Und schön?"

„Sie ist die Schönste von uns."

„Well. Ich hole euch alle drei."

„Geben Sie uns Ihr Wort und Ihre Hand darauf?"

„Yes. Hier ist die Hand. Aber, Kinder, sagt mir nun auch, warum ihr euch von zu Haus fortsehnt. Ich sehe doch, ihr geht in aller Freiheit spazieren, ihr habt euren großartigen Knoblauchspiritus mit Koloquinten – was wollt ihr noch mehr?"

„Der erste und eigentliche Grund ist, dass unser Vater ein Tyrann ist!"

„Der Esel!"

„Er gibt uns wenig zu essen."

„Na, verhungert seht ihr nicht aus!"

„Außerdem können wir uns mit seinen Weibern nicht vertragen. Sie sind alt und zänkisch und klatschsüchtig. Sie hassen uns, weil wir jung und hübsch sind. Darum tun sie uns so viel Ärger an, wie nur irgend möglich."

„Gut! Das verstehe ich schon: Giftzähne und Nachthauben! Aber weiter, ich weiß ja gar nicht, wie ich euch nennen und rufen soll."

„Die Namen zu nennen, ist uns verboten."

„Euch Weibern ist vieles verboten, was ihr dennoch tut."

„Nennen Sie uns lieber so, wie Sie wollen."

„Das ist romantisch und darum gefällt es mir. Also will ich darauf eingehen und euch Namen geben. Da ich so zwischen euch sitze und mir dabei vorkomme wie der Erzvater Jakob, der ja auch zwei Schwestern mit sich in die Heimat nahm, so sollt ihr wie diese beiden Schwestern heißen, die rechte Rahel und die linke Lea. Einverstanden?"

„Ja!“

„Schön!“, fuhr er fort. „Wollen also einmal von unserem Vorhaben sprechen. Wie denkt ihr euch die Sache? Soll ich euch ganz mit mir nehmen?“

„Ja, natürlich.“

„Um euch dann zu heiraten?“

„Nun, etwa nicht?“

„No, das geht nicht. Darf als Christ keine Türkin heiraten, und drei erst recht nicht. Das wäre eine schöne Geschichte. Also merkt wohl auf: Befreien will ich euch recht gern und mit dem größten Vergnügen – heiraten aber kann ich euch nicht.“

„Das schadet nichts. Es gibt ja noch andere, viele andere!“

„Heavens!“, platzte er heraus.

„Ist das nicht wahr?“

„Das schon! Aber meint ihr wirklich, dass ich für andere die gerösteten Kastanien aus dem Feuer holen soll?“

„Wollen Sie nicht? Dann lassen Sie uns hier sitzen! Oder heiraten Sie uns allen Hindernissen zum Trotz!“

„Verteufelt! Heigh-day, man würde im Klub zu London schöne Augen machen, wenn ich mit euch dreien ankäme! Werde euch aber doch entführen. Hab mir's vorgenommen und werde es auch zu Ende bringen. Ganz allein. Sollen sich wundern!“

„Wann soll's geschehen?“

„Am allerliebsten noch heute!“

„Noch heute? Wie denkst du, Lea?“

„Wie denkst du, Rahel?“

„Ich denke, dass es schwierig sein wird.“

„Ja, aber möglich ist es doch.“

„Nur wenn die anderen alle schlafen.“

„Eher nicht. Aber jetzt lässt sich darüber noch nichts bestimmen. Wir sind nicht daheim.“

„Well! Dann rate ich euch, nach Haus zu gehen.“

„Das ist das Beste. Aber wie können wir Ihnen Nachricht geben?“

„Weiß nicht. Das müsst ihr wissen."

„Sie haben Recht. Oh, wenn Sie doch unseren Vater besuchen könnten! Dann ließe sich alles viel einfacher machen."

„Empfängt er denn Besucher?"

„Sogar oft. Aber leider liebt er die Ausländer nicht."

„Das ist sehr dumm von ihm."

„Ja, sehr klug ist unser Vater nicht, aber – geizig, und das ist vielleicht der Punkt, an dem Sie ihn fassen können."

„Wieso?"

„Sie müssten ihm einiges Geld zuwenden."

„Ein Bakschisch?"

„Oh, ein Bakschisch gibt man nur einer untergeordneten Person. Damit würden Sie ihn so beleidigen, dass unser Plan für immer unausführbar würde."

„Well! Wollen es also unterlassen. Was ist denn eigentlich dieser alte Isegrim?"

„Juwelenhändler."

„Hat er einen offenen Laden?"

„Nein. Das ist es ja eben. Er hat sich vom Geschäft zurückgezogen. Er kauft und verkauft nur noch aus reiner Liebhaberei. Viele von denen, die zu ihm kommen, werden fortgewiesen. Er zeigt keinem Menschen seine Schätze, tut ganz arm und bringt immer nur wenige Sachen zum Vorschein. Das sind aber oft große Seltenheiten. Wer das versteht, der ist sein Mann."

„Auch ich liebe die Seltenheiten."

„Wollen Sie es versuchen?"

„Yes."

„Aber solche Seltenheiten sind sehr teuer!"

„Ein Königreich werden sie doch nicht gleich kosten."

„Sie müssen ihn bei seiner schwachen Seite packen, Sie dürfen um Allahs willen nicht handeln und feilschen, dadurch gewinnen Sie seine Achtung. Vielleicht lädt er Sie gar ein, mit ihm im Hof Kaffee zu trinken."

„Ist das eine so große Auszeichnung?"

„Ja. Er tut das selten, einem Franken hat er noch nie diese Ehre erwiesen. Erhalten Sie aber die Einladung dazu, so haben wir gewonnen."

„Wieso?"

„Wir würden Ihnen dann mitteilen, wie Sie uns aus dem Haus bringen können. Hinter dem Platz nämlich, an dem der Gast zu sitzen pflegt, ist ein für die Frauen bestimmtes Gitter. Steht der Vater einmal auf, um sich für kurze Zeit zu entfernen – und dazu werden wir ihn schon veranlassen –, so sind wir allein und geben Ihnen unseren Plan bekannt."

„Sehr gut! Wenn er sich aber nicht entfernt?"

„So stecken wir Ihnen einen Zettel zu, auf dem alles Nötige steht."

„Schön. Und wie heißt der Alte?"

„Ali Effendi. Aber Sie dürfen keinem anderen seinen Namen nennen und auch niemand nach ihm fragen."

„Warum nicht?"

„Das würde uns vielleicht verraten, denn Sie tragen eine auffallende Kleidung. Wenn wir drei Schwestern verschwunden sind, darf kein Mensch ahnen, wohin wir flüchteten."

„Aber wie finde ich seine Wohnung, da ich nicht nach ihm fragen darf?"

„Sie folgen uns beiden von Weitem und beobachten, wo wir eintreten."

„Gut, ich komme."

„Aber nicht eher, als bis es vollständig dunkel ist. Sonst sieht uns der Vater hinter dem Gitter sitzen. Jetzt aber lasst uns austrinken und gehen!"

Rahel und Lea leerten darauf allein die Flasche, da er sich weigerte, noch einmal mitzutun. Dann brach man auf.

Die beiden Mädchen gingen zum See und ließen sich übersetzen. Auch Lindsay nahm einen Ruderer und stieg an Land, gleich nachdem auch die zwei Schönen den Kahn verlassen hatten.

In Sir David regte sich Reue darüber, sich in dies sonderbare Abenteuer eingelassen zu haben, aber andererseits war er nicht der Mann, auf halbem Weg stehen zu bleiben. Außerdem hatte er den Mädchen Wort und Handschlag gegeben – nein, er konnte nicht zurück. Und vielleicht ergab sich aus der Geschichte doch noch ein Erlebnis, dessen er sich später nicht zu schämen brauchte.

Natürlich schauten ihm die Vorübergehenden wieder verwundert nach, doch machte er sich nichts daraus, sondern folgte unverdrossen den Mädchen durch mehrere der engen, winkeligen Gassen und Gässchen, bis sie in eine Tür traten.

Erst da wandte Rahel den Kopf und nickte ihm zu. Getreu der Abmachung schritt er in gleichgültiger Haltung vorüber, als ginge ihn das Haus überhaupt nichts an. Aber er betrachtete es heimlich ganz genau.

Die Vorderseite sah aus wie eine alte, baufällige, hohe Mauer. Sie hatte keine einzige Öffnung außer der Tür. Das war alles, was er feststellen konnte. Ähnlich war auch das Nachbarhaus gebaut, neben dem ein enges Gässchen einbog. Er ging in dieses hinein. Sicherlich befand sich dort ein Garten, doch die Mauer war so hoch, dass er nicht darüber hinwegzublicken vermochte.

„Das ist merkwürdig!“, meinte er ärgerlich zu sich. „Durch die Haustür werde ich sie nicht wegbringen können, also geht es nur nach hinten hinaus und durch diesen benachbarten Garten. Woher aber die Leiter nehmen, die dazu notwendig ist? Na, ich werde ja erst hören müssen, was die Mädchen dazu sagen.“

Er prägte sich die Gasse und das Haus ein, sodass er sicher war, beide des Abends zu finden. Bis dahin war es nicht mehr lang. Er suchte daher ein Kaffeehaus auf, das in europäischem Stil eingerichtet war, und rauchte und trank dort, bis es zu dunkeln begann.

*

Es war finster geworden. David Lindsay brach auf.

Ein wenig eigentümlich war ihm doch zu Mute. Nicht etwa, dass er sich gefürchtet hätte; Angst kannte er nicht, aber er fühlte eine innerliche Spannung, die sogar einer kleinen Beklemmung ähnlich war. Und das war ja auch kein Wunder. Er hatte sich während des Rauchens und Trinkens einzureden versucht, er tue ein gutes Werk an den Mädchen, aber letzten Endes war er doch nicht so recht überzeugt davon. Nur der eine Gedanke bestärkte ihn noch in seinem seltsamen Vorhaben: ganz allein und auf eigene Faust dieses Abenteuer zu bestehen. Und wenn es gelang – was würden Normann und Hermann dazu sagen!

Diese Erwägungen gaben ihm schließlich sein ganzes Selbstgefühl zurück, sodass er sich beim Verlassen des Kaffeehauses hoch aufrichtete und den Zylinderhut kühn in den Nacken schob. Richtig fand er schon nach kurzem die Gasse und das Haus. Die Tür war verschlossen.

Er klopfte.

Er war wirklich neugierig auf diesen Ali Effendi, den Vater der drei Mädchen, die heute entführt werden sollten. Erst nach wiederholtem Pochen hörte er einen schlürfenden Schritt, dann wurde die Tür nur so weit geöffnet, wie es eine eiserne Sicherheitskette zuließ.

„Wer ist da?“, tönte es ihm von einer schnarrenden Frauenstimme in Arabisch entgegen.

„Ich verstehe Sie nicht“, gab er leise zur Antwort. „Können Sie nicht Französisch?“

„Ja. Warten Sie!“

Es wurde nun eine alte Laterne an die Türspalte gehalten, sodass der Schein des Lichts auf ihn fiel, und über der Laterne kam ein runzliges Frauengesicht zum Vorschein, das einen forschenden Blick auf ihn warf.

Er war von den beiden Mädchen schon angemeldet worden, und da sie vergessen hatten, nach seinem Namen zu fragen, so hatten sie seine Person genau beschrieben. Die Alte hatte infolgedessen ihre Anweisungen erhalten; dennoch ließ sie ihn, als sie sah, dass er der Erwartete war, nicht sofort ein; er sollte nicht vermuten, dass sie bereits von ihm wusste.

„Zu wem wollen Sie?“, fragte sie jetzt französisch.

„Zu Ali Effendi.“

„Was wünschen Sie von ihm?“

„Ich bin ein Freund von Seltenheiten und Altertümern und habe gehört, dass er eine Sammlung solcher Sachen besitzt. Yes.“

„Er liebt es nicht, um diese Zeit gestört zu werden. Was hat er davon, wenn Fremde zu ihm kommen, um seine Sachen zu sehen, und dann wieder gehen, nachdem sie nichts als bloßen Dank gesagt haben!“

„Gehöre nicht zu solchen Fremden. No.“

„Wollen Sie etwa kaufen?“

„Ja, wenn mir etwas gefällt.“

„So will ich es wagen, Sie einzulassen. Warten Sie im Gang!“

Die Alte entfernte die Kette, ließ ihn eintreten und verschloss die Tür sofort wieder. Dann eilte sie mit der Laterne davon.

Man ließ ihn ziemlich lange im Finstern warten. Endlich kehrte die Alte zurück und leuchtete ihm wieder ins Gesicht.

„Sie dürfen kommen.“

Bei diesen Worten deutete sie mit der Hand an, dass er ihr folgen solle, und führte ihn nun aus dem Hausflur nach einem schmalen Seitengang, wo sie eine Tür öffnete und ihn einließ. Sie selber blieb draußen und schloss die Tür hinter ihm.

David Lindsay stand in einer kleinen, weiß getünchten Stube, in der sich nichts befand als ein morscher Tisch mit zwei noch viel gebrechlicheren Stühlen. Er rückte sich einen zurecht, setzte sich vorsichtig und wartete. Ein Leuchter aus verrostetem Eisendraht, in dem ein Talglicht brannte, verbreitete spärliche Helligkeit.

Durch eine zweite Tür trat jetzt der Herr des Hauses ein. Er trug einen langen großblumigen Kaftan und einen roten Fes. Er war alt und der langwallende graue Bart gab seiner Erscheinung etwas Ehrwürdiges, was aber durch den stechenden Blick sehr beeinträchtigt wurde.

„Marhaba!", grüßte er, indem er eine vornehme, fast herablassende Handbewegung machte, ohne sich wie üblich zu verbeugen.

„Was heißen diese Worte? Verstehe nur Französisch."

„Bonsoir!"

„Ah, guten Abend! Guten Abend, Monsieur Ali Effendi. Verzeihung, dass ich Sie störe, aber ich habe von Ihren Kostbarkeiten gehört und wollte Sie bitten, mir einiges davon zu zeigen."

„Eigentlich tue ich das nicht gern. Ich habe mein Geschäft aufgegeben."

„Weiß es! Aber unter Kunstkennern und Liebhabern ist das doch etwas anderes."

„Ja, wenn Sie wirklich Kenner und Liebhaber wären!"

„Ich bin es."

Der Alte betrachtete ihn prüfend.

„Sind Sie Münzenkenner?"

„Yes. Oui."

„Nun, so will ich Ihnen einmal einige alte Münzen zeigen, die sehr wertvoll sind."

Darauf ging er wieder. David Lindsay lehnte Hut und Regenschirm in die Ecke und wartete geduldig. Der Alte kam mit einem ledernen Beutelchen in der Hand zurück. Er nahm eine sorgfältig in Seidenpapier eingewickelte Münze heraus, entfernte die Umhüllung und gab sie dem Engländer.

„Das ist eine große Seltenheit. Kennen Sie diese?"

Es war ein altes, französisches Fünfsousstück, doch mit so abgegriffenen, vielleicht auch mit Fleiß abgeschliffenen Flächen, dass von der Prägung nichts mehr zu erkennen war. Sir David prüfte es aufmerksam.

„Well. Ein altes Kupferstück", meinte er.

„Ja, aber woher und aus welcher Zeit?"

„Weiß ich wirklich nicht. Muss aufrichtig gestehen, dass mich meine Kenntnisse hier verlassen."

„Nun, so hören Sie in Andacht und Ehrfurcht, dass dieses Stück zu den hundert Münzen gehört, die der Prophet Mohammed, den Allah segne, zum Andenken an die Eroberung von Mekka prägen ließ."

Der Engländer hatte keine Lust zu glauben, dass sich Mohammed damals im Besitz einer Prägemaschine befunden habe, doch musste er Ali Effendi bei guter Laune erhalten, wenn er überhaupt seinen Zweck erreichen wollte; darum sagte er im Ton der Bewunderung:

„Wirklich? Ah, dann ist diese Münze freilich von hohem Wert. Wie hoch ist sie zu schätzen?"

„Fünfzig Franken."

Das war David Lindsay denn doch zu viel, er gab sie zurück.

„Vielleicht ist sie es wert, aber ich bin überzeugt, dass Sie sie nicht verkaufen werden."

„Warum nicht? Ich habe noch mehrere von gleicher Kostbarkeit."

„Zeigen Sie her!"

„Hier, dieses Silberstück ist fast ebenso wertvoll. Schauen Sie sich's einmal genau an!"

Lindsay tat ihm den Gefallen, doch waren auch bei dieser Münze alle beiden Seiten so glatt, dass man ihr unmöglich ansehen konnte, dass sie vorzeiten einmal ein österreichischer Sechskreuzer gewesen war.

„Kenne ich leider auch nicht."

„Nicht? Und doch ist sie viel wert. Mohammed der Zweite ließ sie schlagen als Andenken an seine glorreiche Eroberung von Konstantinopel."

Von diesem erhabenen Ursprung war dem Geldstück nun freilich nichts mehr anzusehen.

„Wie viel soll sie kosten?", fragte der Engländer aus Höflichkeit.

„Dreißig Franken.“

„Ich glaube, auch diese Denkmünze ist Ihnen so ans Herz gewachsen, dass Sie sie nicht verkaufen werden. Yes. Zeigen Sie mir andere!“

Ali Effendi brachte nun noch drei oder vier Stück zum Vorschein, die ebenfalls einen bedeutenden Wert haben sollten; leider aber hatten sie jede Prägung verloren wie die beiden ersten. Als Sir David auch jetzt keine Miene machte, eine zu kaufen, wurde der Alte ärgerlich.

„Ich denke, Sie sind Kenner und Liebhaber, aber ich merke nichts davon!“

„O doch! Ich habe nur geglaubt, dass Sie sich nicht von diesen seltenen Münzen trennen wollen.“

„Warum nicht?“

„Well. Was verlangen Sie, wenn ich die, die Sie mir hier gezeigt haben, insgesamt kaufe?“

„Ich lasse mir nie etwas abhandeln, da ich stets den geringsten Preis angebe, das mögen Sie berücksichtigen. Wer weniger bietet, der beleidigt mich, lieber soll er gar nicht bieten. Diese Münzen kosten hundert Franken, wenn ich sie zusammen auf einmal verkaufen kann. Da gebe ich auch noch den Beutel zu.“

Diese Bemerkung war lächerlich, denn der schmutzige Beutel war keinen Pfennig wert. Um des Zwecks willen aber machte der Engländer gute Miene zum bösen Spiel.

„Well, werde nicht handeln. Ich kaufe sie.“

Mit diesen Worten zog er seine Börse, zahlte die Summe hin und steckte den Beutel ein. Ali Effendi strich das Geld rasch in die tiefe Tasche seines Kaftans.

„Sie haben“, sagte er würdevoll, „ein sehr gutes Geschäft gemacht und werden gewiss wiederkommen.“

„No, das werde ich nicht, da ich nicht lange in Tunis bleibe.“

„So will ich Ihnen gleich heute noch etwas zeigen, falls Sie noch einiges sehen wollen.“

„Was ist es?“

„Ein kostbarer Ring, den die Lieblingsfrau des Propheten getragen hat."

„Zeigen Sie ihn mir!"

Der Ring war ein einfacher goldener, vielleicht auch nur vergoldeter Reif; Lindsay erhielt ihn für nur fünfzig Franken. Dann kaufte er für schweres Geld noch einen Dolch, den der Kalif Abu Bekr getragen haben sollte, und die Spitze eines Pfeils, die man angeblich dem berühmten Feldherrn Tarik aus einer Wunde geschnitten hatte.

„So", sagte er dann, während die Nase durch seltsame Bewegungen ihren allerhöchsten Unwillen zum Ausdruck brachte, „jetzt habe ich, was meine Seele begehrt, nun kann ich aufbrechen."

Er griff nach Hut und Regenschirm. Der Alte mochte ihn jedoch nicht gehen lassen, da es doch in seinem Plan lag, ihn in den Hof zu bringen.

„Wenn Sie ein Findschan Kaffee mit mir trinken wollten", sagte er deshalb in herablassender Freundlichkeit, „möchte ich Ihnen noch eine große Merkwürdigkeit zeigen, über die Sie sich freuen würden. Kommen Sie!"

Er führte Sir David durch zwei kleine Stuben hinaus in einen Hof, der nur wenige Geviertmeter Fläche hatte und im Hintergrund tatsächlich das von den Mädchen erwähnte hölzerne Gitterwerk aufwies. Eine einzige Laterne brannte hier. Gerade darunter befand sich eine kleine Erhöhung aus einigen Brettern, die auf Steinen lagen und mit einem Teppich belegt waren.

„Setzen Sie sich! Ich will den Kaffee bestellen und komme gleich wieder."

Kaum hatte sich David Lindsay mit dem Rücken an das Gitter gelehnt, so wurde er durch dessen Öffnungen angestoßen.

„Willkommen!", flüsterte eine weibliche Stimme. „Wir sind hier."

„Alle drei?", fragte er leise zurück.

„Ja."

„Well. Also wie soll es werden?"
„Das wissen wir noch nicht genau. Wir müssen erst erfahren, wann der Vater schlafen geht."
„Unangenehm! Muss es aber doch wissen."
„Nur Geduld! Er wird gleich wiederkommen. Haben Sie gekauft?"
„Yes."
„Das ist recht. So hat er gute Laune."
„Es scheint so."
„Er sieht aber noch etwas mürrisch aus. Wenn Sie ihm noch etwas abkaufen wollten, so wäre es gut. Er zieht sich dann sicherlich zurück, um das Geld zu zählen und einzuwickeln; das ist seine größte Freude. Ah, da kommt er schon. Seien Sie höflich und gefällig!"
Hinter dem Alten schritt die Frau, die dem Engländer vorhin geöffnet hatte. Sie brachte Kaffee und zwei Pfeifen.
Ali Effendi zog dann etwas aus der Tasche und überreichte es feierlich Lindsay.
„Hier, sehen Sie sich dies an und staunen Sie!"
„Was ist es denn?"
„Raten Sie!"
„Das ist ein Bogen altes Packpapier."
„Richtig! Aber von ungeheurem Wert!"
„Inwiefern?"
„Nun. Sie sind zwar ein Ungläubiger, aber Sie wissen vielleicht, dass der Koran unser heiliges Buch ist?"
„Das weiß ich sehr gut."
„Und dass es dem Propheten von dem Erzengel Gabriel offenbart worden ist?"
„Yes."
„Der Erzengel hat es also vom Himmel heruntergebracht, und da es durch die Wolken hindurch nass geworden wäre, hat es der Engel eingewickelt."
„Hang it all!", stieß Sir David hervor, indem er vor Erstaunen über diese Dreistigkeit nicht nur den Mund, sondern auch die Augen weit aufriss.

„Was heißt das?“

„Das ist ein guter alter englischer Fluch“, sagte Lindsay mit Genugtuung.

„Fluchen Sie nicht bei einer Sache von solcher Heiligkeit!“

„Entschuldigung! Woher sollte denn der Engel das Papier da oben genommen haben?“

„Allah ist allmächtig, er kann Papier aus nichts machen.“

„Hm, das ist eine einfache Erklärung!“

„Sie ist die einzig richtige. Glauben Sie etwa nicht daran?“

„Aufrichtig gestanden, will ich Ihnen sagen, dass Sie ein großer Schw...“

Da aber wurde er durch das Gitter so kräftig in den Rücken gestoßen, dass er den unfreundlichen Rest verschluckte.

Ali Effendi strich sich den wallenden Bart.

„Was wollten Sie sagen? Glauben Sie etwa nicht an die Echtheit dieses Stücks?“

„Well. Yes. Meine nur, dass es Ihnen schwer werden dürfte, die Herkunft des Packpapiers zu beweisen“, – dann erinnerte sich Sir David rechtzeitig an seine Aufgabe und fuhr fort –, „wenn ich selber auch die Sache für wahrscheinlich halte – yes!“

„Wahrscheinlich? Das ist zu wenig. Auch der leisteste Zweifel ist eine Beleidigung für mich!“

Noch immer schien Lindsay bei seinem Unglauben beharren zu wollen, aber er erhielt jetzt zwei so dringlich gemeinte Rippenstöße, dass ihm nichts anderes übrig blieb, als klein beizugeben.

„Wenn ich mir's recht überlege“, stotterte er verlegen, „so muss ich allerdings sagen, dass ich das Papier für – damned – für echt halte.“

„Wollen Sie es kaufen?“

„Ich habe es noch gar nicht genau betrachtet. Es ist zu finster hier.“

„Oh, es ist nichts Besonderes daran zu sehen.“

„Keine Anschrift darauf, die der Engel geschrieben hat?“

„Nein. Wozu die Anschrift? Er hat es ja dem Propheten selber überreicht.“

„Wie aber ist es gerade in Ihre Hände geraten?“

„Durch Erbschaft. Ich bin ein echter Nachkomme des Propheten, ein Scherif. Das erklärt alles. – Also wollen sie es kaufen?“

„Wie ist der Preis?“

„Dreihundert Franken.“

„Heavens, das ist...“

Er hielt sofort inne, denn zwei Fäuste bearbeiteten wiederum seinen Rücken.

„...das ist wirklich spottbillig!“

„Nicht wahr? Ein solches Heiligtum, und nur dreihundert Franken! Ich hätte das Fünffache fordern sollen. Aber was ich einmal gesagt habe, das gilt.“

In diesem Augenblick kam die Alte in den Hof und meldete, dass der Nachbar gekommen sei, um wegen der Grenzmauer mit dem Herrn zu sprechen.

„Da werden wir leider gestört“, sagte Ali Effendi bedauernd. „Vielleicht kann ich nicht gleich wiederkommen. Also, werden Sie es behalten?“

„Ja“, antwortete Lindsay nach einem aufmunternden Rippenstoß.

„Allah hat Ihren Sinn erleuchtet, obgleich Sie ein Ungläubiger sind. – Hier ist das Papier.“

Er legte es Sir David hin und ging. Kaum aber war er verschwunden, so wich hinter dem Engländer das Gitter.

„Kommen Sie herein!“, sagte eine leise Frauenstimme. „Schnell!“

Gleich darauf wurde Lindsay von einer Hand in die Öffnung gezogen und von da weiter bis in eine erleuchtete Stube, wo er seine beiden schönen Freundinnen in Gesellschaft ihrer jüngeren Schwester wieder fand.

„Das haben Sie gut gemacht", sagte Lea anerkennend zu ihm. „Sehen Sie her – hier ist unsere Schwester. Gefällt sie Ihnen?"

„Yes."

„Und darf auch sie mitkommen?"

„Natürlich. Yes."

„So gehen wir jetzt hinaus in den Garten!"

Lea führte den Engländer durch eine Tür auf ein freies Plätzchen, wo er trotz dem abendlichen Dunkel bald einen Baum bemerkte. Diesem verdankte das winzige Viereck jedenfalls den stolzen Namen eines Gartens.

„Sehen Sie die Leiter dort?", fragte Lea. „Mit ihrer Hilfe werden wir heute entkommen. Hier nebenan ist der Garten des Nachbarn. Wir steigen hinüber und dann trennt uns nur noch eine Mauer von einer engen Gasse."

„Ich kenne sie."

„Das ist gut. So brauche ich sie Ihnen nicht zu beschreiben. In dieser Gasse erwarten Sie uns."

„Wann?"

„Gerade um Mitternacht."

„Well, werde mich pünktlich einstellen und hoffe, dass wir nicht gestört werden."

„Das fürchte ich nicht, denn Sie haben den Vater in sehr gute Laune versetzt. Er wird zeitig schlafen gehen."

„Allah gebe ihm eine angenehme Ruhe! Kinder, ihr könnt wirklich froh sein, von eurem Vater fortzukommen."

„Warum?"

„Er ist der größte Gauner von Tunis. Yes."

„Das verstehen wir nicht."

„Nun, seine Münzen sind keinen Para wert und dieser alte Bogen Packpapier ist nie in den Händen eures Propheten gewesen! Yes. Das wird ihm David Lindsay nicht vergessen. Und wenn ich wirklich noch Gewissensbisse gespürt hätte, jetzt tue ich's bestimmt."

„Was denn?"

„Euch entführen, yes. Der alte Schwindler soll sich morgen wundern, wenn er so plötzlich ein kinderloser Waisenvater geworden ist. Also um Mitternacht?"

„Ja. Sie kommen doch gewiss?"

„Ganz sicher. Yes."

„So kehren Sie jetzt wieder zu Ihrem Sitz zurück! Er darf nicht ahnen, dass Sie fort gewesen sind."

Die Mädchen geleiteten ihn zurück und schoben das Gitter wieder hinter ihm zu. Lange saß nun Lindsay allein in dem spärlich erleuchteten Hof und es war wohl über eine halbe Stunde vergangen, als der Alte endlich wiederkam.

„Da bin ich wieder", sagte er scheinbar ganz atemlos. „Die Unterredung war sehr wichtig, sonst wäre ich eher zurückgekehrt. Wünschen Sie noch eine Pfeife?"

„Danke! Habe genug!"

„Und die dreihundert Franken?"

„Erhalten Sie sofort."

Sir David zahlte und schob das Packpapier in die Tasche, dann brachte ihn der würdige Wirt in den Hausgang zurück und nahm dort sehr höflich Abschied von ihm. Nun geleitete ihn die alte Schließerin an die Haustür, bevor sie aber öffnete, legte sie ihm die Hand auf den Arm.

„Wollen Sie mir nicht ein kleines Bakschisch geben?"

Er griff in die Tasche und erfüllte die Bitte. Sie schien mit dem Geschenk sehr zufrieden zu sein, denn er wurde von ihr nun unter vielen Danksagungen hinausgelassen.

*

Als Lindsay mit sehr widerspruchsvollen Gedanken durch die Gassen und Gässchen von Tunis dahinschlenderte und eben im Begriff war, über einen kleinen Platz zu schreiten, fiel ihm ein besser gebautes Haus auf, vor dessen Tür zwei große Laternen standen. Über dem Eingang befand sich eine Inschrift aus großen, goldenen Buchstaben.

„A la Maison Italienne' – ‚Zum Italienischen Haus'", las er. „Ah, der bekannte Gasthof, in dem meistens die Fremden wohnen. Gehen wir einmal hinein! Vielleicht gibt es da ein Glas Porter oder Ale und man kommt auf andere Gedanken."

Er hatte Glück – die erste Person, die er im Gastzimmer erblickte, war Paul Normann.

„Ah, Ihr habt also unsere Nachricht schon erhalten!", rief der Maler erfreut.

„Welche Nachricht?"

„Dass wir hier im ‚Italienischen Haus' wohnen."

„No. Bin gar nicht an Bord geblieben und komme nur zufällig hierher."

„Das nenne ich Glück! Wir haben zwei Zimmer für Euch belegt. Ich glaubte, Ihr kämt infolge unserer Benachrichtigung. Wo seid Ihr denn während der langen Zeit gewesen?"

Die Nase David Lindsays geriet in schlingernde Bewegung, als vermute sie hinter der harmlosen Frage eine Absicht. Anscheinend war es ihrem Besitzer nicht angenehm, über die verflossenen Stunden zu sprechen; aber das ausgeprägte Selbstgefühl des Engländers, der keinem Menschen in der Welt eine abfällige Kritik über sein Tun gestattete, und auch die Überlegung, dass seine Reisebegleiter über kurz oder lang doch in die Angelegenheit eingeweiht werden müssten, verleiteten ihn zum Reden.

„Geheimnis, Sir!", sagte er wichtig. „Tiefes Geheimnis, yes."

„Geheimnis?", lachte Paul Normann. „Das klingt fast so, als wolltet Ihr ein ganzes Serail allein ausnehmen."

„Will ich auch. Yes."

„Wohl gar schon drin gewesen?"

„Yes."

„Ihr scherzt!"

„Bin Sir David Lindsay. Scherze nie. Aber habt auch ihr irgendwelchen Erfolg gehabt?"

„Leider nicht. Wir sind beim Konsul und auf der Polizei gewesen, sogar beim Liman reïssi – vergebens!"

„Wer ist der Liman reïssi?"

„Der Hafenmeister. Wir glaubten, Auskunft von ihm zu erhalten, da er bei jeder Ausschiffung zugegen ist, haben auch erfahren, dass zwei Dampfer von Konstantinopel vor unserer Jacht hier angekommen sind, konnten aber von diesem Ibrahim nicht die geringste Spur entdecken."

Der Misserfolg der anderen gab Lindsay seine volle Sicherheit zurück.

„So bin ich glücklicher gewesen!"

„Wie? Ihr wisst wirklich schon, wo er steckt?"

„No, das meine ich nicht. Sprach nur von meiner eigenen Angelegenheit."

„Eure eigene Angelegenheit? Euer tiefes Geheimnis bezieht sich also nicht auf diesen Schurken Ibrahim?"

„No. Habe mein Abenteuer ganz für mich allein. Yes."

„Ganz für Euch alleine?", sagte der Maler gedehnt. „Und eine..."

Er stockte. Blitzschnell reimte er sich alle Umstände zusammen. Lindsay war während der langen Zeit von seiner Jacht abwesend gewesen, er tat sehr geheimnisvoll und ferner schien er ihm entgegen seiner sonstigen kühlen Art von einer merkwürdigen Unruhe beherrscht. Außerdem kannte er nun schon zur Genüge die starrköpfige Abenteuerlichkeit des Engländers – alles das machte ihn plötzlich besorgt.

„Yes", knurrte David Lindsay in die Überlegungen Paul Normanns hinein. „Drei auf einen Streich."

„Drei?"

„Yes."

„Frauen?"

„No."

„Was denn?"

„Mädchen."

„Aber, zum Kuckuck, Ihr seid kaum ein paar Stunden in

Tunis und da kennt Ihr schon drei Türkinnen? Wo in aller Welt habt Ihr die nur aufgegabelt?"

„In aller Welt? No. Aufgegabelt? No. Habe sie in den Ruinen von Karthago kennengelernt. Sehr ehrwürdiger Ort, Sir."

„Und gleich drei?"

„Yes. One, two, three."

Jetzt musste Paul Normann einsehen, dass es Sir David wirklich ernst war.

„Würdet Ihr nicht die Güte haben, mir Näheres mitzuteilen?"

„Fällt mir nicht ein! Werdet's schon rechtzeitig genug erfahren."

„Ihr begebt Euch in Gefahr! Ihr versteht die Sprache des Landes nicht! Wie leicht kommt Ihr da in eine Lage, der Eure Kräfte nicht gewachsen sind!"

„Meine Kräfte? Oh, habe heute Riesenkräfte! Hebe heute ganz Tunis aus den Angeln!"

„Ihr wollt doch nicht schon heute etwas unternehmen? Ich bitte Euch..."

„Schweigt, Mister Normann! Werde noch heute hierher ziehen, um gewisse Spuren zu vernichten und um die Nachforschungen von mir abzulenken. Aber nicht gleich jetzt. Komme erst so ungefähr zwei Stunden nach Mitternacht. Dann bin ich fertig."

„Doch nicht etwa mit Eurer Harems...?"

„Yes!"

„Lasst Euch warnen, Sir David! Tut bitte nichts ohne uns!"

„Pah! Werde beweisen, dass der Plan, den ich ausgeheckt, gar nicht scharfsinniger entworfen sein kann. Schaffe die drei nach der Jacht und komme dann hierher. So verwische ich die Spur."

„Wohnen denn die drei draußen in den Ruinen?"

„No. Sie wohnen in der Stadt bei ihrem Vater, der Juwelenhändler war und sich nun zur Ruhe gesetzt hat."

„Wart Ihr denn schon in seiner Wohnung?"

„Natürlich. Unter dem Vorwand, dem Alten einiges von seinen Seltenheiten abzukaufen. Habe da Verschiedenes – Heavens, das muss ich Euch zeigen! Hier, dieses Papier kommt geradewegs vom Himmel. Der Koran war darin eingewickelt, damit er in den Wolken nicht nass werden sollte, als ihn der Erzengel vom Himmel brachte. Diese alten Münzen wurden geschlagen zum Andenken an die Eroberung von Mekka und Konstantinopel. Diese Pfeilspitze wurde..."

Er fuhr lachend in seiner Erklärung fort, während er die Gegenstände auf den Tisch legte.

„Und das alles glaubt Ihr?"

„Wollt Ihr mich beleidigen, Sir? Der Alte ist ein abgefeimter Spitzbube und seine drei Töchter sind seiner wert – wollte sagen: die reinen Engel!"

„Seine drei Töchter sind ebenso große Spitzbübinnen, wolltet Ihr sagen! Ich bitte Euch dringend, Euern Plan aufzugeben oder wenigstens die Durchführung zu verschieben!"

„No. Denke nicht daran."

„Auch Hermann würde gewiss abraten."

„Ist er hier?"

„Auf seinem Zimmer. Ich hole ihn. Er mag seine Ansicht selber äußern."

Er eilte fort.

David Lindsay aber war gekränkt, warf ein Geldstück für das Getränk auf den Tisch, setzte den Hut auf, raffte den Regenschirm an sich und verließ das Haus. In seiner Hast vergaß er die ‚Kostbarkeiten', die auf dem Tisch ausgebreitet lagen. Eilig bog er um mehrere Ecken, erst dann gönnte er sich einen ruhigeren Schritt.

Eine Strecke weiter, in der Richtung zum Binnenhafen, überholte er einen Menschen, der langsam desselben Wegs ging. Kaum war er an ihm vorüber, so hörte er hinter sich einen lauten Freudenruf.

„Hamdulillah! Lindsay Effendi! Lindsay Effendi!"

Verwundert blieb er stehen, drehte sich um und blickte dem Rufer ins Gesicht. Es war der junge Arabadschi, der Vertraute der schönen Zykyma.

„Mensch, du hier? Heavens! Zykyma auch mit da?"

„Zykyma burada, Tschita burada, Pascha burada, Derwisch Osmanda burada."

„Ah, da sind ja alle hübsch beieinander! Aber wer ist denn dieser Burada? Oder ist's ein Frauenzimmer?"

Burada heißt ‚hier' oder ‚hier ist'. Davon hatte Lindsay ja keine Ahnung. Der Arabadschi verstand den Engländer natürlich ebenso wenig und zuckte die Achseln.

„Geliniz, geliniz!"

Das heißt: ‚Kommen Sie, kommen Sie!' Dabei deutete er nach links hinüber. David Lindsay schüttelte den Kopf, dass der hohe, grau gewürfelte Hut ins Wanken geriet.

„Blöde Sprache, das Türkisch. Kann wirklich kein anständiger Christenmensch verstehen. Yes."

„Wo ist Hermann Wallert?", fragte der Arabadschi ungeduldig.

Sir David schloss nur aus dem Namen, was der Frager meinte.

„A la ‚Maison Italienne'!"

„Bilirim, bilirim!"[1], tönte es erfreut aus dem Mund des jungen Mannes und rasch drehte er sich um und eilte davon, der Innenstadt wieder zu.

„Bilirim! Dummes Wort!", murrte Lindsay. „Aber ist es nicht ein Wunder, den Kerl hier zu treffen? Na, diese Freude, wenn er zu den beiden kommt! Das ist sehr gut für mich, denn nun haben ja auch sie ihr Abenteuer. Well, dann können wir schon morgen abdampfen. Schreckliches Nest, dieses Tunis. Vorher aber sprechen wir mit diesem Ibrahim noch ein Wort wegen der Uhr und der Familie Adlerhorst."

Sir David fand die Jacht bereits am Westufer des Binnensees vor Anker. Er hörte an Bord, dass der Kapitän ein wenig

[1] „Ich kenne es!"

an Land gegangen sei; so sagte er denn dem Steuermann, dass er nach Mitternacht drei Damen bringen werde.

„Drei?", fragte der Steuermann, der bisher nur von Zykyma und Tschita gehört hatte.

„Yes."

„Gefährliches Abenteuer?"

„Yes."

„Allein, Sir?"

„Yes."

„Darf ich mit?"

„No."

Damit ging Lindsay zur Kajüte, um den türkischen Anzug anzulegen, den er in Konstantinopel gekauft hatte.

Um nicht von Hermann Wallert und Paul Normann getroffen zu werden, machte Lindsay einen Umweg und hatte deshalb nicht viel Zeit übrig, als er das Haus der drei Schönen erreichte. Die Uhr zeigte fünf Minuten vor Mitternacht.

Diese fünf Minuten vergingen und noch fünf, noch zehn, ohne dass er etwas sah oder hörte. Endlich vernahm er jenseits der Mauer ein Geräusch – richtig, da scharrte es oben leicht am Rand hin, als ob eine Leiter angelehnt würde, und dann sah er über sich einen Kopf erscheinen.

„Pst!", machte es leise. „Sind Sie da?"

„Yes. Oui. Wer ist's?"

„Ich, Rahel."

„Und die anderen?"

„Sind noch unten. Da kommt Lea."

Im selben Augenblick setzten sich Rahel und Lea auf die Mauer, gleich darauf erschien auch die Dritte und nun zogen sie die Leiter drüben herauf und ließen sie hüben hinab. Der Engländer hielt sie fest und die Mädchen stiegen herunter.

„Hier sind wir!", sagte Lea. „Sehen Sie, dass wir Wort halten?"

„Yes", brummte David Lindsay. „Glaubte bereits, dass

Im selben Augenblick setzten sich Rahel und Lea auf die Mauer.

ihr nicht erscheinen würdet. Wollen uns nicht aufhalten. Kommt!"

Offen gestanden war ihm durchaus nicht wohl. Er spürte keine Furcht; auch bei den gewagtesten Abenteuern mit Kara Ben Nemsi hatte er nicht gezittert – aber bei diesem eigenartigen Unternehmen wurde er eine gewisse Beklemmung nicht los; ja, sie hatte sich sogar noch verstärkt, und sie wäre gewiss noch stärker gewesen, wenn er gewusst hätte, dass der sogenannte Vater seinen angeblichen Töchtern eigenhändig über die Mauer weggeholfen hatte und dass ein anderer in der Nähe stand, der ihn beobachtete und nun die Leiter entfernte.

Die drei Schwestern folgten ihm schweigend durch mehrere Straßen. Dann blieben sie beratend stehen, ob sie nicht besser auf einem Umweg zur Jacht gehen sollten. Der Engländer widersprach. Noch waren die Mädchen unentschlossen, welcher Weg der sichere sei, da tauchte neben Lindsay ein Mann auf.

„Guten Abend! Was tun Sie hier?", fragte er auf Französisch.

„Warum fragen Sie?", entgegnete Sir David.

„Weil ich ein Recht dazu habe."

„Und ich auch", meinte eine zweite Stimme an seiner anderen Seite.

Lindsay drehte sich um. Auch dort stand ein Mann.

„Was wollen Sie von uns, Messieurs?"

„Kennen Sie uns?", fragte der Erste wieder.

„Nein."

„Aber unsere Uniformen kennen Sie doch wohl?"

„Ich sehe sie nicht. Es ist ja stockfinster."

„So schauen Sie her!"

Der Mann zog eine kleine Laterne aus der Tasche, öffnete sie und ließ ihr Licht aufleuchten. Er trug die Uniform eines Polizeisoldaten, der andere ebenso, und jetzt tauchte noch ein Dritter auf.

„Sie sind Polizisten?", fragte der Engländer erstaunt.

„Wie Sie sehen. Also Antwort – was tun Sie hier?"
„Ich gehe spazieren."
„Mit diesen Mädchen?"
„Es sind meine Frauen."
„Ah! Wer sind Sie denn?"
„Ich bin Sir David Lindsay."
„Ein Engländer? Erzählen Sie uns keine Märchen!"
„Ich kann es beweisen."
„Oho! Ein Engländer hat nicht drei Frauen! Ein Engländer trägt auch nicht diese Kleidung. Also, woher haben Sie diese Mädchen?"

Lindsay hatte bisher in aller Ruhe geantwortet. Jetzt aber glaubte er, etwas weniger höflich sein zu dürfen.

„Ich denke nicht, dass ich Ihnen Rede zu stehen habe."
„So muss ich Sie festnehmen."
„Das werden Sie bleiben lassen. Ich bin Engländer und einen solchen verhaftet man nicht ungestraft."
„Beweisen Sie uns, dass Sie Engländer sind!"
„Well, kommen Sie mit auf mein Schiff!"
„Ihr Schiff, selbst wenn Sie eins hätten, geht mich nichts an. Das Schiff scheint überhaupt eine Lüge."
„Nehmen Sie sich in Acht!"
„Zeigen Sie mir Ihren Pass!"
„Den habe ich auf meiner Jacht."
„So lassen Sie ihn sich morgen bringen! Jetzt aber folgen Sie uns! Sie sind verdächtig. Ich verhafte Sie samt den Mädchen. Vorwärts!"

Der Mann packte Sir David am Arm, erhielt aber einen solchen Faustschlag in die Magengrube, dass er zur Erde stürzte. Im selben Augenblick warfen sich die beiden anderen auf David Lindsay. Er hatte das geahnt und empfing sie ebenfalls mit zwei wohlgezielten, regelrechten Boxhieben. Doch da wurde er plötzlich von zweien, die er bisher noch gar nicht bemerkt hatte, von hinten gepackt und zu Boden gerissen. Er wehrte sich zwar aus Leibeskräften, wurde aber schließlich überwältigt. Rasch band man ihm die Hände auf dem Rücken zusammen.

Es war ein stiller, lautloser Kampf gewesen. Keiner hatte dabei ein Wort gesagt. Lindsay wagte es nicht zu rufen und die anderen mochten auch einen triftigen Grund haben, ihre Arbeit in aller Stille zu erledigen.

Einer der Polizisten nahm die entfallene Laterne und beleuchtete damit den sonderbaren Gefangenen.

„So, da haben wir dich fest und nun wollen wir sehen, ob du wirklich nicht mitgehst."

„Da ich gefesselt bin, können Sie mich freilich zwingen. Ich mache Sie aber auf die Verantwortung aufmerksam, die Sie treffen wird."

„Wir tun nur unsere Pflicht. Sie sind ein Mädchenräuber!"

„Das muss erst bewiesen werden."

„Der hier kann es beweisen."

Der Polizist leuchtete dem einen der beiden, die den Engländer so heimtückisch von hinten gepackt hatten, ins Gesicht.

Auf den Zügen David Lindsays malte sich unverhohlene Überraschung.

„Ali Effendi!", rief er erstaunt.

„Ja, ich bin es! Wollen Sie leugnen, dass Sie mir meine Töchter entführt haben?"

„Das wird sich finden. Aber Sie werden bestätigen, dass ich ein Engländer bin!"

„Das wird sich auch finden."

„Und", setzte Lindsay grimmig hinzu, „da steht noch so ein Schurke, der es ganz gewiss weiß!"

Er deutete dabei auf den Fünften, dessen Gesicht eben im Laternenlicht auftauchte. Es war der Kerl, in dessen Hütte er mit den beiden Mädchen gesessen hatte.

„Ich kenne ihn nicht", sagte der Bursche frech.

„Das ist eine niederträchtige Lüge. Ich habe zwar andere

Kleider an als am Nachmittag, aber mein Gesicht ist nicht zu verkennen."

„Das alles ist jetzt Nebensache", erklärte Ali Effendi. „Es fragt sich nur, ob er meine Töchter überredet hat, ihm heimlich zu folgen. Kommt her! Gesteht die Wahrheit, dann soll euch keine Strafe treffen!"

„Es ist so", antwortete Lea.

„Was hatte er mit euch vor?"

„Er wollte uns auf sein Schiff bringen."

„Das genügt. Wir werden ein ernstes Wort mit ihm sprechen, ehe wir ihn fortschaffen. Führt ihn hinüber zur Hütte! Ich bringe diese ungeratenen Frauenzimmer nach Haus und komme gleich wieder."

Ali Effendi warf den Mädchen einige Drohungen zu und entfernte sich mit ihnen. Sir David wurde durch die finsteren Gassen aus der Stadt gebracht, und zwar in der Richtung, die zur alten karthagischen Wasserleitung führt. Von dieser sind da und dort noch ein paar gut erhaltene Bogen zu sehen. An einen dieser Bogen lehnte sich eine zerfallene Hütte, auf die die angeblichen Polizisten zuschritten.

Lindsay sprach unterwegs kein Wort, er sagte auch nichts, als er zur Tür hineingeschoben wurde. Still setzte er sich nieder und verhielt sich zu allen Spottreden so ruhig, als hörte er sie gar nicht.

Es verging eine geraume Zeit, bis Ali Effendi, der beleidigte Vater der Mädchen, zurückkehrte.

Die anderen machten ihm ehrerbietig Platz. Er setzte sich dem Gefangenen gegenüber und seine Miene zeigte mehr Betrübnis als Zorn.

„Jetzt wollen wir Ihr Geschick entscheiden", begann er, während er sich den grauen Bart strich. „Es wird sich hoffentlich bald zeigen, ob wir Sie freilassen oder dem Bei zum Urteilsspruch übergeben."

„Der Bei hat mir gar nichts zu sagen! Ich bin Engländer. Das wissen Sie selber am besten. Ich war ja bei Ihnen."

„Ich kenne Sie nicht, ich entsinne mich nicht, Sie je bei

mir gesehen zu haben. Sie haben sehr gegen mich gesündigt, aber vielleicht verzeihe ich Ihnen, obwohl Sie es nicht verdient haben. Meine Töchter sind mir stets gehorsam gewesen, jetzt aber häufen sie Schande auf mein Haupt. Und warum? Weil Sie die unschuldigen Mädchen verführt haben."

„Unschuldige Mädchen? Hang it all! Diese Weiber haben mich ins Garn gelockt! Yes!"

„Sie sind alt genug und nicht der Mann dazu, sich von harmlosen Mädchen ins Garn locken zu lassen. Sie haben ihnen den Kopf verdreht, aber Allah hat mich erleuchtet. Ich weiß Bescheid. Doch bin ich bereit, Gnade walten zu lassen, wenn Sie auf die Bedingungen eingehen, die ich als Vater stellen muss."

„Bedingungen? Well. Lassen Sie hören!"

„Wer ein Mädchen entführt, muss die Beisteuer zahlen, die er geben würde, wenn er sie zum Weib nähme."

„Excellent! Darauf also läuft es hinaus!"

„Ja. Sind Sie reich?"

„Sehr."

„Wie viel würden Sie für ein Weib bezahlen?"

„Mehrere Millionen, wenn ich die Betreffende liebe."

Auf diese Antwort war Ali Effendi nicht gefasst. Gerade die Höhe der Summe störte ihn am allermeisten. Es wäre ihm lieber gewesen, wenn sich der Engländer zunächst geweigert hätte.

„Mehrere Millionen? Für eine einzige Frau?"

„Yes."

„Sie haben mir aber drei Töchter geraubt! Das sind dreimal mehrere Millionen!"

„Allright."

„Die werden Sie doch nicht geben wollen!"

„Warum nicht? Ich tue, was das Gesetz verlangt. Verurteilt mich der Richter dazu, so bezahle ich, was er verlangt."

Das kam dem traurigen Vater anscheinend sehr ungelegen. Er schüttelte den Kopf.

„So grausam bin ich nicht. Ich verlange viel weniger. Bezahlen Sie jeder meiner Töchter fünftausend Franken, so lasse ich Sie augenblicklich frei."

„No. Ich bezahle nur das, was der Richter bestimmt."

„Geben Sie jeder viertausend Franken!"

„Keine Centime!"

„Dreitausend!"

„No."

„So will ich sogar mit zweitausend zufrieden sein!"

„Nothing."

„Wissen Sie, dass ich Sie zwingen kann? Sie befinden sich in meiner Gewalt!"

„Nein. Ich bin verhaftet. Schafft mich in die Stadt!"

Nun legte sich der ‚einstige Sklave' Ali Effendis ins Mittel.

„Mach es kurz! Was nützen diese Winkelzüge! Der Bursche ist hartnäckig und ich habe keine Lust, mich lange mit ihm herumzuplagen."

„Gut! – Ich will Ihnen mitteilen", wandte sich der ehemalige Besitzer des himmlischen Packpapiers an Lindsay, „dass diese Männer gar keine Polizisten sind."

„Dachte es mir. Yes!"

„Sie sind meine Vertrauten und tun, was ich ihnen sage. Ich verlange also zweitausend Franken für jede meiner Töchter. In einer Stunde fordere ich die Antwort. Bis dahin mögen Sie überlegen, was das Beste für Sie ist. Von Ihrer Antwort wird es abhängen, was wir mit Ihnen anfangen."

Die Nase Lindsays geriet in drohende Bewegung.

„Ihr seid ganz gemeine Schurken. Yes!", sagte er verächtlich. „Tut mir nur leid, dass ein Engländer in eure Falle gegangen ist!"

Der Graubart nickte mit höhnischer Aufrichtigkeit.

„Die Mädchen waren nur die Lockvögel. Das hätten Sie sich eher denken können. Jetzt wissen Sie wohl auch, was Sie erwartet."

„Pah! Jetzt gefallt ihr mir erst. So schuftige Memmen wie ihr würden allerdings den Preis bezahlen, ich aber bin David Lindsay. Yes!"

„Sie spielen um Ihr Leben!"

„Well. Bringt mich immerhin um! Wird euch übel aufstoßen, Messieurs!"

„Warum?"

„Sir David Lindsay lässt sich nicht in diesem verdammten Tunis in ein Abenteuer ein, ohne seine Vorkehrungen zu treffen. Yes."

Die Sicherheit, mit der er diese Behauptung vorbrachte, ebenso seine Furchtlosigkeit verfehlten ihren Eindruck auf die Schurken nicht. Sie flüsterten eine Weile miteinander.

„Wir haben uns entschieden", begann Ali Effendi von Neuem. „Von unserem Entschluss bringt uns nichts ab. Ich fordere für jede Tochter eintausend Franken."

„Nicht mehr? Es ist doch sonderbar, dass Sie nur für diese drei Damen fordern, aber nichts für ihre Helfershelfer. Pah, die Mädchen, die wohl gar nicht Ihre Töchter sind, würden nichts erhalten. Ich durchschaue alles und gebe gar nichts."

„So werden Sie sterben. Ich lasse Ihnen eine Stunde Zeit, weigern Sie sich dann immer noch, so sterben Sie im See. Man wird glauben, Sie seien verunglückt."

„Was andere denken, ist mir sehr gleichgültig. Ich selber werde es doch nicht glauben, sondern wissen, dass ich ermordet worden bin – und das ist schließlich die Hauptsache. Yes."

*

Der junge Arabadschi war nach seinem Zusammentreffen mit Lindsay eilig davongelaufen. Er hatte von dem ‚Italienischen Haus' sprechen hören und fand sich durch Fragen schnell zurecht.

Im Gastzimmer saßen die beiden von ihm Gesuchten in sichtlicher Aufregung bei den ‚Kostbarkeiten' des Engländers am Tisch. Als Said eintrat, sprangen sie auf.

„Du? Du hier?", rief Paul Normann und eilte auf den jungen Diener zu. „Welche Freude! Ist auch Tschita hier?"

„Ja!"

„Und Zykyma auch?“, fragte Hermann.

„Auch sie. Und Ibrahim und der Derwisch Osman sind ebenfalls hier.“

„Aber woher wusstest du, wo wir sind?“

„Ich erfuhr es vor einigen Minuten von dem gewürfelten Effendi.“

„Von Sir David? Wo hast du ihn getroffen?“

„Draußen vor der Stadt. Er ging zum Hafen.“

„Gott sei Dank! So hat er uns doch nur ein Märchen aufgebunden mit seinen drei Haremsschönen. Hast du Zeit?“

„Für euch immer.“

„So komm mit hinauf in mein Zimmer! Dort sind wir ungestört. Du sollst uns von jenem Abend in Kostantinopel noch ausführlich erzählen. Ihr wart so plötzlich verschwunden.“

Was der Arabadschi Said nun zu berichten hat, ist für Paul und Hermann zwar von großer Wichtigkeit, für den Fortgang von Sir Davids Haremsabenteuer aber nicht von Belang, daher verlassen wir die Freunde nun für eine Weile und nehmen den Faden der Handlung erst nach diesem Gespräch wieder auf.

Said war langsam, in Gedanken verloren seines Weges dahingeschlendert. Da, auf einer Gasse nach dem Hafen, hörte er in einiger Entfernung vor sich Stimmen, deren Klang auf etwas Ungewöhnliches deutete. Er lauschte und bald sah er unweit das Licht einer Laterne aufleuchten und vernahm das Bruchstück eines erregten Gesprächs.

„...David Lindsay!“, klang es an sein Ohr.

Da die vorangehenden Worte französisch gesprochen worden waren, hatte er sie nicht verstanden. Der Name ‚David Lindsay‘ aber fiel ihm auf. Er schlich sich deshalb eiligst hinzu, duckte sich auf den Boden und wurde so Zeuge der Verhaftung des Engländers.

Von fern folgte er den Leuten, die Lindsay abführten, bis sie in der Hütte verschwanden. Said trat nun an die Öffnung, die als Fenster diente, blickte vorsichtig hinein und sah Sir David gefesselt am Boden sitzen. Said begriff den Vorgang zwar nicht vollständig, merkte aber doch, dass sich der Engländer augenscheinlich in Gefahr befand. Das war genug für ihn. Hatte er schon so viel Zeit versäumt, so kam es auf eine weitere Stunde auch nicht an. Von den beiden deutschen Freunden durfte er freilich keinen Beistand erwarten, selbst wenn er sie im ‚Italienischen Haus' antraf, denn die Entfernung hin und zurück war zu groß.

Was war nun zu tun? Said durfte nicht lange zögern und überlegen, wenn er wirklich Hilfe bringen wollte, er hatte somit keine Minute zu versäumen. Zur Polizei also!

So rannte er denn zum Palast des Bei von Tunis, wo, wie bekannt, zu jeder nächtlichen Stunde Kawassen zu finden waren. Er war so vorsichtig, dort keinen Namen zu nennen; er wusste ja nicht, auf welche Weise Lindsay in die gefährliche Lage geraten war.

Darum berichtete er nur, dass ein Mann von Räubern nach einer Hütte bei der alten Wasserleitung geschleppt worden sei, und bot sich den Bewaffneten als Führer an.

Er musste seinen Bericht mehrere Male umständlich wiederholen, ehe man ihm rechten Glauben schenkte; dann aber machte sich ein Sabtieh Tschauschu[1] mit zehn seiner Leute, die er bis unter die Nase bewaffnete, sofort auf den Weg, um die Räuber auszuheben.

Der Sabtieh Tschauschu fing es dabei gar nicht übel an. Er nahm einen Umweg, um von der Seite zu kommen, von woher diese Leute am wenigsten Störung erwarteten. Es war immerhin möglich, dass sie einen Sicherheitsposten ausgestellt hatten. So näherten sich die Polizisten unbemerkt der Hütte. Der Sabtieh Tschauschu schlich sich an die Fensteröffnung und entdeckte den Gefesselten.

„Es ist gut", flüsterte er Said zu. „Du hast die Wahrheit gesagt und kannst nun gehen!"

Said verschwand schleunigst; er konnte nun zu seinem

[1] Polizeifeldwebel, Wachtmeister

Herrn zurückkehren, der sicherlich nicht eher zur Ruhe ging, als bis er Saids Bericht vernommen hatte.

Der Sabtieh Tschauschu hörte durch das Fensterloch jedes Wort, das im Innern der Hütte gesprochen wurde. Soeben sagte einer, den er nicht sehen konnte:

„Jetzt ist die Stunde vorüber. Also sagen Sie, was Sie beschlossen haben!“

„Well“, entgegnete Lindsay mit einem verächtlichen Blick. „Ich habe beschlossen, euch Folgendes zu sagen: Ihr seid erbärmliche Straßenräuber und feige Strauchdiebe, mit denen ein freier Engländer niemals verhandeln kann. Yes!“

„Geben Sie tausend Franken für eine jede meiner Töchter oder nicht?“

„No.“

„Sie unterzeichnen selber Ihr Todesurteil!“

„Hätte ich nur meine Hände frei, so wollte ich noch etwas ganz anderes in eure Galgengesichter zeichnen!“

„Ganz wie Sie wollen! Anstatt nachzugeben, beleidigen Sie uns. Sie sagen, wir sollen gar nichts erhalten, aber wir werden uns wenigstens das nehmen, was Sie bei sich tragen. Sucht ihn aus!“

Lindsay schnellte sich vom Boden auf, obgleich seine Hände gefesselt waren. Der ehemalige Sklave fasste ihn beim Arm, aber der Engländer schleuderte ihn von sich ab und trat ihm mit dem Absatz so gegen den Unterleib, dass er zusammenbrach.

„Erstecht ihn! Erschießt ihn! Schlagt ihn tot!“, brüllten die anderen wütend auf.

In diesem Augenblick krachte die Tür unter wuchtigen Kolbenstößen zusammen und zehn Gewehrläufe streckten sich durch Tür und Fenster.

„Heigh-day!“, schmunzelte der Engländer. „Ich sagte es euch ja, ihr Gesindel: David Lindsay lässt sich nicht ersäufen wie eine junge Katze!“

Der Sabtieh Tschauschu trat unter dem Schutz der Waffen seiner Leute herein und musterte die Anwesenden.

„Du hier, Jacub Asir?“, sagte er. „Zu welchem Zweck machst du solche Spaziergänge?“

Diese Frage war an den würdigen Graubart Ali Effendi gerichtet, und zwar in französischer Sprache. Das war nicht zu verwundern, da sich das tunesische Militär zum Teil aus Franzosen zusammensetzt. Lindsay hatte die Frage also wohl verstanden.

„Jacub Asir?“, rief er. „Ist das etwa der Name dieses Mannes hier?“

„Ja“, bestätigte der Sabtieh Tschauschu.

„Er heißt nicht Ali Effendi?“

„Der? Das sollte er wagen! Will der Kerl etwa gar ein Effendi sein?“

„Ja. Mir gegenüber hat er sich für einen Juwelenhändler ausgegeben und sich Ali Effendi genannt.“

„Hund, das wagst du?“

„Es ist nicht wahr! Es ist nicht wahr!“

„Nicht? Ich brauche gar keinen Beweis! Ich habe dich eben selber bei einem bösen Streich ertappt! Und ihr drei Halunken, woher habt ihr den Polizeirock? Euch Gauner kenne ich! – Nicht wahr, sie haben sich für Polizisten ausgegeben?“

„Ja“, antwortete Sir David. „Sie haben mich festgenommen und hierher geschafft.“

„Weshalb?“

„Dieser Mann behauptet, ich hätte seine drei Töchter entführt.“

„Drei Töchter! O Allah, dieser räudige Hund hat gar keine Töchter, sondern beherbergt Mädchen, die er verkauft! Er ist ein geriebener Gauner. Wir haben es längst gewusst, aber er war zu schlau, sich fangen zu lassen. Heute nun ist er uns in die Hände gelaufen und wir werden ihn nicht wieder loslassen. Bindet ihn, und zwar mit demselben Strick, mit dem er diesen Mann gebunden hat.“

(Gesammelte Werke Band 61 „Der Derwisch“)

Das ongelukkig nijlpaard

Die Reisegesellschaft um den Studenten Degenfeld kehrt in einem chinesischen Restaurant ein, um die Ankunft im Reich der Mitte zu feiern. Während sie schon am Tisch sitzen, öffnet sich die Tür und ein wahres Ungetüm von Mensch betritt die Wirtschaft.

Der Mann war nicht sehr hoch, aber so dick, dass er wohl seit Jahren seine eigenen Füße nicht mehr hatte sehen können. Sein Körper war ein ungeheurer Fleischklumpen zu nennen. Das glattrasierte, runde Vollmondgesicht glänzte in dunkler Röte. Ebenso auffällig wie seine Gestalt war seine Kleidung. Er trug Hose, Weste und Jacke von feinem weißen Leinen. Die Letztere war so kurz, dass die gewaltige Halbkugel des Bauches zur vollsten Geltung kam. Die Füße steckten in niedrigen chinesischen Schuhen mit vier Zoll hohen Filzsohlen.

Um den Leib – denn Hüfte konnte man unmöglich sagen – trug er eine rotseidene Schärpe, aus welcher der eingelegte, kostbare Griff eines malaiischen Kris hervorblickte. Der Schädel bildete eine einzige große, haarlose Platte, die kaum halb von einer kleinen, schwarz und weiß karierten, schottischen Mütze bedeckt wurde, von der zwei lange, breite, ebenso gefärbte Schleifen bis auf den Rücken herabhingen. Zwei lange Flinten, die sich hinten und deren Riemen sich vorn über der Brust kreuzten, hingen ihm auf dem Rücken. Über die beiden Läufe dieser Gewehre war eine schwarze, wohlgefüllte und sorgfältig zugeschnallte Ledertasche gehängt, und in der Rechten trug er einen chinesischen Sonnenschirm von solcher Größe, dass eine ganze Familie darunter Platz finden konnte.

„Goeden dag, mijne heren!“, grüßte er in breiter, holländischer Sprache. „Het is tijd, dat wij aan tafel gaan!“ Das heißt zu Deutsch: „Guten Tag, meine Herren! Es ist Zeit, dass wir zu Tische gehen!“

Das war eine ganz eigene Art und Weise, zumal er die Anwesenden dabei gar nicht anblickte und, ohne sie zu beachten, mit kleinen, gewichtigen Schritten auf den nächsten Tisch zusteuerte. Der Wirt schien ihn zu kennen, denn er stürzte diensteifrig herbei, schob unter mehreren tiefen Verbeugungen zwei Stühle zusammen, da der Gast auf nur einem nicht genügend Platz gefunden hätte, nahm ihm die Tasche, die beiden Flinten und den Schirm ab und brachte diese Gegenstände mit zarter Sorgfalt in der Nähe unter.

Über das Gesicht des Methusalem war beim Anblick und beim Gruß dieses Mannes ein heiteres Lächeln geglitten. Er erhob sich, machte eine Verneigung und antwortete in lustigem Ton: „Gaat U zitten; maakt U geen omslag; doet U maar net alsof U thuis bent! – Setzen Sie sich; machen Sie keine Umstände; tun Sie, als ob Sie zu Hause wären!"

Jetzt erst blickte der Dicke zu den vieren herüber. Er musterte sie einige Sekunden lang, zog dann die haarlosen Brauen zusammen und sagte zu dem höflichen Methusalem: „U bent een ongelukkig nijlpaard. – Sie sind ein unglückliches Nilpferd." Dann krachte er seufzend auf die zwei Stühle nieder und gähnte, als ob er die halbe Atmosphäre einschlucken wolle.

„En U bent en dik stekelvarken. – Und Sie sind ein dickes Stachelschwein!", rief der Student ihm lachend zu.

„Schaap! – Sie Schaf!", antwortete der Dicke verächtlich.

„Neushoorn! – Sie Nashorn!", warf der Methusalem zurück.

„Papegaai! – Sie Papagei!", donnerte der Dicke.

„Vlaskop! – Sie Heukopf!", lachte Degenfeld.

Da stand der Dicke auf, streckte beide Fäuste aus und brüllte mit überschnappender Stimme: „Dor lucifershoutje, droge kleermaker. – Sie dürres Streichhölzchen, Sie trockener Schneider."

Er kam nicht weiter. Der Neufundländer hatte das feindselige Verhalten des Dicken bemerkt, war von seinem Stuhl gestiegen und kam langsam auf ihn zugeschritten. Bei ihm angekommen, richtete er sich auf, legte ihm die Pfoten auf die Achseln, zeigte die Zähne und knurrte ihm warnend in das rote Gesicht, als ob er sagen wolle: „Du, nun ist's genug, sonst bekommst du es mit mir zu tun!"

Dem Bedrohten blieb das beabsichtigte Schimpfwort im Mund stecken. Er ließ sich auf seine Stühle niedersinken, wodurch der Hund wieder vierfüßig zu stehen kam, und rief wider alles Erwarten dem Wirt zu: „Ik heb honger; geef mij soep en kalfsvlees. – Ich habe Hunger; geben Sie mir eine Suppe und Kalbfleisch!"

Das sah so komisch aus und klang so drollig, dass die vier anderen in ein lautes Gelächter ausbrachen. Der Hund zog die Oberlippe in Falten, als ob er in dieses Lachen einstimmen wolle, und kehrte schweifwedelnd zu seinem Herrn auf seinen Stuhl zurück. Als der Dicke sich nicht mehr von dem Tier bedrängt sah, wendete er sich um und rief zornig: „Mijne heren, ik zou mij schamen, zo dom te lachen. Eet U liever een vlees-gerecht of een eierkoek; pat is onse-twijfeld beter dan dit nutteloze gegrijns! – Meine Herren, ich würde mich schämen, so dumm zu lachen. Essen Sie lieber ein Fleischernes oder einen Eierkuchen; dies ist ohne Zweifel besser als dieses nichtsnutzige Feixen!"

Diese geharnischte Rede hatte nur ein vermehrtes Gelächter zur Folge, was den Dicken so erboste, dass er, vorher tief Atem holend, die Lachenden mit wahrer Donnerstimme anfuhr: „Mijne heren, gij zijt slecht, gij zijt slechter, gij zijt de allerslechtsten; gij zijt mijne vijanden; gij – gij – gij zijt vier zun apen! – Meine Herren, Sie sind schlecht, Sie sind schlechter, Sie sind die allerschlechtesten; Sie sind meine Feinde; Sie – Sie – Sie sind vier saure Affen!"

Es lässt sich denken, dass die Lacher durch diese Donnerworte des Dicken nicht in eine ernstere Stimmung versetzt wurden.

Da aber brachte einer der Kellner dem Holländer die verlangte Suppe und er zog es vor, dieser seine Aufmerksamkeit zu widmen. Er knurrte nur noch: „Een soep is beter dan zo'n bedorven schaap! – Eine Suppe ist besser als so ein verdorbenes Schaf!"

Er warf dem Gottfried, der am lautesten gelacht hatte, eine verächtliche Handbewegung zu, knüpfte sich die Serviette um den Hals und begann dann, seine Suppe mit so schmatzendem Wohlbehagen zu essen, dass es klang, als ob ein halbes Dutzend ‚Varkens'[1] am Trog säßen.

Dann wurde das Kalbfleisch gebracht. Er griff mit beiden Händen nach dem Teller, roch die Portion prüfend an, gab durch ein freundliches Nicken zu erkennen, dass der Duft ihm behage und befahl: „Geef mij een stuk ossevlees met erwten en zuurkool! – Geben Sie mir ein Stück Ochsenfleisch mit Erbsen und Sauerkraut!"

Den vier Zuschauern war es zweifelhaft, ob man hier in China Erbsen oder gar Sauerkohl bekommen könne. Der Holländer schien aber die Leistungen der Hotelküche genau zu kennen, denn eben als er das Kalbfleisch verzehrt hatte, wurde ihm der verlangte zweite Gang gebracht.

Er beroch auch diesen, nickte wieder freundlich und bestellte: „Geef mij en gebraden varkensvlees met ramenas en gebakken peren! – Geben Sie mir Schweinebraten mit Meerrettich und gebackenen Birnen!"

Als auch dies dann gebracht wurde, verlangte er „hammelsbout met salade", Hammelbrust mit Salat, dann „eend met spinazie en knoflook", Ente mit Spinat und Knoblauch, später „zeevis met gebakken pruimen", Seefisch mit gebackenen Pflaumen. Dann zuletzt begehrte er zum Nachtisch „zeekreeften, boter, kaas en een groot glas brandewijn", Seekrebse, Butter, Käse und einen großen Kelch Branntwein.

Die Portionen waren so reichlich, dass eine einzige davon hingereicht hätte, einen gewöhnlichen Esser zu sättigen, dieser Dicke aber machte, als er fertig war, als ob er noch immer Appetit verspüre. Er legte die Hände an den Leib und betastete diesen prüfend. Und wirklich schien er eine noch leere Stelle entdeckt zu haben, denn er begehrte nach

[1] Ferkel

kurzem Nachdenken noch „een brood met worst en mosterd“, ein Brot mit Wurst und Senf.

Die Mahlzeit hatte ihn so in Anspruch genommen, dass seine Aufmerksamkeit nur ein einziges Mal von ihr abgewichen war. Dies geschah, als den vier anderen Gästen das verlangte Bier gebracht wurde.

Der Methusalem hatte für jeden einen guten Schluck bestellt, infolgedessen der Kellner vier ganz kleine Fläschchen brachte, die nicht einmal ein Drittel Liter fassten. Der dienstbare Geist glaubte, seine Sache gut gemacht zu haben; Degenfeld aber öffnete alle vier Flaschen, goss ihren Inhalt in sein Studentenglas, führte dieses an den Mund, leerte es in einem Zug bis auf die Nagelprobe, setzte es wieder ab und befahl, indem er mit der Zunge schnalzte: „Nicht ganz übel! Das genügte aber nur zur Probe. Bringen Sie für jeden eine solche Portion! Fünf Personen.“

„Fünf?“, fragte der Kellner, der nach nochmaliger Umschau nur vier Individuen herausbrachte.

„Ja, ich sage es doch!“

„Aber Sie sind nur vier!“

„Wir sind fünf. Dieser da hat auch seinen Durst.“

Bei diesen Worten deutete er auf den Hund. Der Kellner zog eine dumm verwunderte Grimasse und fragte, um ganz sicherzugehen, in seinem Pidgin-Englisch: „Also zwanzig Flaschen, Sir?“

„Ja doch!“

„Aber, Sir, kennen Sie den Preis des Bieres hier in Hongkong?“

Da stieß der Methusalem sein Glas auf den Tisch, dass Letzterer krachte, und wetterte den Frager an:

„Kerl, willst du etwa meine Moneten vorher okularinspizieren? Lauf Philister! Sonst brenne ich dir zehntausend Füchse auf den Leib!“

Der Kellner rannte erschrocken fort und zwei andere hinter ihm drein, da er nicht zwanzig Flaschen allein tragen konnte. Sie brachten diese sofort. Der Methusalem goss abermals viere in sein Stammglas, schwenkte dieses gegen den Kapitän und sagte: „Ich komme Ihnen dieses Tröpfchen!“

„Wie? Was?“, fragte Turnerstick. „Sie kommen? Mir? Wieso? Das nennen Sie ein Tröpfchen!“

Er hatte noch nicht ausgesprochen, so hatte der Methusalem schon ausgetrunken. Dann füllte dieser das Glas von Neuem mit vier Flaschen, schob es dem Kapitän zu und antwortete: „Natürlich ist es nur ein Tropfen. Jetzt kommen Sie mir nach, und ich hoffe, dass Sie sich nicht vor uns und diesen staunenden Kulis blamieren werden!“

„Blamieren? Pah! Sind Sie schon einmal durch eine Seemannsgurgel gekrochen? Da sind Sie gewiss nicht steckengeblieben. Ihr Gläschen macht mir keine Angst. Prosit, mein lieber Freund von Bouillon!“

„Fiduzit[1]!“, nickte der Namensvetter des Eroberers von Jerusalem.

Turnerstick bewies, dass er nicht zu viel gesagt habe. Er trank das Glas aus. Gottfried nahm es ihm sofort aus der Hand, füllte es für sich und leerte es ebenso wie die beiden anderen.

Der Wirt und die Kellner standen von fern und warfen sich erstaunte Blicke zu. Solche Trinker sahen sie noch nie. Der dicke Holländer hatte, obgleich sehr intim mit seinem ‚Vlees‘ beschäftigt, den Vorgang dennoch bemerkt. Er war ein tüchtiger Esser; jetzt sah er Leute, die im Trinken wenigstens ebenso viel leisteten wie er im Essen. Das gefiel ihm, das ließ seinen Groll sofort verschwinden. Er fühlte sich getrieben, ihnen seine Anerkennung auszusprechen. Darum erhob er sich von seinen zwei Stühlen, kam herbei, wischte sich mit der Serviette den Mund und sagte: „Mijne heren, gij zijt brave en dappere makkers. Gij drinkt tamelijk goed. Ik ben uw vriend en uw broeder; gij zult het begrijpen. Ik verzoek, geeft mij uwe handen! – Meine Herren, Sie sind brave und tapfere Gesellen. Sie trinken ziemlich gut.

[1] Studentischer Trinkspruch

Ich bin Ihr Freund und Bruder; das werden Sie begreifen. Ich bitte, reichen Sie mir Ihre Hände!"

Er schüttelte jedem von ihnen die Hand und kehrte dann an seinen Tisch zurück, um weiterzuessen.

Was Richard Stein betrifft, so wagte er sich nicht an das volle Stammglas. Er ließ sich ein kleineres bringen und eignete sich auch nur eine Flasche an. Gottfried machte sich sofort an die drei übrigen, leerte sie in das Glas und trank es aus, nachdem er vorher gerufen hatte: „Prosit Magen! Es ist zwar kein Wolkenbruch, doch ein anjenehmes jelindes Plätscherchen."

Dann nahm er seine weiße Mütze, die wasserdicht gefüttert war, vom Kopf, legte sie verkehrt, also offen auf den Tisch, gerade vor den Neufundländer hin und goss diesem die letzten vier Fläschchen hinein. Der Hund nahm den Gerstensaft mit großem Wohlbehagen zu sich und leckte zuletzt die Mütze sehr sorgfältig aus, welche Gottfried sich wieder auf sein Haupt stülpte, um dann zu fragen: „So! Jeprobt hätten wir. Wat aberst nun? Wollen wir uns nach so langem Entbehren noch een loyales Seidel leisten?"

„Was fällt dir ein", entgegnete der Methusalem. „Wir befinden uns hier nicht im ‚Geldbriefträger von Ninive', von dem aus wir nur um die Ecke zu gehen brauchten, um heimzusteigen. Ich vor allen Dingen muss zum Konsul. Auch habe ich eine Anweisung zu präsentieren und mich mit dem unvermeidlichen Mammon zu versehen. Wartet hier, bis ich wiederkomme! Habt ihr Lust, so trinkt meinetwegen inzwischen noch eins, aber nicht mehr! Ich werde es bezahlen."

„Halt!", fiel da der Kapitän ein. „Das Zahlen ist meine Sache. Wir befinden uns noch in der Hafenstadt und ich muss Sie also bitten, meine Gäste zu sein."

„Habe nichts dagegen", lächelte der Methusalem. „Aber wird Ihnen nicht die Zeche zu hoch sein?"

„Was denken Sie! Sehen Sie doch meine Schnuren! Die reichen jedenfalls noch wochenlang."

Der Student ließ ihn bei diesem Glauben und entfernte sich, die Pfeife und auch den Hund zurücklassend. Turnerstick bestellte zu den bisherigen vierundzwanzig Flaschen noch sechs, um eine runde Dreißig zu bekommen. Gottfried rümpfte zwar die Nase dazu, sagte aber nichts, weil der Kapitän der Zahlende war und, um einem allzu schnellen Verbrauch vorzubeugen, zwei kleine Gläser kommen ließ.

Mittlerweile hatte der Holländer seine Mahlzeit vollendet. Er band die Serviette ab, trocknete sich damit das von der Anstrengung des Essens schwitzende Gesicht und machte auf seinen Stühlen eine Wendung, dass er die drei anderen nun gegenüber hatte.

Es war ihm deutlich anzusehen, dass er nun ein kleines Gespräch im Interesse der Verdauung für sehr nützlich hielt. Er hatte gehört, welcher Sprache sich die anderen bedienten, und sagte daher in leidlichem Deutsch: „Ik verzoek – ich bitte, mijne Heren, sind Sie nicht aus Deutschland?"

„Ja", antwortete Gottfried.

„Dachte es mir. Auch ich bin in Deutschland gewesen, als Kommis in Köln am Rhein; damals war ich noch jünger als jetzt."

„Wahrscheinlich!"

„Nein, wirklich! Damals zählte ich twintig Jaaren und jetzt bin ich fast vijf en veertig. Damals war ich een ongelukkig nijlpaard, en jetzt bin ich een zware[1] Mann mit gezouten[2] Erfahrungen. Damals habe ich die deutsche Sprache erlernt und das freut mich jetzt, weil ich mich mit Ihnen unterhalten kann."

„Die Freude ist beiderseitig, Mijnheer."

„Sehr schön! Gefalle ich Ihnen?"

„Außerordentlich!"

„Sie mir auch. Ich bin nämlich Mijnheer Willem van Aardappelenbosch und komme von Java, wo ich Pflanzungen von Rijst[3] und Tabak hatte. Ich habe verkauft und will nun sehen, ob ich hier in China etwas Ähnliches finde."

[1] schwerer [2] gesalzenen [3] Reis

„Etwas Ähnliches? Warum haben Sie dann dort verkauft?“

„Wegen des Klimas, das mir schädlich wurde. Ich konnte niet mehr essen und niet mehr trinken; ich schwand zusammen, dass ich jetzt nur noch een Gespenst von früher bin.“

„Hallo! Dann möchte ich Sie früher gesehen haben, Herr Erdapfelbusch!“

„Jawohl!“, seufzte der Dicke, indem er sich mit beiden Händen liebkosend über den Bauch strich. „Damals aß ich für twaalf Männer, jetzt aber esse ich niet mehr für eenen halfen!“

„Schrecklich!“

„Niet wahr! Ich bin ganz sterfelyk[1] geworden. Was nützt mir mein Zilver[2], mein Gould[3], mein Rijkdom[4], wenn ich niet essen und niet trinken kann? Nur wer tüchtig essen und trinken kann, darf gelukkig[5] und tevreden[6] sein. Darum habe ich Abschied von dem dortigen Klima genommen und bin nach China gekommen, um mich wieder dick und fett zu essen.“

„Nun, hoffentlich ist dieses Vorhaben von gutem Erfolg. Aber Ihre Haut, Mijnheer, Ihre Haut!“

„Was ist mit der Haut? Nicht wahr, sie hat ein ganz krankhaftes Aussehen?“

„Das möchte ich nicht behaupten; aber ob sie zulangen, ob sie ausreichen wird!“

„Zulangen? Ausreichen?“

„Ja. Wenn Sie noch dicker werden wollen, so muss sie unbedingt platzen.“

„Platzen? O mijn hemelse Vader![7] Da hätten Sie mijne Haut früher sehen sollen! Die glänzte wie eene rosenrote Speckswarte! Wenn ich niet baldige Beterschap[8] finde, so sterbe ich im Handumdrehen.“

„Und diese Besserung suchen Sie in China?“

[1] sterblich [2] Silber [3] Gold [4] Reichtum
[5] glücklich [6] zufrieden [7] Himmlischer Vater
[8] Genesung

„Ja. Mijn geneesheer[1] sagte, das Klima sei in Java zu südlich. Vielleicht werde ich hier wieder gesund. Früher glich ich im Gesicht der hellen Sonne, jetzt aber bin ich nur noch die reine Maansverduistering[2]."

„So müssen Sie wohl an einer abzehrenden Krankheit leiden?"

„An einer, nur einer? Dann wäre ich ganz glücklich! O nein, ich leide an twintig, dertig, veertig, an honderd verschiedenen Krankheiten."

„Das ist schlimm. Wo liegen diese denn?"

„Im ganzen Lichaam[3], im Aangezicht, im Oogappel, in de Ooren und de Oorlapjes, im Kinnebak, in de Keel und Gorgel, im Elleboog und in de Vingers, im Maag und zwischen den Ribben, in den Benen und den Voetzolen, in de Long und de Lever, in de Gal und de ganze Romp[4]. Ich schwebe stündlich zwischen Leven und Dood, und nur Essen und Trinken kann mij retten. Ich bin ein elendes Schepsel[5] und würde gern honderdduizend Gulden geben, wenn ich einen Offizier van Gezondheit[6] wüsste, der mich retten kann!"

Er zählte seine Leiden in so traurigem Ton auf und seine Gestalt stand so im Widerspruch mit diesen Klagen, dass es großer Selbstbeherrschung bedurfte, nicht laut zu lachen.

Gottfried machte sein mitleidigstes Gesicht und fragte teilnehmend: „Glauben Sie etwa, dass die chinesischen Ärzte die Kunst besitzen, Sie herzustellen?"

„Vielleicht. Es ist mijn letzter Versuch, den ich mache. Ich habe gesprochen mit Doktors aus Duitsland, aus Nederland, aus Frankrijk, aus Oostenrijk, aus Spanje, aus Zweden, aus Oostindië, aber keiner hat mij helfen konnt. Jetzt will ich es mit China versuchen; es soll da Leute geben, welche wahre Wunder wirken."

„Ich hätte zu anderen mehr Vertrauen. Sie sind jedenfalls nur mit Pfuschern zusammengekommen. Hat man Ihnen Arzneien verschrieben?"

[1] Arzt [2] Mondfinsternis [3] Leib [4] Rumpf
[5] Geschöpf [6] Ausdruck für Militärarzt

„Alle möglichen Bomen und Heesters, alle Bladen und Bloemen[1], die es nur geben kann."

„Das war verkehrt, weil Ihre Krankheit durch solche Mittel nur verschlimmert wird."

„Wie können Sie das wissen?"

„Ich? Ich bin ja Fachmann."

„Sie? Fachmann?"

„Ja. Student!"

„Student? Was studieren Sie denn?"

„Was ich jetzt studiere? Nichts, überhaupt nichts mehr", antwortete Gottfried, indem er sich in die Brust warf. „Ich habe das nicht mehr nötig, denn ich habe studiert, verstehen Sie, ich habe, habe, habe, also Perfektum; das heißt, ich bin perfekt. Ich habe alles studiert, alles ohne Ausnahme. Das soll heißen, ich erfreue mich der außerordentlichsten Meisterschaft. Ich pflanze meinen Kohl wie der reichste Rittergutsbesitzer; ich dirigiere die gefährlichsten Eilzüge wie der erfahrenste Lokomotivführer; ich entwerfe Schlachtenpläne wie der berühmteste Feldmarschall; ich spreche in allen Zungen der Erde wie die Poeten des Erdenrundes am Maifest; ich schlachte Schweine und Kälber wie der meisterhafteste Metzger; ich halte Parlamentsreden wie ein Bismarck; ich gewinne die verwickeltsten Prozesse leichter als jeder andere Jurist; ich predige trotz einem Bischof oder Konsistorialrat; ich gerbe alle Häute und Tierfelle, am liebsten mit dem Ziegenhainer; ich baue Brücken über die Täler und Viadukte über die Flüsse; ich fahre mit dem Luftschiff, wohin Sie nur wollen und sogar noch einige Meilen weiter; ich schreibe geognostische Werke über die Algen und Tangen und zoologische Bücher über den Venusdurchgang; ich besohle die Pferde und beschlage die Reiter; ich fertige aus Watte die feinsten Chronometer und bediene mich als Ziergärtner des besten Meißener Porzellans; ich tanze Seil; ich laufe Schlittschuhe; ich heize mir und anderen ohne Holz und Kohlen ein; ich entdecke Naphtha am Nordpol

[1] Bäume und Sträucher, Blätter und Blumen

und Eis in Arabien; ich – ich – ich – – nun, ich kann eben alles, alles, alles!“

Der liebe Gottfried hatte sich erhoben und brachte dies alles in so begeisterter Schnelligkeit hervor, dass der Dicke nicht die Hälfte der Lobrede verstand. Mijnheer van Aardappelenbosch hatte den Mund weit geöffnet und machte Augen, als ob er ein wahres Wunder vor sich sehe. Er hatte von der schnellen Rede nur das behalten, dass er einen hoch und tief studierten Mann vor sich habe. Aber eins hatte er vermisst, und zwar gerade das, was ihm am liebsten gewesen wäre. Darum sagte er jetzt, als Gottfried ihn erwartungsvoll von oben herab anblickte: „Solche Schulen sind Sie durch, so außerordentlich viele, Mijnheer?“

„Ja – freilich!“

„Aber die Medizin, die Medizin, die fehlt!“

„Fehlt? Fällt mir gar nicht ein! Das fehlte noch, dass die fehlt! Die Medizin ist ja gerade mein Lieblingsfach!“

„Wirklich? Haben Sie schon kuriert, Kranke gesund gemacht?“

„Und wie! Dem Dalai-Lama habe ich ein Bandwurmmittel gegeben, und als das Tier zum Vorschein kam, war es ein Lindwurm, sehr einfach deshalb, weil ich ihn mit Lindenblütentee behandelt hatte...“

„Wie? Mit Lindebloesemthee?“

„Ja, mit Lindebloesemthee, wie Sie es holländisch nennen. Und dem türkischen Großwesir habe ich den Flamingo operiert. Was sagen Sie dazu?“

„Fla – fla – fla – was ist das für ein Wesen?“

„Ein Vogel, eigentlich viel größer als ein Storch. Die Ärzte hatten die Krankheit für den Grauen Star gehalten; aber als ich dann den Kerl herausgeschnitten hatte, zeigte es sich, dass es ein roter Flamingo war.“

„Das verstehe ich niet!“

„Ist auch nicht notwendig. Das ist nur Sache für den Ophtalmologen.“

„Aber so ein großer Vogel!“

„Tut nichts! In leichten Fällen nennt man es bloß Star, in schweren jedoch Flamingo; das sind die wissenschaftlichen Ausdrücke."

„Aber, Mijnheer, so kennen und heilen Sie alle Krankheiten?"

„Alle, nämlich wenn der Patient nicht zu dick ist."

„Mijn Hemel – mein Himmel! Warum denn diese Ausnahme?"

„Sehr selbstverständlich, weil es dann ganz unmöglich ist, ihm in das Innere zu blicken. Sie zum Beispiel sind zu fett."

„Dit Ongeluk! Ich war früher viel dicker als jetzt! So können Sie mij also niet kurieren?"

„Schwerlich! Aber mein Kommilitone, der vorhin fortgegangen ist, kann Ihnen vielleicht helfen."

„Der mit vier Flaschen Bier in drei Minuten?"

„Ja, derselbe. Ich heile alles, aber bei so korpulenten Patienten ist er mir doch überlegen. Wenden Sie sich also nur getrost an ihn!"

In diesem Augenblick ging die Tür auf und der Methusalem trat herein. Sofort sprang der dicke Holländer auf ihn zu, ergriff ihn am Arm und fragte hastig: „Mijnheer wat leert het woordenboek van mijn maag en van mijn zenuwen?"

Fritz Degenfeld maß ihn vom Kopf bis zu den Füßen herab, schüttelte den Kopf und antwortete: „Was das Wörterbuch von Ihrem Magen und Ihren Nerven lehrt? Um da zu wissen, woran man ist, bedarf es gar keines Buches."

„Sehen Sie, Mijnheer! Habe ich es Ihnen nicht vorhergesagt!", rief Gottfried, jetzt wieder in seine Mundart fallend. „Er weiß eben alles, und zwar janz ohne in dat Wörterbuch zu kieken."

„Du!", mahnte der Methusalem, ihm mit dem Finger drohend. „Da hast du dich wohl wieder einmal gehen lassen!"

„Nicht die Spur von da! Er ist krank an alle innerliche und äußerliche Extremitäten. Mit die äußerlichen wollte ich's schon gern probieren, aber wegen die innerlichen habe ich mir erlaubt, den Mijnheer an Ihnen zu adressieren, weil Ihr Blick sojar durch Fleisch und Knochen jeht. Jestatten Sie mich aberst vor allen Dingen, ihn vorzustellen, nämlich Mijnheer Willem van Aardappelenbosch aus Java. Dat Klima hat ihn dort so abjemagert, dass er nach hier gekommen ist, um sich da wieder emporzuessen. Der Offizier van Gezondheit hat es ihm jeraten."

„Wirklich?", fragte der Methusalem, sich an den Holländer wendend.

„Ja, Mijnheer", antwortete dieser. „Ik ben seit einiger Zeit ganz und gar vom Vlees gefallen."

„Waren Sie früher noch dicker?"

„Ik war een reus – ich war ein Riese; jetzt aber kann man mij nur mit Mitleid betrachten."

Er begann sein Leiden wieder aufzuzählen. Degenfeld ließ ihn ruhig sprechen und wandte sich an Gottfried: „Habt ihr euch dem Mijnheer denn auch schon vorgestellt?"

„Namentlich noch keineswegs", antwortete dieser, „aberst, dass ich ein großes Lumen[1] bin, das hat er bereits jemerkt."

„So will ich die Versäumnis schnellstens nachholen. Mijnheer, hier sehen Sie zunächst den jungen Herrn Richard Stein, einen deutschen Gymnasiasten. Neben ihm sitzt unser Freund Tur-ning-sti-king Kuo-ngan-ta-fu-tsiang..."

„Also ein Chinese! Vorhin sprach er doch Deutsch!", meinte der Dicke.

„Von Haus aus ist er allerdings ein Deutscher. Da er aber jetzt aus dem Häuschen ist, so dürfen Sie ihn für einen Chinesen halten. Ferner sehen Sie hier meinen Spiritus familiaris, beim heiligen Femgericht eingetragen als Gottfried von Bouillon."

„Ist das niet een tapperer Ritter?"

„Ja. Vor ungefähr achthundert Jahren hat er einen Kreuzzug gegen die Ungläubigen unternommen; jetzt aber

[1] Licht

kriecht er vor jedem Gläubiger zu Kreuz. Was nun mich selbst betrifft, so bin ich einfach der allbekannte Methusalem."

„Von dem die Bibel vertelt?"

„Ja, von dem die Bibel erzählt, der Sohn Henochs und Vater des Lamech. Da ich aber weder Henoch noch Lamech gekannt habe, so möchte ich zuweilen an mir selbst verzweifeln. In solchen trüben Augenblicken nenne ich mich Fritz Degenfeld und nehme an, dass ich in einem deutschen Brauhaus dem irdischen Dasein guten Morgen sagte."

Mijnheer van Aardappelenbosch sah von einem zum anderen und wusste nicht, was er denken solle. Degenfeld erlöste ihn aus seiner Pein, indem er ihm wohlwollend sagte: „Nicht wahr, Sie können nicht recht begreifen, wen Sie vor sich haben? Sie sollen bald Klarheit haben. Wo wohnen Sie?"

„Hier im Hotel, Mijnheer."

„So nehmen Sie bei uns Platz, denn wir werden auch hier logieren!"

Er schob ihm zwei Stühle zusammen und der Holländer ließ sich darauf nieder.

„Hier logieren?", fragte Turnerstick. „Das fällt mir nicht ein! Wir müssen nach Kanton. Wir fahren mit dem Dampfboot."

„Das geht wöchentlich nur zweimal. Ich habe mich beim Konsul erkundigt. Das nächste Boot geht erst in drei Tagen ab."

„Was? Wie? Und so lange sollen wir hier warten?"

„Ja, wenn wir es nicht vorziehen, uns auf einer chinesischen Dschunke einzuschiffen."

„So tun wir das, wenn wir da auch viel langsamer vorwärts kommen."

„Nun, eine Dschunke läuft ziemlich schnell, wenn sie guten Wind hat und mit der Flut aufwärts geht. Aber wollen Sie es wirklich wagen, sich einem solchen Fahrzeug anzuvertrauen?"

„Warum nicht? Fürchten Sie sich?“

„Fürchten, nein, obgleich ich gelesen habe, dass man sich möglichst in Acht nehmen soll, da es Dschunken gibt, denen nicht zu trauen ist. Aber ich denke an die Unreinlichkeit, die uns sehr lästig werden könnte.“

„Pah! Werde die Kerls schon zur Reinlichkeit bringen. Ich als Mandarin mit meiner Kleidung, meiner persönlichen Würde, meinen tiefen Sprachkenntnissen und vortrefflichen Endungen. Die Hauptsache ist nur, schnell eine Dschunke zu finden.“

„Habe mich auch in dieser Beziehung erkundigt. Mit der morgen Vormittag steigenden Flut segelt eine hier ab. Sie heißt Schui-heu, zu Deutsch Königin des Wassers.“

„Schöner Name, der etwas verspricht. Eine Königin muss sauber sein. Unreinlichkeit werden wir also nicht zu befürchten haben. Was hat sie geladen?“

„Allerlei Artikel. Etwas Genaueres konnte ich nicht darüber erfahren. Ich habe sie übrigens schon gesehen.“

„Sah sie schmuck aus?“

„Recht leidlich.“

„Und haben Sie mit dem Kapitän gesprochen? Das ist ja die Hauptsache.“

„Da haben Sie Unrecht, obgleich Sie selbst Kapitän sind. Der eigentliche Kapitän oder Pilot, hier Ho-tschang genannt, hat mit der Ladung, mag sie nun aus Gütern oder Menschen bestehen, gar nichts zu schaffen. Er hat sich allein nur mit der Leitung des Schiffes zu beschäftigen. Wer eine Fracht aufgeben oder selbst mitfahren will, hat sich an den Eigentümer der Dschunke oder dessen Superkargo zu wenden. Und das habe ich getan.“

„Schon mit ihm abgeschlossen?“

„Nein, denn ich wusste nicht, ob ich Ihre Einwilligung erhalten würde. Übrigens gefiel mir der Mann gar nicht so recht. Er hatte ein Gesicht, das mir geradezu Misstrauen einflößte, und seine allzu große Höflichkeit stieß mich ab.“

„Unsinn! Gesicht! Danach darf man gar nicht gehen. Mancher Schurke hat das einnehmendste Gesicht und mancher Hässliche ist ein Ehrenmann. Und Höflichkeit muss sein. Ich wollte es keinem Sohn der Mitte raten, es daran fehlen zu lassen. Schließen Sie also immerhin ab! Morgen segeln wir. Kennen Sie die Höhe des Passagepreises?"

„Das Fahrgeld wird hier sehr drolliger-, aber ganz bezeichnenderweise Schui-kio genannt; das heißt wörtlich ‚Wasserbeine'. Die Geldstücke, die man bezahlt, sind die Beine, mit denen man über das Wasser läuft. Der Mann verlangt pro Person nur einen Dollar bis Kanton. Auf dem Dampfer hätten wir das Vierfache zahlen müssen."

„So segeln wir. Speisung ist nicht dabei?"

„Nein. Man hat hier eben für alles zu sorgen, auch für die Betten."

„Brauche ich nicht. Schlafe so, wie ich es finde. Also abgemacht! Nicht wahr, Gottfried?"

„Ich bin dabei", meinte der Genannte. „Warum sollen wir hier hocken bleiben! Je eher wir abjondeln, desto eher werfen wir um, und dat ist doch auch eine jewisse Art von Vergnüjen."

„Ja, Onkel Methusalem", bat Richard. „Wir wollen hier nicht unsere Zeit verschwenden. Ich möchte gern so bald wie möglich am Ziel sein."

„Gut, so werde ich nachher gehen, um die Passage festzumachen und Lebensmittel einzukaufen, mit denen wir bis Kanton reichen. Zunächst aber will ich mal unsere Zeche bezahlen."

„Das ist meine Sache", fiel Turnerstick ein. „Sie sind ja hier noch meine Gäste und ich habe noch siebzehnhundert Li!" Und auf den Tisch klopfend und sich nach dem Wirt umdrehend rief er: „Heda, Hoteliering, ich will bezahleng. Was kostang die dreißing Flaschong?"

Der Wirt kam langsam herbei. Er hatte Turnerstick nicht verstanden, verbeugte sich tief und fragte: „What bid you, Sir? – Was befehlen Sie, Sir?"

„Bezahleng!“

„I cannot understand.“

„Was? Sie können mich nicht versteheng?“, rief Turnerstick. „Das ist mir unbegreifling! Ich drücking mich doch deutling aus. Passen Sie nur richting auf! Ich will bezahling!“

Der Wirt schüttelte verlegen den Kopf. Da sprang der Kapitän vom Stuhl auf und schrie erbost: „Habing Sie keine Ohreng? Ich will bezahlang, bezahleng, bezahling, bezahlong und bezahlung!“

Der Wirt fuhr erschrocken zurück. Sein Gesicht verriet, dass er ratlos sei; darum belehrte ihn der Methusalem in halblautem Ton: „He wants to pay.“

„Ja, to pay, to payeng will ich, payeng, verstandung?“, rief Turnerstick. „Aber Li, lauter Li will ich geben.“

Bei diesen Worten zeigte er auf die Geldschnuren, die um seinen Hals hingen.

Im Gesicht des Methusalem war der Ausdruck lustiger Spannung zu bemerken. Der Wirt verstand den Kapitän jetzt; er gab sich Mühe ein Lächeln zu unterdrücken und sagte sehr höflich: „Thirty bottles, Sir? I beg, ten thousand Li!“

Turnerstick prallte zurück, als ob er einen Hieb in das Gesicht erhalten habe.

„Wa–a–a–as?“, fragte er. „Zehntausend Li?“

„Jawohl, zehntausend Li!“, bestätigte Degenfeld.

„Unmöglich! Bedenken Sie, zehntausend Li sind nach deutschem Geld ungefähr sechzig Mark! Also für eine Flasche, die daheim nur fünfzehn Pfennige kostet, zwei Mark!“

„Wir sind nicht daheim. Wir haben deutsches Bier getrunken und dieses Bier muss den Äquator zweimal passieren. Haben Sie denn noch nie so fern von der Heimat unser Bier gekostet?“

„Nein.“

„Nun dann ist es natürlich kein großes Wunder, dass Sie sich um die betreffenden Preise nicht bekümmert haben.“

„Habing Sie keine Ohreng? Ich will bezahlang, bezahleng, bezahling, bezahlong und bezahlung!"

„Wussten Sie es denn?"

„Ja."

„Und da verlangen Sie vierundzwanzig Flaschen! Das sind achtundvierzig Mark, die in noch nicht fünf Minuten durch die Gurgel gelaufen sind! Ihr Hund allein hat acht Mark vertrunken. Welche Verschwendung!"

Der gute Turnerstick war ein sparsamer Mann, wenn auch kein Filz. Sechzig Mark, sage zehntausend Li für Bier, das war ihm doch zu viel; darüber hatte ihn der Zorn ergriffen. Der Methusalem berücksichtigte das, indem er in ruhigem Ton meinte: „Meine Mittel erlauben mir das. Übrigens war es ein Willkommtrunk, den ich nicht zu wiederholen beabsichtige, und ich konnte nicht wissen, dass Sie diese Zeche auf sich nehmen wollten. Jetzt denke ich, dass Sie die Absicht, zu bezahlen, aufgeben werden?"

Mijnheer van Aardappelenbosch war der Szene mit großer Aufmerksamkeit gefolgt. Seine Kenntnis der deutschen Sprache ermöglichte es ihm, jedes Wort zu verstehen. Um dem Kapitän, welcher vorher den großen Mund gehabt hatte und nun mit der Bezahlung zögerte, einen kleinen Hieb zu geben, sagte er zu dem Kellner, der ihn bedient hatte: „Ober, ik zal mijn vertering betalen, maar in Li! – Kellner, ich will meine Zeche bezahlen, aber in Li!"

„Drie duizend en vijf honderd Li", antwortete der Markeur.

„Dat is vijf Dollar; twintig Mark en tachtig pfennig. – Das sind fünf Dollar; zwanzig Mark und achtzig Pfennige." Er griff in die Tasche, zog die fünf Dollar und noch ein Trinkgeld heraus und gab es ihm.

Turnerstick hatte alles verstanden, da die holländischen Zahlwörter den deutschen und englischen ähnlich klingen.

„Fast einundzwanzig Mark!", sagte er. „Das nenne ich Preise!"

„Ik heb goed ontbeten en goed gedronken; ik heb mij goed vermaakt en wil dus ook gaarne goed betalen. – Ich habe gut gefrühstückt und gut getrunken; ich habe mich gut unterhalten und will also gerne gut bezahlen", antwortete der Dicke.

Turnerstick merkte den Stich. Er fühlte sich an der Ehre gepackt, zog seinen Beutel und sagte in spitzem Ton: „Das will ich auch, obgleich ich gar nicht gegessen und nur einige Schlucke Lagerbier getrunken habe. Hier sind fünfzehn Dollar! Das macht sogar noch mehr als die Zeche. Der Überschuss mag Trinkgeld sein. Ein chinesischer Mandarin lässt sich nicht lumpen."

„Ganz recht!", lachte der Methusalem. „Wie lange haben wir uns noch als Ihre Gäste zu betrachten?"

„Bis zu diesem Augenblick, nun aber ist es aus. Ich habe ohnedies, wohin ich sehe, meinen grünen Ärger. Habe ich nicht das herrlichste Chinesisch gesprochen, ohne dass der Wirt mich verstehen wollte? Das war die strafwürdigste Auflehnung gegen meine Mandarinenwürde!"

Inzwischen hatte der Mijnheer dem Wirt heimlich einige Worte gesagt. Infolgedessen brachten die Kellner dreißig Bierflaschen herbei, die sie in Reih und Glied auf den Tisch pflanzten.

„Wat ist dat?", fragte Gottfried elektrisiert. „So einen halben Zug Garde du Corps lasse ich mich jefallen! Welcher glänzende Stratege hat diese Helden ins Vordertreffen jeschickt?"

„Ik ben deze veldheer", antwortete der Dicke. „Hier is het slagveld en de belegering, en wij zijn dappere krijgslieden. Laten wij daarom onze vanden wegjagen! – Ich bin dieser Feldherr. Hier ist das Schlachtfeld und die Belagerung. Wir sind tapfere Kriegsleute. Jagen wir also unsere Feinde aus dem Felde!"

Sein fettes Gesicht strahlte in solcher Freundlichkeit, dass ihm seine Gastlichkeit unmöglich übel genommen werden konnte. Der Kapitän aber hatte ihm den vorhergehenden Stich noch nicht vergeben und sagte: „Wie, Mijnheer, Sie wollen uns einladen? Das ist doch nur unter guten Bekannten gestattet. Sie aber sind uns völlig fremd."

„Gerade weil ik Ihnen niet fremd bleiben will, habe ik Sie gebeten“, antwortete der Dicke ohne allen Groll. „Ik möcht so gaarne Ihr vriend sein und mit Ihnen nach Kanton reizen, weil ik sonst niet wieder so goede Gezelschap finde. Werden Sie mij das erlauben?“

„Natürlich, natürlich, lieber Freund!“, erwiderte der Methusalem. „Ich trinke zwar nicht gern aus anderer Leute Beutel, aber in dieser Weise und unter solcher Voraussetzung angeboten, kann ich die Gastfreundschaft nicht zurückweisen. Wollen's heute mal gelten lassen; deutsches Bier kriegt man in diesem Lande der Zöpfe nicht allemal! Hier meine Hand, wollen gute Kameradschaft halten!“

Er schüttelte dem Holländer die Hand. Auch Gottfried ergriff dieselbe, drückte sie begeistert und rief: „Hier auch die meinigen fünf Finger; später drücke ich vielleicht sogar Ihr liebes Anjesicht an mein sanft wallendes Herz. Seien Sie einer von uns, und zwar der dickste von allen! Ich begrüße Sie als würdige Masche in unserem Strumpf. Möge Ihr Wohltun nie erlahmen und Ihre Einsicht nie versiegen. Und nun Jläser her, denn dat Jefecht soll bejinnen!“

„Neen, neen“, wehrte der Dicke ab. „Niet kleine Gläser! Ik will ook mal aus deze grote Stamper trinken! Ik will Ihnen zeigen, dass ik niet bloß essen, sondern ook trinken kann!“

Dieser Vorschlag wurde gern angenommen. Das Stammglas ging, immer wieder gefüllt, von einem zum anderen; nur Richard wurde verschont und der Neufundländer durfte fasten. Mijnheer van Aardappelenbosch trank geradeso wie die anderen das Glas bis auf die Nagelprobe aus. Er gab in den wunderlichsten Worten seiner Freude Ausdruck, eine so gute „Reizegezelschap“ gefunden zu haben.

„So wird aus dem Saulus ein Paulus!“, lachte Gottfried vergnügt. „Erst nannten Sie sich unseren Feind und nun haben Sie uns Ihr janzes Herz jewidmet. Wat hat Sie denn mit solche Alljewalt in unseren schönen Kreis jetrieben?“

„Dass Sie so wacker Bier trinken, das hat Ihnen mijne Vriendschap zugewandt, sodann heb ik mij gesagt, dass

Mijnheer Methusalem mij vielleicht wieder gezond machen kann."

„Wollen sehen", nickte der Blaurote. „Dazu aber muss ich Sie erst näher kennenlernen; ich muss Sie beobachten, um den eigentlichen Sitz der Krankheit zu entdecken. Erst dann kann ich sie anfassen und vertreiben."

„Grad so wie Mijnheer Gottfried den Lindeboomworm", nickte der Dicke.

„Wen? Was? Einen Lindwurm? Gottfried, Gottfried, du scheinst dich in meiner Abwesenheit der Zügel zu entledigen! Ich muss sie straffer anziehen! Also in China wollen Sie bleiben, Mijnheer Aardappelenbosch? Sich völlig da niederlassen!"

„Ja, das will ik, namelijk mijne Gezondheit wegen. Ik will eene Plantage kaufen, und finde ik niets, so lege ik eene an."

„Aber wo?"

„Dat weiß ich nog niet, ich suche derhalve überall."

„Sprechen und verstehen Sie denn Chinesisch?"

„Weniger als niets."

„So ist es sehr gewagt von Ihnen, sich in das Innere des Landes zu begeben."

„Oh, ik heb keene Furcht. Ik nehme eenen Dolmetscher mit. Onze Konsul geeft mij eenen goeden. Ik brauche niet Sorgen zu hebben. Vor wen soll ik Angst hebben? Mijn Geld heb ik niet bei mij, und auf dem Rug[1] trag ik twee Geweren; Kruit und Kogels[2] heb ik ook genug."

„Wissen Sie bereits, wohin Sie von Kanton aus gehen wollen?"

„Neen, ik zal den Konsul fragen."

„Mir scheint, Ihr Arzt hat Sie ins Blaue hineindirigiert. Hat er denn ein Interesse an Ihrer Entfernung gehabt?"

„Wohl niet, ofschoon zijn Schoonvader[3] mij die Plantage abgekauft heeft."

„Da haben wir es! Sie sind ein lieber, vertrauensvoller Herr. Haben Sie Familie?"

[1] Rücken [2] Pulver und Kugeln [3] Schwiegervater

„Ik heb keine Vrouw und keine Kinderen. Aber mijn Grootvader lebt noch in Nederland. Er wohnt bei mijne Zuster[1] und hat eene sehr goede Unterkunft."

„Wollen Sie denn nicht lieber zu diesen Verwandten in die Heimat gehen?"

„Neen. Nederland ist für mijne Gezondheit niet passend. Ik heb mijn Vaderland lieb, aber es ist dort niet waam[2] genug. Ik kann da niet essen und niet trinken. Mijn gehele Lichaam[3] wird krank vom Hoofd[4] bis zu den Voeten[5] herab. Was nützt mij het Vlees, wenn ik es niet essen kann, und de Wijn, wenn ik ihn niet trinken darf? Ik werde dünn und immer dünner bis endlich wie eene Breinaald[6] und de Armen und Benen wie een Draad[7] so schwach. Ik sehe mijn Tod vorher vor de Ogen. Neen, ik wäre een ongelukkig nijlpaard, wenn ik nach Nederland gehen wollte. Ik bleib hier, weil ik niet sterben will."

„Haben Sie denn alles, was Sie hier zum Reisen brauchen?"

„Ik heb mijn paspoort[8] und überall Kredit. Ik brauche niet mehr."

„Nun, wir sind nicht besser ausgerüstet als Sie und wollen es miteinander versuchen. Da wir nun heute doch nicht abreisen können, so schlage ich vor, uns Hongkong anzusehen. Bei dieser Gelegenheit werde ich Ihnen die Dschunke zeigen. Gottfried, stopfe die Pfeife und fülle neues Wasser in den Ballon!"

„Dat könnte eijentlich der Kellner oder der Hausknecht machen. Hier bin ich anjenehmer und anjesehener Voyageur, mit dessen männlicher Würde sich dat Reinigen der ollen Pipe nicht vertragen dürfte."

„Ach so! Du willst wohl den Herrn spielen? Habe nichts dagegen, versuche es auf deine Weise; dann reise ich eben mit einem anderen Wichsier. Kündigung haben wir nicht; den Vorschuss, welchen du hast, will ich dir schenken."

„Wat? Abjegangen soll ich werden? Dat fehlte mich jerade noch! Da will ich mir doch lieber mit die jewohnte Be-

[1] Schwester [2] warm [3] ganzer Körper [4] Kopf
[5] Füßen [6] Stricknadel [7] Zwirn [8] Pass

jeisterung über die jute Wasserpipe hermachen! Ich verbleibe Ihr treuer Jottfried nebst Bouillon in tiefster Erjebenheit nach wie vor!“

Er öffnete eine der noch übrigen vollen Flaschen, trank sie aus und trollte sich dann mit der Pfeife aus dem Zimmer. Kurze Zeit später machte sich die Gesellschaft auf den Weg.

Es war wie immer: voran der Hund, dann der Herr, die Spitze des Schlauchs im Mund, und hinter ihm Gottfried von Bouillon mit Pfeife und Oboe. Ihnen folgte Richard im schmucken Wichs, und nach diesem schritten Turnerstick und Mijnheer van Aardappelenbosch nebeneinander her.

Der Kapitän hatte seinen kleinen, gegen den Holländer gehegten Groll aufgegeben. Der Letztere war überhaupt ein Mann, dem man höchstens nur auf Minuten zürnen konnte.

Eigentlich braucht es gar nicht wieder erwähnt zu werden, dass ihr Erscheinen das größte Aufsehen erregte. Besonders spaßhaft nahm sich der Mijnheer neben dem Talmi-Mandarin aus. Er hatte sich nicht entschließen können, seine Gewehre und den Tornister im Hotel zu lassen; er trug die drei Gegenstände in der schon beschriebenen Weise auf dem Rücken und hatte darüber seinen Riesenschirm gespannt.

So wanderten sie langsam und gravitätisch nach dem Kai, um zu der Dschunke zu gelangen. Sie entfernten sich dabei aus der Gegend, wo die europäischen Schiffe vor Anker lagen.

Mit Mijnheer van Aardappelenbosch und Kapitän Turnerstick haben sich die beiden Richtigen gefunden, um stets für neue aberwitzige Verwicklungen zu sorgen. Zu komödiantischer Hochform sehen wir die zwei ab Seite 173 auflaufen.

(Gesammelte Werke Band 40 „Der blaurote Methusalem“)

Der Riesenochsenfrosch

Die Luft ist heiß, das Land staubig und trocken – und nach einem anstrengenden Tag beschließt Hobble-Frank, der unerschrockene kleine Westmann, im Schutz des Abenddunkels im nahen Fluss ein erquickendes Bad zu nehmen. Er kann nicht ahnen, dass eine Schar von Damen das Lager mit dem gleichen Ziel verlässt, wenn auch nicht, um zu baden. Frank versucht sich schamhaft zu verbergen, doch er steckt in einer bösen Falle.

Die Reiter waren noch fern. Man konnte feststellen, dass sie auch Lasttiere bei sich hatten. Bald darauf aber erkannte Forner, dass die Gesellschaft nicht nur aus Männern bestand. Es waren auch Frauen und Kinder dabei. Einige Reiter hatten Pferde, die übrigen saßen auf Maultieren.

Voran ritt ein kleiner Kerl, der in einem großen und viel zu weiten bockledernen Jagdrock steckte. Von dem Gesicht waren wegen eines außerordentlich starken Bartes nur zwei kleine, listig blickende Äuglein und eine Nase zu sehen, die fast eine erschreckende Ausdehnung besaß. Dieses Männchen war Sam Hawkens, der mit seinen beiden Gefährten Dick Stone und Will Parker die Leitung des Auswandererzugs übernommen hatte. Er ließ sein altes Maultier, die ‚Mary', aus dem langsamen Marschschritt in Galopp fallen, hielt sie vor Forner und grüßte: „Good day, Sir! Nicht wahr, die Niederlassung wird Forners Rancho genannt?"

„Ay, Master, das ist so", antwortete der Farmer, indem er erst den Kleinen und dann die nachfolgenden Reiter musterte. „Ihr scheint Auswanderer zu sein, Master?"

„Yes, wenn Ihr nämlich nichts dagegen habt."

„Ist mir recht, falls ihr nur ehrliche Kerls seid. Wo kommt ihr her?"

„Ein wenig von Tucson herauf, wenn ich mich nicht irre."

„Da habt ihr einen bösen Weg gehabt, zumal Kinder bei euch sind. Und wo wollt ihr hin?"

„Gegen den Oberlauf des Colorado zu. Ist der Ranchero daheim?“

„*Yes*, wie Ihr seht. Ich bin es selbst.“

„So sagt, ob wir bis morgen früh bei Euch rasten dürfen?“

„Soll mir recht sein. Denn ich hoffe, dass ich es nicht zu bereuen brauche, wenn ich euch diese Erlaubnis gebe.“

„Werden Euch nicht fressen, darauf könnt Ihr Euch verlassen. Und was wir vielleicht von Euch entnehmen, das werden wir gern bezahlen, wenn ich mich nicht irre.“

Er stieg ab. Der Ölprinz hatte erst fern gestanden, war aber näher gekommen und hatte alles gehört. Er wusste nun, dass er die Auswanderer vor sich hatte, von denen ihm sein Bruder und der ungetreue Scout erzählt hatten. Die sonst noch im Hof befindlichen Personen kamen auch an das Tor, und zwar gerade in dem Augenblick, als die Gesellschaft dort anlangte, um abzusteigen. Das ging aber nicht so glatt, wie man erwartet hatte. Der Maulesel, auf dem Frau Rosalie saß, schien seinen Kopf für sich zu haben. Er wollte sie nicht absitzen lassen, sondern weiterlaufen. Der Hobble-Frank trat als stets zuvorkommendes Kerlchen herbei, um ihr behilflich zu sein, und das empörte den Maulesel so sehr, dass er mit allen vier Beinen zugleich in die Luft ging und die Reiterin abwarf. Die Frau hätte sicher einen schweren Fall getan, wenn Frank nicht so gewandt gewesen wäre, sie aufzufangen.

Aber anstatt ihm dafür dankbar zu sein, riss sie sich von ihm los, gab ihm einen kräftigen Rippenstoß und fuhr ihn zornig an: „Sheep's-head!“ – was so viel wie Schafskopf bedeutet.

„Sheep's-nose – Schafsnase!“, antwortete er in seiner wohl bekannten Zungenfertigkeit.

„Clown – Grobian!“, fuhr sie wütend fort, indem sie ihm die geballte Rechte entgegenstreckte.

„Stupid girl – dumme Liese!“, lachte er und wendete sich von ihr ab.

Sie hielt ihn für einen Amerikaner und hatte sich also derjenigen englischen Kampfeswörter bedient, die ihr bekannt waren. Das ‚stupid girl' aber brachte sie in solche Aufregung, dass sie seinen Arm fasste und ihn deutsch andonnerte, weil ihr englischer Sprachschatz nun nicht weiterreichte: „Sie Esel, großartiger, Sie! Wie können Sie eine Dame schimpfen! Wissen Sie, wer ich bin? Ich bin Frau Rosalie Eberschbach, geborene Morgenschtern und verwitwete Leiermüllerin. Ich werde Sie beim Gerichtsamt anzeigen! Erscht machen Sie mir meinen Esel irre, nachher quetschen Sie Ihre Arme um meine Hüfte und endlich werfen Sie mir Schimpfwörter ins Gesicht, die een anschtändiger Mensch gar nich kennen darf. Das muss gerochen werden! Verschtehn Se mich?"

Sie blickte ihn höchst herausfordernd an und stemmte kampfeslustig beide Hände in die Hüften. Der Hobble-Frank trat vor Überraschung einen Schritt zurück und fragte in deutscher Sprache: „Wie war das? Ihr Name is Rosalie Eberschbach?"

„Ja", antwortete sie, indem sie ihm diesen Schritt folgte.

„Geborene Morgenschtern?", fuhr er fort, indem er sich zwei Schritte zurückzog.

„Natürlich! Oder hab'n Sie vielleicht etwas dagegen?", erwiderte sie, indem sie ihm um zwei Schritte hinterherkam.

„Verwitwete Leiermüllerin?"

„Na, freilich!", nickte sie.

„Aber da sind Sie doch wohl eene Deutsche?"

„Und was für eene! Sagen Se nur noch een falsches Wort, so werden Se mich kennenlernen! Ich bin gewöhnt, dass man liebenswürdig mit mir verkehrt. Verschtehn Se mich?"

„Und ich bin doch zuvorkommend gegen Sie gewesen!"

„Zuvorkommend? I, was Se nich sagen! Is es etwa zuvorkommend von Ihnen, sich an meinem Esel zu vergreifen?"

„Ich wollte ihn nur halten, weil er Ihnen nicht gehorchte."

„Nich gehorchte? Da hört aber geradezu alles und Verschiedenes uff! Mir gehorcht jeder Esel, das können Se sich merken! Und nachher haben Se mich in Ihren Armen halb zerdrückt. Der Atem ging mir aus und das Feuer is mir förmlich aus den Ogen herausgefahren. Das muss ich mir schtreng verbitten. Mit eener Dame muss man hübsch sachte und behutsam verfahren. Wir sind das schönere und ooch das sanftere Geschlecht und wollen zart behandelt sein. Wer aber wie een Packträger zugreift und…"

Sie hielt inne, denn sie wurde unterbrochen. Es erscholl hinter ihr ein Ausruf, der sie verstummen ließ, ein Ausruf der Verwunderung und des Entzückens: „Herrjemine! Das ist doch wohl der berühmte Hobble-Frank!"

Frank drehte sich schnell um und rief, als er den Sprecher sah, mit ebenso großem Erstaunen: „Unser Kantor Hampel! Is das denn die Möglichkeet! Schteigen Sie ab und schweben Sie in meine Arme!"

Der ehrenwerte Opernschöpfer war, wie gewöhnlich, zurückgeblieben und erst jetzt beim Tor angekommen. Er hielt warnend den Finger empor und antwortete: „Kantor emeritus, wenn ich bitten darf, Herr Frank! Sie wissen ja, es ist nur der Vollständigkeit halber und um etwaige Verwechslungen zu vermeiden. Es könnte leicht einen zweiten Kantor Matthäus Aurelius Hampel geben, der noch nicht emeritiert worden ist. Und sodann möchte ich Sie, ehe ich absteige, auf noch einen anderen Punkt aufmerksam machen."

„Uff welchen denn? Ich bin sehr begierig darauf, mein sehr verehrter und lieber Kantor."

„Sehen Sie, da ist es schon wieder! Sie sagen bloß Kantor, während ich Sie höflicherweise Herr Frank tituliere. Ein Jünger der Kunst darf sich nichts vergeben und darum muss ich Sie bitten, bei mir zukünftig den ‚Herrn' nicht wegzulassen. Das ist nicht etwa Stolz von mir, sondern nur der Vollständigkeit wegen, wie Sie wohl wissen werden."

Der Kantor kletterte sehr vorsichtig vom Pferd und umarmte Frank mit majestätischen Bewegungen. Dieser meinte lachend: „Wir befinden uns hier merschtenteels im Wilden Westen, wo so eene Vollschtändigkeet eegentlich gar nich nötig is. Aber wenn es Ihnen Schpaß und Vergnügen macht, da werde ich künftig ‚Herr Kantor' sagen."

„Herr Kantor emeritus, bitte!"

„Gut, schön! Aber sagen Sie mir jetzt zu allererscht, wo und wie Sie da so hergeschneit kommen. Sie können sich darauf verlassen, dass ich een Reservoir mit Ihnen hier nicht für möglich gehalten hätte."

„Revoir, auf Deutsch: Wiedersehen, wollen Sie wohl sagen! Sie mussten doch auf ein solches Zusammentreffen mit mir gefasst sein. Sie kennen doch meine Absicht, eine Oper zu komponieren?"

„Ja, Sie haben davon gesprochen, eene Oper von drei oder vier Actricen."

„Zwölf! Und nicht Actricen, sondern Akte! Es soll eine Heldenoper werden, und da Sie mir von den Helden des Westens erzählt haben, so wollte ich mit Ihnen nach dem Westen reisen, um mir Stoff für diese Oper zu sammeln. Sie sind aber leider fortgegangen, ohne mich zu benachrichtigen, und da ich ungefähr wusste, wohin Sie sind, so bin ich nachgekommen."

„Welche Unvorsichtigkeet! Meenen Sie etwa, dass man sich hier so leicht und schnell treffen kann wie derheeme uff dem Haus- oder Oberboden, Sie rasender Uhland?"

„Roland, wollen Sie wohl sagen", fiel ihm der Kantor in die Rede.

Da zog Frank die Stirn in Falten und sagte tadelnd: „Hören Sie, Herr Kantor, Sie haben mir nun schon zum dritten Mal widersprochen. Das kann und darf ich aber unmöglich dulden. Die erschten beeden Male habe ich's unbeschtraft hingehen lassen. Jetzt ist es aus! Ihre Widersprüche sind Beleidigung für mich, wegen denen ich mich eegentlich mit Ihnen duellisieren müsste, wenn ich nich so een guter Freund von Ihnen wäre. Also reden Sie mir nich mehr rein, wenn ich in Zukunft wieder etwas sage. Es könnte das unsere gegenseitige Symphonie auseinanderpartizipieren, was mir um Ihretwillen leid tun täte. Jetzt aber geschtatte ich mir, Ihnen hier meinen Freund und Vetter vorzuschtellen, wofür ich hoffe, dass Sie mich dafür mit Ihren Begleitern ergebenst bekannt machen werden."

Der gutmütige Kantor erfüllte, ohne sich verletzt zu fühlen, den Wunsch seines gelehrten Freundes und nannte ihm die Namen aller derer, die mit ihm gekommen waren. Da gab es viel zu erzählen und tausend Fragen zu beantworten. Aber zunächst war es notwendig, das Lager zu errichten und für die Tiere zu sorgen. Alles andere musste aufgeschoben werden.

*

Die Pferde, Maultiere und Maulesel waren jetzt entsattelt und weideten im frischen Gras oder taten sich im Wasser des Flusses gütlich. Mit Hilfe von Stangen und Decken wurden im Hof Zelte aufgestellt, da so viele Personen nicht im Innern des Rancho Platz finden konnten. Dann entwickelten die Frauen eine rege Tätigkeit, bald war der Hof vom Duft gebratenen Fleischs und neu gebackener Maisfladen erfüllt. Zu dem Schmaus, der nun begann, wurden der Hobble-Frank und auch die Tante Droll eingeladen. Die anderen mochten für sich selbst sorgen.

Frank lachte still in sich hinein, als er bemerkte, wie besorgt Frau Rosalie Ebersbach, geborene Morgenstern und verwitwete Leiermüller, um ihn war. Sie legte ihm die besten Bissen vor. Er musste fast mehr essen, als er vermochte, und als er schließlich nicht mehr konnte und nachdrücklich dankte, weil sie ihm noch einen dampfenden Maiskuchen aufzwingen wollte, bat sie ihn: „Nehmen Sie doch nur das noch, Herr Hobble-Frank! Ich gebe es Ihnen gern. Verschtehen Se mich?"

„O ja", lachte er. „Ich habe ja schon vorhin gesehen, dass Sie mir gern was geben. Beinahe hätte ich sogar Ohrfeigen bekommen."

„Weil ich nicht wusste, wer Sie eigentlich sind. Wenn ich Sie für den berühmten Hobble-Frank gehalten hätte, wäre das Missverständnis gar nicht vorgefallen."

„Aber eenem anderen gegenüber wären Sie demnach grob gewesen?"

„Verschteht sich ganz von selbst. So een Betragen is eene Beleidigung und beleidigen lasse ich mich eenmal nich, denn ich bin nicht nur eene gebildete, sondern ooch eene tapfere Frau und weeß genau, wie man sich zu verhalten hat, wenn man als Dame nich mit der erforderlichen Weechherzigkeit behandelt wird."

„Aber ich wiederhole Ihnen, dass von eener Unzartheet oder gar Beleidigung gar keene Rede war. Ich wollte Ihnen eene ritterliche Offmerksamkeit erweisen, weil Ihr Maulesel störrisch war. Mir haben Sie fälschlicherweise die Vorwürfe gemacht, während der Esel es gewesen ist, der sich nicht als Gentleman gegen Sie betragen hat."

„Was brauchten Sie ihn aber anzugreifen? Sie hatten doch nicht die allerkleenste Ursache dazu. Ich wäre schon alleene mit ihm fertig geworden. Ich verschtehe es schon, mit Eseln umzugehen, von welcher Sorte sie nur immer sein mögen. Sie werden mich schon noch kennenlernen. Ich fürchte mich vor keenem Esel und vor keenem Maultier, vor keenem roten Indianer und ooch vor keenem weißen Bleichgesicht. Der Herr Kantor emeritus hat uns so viel Liebes und Schönes von Ihnen erzählt, dass ich Sie lieb gewonnen habe und bereit bin, Ihnen in aller Not und Gefahr hilfreich beizuschpringen. Sie können sich droff verlassen: Ich gehe für Sie durchs Feuer, wenn es sein muss. Da, nehmen Sie noch dieses Schtückchen Rindfleesch. Es ist das Beste, was ich für Sie habe."

„Danke, danke!", wehrte er ab. „Ich kann nich mehr, wirklich nich mehr. Ich bin geschtoppt voll und könnte mir, wenn ich noch mehr äße, leicht eene Indigestikulation zuziehen."

„Indigestion, wollen Sie wohl sagen, Herr Frank", fiel

der Kantor ihm in die Rede. Da aber fuhr ihn der Kleine zornig an: „Schweigen Sie, Sie konfuser Emeritechnikus! Was verschtehen denn Sie von griechischen und arabischen Wörterbüchern! Sie können zwar Orgel schpielen und vielleicht ooch Opern komprimieren, im Übrigen müssen Sie ganz schtille sein, zumal eenem Präriejäger und Gelehrten gegenüber, wie ich eener bin. Wenn ich mich mit Ihnen in gelehrten Schtreit einlassen wollte, würden Sie doch allemal kleene beigeben müssen!"

„Das möchte ich denn doch bezweifeln", wendete der Kantor ein.

„Wie? Was? Das wollen Sie nich zugeben? Soll ich's Ihnen beweisen? Nun, was haben Sie denn an meiner Indigestikulation auszusetzen, mein lieber, süßer, gelehrter Herr Kantor emeritus Matthäus Aurelius Hampel aus Klotzsche bei Dräsden?"

„Es muss Indigestion heißen."

„So, so! Was soll denn dieses schöne Wort bedeuten?"

„Unverdaulichkeit. Indigestibel heißt unverdaulich."

„Das gloobe ich Ihnen sofort und von ganzem Herzen, denn Sie selber sind im höchsten Grade indigestibel. Ich wenigstens kann Ihr fortwährendes Besserwissen gar nicht verdauen. Was haben Sie nun aber gegen das Wort, dass ich gebraucht habe, nämlich Indigestikulation?"

„Dass es kein richtiges Wort, sondern der reine Unsinn ist."

„Ach so, hm, hm! Und was heeßt denn wohl Gestikulation?"

„Die Gebärdensprache, die Spache durch Bewegung der Hand oder anderer Körperteile."

„Schön, sehr schön! Jetzt habe ich Sie, wohin ich Sie haben wollte. Jetzt sind Sie gefangen wie Kleopatra von Karl Martell in der Schlacht an der Beresina! Also Gestikulation is Gebärden- oder Bewegungssprache und indi bedeutet innerlich, sich off den Magen beziehend, denn Sie haben selber gesagt, dass indigestibel unverdaulich heißt.

Also wenn ich mich des geistreichen Ausdruckes Indigestikulation bediene, so habe ich zu viel gegessen und will durch die Blume andeuten, dass mein Magen sich in schtürmische Windungen versetzt, um mich durch die Gebärden- und Bewegungsschprache daroff offmerksam zu machen, dass ich Messer, Gabel und Löffel nun beiseite legen soll. Sie aber scheinen für solche zarten Andeutungen Ihres Magens keen Verschtändnis zu besitzen, sonst hätten Sie meine Indigestikulation nich angezweifelt. Is Ihnen vielleicht die Fabel von dem Frosch und dem Ochsen bekannt?"

„Ja."

„Nu, wie war die denn?"

„Der Frosch sah einen Ochsen, wollte sich so groß machen, wie dieser war, blies sich auf und – – zerplatzte dabei."

„Und die Lehre, die man aus dieser Fabel zu ziehen hat?"

„Der Kleine soll sich nicht groß dünken, sonst kommt er zu Schaden."

„Schön, sehr schön! Ausgezeichnet sogar!", stimmte Frank begeistert bei. „Nehmen Sie sich diese Lehre zu Herzen, Herr Kantor emeritus! Diese Fabel passt außerordentlich gut off uns beede, nämlich off Sie und mich."

„Wieso?"

Das schlaue Lächeln, womit der Kantor dieses Fragewort aussprach, ließ erraten, dass er beabsichtigte, den Hobble-Frank in eine Falle zu locken. Auch die anderen blickten mit großer Spannung zu dem erregten Kleinen hinüber. Frank war zu begeistert, um etwas zu merken. Er antwortete auf das „Wieso?" des Emeritus, ohne sich zu überlegen, was er sagte: „Weil Sie geistig unbedeutend sind, während ich eene Größe bin. Wenn Sie sich mit mir vergleichen wollen, so müssen Sie unbedingt zerplatzen, denn Sie sind in Bezug off Kenntnisse, Fertigkeeten und Wissenschaften der kleene Frosch, während ich in allen diesen Dingen der große Och..."

Frank hielt mitten im Wort inne. Sein Gesicht wurde länger. Er erkannte plötzlich, an welcher Leimrute er klebte.

„...der große Ochse bin", ergänzte der Kantor den unterbrochenen Satz. „Ich will Ihnen da nicht widersprechen."

Sogleich brach ein allgemeines Gelächter aus, das gar nicht enden wollte. Frank schrie zornig dazwischen, was aber zur Folge hatte, dass das Lachen immer stärker und immer wieder von Neuem ausbrach. Da sprang er ergrimmt auf und brüllte, was er nur brüllen konnte: „Haltet die Mäuler, ihr Schreihälse, ihr! Wenn ihr nich off der Schtelle stille seid, reite ich fort und lasse euch hier sitzen!"

Aber man beachtete diese Drohung nicht. Das Gelächter schwoll im Gegenteil von Neuem an und selbst sein Freund und Vetter Droll lachte, dass ihm der Bauch wackelte. Das brachte den Ergrimmten vollends außer sich, er schüttelte die geballten Fäuste wütend gegen die Lachenden und rief mit überschnappender Stimme: „Nu gut! Ihr wollt nicht hören, da sollt ihr fühlen! Ich schüttle den Schtaub von meinen Schtiefeln und gehe meiner Wege. Ich wasche meine Hände in kindlicher Unschuld und lasse die Seefe bei euch zurück!"

Er rannte davon, während ein homerisches Gelächter hinter ihm her erscholl.

Ein einziger hatte nicht in das Lachen eingestimmt, nämlich Schi-So, der Häuptlingssohn. Der angeborene Indianerernst ließ ihn zurückhaltend sein. Er verstand ja auch Deutsch und hatte gehört, in welch drolliger Weise Frank in sein eigenes Netz gelaufen war. Er fühlte sich auch belustigt, doch fand seine Heiterkeit ihren Ausdruck nur in einem Lächeln, das um seine Lippen spielte.

Nach kurzer Zeit erhob er sich und ging zum Tor, um sich nach dem zornigen Kleinen umzusehen. Bereits nach wenigen Augenblicken kehrte er zurück und meldete: „Er macht wirklich Ernst und sattelt draußen sein Pferd. Soll ich ihn bitten, zurückzukommen?"

„Nee", antwortete Droll in seiner Altenburger Mundart.

„Er will uns nur in Verlegenheit bringe. Ich kenne meine Pappenheimer. Dem fällt es epper gar nich ein, fortzureite und mich hier sitze zu lasse."

Dennoch kehrte Schi-So an das Tor zurück. Kaum war er dort angekommen, so ließ er einen Pfiff hören und rief, als sie nach ihm hinblickten: „Er steigt auf. Es scheint ihm Ernst zu sein."

Nun rannten alle hin. Da kamen sie gerade recht, um zu sehen, dass der ergrimmte Hobble wirklich im Sattel saß und, sein Pferd nach dem Fluss lenkend, fortritt. Droll rief ihm nach: „Frank, Vetter, wo willste hin? Es war ja gar nicht so gemeent!"

Der Hobble drehte sein Pferd herum und antwortete: „Meent's, wie ihr wollt. Der Präriejäger und Privatgelehrte Heliogabalus Morpheus Edeward Franke lässt sich nich auslachen."

„Mer habe ja nich über dich, sondern über den Kantor gelacht", log Droll.

„Das machste mir nich weis. Ihr habt über den Ochsen gelacht, den ich gar nich mal vollschtändig ausgeschprochen habe. Er kam nur halb heraus. Die hintere Hälfte is mir im Munde schtecken geblieben. Is das etwa lächerlich?"

„Lächerlich nich, aber höchst gefährlich, eenen halben Ochsen im Maul zu habe. Das macht dir wahrhaftig keener von uns nach. Unsere Achtung schteigt. Also komm nur wieder her, altes Haus!"

„Fällt mir nich im Traum ein, besonders da du sogar jetzt wieder über den Ochsen lachst. Oh, Vetter Droll, was muss ich alles von dir erleben und erleiden. Das hätte ich nicht gedacht! Aber Schtrafe muss sein. Der Hobble-Frank wird verschwinden!"

„Unsinn! Komm nur her und sei nich albern!"

„Albern? Dieses Wort schtößt dem Fass vollends den Boden raus! Der Hobble-Frank und albern!"

Er wendete wieder um, gab seinem Pferd die Sporen, jagte nach dem Fluss und ritt in diesen hinein.

„Frank, Frank, kehr um, kehr doch um!“, schrie Droll ihm lachend nach. „Du kannst doch deine Tante nich verlasse!“

Aber der zürnende Achilles ritt weiter, über das Flüsschen hinüber und dann in das weite Feld hinein.

„Das tut mir außerordentlich leid“, gestand der betrübte Kantor. „Er ist etwas streitsüchtig, besonders in Beziehung auf die Wissenschaft, aber sonst ein seelenguter Mann. Ich hatte mich so sehr darauf gefreut, ihn zu treffen, und nun haben wir ihn eingebüßt!“

„Für höchstens eenige Stunde nur“, antwortete Tante Droll.

„Meinen Sie wirklich?“

„Ja! Ich kenne ihn. Wenn man ihm nich Recht gibt, so schmollt er gern, wird aber gleich wieder gut. Ich weeß, dass er ohne mich nich lebe kann, und verlasse tut er mich doch sicher nich. Er wird seinen Zorn hinaus ins Feld reite, ihn dort liegelasse und nachher zu uns zurückkomme. Darauf könne Sie sich verlasse. Dann dürfe Sie freilich nich off ihn rede. Sie müsse so tun, als ob gar nischt geschehe wäre und als ob Sie ihn gar nich sehe täte. Überhaupt dürfe Sie ihn, wenn er mal zu schtreite beginnt, nich durch Widerspruch zornig mache. Er bildet sich nu eenmal ein, alle mögliche Gelehrsamkeet zu besitze. Das macht keenem eenen Schaden. Darum lasse Sie ihn off seinem Schteckenpferd sitze, wenn er es reite will!“

Auch der Bankier hatte mit seinem Buchhalter den Vorfall beobachtet. Da er nicht Deutsch verstand, musste Baumgarten ihm die Sache erklären. Er lachte nachträglich auf das Herzlichste und war neugierig, ob die Voraussage Drolls sich erfüllen und Frank wiederkommen werde. Während diese beiden noch miteinander sprachen, trat Sam Hawkens zu ihnen und fragte: „Ihr wollt nach dem Chellyfluss, Mr. Duncan? Unser Weg führt uns dort vorüber und morgen früh reiten wir von hier fort. Euer Ölprinz hat die Absicht, sich uns anzuschließen, und ich bin darauf eingegangen. Wisst Ihr schon davon?“

„Nein. Er hat mir noch nichts gesagt. Was denkt Ihr von dem Ölfund?“

„Dass sich der Ölprinz in der Flüssigkeit geirrt hat, wenn es nicht etwas noch Schlimmeres ist. Ich kann Euch nur zur Vorsicht mahnen.“

„Also genauso, wie Mr. Droll mir sagte. Jedenfalls gewährt Ihr mir durch Euren Vorschlag einen Schutz, den ich vielleicht sehr nötig habe. Ich werde mich Euch also anschließen, Sir, und sage Euch für die Erlaubnis einstweilen meinen Dank!“

So war die Sache zur allseitigen Zufriedenheit abgemacht und Duncan, Baumgarten und der Ölprinz, die sich bisher mehr für sich gehalten hatten, gesellten sich zu den Auswanderern und den Westmännern. Man setzte sich zusammen. Es wurde viel erzählt, sodass man bald miteinander bekannter wurde. Darüber verging der Nachmittag, der Abend brach herein und man brannte im Hof ein Feuer an, um daran das Fleisch, das der Ranchero lieferte, zu braten. Nach dem Essen sollte Kaffee gekocht werden. Die dazugehörigen Gefäße hatte man mit, brauchte sie also nicht von Forner zu borgen. Frau Rosalie und eine der anderen Frauen nahmen einen Kessel und gingen damit nach dem Fluss, um Wasser zu holen. Nach einigen Minuten kamen sie in großer Aufregung und ohne den Kessel zurück. Ihre Gesichter drückten das größte Entsetzen aus.

„Was ist denn mit Ihnen?“, fragte der Kantor. „Wo haben Sie den Kessel? Wie sehen Sie denn aus?“

Die andere Frau konnte vor Schreck nicht reden; Frau Rosalie antwortete, aber nur unter allen Anzeichen des Schrecks: „Wie ich aussehe? Wohl schlecht, was?“

„Ganz leichenblass. Ist Ihnen vielleicht etwas Unliebsames begegnet?“

„Begegnet? Und ob! Herjesses, was wir gesehen haben!“

„Was denn?“

„Was? Ja, das weeß ich nich, da fragen Sie mich zu viel.“

Da meinte ihr Mann: „Sei doch nich so dumm! Du musst doch wissen, waste gesehen hast!“

Da stemmte sie die Fäuste in die Hüften und fuhr ihn zornig an: „Weeßt du es vielleicht?“

„Ich? Nee“, antwortete er verblüfft.

„Na also! Da schweigste ooch schtille, verschtehste mich! Ich weeß schon, wo ich meine Oogen hab'. Aber so een grausiges Geschöpf, wie wir gesehen haben, is mir in meinem ganzen Leben noch nich vorgekommen.“

„Es war een Geist, een Flussgeschpenst“, erklärte die andere Frau, indem sie sich schüttelte.

„Unsinn!“, antwortete Frau Rosalie. „Geister gibt es nich und an Geschpenster gloobe ich erscht recht nich.“

„So war es een Wassernix!“

„Ooch nich. Sei doch nich so abergläubisch! Nixe gibt es nur in den Kindermärchen.“

„Was denkste denn, was es da gewesen sein mag?“

„Ja, da fragste mich zu viel. Een Geist also warsch nich, denn es gibt keenen. Een Mensch is es ooch nich gewesen, also warsch een Vieh, aber was für eens!“

Hier ergriff wieder der Kantor das Wort: „Wenn es ein Tier gewesen ist, so werden wir die Gattung, die Art und den Namen bald herausbekommen. Ich bin ja Zoologe, nämlich vom Unterricht in der Schule her. Beantworten Sie mir meine Fragen! War es ein Wirbeltier?“

„Von eenem Wirbel hab' ich nischt bemerkt. Dazu ist es zu dunkel gewesen.“

„Welche Größe hatte es denn?“

„Als es im Wasser saß, konnte ich das nicht gut sehen. Aber als es offschprang, war es meiner Seele so groß wie een Mensch.“

„Also war es unbedingt ein Wirbeltier, wahrscheinlich ein Säugetier?“

„Das kann ich nich sagen.“

„Gehen wir die einzelnen Klassen durch. War es ein Affe?"
„Nee, denn es hatte keene Haare."
„So, so, hm, hm! Vielleicht ein Fisch?"
„Nee, gar nich, denn een Fisch hat doch keene Arme und Beene."
„Die hatte es aber?"
„Ja."
„Sonderbar, höchst sonderbar! Arme und Beine haben nur die Menschen und die Affen; ein Affe aber war es nicht, wie Sie behaupten. Also scheint es ein Mensch gewesen zu sein."
„Gott bewahre, een Mensch war es nich. Een Mensch hat eene ganz andere Stimme."
„Hatte es denn eine?"
„Na und was für eene!"
„Können Sie mir diese unmenschliche Stimme nicht einmal vormachen?"
„Ich will's versuchen", meinte sie, holte tief Atem und brüllte dann: „Uhuahuahuahuaauauauahh!"
Bei diesem entsetzlichen Gebrüll sprangen alle Anwesenden auf.
„Herrgott, was muss das für ein Ungeheuer gewesen sein – ein Löwe – Tiger – Panther!", so rief es durcheinander.
„Still, ihr Leute!", gebot der Kantor. „Regen Sie sich nicht auf! Ich werde an der Hand der Wissenschaft die Sache bald aufklären. Das Tier hatte kein Fell, war also kein Säugetier. Ein Fisch kann es auch nicht gewesen sein, weil es eine Stimme hatte. Da wir von den wirbellosen Tieren ganz absehen müssen, so bleiben uns nur noch die Amphibien, besonders die Frösche und die Kröten."
Da rief die andere Frau schnell: „Ja, ja, das is richtig. Es war eene Kröte!"
„Nee, es war een Frosch!", behauptete Frau Rosalie ebenso schnell.
„Nee, eene Kröte! So wie dieses Vieh kann nur eene Kröte im Wasser sitzen."
„Se hoppte aber doch in die Höhe!"

„Kröten hoppen ooch!"

„Aber nich so wie die Frösche, und Kröten halten sich ooch merschtenteels off der Erde off, aber nich im Wasser. Verschtehste mich! Es war een Frosch!"

„Aber ein so großer Frosch!", zweifelte der Kantor, indem er bedenklich den Kopf schüttelte. „Sie sagten doch gerade, dass er so groß wie ein Mensch gewesen sei?"

„Ja, so groß war er, off Ehre!"

„Hm, hm! Der größte Frosch, den es hier in Amerika gibt, ist der Ochsenfrosch. Aber der ist doch nicht so groß wie ein Mensch!"

„Ochsenfrosch? Gibt es da welche? Da ist es ganz gewiss eener gewesen."

„Unmöglich, denn ein solcher Frosch erreicht niemals eine solche Größe."

„Warum denn nich? Es gibt überall Riesen und Zwerge, also wird es wohl auch unter den Fröschen solche geben. Es ist also een Ochsenfroschriese oder een Riesenochsenfrosch oder een Ochsenriesenfrosch oder een Froschochsenriese oder een Riesenfroschochse oder een Froschriesenochse..."

„Halt, halt, halt!", wehrte der Kantor schaudernd ab. „Was werden Sie noch alles aus diesem Frosch machen! In meinem Lehrbuch der Naturgeschichte war ein solcher Ochsenfroschriese nicht verzeichnet. Aber ich will nicht streiten. Ich lebe mehr der Kunst als der Zoologie und will nicht behaupten, dass es solche Ungeheuer nicht geben kann. Sie meinen also wirklich, dass es ein riesiger Ochsenfrosch gewesen ist, Frau Ebersbach?"

„Ja, off Ehr und off Seligkeet! Ich kann's beschwören, denn wie das Vieh so mit allen vier Beenen in die Höhe schprang, kann es nischt anderes als nur een Frosch gewesen sein."

„Was tat das Tier denn vor dem Springen? Saß oder schwamm es?"

„Es saß, wie een Frosch sitzt! Den hintern Teil sah mer nich und von der vorderen Hälfte guckten nur die obern

„Wie das Vieh so mit allen vier Beenen in die Höhe schprang, kann es nischt anderes als nur een Frosch gewesen sein.“

Beene, een bissel vom Leib und der Kopp aus dem Wasser. Und nu besinne ich mich ooch ganz genau off das breete Froschmaul und off die Glotzoogen, mit denen er uns entgegenstarrte, Herr Kantor."

„Bitte, Kantor emeritus, der Vollständigkeit halber! Wir stehen trotz der Beschreibung, die Sie uns liefern, vor einem Rätsel und ich schlage vor, wir gehen nach dem Fluss, um uns zu überzeugen."

„Meenen Sie, dass er noch dort sitzt?"

„Ja. Frösche sind keine Zug-, sondern Standtiere. Dieser Frosch ist hier geboren oder vielmehr gelaicht worden und wird diese Gegend also nie verlassen. Da es aber ein so großes Biest ist, sollten wir die Gewehre mitnehmen. Das Tier könnte beißen."

Der Wirt musste einige Laternen herbeischaffen und dann verließen alle ohne Ausnahme den Hof, um nach dem Fluss zu gehen.

Als der Zug der Neugierigen in der Nähe des Flusses ankam, saß da der Hobble-Frank neben seinem weidenden Pferd im Gras. Er erhob sich erstaunt, als er die vielen Menschen erblickte, und fragte in deutscher Sprache: „Was habt ihr denn da vor, ihr Leute? Das is ja die reene Wallfahrt, die da herangeschlängelt kommt!"

„Ah, Sie sind wieder da, Herr Frank!", rief der Emeritus. „Das ist mir sehr lieb. Vielleicht können Sie uns Auskunft geben. Wie lange befinden Sie sich wieder hier?"

„Seit vielleicht eener Schtunde."

„Haben Sie beobachtet, was an dieser Stelle vorgegangen ist?"

„Natürlich! Ich habe ja meine Oogen und ooch meine Ohren und so eenem Präriejäger, wie ich bin, kann niemals nischt entgehen."

„Haben Sie die beiden Frauen gesehen, die hier Wasser holen wollten?"

„Ja."

„Und auch das Tier?"

„Welches Tier?“

„Das im Wasser gesessen hat?“

„Im Wasser gesessen? Ich habe keens bemerkt. Was für een Vieh soll es denn gewesen sein?“

„Ein Ochsenfrosch!“

„Nee, von eenem Ochsenfrosch ist mir wirklich nischt ins Bewusstsein gekommen.“

„Waren Sie denn wirklich in der Nähe, als die Damen hier waren?“

„Was das betrifft, so war ich ihnen sogar sehr nahe.“

Da schob sich Frau Rosalie zu ihm hin und sagte: „Sie habe ich allerdings nich gesehen, Herr Hobble-Frank, desto deutlicher aber den Ochsenfrosch. Wenn Sie so sehr in unserer Nähe gewesen sein wollen, so müssen Sie ihn unbedingt gesehen haben! Er war ja groß genug!“

„Wie denn ungefähr?“

„Grad wie een ausgewachsener Mensch.“

„Oho! So groß wird im ganzen Leben keen Frosch, Frau Eberschbach, selbst wenn es een Ochsenfrosch wäre. Ich habe genug solche Viecher gesehen; sie werden etwas größer als eene tüchtige Männerhand, größer nich. Ihren Namen haben sie nich etwa daher, dass sie die Größe eines Ochsen besitzen, sondern von ihrer lieblichen Schtimme. Sie schreien nämlich ganz ähnlich, wie ein Ochse brüllt.“

„Das schtimmt, das schtimmt! Wir haben das Biest schreien hören.“

„Das hätt' ich doch ooch hören müssen!“

„Das denke ich ooch. Wo haben Sie denn nur Ihre Ohren und Ihre Oogen gehabt, dass Sie das Vieh nich gehört und nich gesehen haben?“

„Das weeß ich wirklich nich. Zeigen Sie mir doch ergebenst mal die Schtelle, wo der Frosch gebrüllt hat!“

„Er brüllte erscht dann, als er offschprang.“

„Hörn Se mal, Frau Eberschbach, das will mir unglooblich erscheinen. Een Frosch brüllt nich im Springen, sondern quakt bloß, wenn er sitzt.“

„Nee, der hier schrie in dem Oogenblick, als er aus dem Wasser in die Höhe fuhr. Kommen Sie! Ich will Ihnen die Schtelle zeigen."

Frau Ebersbach führte den ungläubigen Frank vollends an das Ufer hinab, deutete auf einen Punkt, in dessen Nähe der leere Kessel lag, dann in das Wasser hinein und erklärte dabei: „Hier schtanden wir, um Wasser für den Kaffee zu schöpfen. Da sehen Sie zum Beweis ooch den Kessel liegen, den wir vor Platzangst weggeworfen haben. Und da im Wasser saß der Ochsenfrosch."

Da machte der Hobble-Frank ein langes Gesicht, das aber mehr und mehr einen lustigen Ausdruck annahm, und fragte: „Sie haben also genau gesehen, dass es een Ochsenfrosch gewesen ist?"

„Na, ehrlich geschtanden haben wir erscht nich so recht gewusst, in welche Klasse von Insekten das Biest gehören mag. Aber unser Herr Kantor hat die Zowolie schtudiert und mit seiner Hilfe is es herausgedüftelt worden, dass es ooch een Ochsenfrosch gewesen ist."

„Ausgezeechnet, ausgezeechnet! Das macht mir gewaltigen Schpaß, meine Damen und meine Herren! Und warum kommen Sie denn jetzt mit Laternen und Fackeln nach dem Fluss gezogen?"

„Um den Ochsenfrosch zu suchen und zu fangen", antwortete Fau Rosalie. „Sobald er beißen will, wird er erschossen. Wir haben die Flinten mit, wie Sie sehen."

Da schlug Frank ein helles Gelächter an, durch das Frau Rosalie sich so beleidigt fühlte, dass sie sagte: „Feixen Se nich so! Es is keen Schpaß, so bei nachtschlafender Zeit, wenn es dunkel wird..."

„...den berühmten und gelehrten Hobble-Frank für eenen Ochsenfrosch zu halten!", ergänzte der Kleine.

Da trat sie einen Schritt zurück, funkelte ihn mit ihren Augen an und fragte: „Sie, Sie sind der Ochsenfrosch gewesen?"

„Ja, ich!", lachte er. „Ich war hinaus in die Landschaft geritten und kehrte, als es dunkel geworden war, wieder um. Es war den ganzen Tag über so heeß gewesen und der Ritt hatte mich noch mehr erhitzt. Als ich hier dann wieder durch das Flüsschen ritt, kühlte mich das Wasser so hübsch ab und es fiel mir ein, dass ich een Bad hatte nehmen wollen. Ich stieg also vom Pferd, zog mich aus und ging ins Wasser."

Als Frank hier eine Pause machte, schlug Frau Rosalie die Hände zusammen und rief ahnungsvoll aus: „Herrjemerschneh, was werd' ich da zu hören bekommen! Sie sind ins Wasser geschtiegen?"

„Ja. Ich schwamm hin und her, plätscherte mich tüchtig aus und wollte eben wieder offs Trockene heraus, als ich zwee weibliche Personen erblickte, die nach dem Fluss gekommen waren und, ohne dass ich sie wegen der Finsternis bemerkt hatte, sich schon ganz nahe befanden. Ich hockte mich rasch nieder, denn ich gloobte, dass sie vorübergehen würden. Aber sie kamen grad nach derjenigen Schtelle, wo der Hase im Pfeffer und der Frank im Wasser lag. Da blieben sie schtehen und sahen mich an."

„Das is freilich wahr", fiel Frau Rosalie ein. „Wir sahen was Helles im dunklen Wasser und wussten erscht gar nich, was wir daraus machen sollten. Aber off alle Fälle war es ein lebendiges Wesen, was uns fürchterlich anglotzte."

„Bitte sehr, Frau Eberschbach! Angeglotzt habe ich Sie nich! Ich habe Sie sogar ängstlich angeblickt, weil ich hoffte, dass Sie sich in zart fühlender Sittsamkeit entfernen würden. Aber dies war nich der Fall. Darum entschloss ich mich zu eener strategischen Revolution: Ich schprang in die Höhe, klatschte die Hände zusammen und brüllte, was ich konnte."

Frau Ebersbach schien über diese Mitteilung tief gekränkt und im Begriff zu sein, ihm noch schärfer als bisher antworten zu wollen. Da ergriff Droll das Wort: „Es is een Irrtum gewese, meine verehrte Herrschafte, een Irrtum, der keenen Menschen in Schaden bringe kann. Darum wolle mer uns nich weiter schtreite und zanke, sondern lieber demjenigen Ehre erweise, dem Ehre zu erweise is. Unser

Hobble-Frank, der Rieseochsefrosch, soll lebe hoch, hoch und dreimal hoch!“

Als alle lachend in das Hoch eingestimmt hatten, fuhr er fort: „Dort liegt der Kessel. Schöpft ihn voll, damit wir endlich zu unserem Kaffee kommen. Dann schtelle wir uns in Reih und Glied, um unseren Ochsefrosch im Triumph heeme zu schaffe!“

So geschah es. Hobble-Frank mochte sich noch so sehr sträuben. Er wurde dem Schmied Ebersbach, dem Längsten der Auswanderer, wie ein Kind auf die Schultern gesetzt und dann kehrte der Zug im Gleichschritt in den Hof zurück, wo man sich um das Feuer setzte und die unterbrochene Bereitung des Kaffees wieder aufnahm.

(Gesammelte Werke Band 37 „Der Ölprinz“)

Die Heldenoper

Der Herr Kantor emeritus Matthäus Aurelius Hampel aus Klotzsche bei Dresden ist in den Wilden Westen Amerikas gereist, um durch persönliche Anschauung des Lebens in dieser wüsten Region und durch die Erfahrung im Umgang mit berühmten Westmännern Stoff für seine Heldenoper zu gewinnen. Er entfernt sich leise vom Lagerplatz seiner Gefährten, um in der Stille der Nacht eine Melodie im Sechsachteltakt zu proben. Im Dunkel lauschen Indianer den seltsamen Klängen.

Da Karl May oft geäußert hat, er beabsichtige eine Oper zu komponieren, ist es möglich, dass er sich mit dieser Episode ein wenig über sich selbst lustig machte.

Sie stiegen auf ihre Pferde und ritten ohne Abschied davon. Es schien sich kein Mensch um sie zu bekümmern; aber es schien auch nur so, denn in Wirklichkeit waren aller Augen heimlich auf sie gerichtet.

Als der Ölprinz und seine beiden Genossen hinter der Böschung des Ufers verschwunden waren, kam Wolf[1] wieder zum Vorschein. Er hatte sich hinter eine Baumgruppe zurückgezogen gehabt und schritt jetzt auf das Häuptlingszelt zu, vor dem der ‚Große Donner' die hervorragendsten seiner Krieger zur Beratung zusammenkommen ließ. Die weiße Squaw befand sich in großer Sorge um ihren Sohn und trieb ihren Mann zum schleunigen Aufbruch, um die Nijoras zu überfallen. Er tröstete sie damit, dass Schi-So sich in Gesellschaft so berühmter, tapferer und erfahrener Krieger befände.

„Und", fügte Wolf zur Beruhigung hinzu, „die Gefangenen werden erst nach beendetem Krieg, nach der Heimkehr in die Dörfer, getötet. Der Krieg hat aber noch gar nicht begonnen und so braucht es Euch um Euren Sohn nicht angst zu sein, wie auch ich für meinen Neffen eben-

[1] Adolf Wolf, Großgrund- und Silbergrubenbesitzer, Freund der Navajos, bei denen er den Namen Maitso trägt. Er will den Auswanderern Land zum Siedeln verschaffen.

falls nicht Besorgnis hege. Vor allen Dingen müssen wir an das Nächste denken. Es muss ein Lauscher hinunter an den Fluss geschickt werden."

„Wozu?", fragte der Häuptling.

„Wenn mich meine Vermutung nicht trügt, so kehren die drei Weißen, sobald sie die Waffen bekommen haben, wieder um und folgen uns nach. Eine so hohe Summe gibt man nicht auf, ohne geradezu alles zu versuchen, sie wieder zu erhalten."

„Du meinst, dass sie dich zwingen wollen, das Papier herauszugeben?", fragte der Häuptling.

„Ja."

„Sie mögen kommen! Sie haben unser Lager verlassen und der Rauch des Kalumets kann sie nach ihrer Rückkehr nicht mehr schützen. Sie werden unsere Kugeln schmecken."

„Wenn wir sie sehen, ja. Sie werden sich aber hüten, sich sehen zu lassen, sondern uns im Verborgenen nachschleichen, um mich zu überfallen, wenn sich eine passende Gelegenheit dazu ergibt. Ich muss aus diesem Grunde zu meiner Sicherheit wissen, ob sie bestimmt umkehren. Darum bitte ich dich, einen berittenen Späher hinunter an den Fluss zu stellen."

„Warum beritten?"

„Weil wir doch bald von hier aufbrechen und er uns ohne Pferd nicht leicht einholen kann."

Der Häuptling folgte diesem Rat und dann konnte die Besprechung über den durch die Not so beschleunigten Zug gegen die Nijoras beginnen.

Eigentlich gab es gar nicht viel zu verhandeln. Es war zwar anzunehmen, dass Grinley, Buttler und Poller über ihre Erlebnisse und weiteren Absichten nicht die Wahrheit gesagt hatten. Aber dass sie gefangen gewesen waren, musste geglaubt werden, weil sie keine Waffen gehabt hatten. Auch dass die Kundschafter der Navajos mit Old Shatterhand und Winnetou nebst ihren Begleitern in die Hände der Nijoras geraten waren, durfte als wahr angenommen werden. Jedenfalls hatten die Nijoras auch Kundschafter ausgeschickt und diese hatten das Lager der Navajos sicher erspäht, da sie von den Gegenkundschaftern nicht daran gehindert worden waren. Auf alle Fälle hatten die Nijoras beschlossen, zum Angriff überzugehen, und diese Absicht war wohl noch bestärkt worden durch die Flucht der drei Bleichgesichter, von denen die Nijoras sich sagen konnten, dass sie jedenfalls die Navajos aufgesucht hatten, um bei ihnen Schutz zu suchen. Damit war der Anmarsch der Nijoras verraten und das konnte nur durch einen schnellen Überfall wettgemacht werden. Deshalb waren die Nijoras sicherlich sofort gegen die Navajos aufgebrochen. Die Navajos hinwiederum glaubten den Angriff nicht abwarten zu dürfen, sondern wollten ihm zuvorkommen. Darum rüsteten sie sich zum Aufbruch, der gerade in dem Augenblick erfolgte, als die sechs Reiter zurückkehrten, die Grinley, Buttler und Poller die Waffen und die Munition übergeben hatten. Als sie befragt wurden, wie jene sich verhalten hätten, erklärten sie, dass die drei Weißen nach Empfang der Waffen und der Munition ruhig weitergeritten wären, ohne durch irgendetwas zu verraten, dass sie die Absicht hegten, umzukehren. Dennoch blieb der Späher unten am Fluss stehen und erhielt die Weisung, falls die Bleichgesichter zurückkehrten, sie erst vorüberzulassen, sie eine Weile zu beobachten und sie dann in einem weiten Bogen zu umreiten, um seinen Kameraden zu folgen.

Der Zug ging am rechten Flussufer aufwärts, denn man hatte der Aussage des Ölprinzen, dass die Nijoras sich an diesem befänden, Glauben geschenkt. In Wirklichkeit kamen diese aber am linken Ufer herunter. Als der Tag sich neigte, kam der Späher nach und meldete, dass die drei Weißen in der Tat umgekehrt seien und der Fährte der Navajos folgten. Da man das nun wusste und sich vorsehen konnte, waren der Ölprinz und seine Genossen nicht zu fürchten.

Es wurde den ganzen Abend weitergeritten und erst gegen Mitternacht angehalten, da man nun, wie man fälschlicherweise annahm, jeden Augenblick auf die Nijoras treffen konnte. Man lagerte sich, brannte aber vorsichtshalber kein Feuer an.

Der Mond stand über den Uferbäumen und belächelte sein Bild, das ihm aus dem hier schmalen, aber ziemlich tiefen Wasser des Flusses entgegenglänzte. Tiefe Stille herrschte ringsumher. Nur zuweilen schnaubte eines der Pferde oder schlug mit dem Schwanz nach den Stechmücken, die es hier am Flusse in Menge gab. Weiter war nichts zu hören. Da klang es plötzlich im Sechsachteltakt vom anderen Ufer herüber: „Fitifitifiti, fititi, fititi, fititi, fititi, fitifitifiti, fititi, fititi, ti!“

Die Indianer fuhren aus dem Schlaf empor und lauschten erstaunt. War das eine menschliche Stimme gewesen? Der Häuptling trat leise zu seiner Frau und fragte: „Hast du es gehört? So etwas habe ich noch nie vernommen. Was mag es gewesen sein?“

„Es hat jemand die Violine nachgeahmt und einen Walzer geträllert“, antwortete sie.

„Violine? Walzer? Was ist das? Ich weiß es nicht.“

Sie wollte Auskunft geben, kam aber nicht dazu, denn es tönte von drüben herüber: „Clilililililili, lilili, lilili, Clilililililili, lilili, lilili, lilili, lilili, li!“

„Das ist ja wieder anders!“, flüsterte der Häuptling.

„Das war die Klarinette, die nachgeahmt wurde.“

„Klarinette? Kenne ich nicht. Ich denke, dass da drüben…“

„Trärärä tä – tä – tä – trärärä tä – tä – tä!“, wurde er von drüben unterbrochen.

„Das war die Trompete“, erklärte die Squaw, die auch nicht wusste, was sie denken sollte. Und ehe noch der Häuptling antworten konnte, erklang es weiter: „Tschingtschingtsching, tschingbumbum, tschingbumbum, tschingtschingtsching, tschingbumbum, tschingbumbum bum!“

„Das war die große Pauke mit dem Messingbecken“, sagte die Squaw, deren Erstaunen von Minute zu Minute wuchs.

„Trompete? Pauke? Becken?", fragte der ‚Große Donner'. „Das sind lauter Worte, die ich nicht verstehe. Ist vielleicht ein böser Geist da drüben?"

„Nein, es ist kein Geist, sondern ein Mensch. Er ahmt den Klang verschiedener Musikinstrumente mit der Stimme nach."

„Aber das ist doch nicht die Musik der roten Männer!"

„Nein, sondern die der Bleichgesichter."

„Sollte ein Bleichgesicht da drüben sein?"

„Möglich."

„Aber die sind noch gefangen! Ich werde einige Späher hinübersenden, die dieses sonderbare Wesen beschleichen."

Eine Minute später schwammen weiter unten, wo sie von dem seltsamen Musiker nicht bemerkt werden konnten, vier Navajos über den Strom, stiegen drüben an das Ufer und schlichen sich dann flussaufwärts. Nach kurzer Zeit ertönte ein unterdrückter Schrei und hierauf kamen die vier, einen menschlichen Körper halb über Wasser haltend, wieder herübergeschwommen. Als sie den Körper auf die Beine gestellt hatten, meldete einer von ihnen dem Häuptling: „Dieses Bleichgesicht ist es gewesen. Es lehnte an einem Baum und trommelte mit den Fingern auf den Bauch."

Der ‚Große Donner' trat an die fremde Gestalt heran, betrachtete sie und fragte: „Was treibst du hier mitten in der Nacht? Wer bist du und wer sind die, zu denen du gehörst?"

Er hatte halb englisch und halb in der Navajomundart gesprochen. Der Gefragte verstand ihn nicht, ahnte aber, was man wissen wollte, und antwortete in deutscher Sprache: „Guten Abend, meine Herren! Ich bin der Herr Kantor emeritus Matthäus Aurelius Hampel aus Klotzsche bei Dresden. Warum haben Sie mich denn in meinem Studium gestört? Ich bin wahrhaftig ganz pudelnass geworden!"

Die Roten außer Nitsas-Ini verstanden kein Wort. Aber man kann sich das freudige Erstaunen der weißen Squaw denken, als sie bekannte Laute ihrer Muttersprache hörte. Sie trat eiligst auf den Emeritus zu und rief: „Sie sprechen

Deutsch? Sie sind ein Deutscher, ein Kantor aus der Dresdener Gegend? Wie in aller Welt kommen Sie denn hierher an den Chellyfluss?“

Nun war das Erstaunen auf der Seite des Herrn Kantors. Er trat einige Schritte zurück und schlug die Hände zusammen. „Eine Indianerin, eine echte Indianerin, die Deutsch redet!“

„Sie irren sich. Ich bin zwar jetzt die Frau eines Indianers, nämlich des Häuptlings der Navajos, aber von Geburt eine Deutsche.“

„Und Sie haben einen Indianer zum Mann genommen? Wie heißt denn Ihr Herr Gemahl?“

„Nitsas-Ini, der ‚Große Donner‘.“

„‚Großer Donner‘? Zu dem wollen wir ja!“

„Wirklich? Sie sagen wir. Also sind Sie nicht allein?“

„Bewahre! Wir sind eine ganze Gesellschaft tüchtiger Westmänner und Helden: Winnetou, Old Shatterhand, Sam...“

„Kann ich erfahren, wo sich Ihre Gefährten jetzt befinden?“

„Sie sind den Nijoras nach.“

„Die wollen uns doch überfallen.“

„Ja, wenn ich mich nicht täusche, glaube ich, dies gehört zu haben.“

„Sie sagen mir da etwas außerordentlich Wichtiges. Wir sind nämlich den Nijoras entgegengezogen, um ihrem Überfall zuvorzukommen.“

„Wie? Ihnen entgegen? Ich glaube, dass Sie sich da auf dem falschen Weg befinden, verehrteste Frau Häuptling.“

„Wieso?“

„Wieso? Weil die da drüben am linken Ufer zu finden sind.“

„Nicht hier am rechten? Wissen Sie das auch gewiss? Es kommt für uns nämlich sehr viel darauf an.“

„Ein Irrtum ist nicht möglich. Wenn wir Jünger der Kunst einmal etwas wissen, so wissen wir es auch ordentlich und richtig. Wir sind ja eben von den Nijoras überfallen worden.“

„Das weiß ich. Drei von Ihnen haben sich gerettet."

„Drei? Da denken Sie höchstwahrscheinlich an Buttler, Poller und den Ölprinzen. Die sind uns leider durchgebrannt."

„Durchgebrannt? Also entflohen?"

„Ja. Haben Sie diese drei Personen etwa gesehen?"

„Sogar gesprochen habe ich mit ihnen."

„Da will ich hoffen, dass Sie sich in Acht genommen haben!"

„Warum?"

„Weil das Menschen zu sein scheinen, denen man nicht weiter trauen darf, als man sie sieht. Die haben den Schalk im Nacken, ja, ja, den Schalk im Nacken. Es ist ihnen sogar gelungen, mich zu täuschen, mich, der ich ein Sohn der Musen bin. Das will doch gewiss viel heißen, sehr viel! Ich werde Ihnen das schon noch erzählen, Frau Häuptling."

„Ja, später. Für jetzt möchte ich zunächst wissen, wo Old Shatterhand und Winnetou sich befinden."

„Das weiß ich nicht."

„Nicht? Aus Ihren früheren Worten schien aber doch hervorzugehen, dass Sie es wissen müssen!"

„Das mag sein. Aber einesteils bekümmere ich mich nicht eingehend um solche Sachen, weil meine Heldenoper alle meine Gedanken in Anspruch nimmt, und anderenteils verhalten sich meine Gefährten nicht so mitteilsam gegen mich, wie Sie anzunehmen scheinen. Das ist eine zarte Rücksichtnahme von ihnen, für die ich ihnen wirklich dankbar sein muss. Sie wollen mich nicht mit diesen Alltagssachen belästigen, da ich Höheres zu schaffen habe."

„Wann sind sie denn von Ihnen fort?"

„Noch vor heute Mittag. Sie haben nur Schi-So mitgenommen."

„Schi-So? Was? Meinen Sohn?"

„Ihren Sohn? Wie? Er ist Ihr Sohn?"

„Ja. Wussten Sie das nicht?"

„Nein. Ich wusste nur, dass er der Sohn von Nitsas-Ini

sei, ob aber auch der Ihrige, das war mir bis zum gegenwärtigen Augenblick unbekannt."

„Aber ich habe Ihnen doch gesagt, dass ich die Frau des Häuptlings bin!"

„Das stimmt. Aber wissen Sie, es ist für einen Jünger der Kunst nicht so leicht, sich in die Verhältnisse einer Familie hineinzudenken, bei der die Mutter weiß, der Vater aber von kupferner Farbe ist. Ich werde es mir aber sehr genau überlegen und dann ist es sehr wahrscheinlich, dass Sie in meiner Oper einen Platz bekommen, etwa als rote Heldenmutter, denn eine weiße habe ich schon in der Person von Frau Rosalie Ebersbach."

Der Kantor kam der Frau doch etwas sonderbar vor. Sie schüttelte leise den Kopf und erkundigte sich dann: „Was taten Sie denn eigentlich vorhin da drüben?"

„Ich komponierte den Heldeneinzugsmarsch für meine Oper."

„Aber so laut! Das konnte Sie leicht das Leben kosten! Wenn nun Feinde in der Nähe gewesen wären?"

„Sam Hawkens sagte, es seien keine da. Darum passte er auch nicht sehr auf mich auf und so gelang es mir, mich zu entfernen. Ich ging so weit fort, dass sie mich nicht hören konnten, und probte da die einzelnen Stimmen des Orchesters durch. Da wurde ich leider plötzlich unterbrochen. Man packte mich von hinten, schnürte mir die Kehle zu, sodass es mit dem Komponieren rein alle war, und schleppte mich hierher. Ich hoffe, dass man mich wieder hinüberschafft!"

„Das wird geschehen. Ist es weit bis zu Ihrem Lager?"

„Nun, eine tüchtige Viertelstunde wird man zu gehen haben, da ich mich so weit entfernen musste, um nicht gehört zu werden."

„So ist es einstweilen gut. Ich werde jetzt mit meinem Mann sprechen."

(Gesammelte Werke Band 37 „Der Ölprinz")

Die falschen Götter

Chinesische Tempel wirken auf uns Europäer geheimnisvoll und strahlen eine kaum fassbare, märchenhafte Schönheit aus. Ich habe den großen chinesischen Tempel in Medan in Nordsumatra gesehen und die riesigen, bunt bemalten Götterfiguren bewundert; doch habe ich, so oft ich irgendwelche Tempeldiener um eine Erklärung bat, niemals eine Antwort erhalten. Obwohl ich in verschiedenen Sprachen versuchte, die Herren anzusprechen, eilten sie stets gleichmütig und stumm, die Blicke in unendliche Fernen gerichtet, an mir vorüber. Ich wurde beim Anblick der Götterstatuen lebhaft an Karl Mays Blauroten Methusalem *erinnert, nur dass mich nicht die Lust ankam, hier im Tempel eine Komödie aufzuführen.*

Anders aber Kapitän Turnerstick und der dicke holländische Mijnheer Willem van Aardappelenbosch, die wir im Roman ebenfalls beim Besuch eines chinesischen Tempels erleben.

Zwei Götter waren zuerst gestohlen und dann – trotz widriger Umstände – aus dem Erdloch, in dem der Dieb die heiligen Statuen versteckt hatte, wieder befreit worden. Die dickbäuchigen, lächelnden Himmelsbewohner sollen nun, frisch gewaschen und geputzt, in ihren Tempel zurückkehren. Vor dem Tempel erwartet eine große Menschenmenge die Heimkehr der Figuren, das Innere aber wirkt verlassen. Van Aardappelenbosch und der Kapitän entfernen sich langsam von ihrem Führer.

Turnerstick und der Mijnheer waren gewöhnt, die Letzten im Zug zu sein. Sie hatten sich, als sie über den Hof schritten, nicht allzu sehr beeilt. Sie schauten sich da sehr gemächlich um und traten infolgedessen in den vorderen Tempel ein, als die anderen ihn bereits verließen. Die Rede des Bonzen hatten sie nicht verstanden und wussten also nicht, dass der Zug der Priester mit den zurückkehrenden Göttern erwartet wurde.

Nun blickten sie sich im Vortempel um. Als sie die beiden leeren Plätze sahen, sagte Turnerstick:

„Mijnheer, da haben offenbar die beiden gestohlenen Gottheiten gesessen. Was sagen Sie dazu?"

„Wat ik zeg?", antwortete der Dicke. „Ja, daar hebben zij gestaan."

Sie traten näher und betrachteten sich die Plätze. Deren Fläche war so groß, dass ein Mann ganz behaglich da sitzen konnte. Turnerstick legte unternehmend den Kopf zur Seite und meinte:

„Gar kein übler Sitz. Habe schon öfters schlechter gesessen. Bin aber auch kein Gott. Möchte wissen, wie es so einem Götzenbild zu Mute ist. Muss gar nicht so übel sein, angebetet zu werden und Räucherstäbchen unter die Nase zu bekommen! Nicht?"

„Ja, het moet zeer herlijk zijn. – Ja, es muss sehr herrlich sein."

„Nun, man kann hier ja sehen, wie es ist. Die Gelegenheit ist vortrefflich. Ich werde mich mal auf diesem Postament niederlassen und mir einbilden, dass ich ein chinesischer Götze sei. Bin neugierig, ob die anderen Gottheiten etwas dazu sagen."

So schnell ihm dieser Gedanke gekommen war, so schnell wurde er auch ausgeführt. Der Kapitän setzte sich nieder, rückte sich zurecht, nahm eine bequeme Haltung an, kreuzte die Beine übereinander, wie die anderen Götter es taten, und fragte dann:

„Nun, Mijnheer, wie nehme ich mich aus?"

„Zeer goed."

„Und nun den Fächer dazu! Jammerschade, dass wir allein sind! Ich wollte, es käme ein Chinese. Möchte wissen, ob er mich für Buddha oder für Frick Turnerstick hält. Und der Schreck, wenn ich ihn dann mit meinem prachtvollen Chinesisch anreden würde! Diese Verbeugungen!"

„Ik zal er een voor U maken! – Ich werde Ihnen eine machen!"

Turnerstick hatte den Riesenfächer aufgespannt und hielt ihn anmutig in der Rechten, während er durch die Linke

„Mijn komplimenten, Mijnheer Buddha! Hoe staat het met uw gezondheit?“

seinen Zopf gleiten ließ. Auf seiner Vorlukennase saß der Klemmer. Der Dicke stellte sich vor ihn hin, verbeugte sich und sagte:

„Mijn komplimenten, Mijnheer Buddha! Hoe staat het met uw gezondheit?"

„Wie es mit meiner Gesundheit steht? Ganz vortrefflich, besonders seitdem ich einer von den hundert Himmelsherren bin. Aber, Mijnheer, es sitzt sich hier als Gott wirklich ganz ausgezeichnet. Wollen Sie es nicht auch einmal versuchen?"

Der Dicke streichelte sich bedenklich das Kinn und antwortete:

„Zal men dan mogen? – Wird man denn dürfen?"

„Dürfen? Warum denn nicht? Was fragen Sie noch! Sie sehen ja, dass ich darf, dass ich hier sitze! Oder fürchten Sie sich etwa?"

„Neen!"

„Nun, so folgen Sie meinem Beispiel! Ich möchte auch Sie einmal als Gott sehen."

„Als god? Mij? Goed, ik zal het proberen. – Als Gott? Mich? Gut, ich werde es versuchen."

Die beiden hatten in ihrem Eifer gar nicht auf ein erst sehr entferntes Geräusch geachtet, das aber schnell näher kam. Man konnte jetzt deutlich die Töne von Gongs, Pfeifen, Klingeln, Glocken und anderen chinesischen Musikinstrumenten hören.

Der Dicke ließ sich ächzend auf das andere Postament nieder, schob sich würdevoll in Stellung und fragte dann:

„Ziet U mij, Mijnheer Turnerstick? Zie ik er net zo uit als een god? – Sehen Sie mich, Herr Turnerstick? Sehe ich ebenso aus wie ein Gott?"

„Ganz genau so. Nur würden Sie einen noch viel göttlicheren Eindruck machen, wenn Sie den Regenschirm aufspannten."

„Dat kan ik doen. Daarom heb ik de paraplu en parasol immers megenomen." Er spannte das Familiendach auf und blickte stolz umher. Dabei gab er sich die größte Mühe, die Stellung Turnersticks nachzuahmen, brachte aber die kurzen, dicken Beinchen nur mit großer Anstrengung übereinander.

Nun waren die Musik und der Lärm so stark geworden, dass die beiden darauf achten mussten.

„Wat is dat voor een fluitspel?“, fragte der Mijnheer.

„Für ein Flötenspiel? Hm! Es wird irgendein Aufzug sein, die Feuerwehr vielleicht oder die Bürgerschützen, welche Vogelschießen haben“, antwortete Turnerstick völlig unbesorgt.

„Vogelschieten? In China?“

„Ja? Warum denn nicht? Sie scheinen vorüberzuziehen. Schade darum! Wie hübsch wäre es, wenn einer hereinkäme und wir könnten sehen, ob er uns für Götter hält! Sie bringen einen Tusch. Jedenfalls müssen sie das vor jedem Tempel tun. Wir wollen annehmen, dass es uns zu Ehre geschieht. Nicht?“

„Ja, laat ons dat denken.“

„Horchen Sie! Jetzt ziehen sie weiter.“

Draußen vor dem Tor war der erwartete Zug angelangt. Er bestand aus Bonzen mit ihren Oberpriestern, zahlreichen behördlichen Personen und einem nach Hunderten zählenden Gefolge von Neugierigen. Die mit Blumen geschmückten Götter wurden auf mit Teppichen behangenen Bahren von Oberpriestern getragen. Die Musiker, die an der Spitze gingen, blieben draußen stehen, schmetterten eine tuschartige Fanfare und begannen dann eine Art Marsch, um den Zug an sich vorüber und in den Tempel gehen zu lassen.

Da sich die Musik also nicht näherte, so hatte der unglückselige Kapitän geglaubt, dass die ‚Kommunalgarde‘ weiterziehe.

Einer chinesischen Musikantentruppe darf man keine europäische Kammermusik zumuten. Da gibt es Gongs, Schellen, Glocken und Klingeln, auch Triangeln, Metallplatten, Musikurnen, Fasstrommeln, hölzerne Totenköpfe zur Tempelmusik, Flöten, Daumenklappern, zweisaitige Geigen, drei- und viersaitige Gitarren, kreischende Trompeten und sonderbar geformte, mit kleinen Schellen behangene Bambusgestelle, deren einheimischer Name in das Deutsche mit ‚Musikgeklimper' zu übertragen ist. Jeder bearbeitet sein Instrument aus Leibeskräften, ohne Noten und ohne Takt. Von einer Harmonie ist keine Rede und wer das größte Getöse hervorbringt, gilt als der beste Musikant.

Darum war es kein Wunder, dass bei dem Heidenspektakel, den die Musiker verübten, die Schritte des nahenden Zuges nicht zu hören waren und dass dessen Spitze am Eingang des Tempels erschien, während die beiden falschen Götzen sich noch vollständig sicher fühlten und der Kapitän sogar noch immer den Wunsch hegte, es möge jemand kommen, mit dem er sich einen Spaß machen könne.

Indessen hatte der Tong-tschi den anderen die größere Abteilung des Tempels gezeigt und war dann mit ihnen durch ein Hintertor nach einem Hof gegangen, um welchen die Wohnungen der Bonzen standen. Unterwegs erkundigte sich der Methusalem flüsternd:

„Man wird also jetzt die Götter bringen. Wie aber steht es mit den drei Missetätern?"

„Die sollten eigentlich mitgenommen werden, um den Triumphzug zu verherrlichen. In diesem Fall wären sie aber wahrscheinlich von der wütenden Menge zerrissen worden."

„So haben Sie es verhütet?"

„Nein, denn ich hätte nicht die Macht dazu gehabt. Die Priester verlangten es und der Sing-kuan hätte es ihnen nicht verweigern können. Aber die drei Diebe waren nicht mehr da."

„Nicht mehr da? Also fort?"

„Fort!", nickte der Mandarin, indem er ein sehr pfiffiges Gesicht machte.

„Ich verstehe", lächelte der Methusalem. „Sie sind wohl in die Verbannung, die Sie ihnen gestern Abend versprochen haben?"

„So ist es, sie sind während der Nacht entflohen."
„Jedenfalls mit fremder Hilfe?"
„Sehr wahrscheinlich, da sie fest eingesperrt waren. Dafür wird nun freilich das ‚Haupt' des Gefängnisses bestraft werden, aber an das Leben wird es diesem nicht gehen."
„Hm. Ich habe gestern gewisse Münzen gesehen, denen sich die Gefängnisse öffnen. Aber kennt man denn da den Befreier nicht?"
„Nein, denn eine solche Münze öffnet einem jeden die Tür, auch einem Unbekannten. Nun ist die Sache vorüber und wir wollen nicht mehr von ihr sprechen; aber ich bitte Sie, solange Sie noch mein Gast sind, nichts mehr ohne mich zu tun, damit ich nicht wieder in eine solche Verlegenheit komme! Morgen wird der Ho-po-so Sie besuchen, den Sie mit mir errettet haben. Er wusste noch nicht, dass Sie sich hier befinden. Er hat heute den Fluss bis hinauf zur Insel Lu-tsin zu inspizieren. Wird er eher fertig, als er glaubt, so wird er seinen Besuch noch heute machen. Wenn Sie Kuang-tschéu-fu auf dem Wasserweg verlassen wollen, so kann er Ihnen jedenfalls von Nutzen sein. Doch hören Sie die Musik! Der Zug mit den Göttern kommt!"
Sie winkten die anderen herbei und kehrten in den Tempel zurück.
Die Hauptabteilung war noch leer, aber aus dem kleinen Vortempel tönte ihnen ein vielstimmiges, verworrenes Geschrei entgegen.
„Mein Himmel!", sagte der Student. „Der Zug ist da und Turnerstick und der Mijnheer sind noch nicht bei uns. Sie sind zurückgeblieben. Wer weiß, was die für Dummheiten begangen haben!"
Er wollte vorwärts eilen, aber der Mandarin hielt ihn am Arm zurück und warnte:
„Halt! Wenn sie einen Fehler begangen haben, so ist es besser, man erfährt nicht, dass wir zu ihnen gehören. Nicht durch die Tür! Sehen wir an der Seite hinein!"
Degenfeld begriff, dass der Chinese Recht hatte, und ließ

sich von ihm seitwärts führen. Rechts und links der Tür waren enge Bambusgitter angebracht, durch die man, ohne selbst leicht bemerkt zu werden, aus der einen Abteilung in die andere blicken konnte. Dorthin gingen sie und sahen hinaus. Was sie da bemerkten, war keineswegs geeignet, sie zu beruhigen. Dem Methusalem wollte sich vielmehr das Haar auf dem Kopf sträuben...

Als die beiden falschen Götzen den Zug der Priester erblickten, war Turnerstick in die hastigen aber leisen Worte ausgebrochen:

„Hallo, da kommen welche!"

„Ja, zij komen", nickte der Dicke.

„Still! Kein Wort! Halten Sie sich ganz steif und ruhig wie eine Bildsäule! Wollen sehen, ob sie so gescheit sind, zu entdecken, dass wir keine Buddhas sind."

Er saß bewegungslos, hielt den Riesenfächer vor sich hin und blickte starr in eine Richtung. Der Dicke tat ganz dasselbe. Keiner von ihnen hatte einen richtigen Begriff von der Gefahr, in die sie sich begeben hatten.

Voran kamen acht Polizisten, hinter ihnen der Oberpriester mit den beiden Tragbahren. Jetzt begriff Turnerstick, dass er sich hinsichtlich des ‚Feuerwehraufzugs' oder ‚Vogelschießens' gewaltig geirrt habe. Er erriet, was hier vorgehen solle, und es wurde ihm außerordentlich schwül unter der Mandarinenmütze.

„Alle Teufel!", flüsterte er seinem Mitgott zu. „Sie bringen die Götzen zurück und wollen sie auf die Dinger stellen, auf denen wir sitzen! Was ist da zu tun?"

Man konnte die Bewegung seiner Lippen nicht sehen, da er den Fächer vorhielt.

Auch dem Dicken wurde himmelangst. Er begriff, dass die Götter auch Augenblicke haben können, in denen sie lieber gewöhnliche Menschen und weit fort vom Tempel sein möchten.

„Ja", piepste er. „Wat zullen wij doen?"

„Es gibt nur eine einzige Rettung. Bleiben wir sitzen, ohne

uns zu rühren! Vielleicht sind unsere Plätze doch nicht diejenigen, auf welche die beiden Götzenbilder gehören."

Starr vor sich hinblickend, steif wie von Holz, aber innerlich bebend, warteten sie auf das, was nun geschehen werde.

Die Polizisten waren vorgeschritten, ohne zu bemerken, dass zwei Götter zu viel vorhanden seien. Sie wussten nicht, wohin die beiden Geraubten gehörten. Die Oberpriester aber hatten ihre Blicke unwillkürlich dorthin gerichtet, wo die Feierlichkeit vor sich gehen sollte. Sie sahen die Plätze besetzt und blieben vor Erstaunen halten. Und als sie von den nachfolgenden Bonzen weiter vorgedrängt wurden, setzten sie die Bahre nieder und deuteten auf die inzwischen angekommenen Götter.

War das möglich! Hatten sich Himmlische herbeigelassen, herniederzusteigen, um den Tempel für den Raub dadurch zu entschädigen, dass sie nun sich an die verwaisten Plätze setzten? Es überlief die frommen Buddhisten ein kalter Schauder. Sie getrauten sich nicht vorwärts und wurden doch von den Nachdrängenden immer weiter vorgeschoben, sodass sie in die nächste Nähe der beiden Wundergestalten kamen.

Die im Innern des Vortempels Stehenden flüsterten den draußen Befindlichen die Kunde des Wunders zu. Jeder wollte dieses sehen und so begann ein Schieben und Stoßen, dem die Bonzen dadurch ein Ende machten, dass sie die Tür verschlossen, was allerdings nur unter Anwendung von Gewalt geschehen konnte.

Nun befanden sich nur die Polizisten, die Oberpriester, die Bonzen und mehrere Mandarine, die sich unmittelbar hinter den Tragbahren im Zug befunden hatten, im Tempel. Draußen schwieg die Musik, unterdrücktes Gemurmel drang wie ein leises Brausen herein, im Innern aber herrschte noch feierliche Stille.

Dann flüsterten die Priester einander leise Bemerkungen zu. Sie hielten Rat, was zu tun sei. Dann trat der Ta-sse[1]

[1] Vorsteher

des Tempels vor die beiden Götter, verbeugte sich tief vor ihnen und fragte:

„Schui ni-men, thian-tse? – Wer seid ihr, Himmelssöhne?"

Es erfolgte keine Antwort.

„Hi-weï iüt-tsi? – Warum seid ihr hier?", fuhr er fort.

Die Göttlichen geruhten nicht zu antworten. Keine Bewegung von ihnen zeigte an, dass sie sich eines sehr irdischen Daseins erfreuten. Nur von der Schläfe des Dicken rollte ein schwerer Angstschweißtropfen, der aber von niemand bemerkt wurde.

Da wendete sich der Ta-sse zu den Priestern zurück und sagte:

„Schu-tschi-ho, schok-tschi-ho? – Was soll man davon denken, wie soll man sich dazu verhalten?"

Turnerstick brachte es fertig, ganz ruhig zu bleiben. Der Mijnheer aber hatte keine solche Gewalt über sich. Es war ihm glühend heiß im ganzen Körper. Auf seinem kahlen Kopf, den die schottische Mütze nicht ganz bedeckte, sammelte sich der Schweiß und begann in großen Tropfen herabzuperlen. Seine Hand zitterte, sodass der Schirm schwankte, nicht allzu sehr zwar, aber einer hatte es doch bemerkt. Dieser eine war ein junger Mann von vielleicht einundzwanzig Jahren, der Jüngste unter den Anwesenden. Er hatte unter den Mandarinen gestanden. Jetzt trat er vor, schob den Ta-sse beiseite und sagte zu ihm:

„Ngo yen huo t'a-men. – Ich werde mit den beiden sprechen."

Er schritt zu ihnen heran und betrachtete sie genau. Dann ging er nach der Ecke, wo auf einer Art Altar Räucherstäbchen glimmten, ergriff eins davon, kehrte zurück und hielt es dem Dicken unter die Nase.

Der Mijnheer gab sich alle Mühe, dem scharfen, wenn auch angenehmen Geruch zu widerstehen, doch vergeblich. Der Rauch drang ihm in die Nase und – – – „Ha – ha – hazieeh!", drang es aus seiner Brust wie aus einem Vulkan.

„Thian-na, nguot-tik – o Himmel, o Wunder!“, erklang es rundum.

Der junge Mandarin versuchte sein Experiment nun auch an Turnerstick. Dieser biss die Zähne zusammen und nahm sich vor, auf keinen Fall zu niesen. Aber auch er konnte nicht widerstehen. Es erfolgte bei ihm eine ebenso gewaltige Explosion wie bei dem Dicken.

„Thian-na! Nguot-tik!“, riefen die Umstehenden wieder.

Da Turnerstick chinesische Kleidung trug, hielt man ihn für einen heimischen Gott, den Mijnheer aber für einen Gott aus einem fremden, bisher noch unbekannten Himmel. Dass beide geniest hatten, war ein ebenso großes Wunder wie auch ein sicheres Zeichen, dass ihnen das Räucheropfer wohlgefallen habe. Schon dachte der Ta-sse an die Berühmtheit, die sein Tempel durch diese beiden unbegreiflichen Wesen erlangen werde, und an die Einnahmen, welche eine natürliche Folge davon sein mussten. Da aber riss ihn der Mandarin durch die Worte aus seiner Täuschung:

„T'a-men put tschian-tse, t'a-men ti-jin! – Es sind nicht Himmelssöhne, sondern irdische Menschen!“

Bei diesen Worten nahm er dem Dicken den Schirm aus der Hand und stieß ihm dessen Spitze an den Leib.

„Oei, seldrement! – O weh, potztausend!“, rief der Mijnheer, indem er mit beiden Händen nach der getroffenen Stelle griff.

Auch der Kapitän erhielt einen kräftigen Stoß, sodass er zornig ausrief:

„Alle Wetter! Nimm dich doch in Acht, Kerl!“

Nun erhob sich in dem Tempel ein ganz unbeschreiblicher Lärm. Man erkannte, dass man natürliche Menschen vor sich habe und das Heiligtum geschändet worden sei. Man drang auf die beiden ein.

„Rechtvaardige Hemel! Dat verhoede God! – Gerechter Himmel! Gott mag's verhüten!“, schrie der Mijnheer, indem er sich von dem Postament herabwälzte, um hinter dem Kapitän Schutz zu suchen. Dieser aber ließ, als er nun die wirkliche Gefahr vor sich sah, alle Angst schwinden. Er sprang auf, streckte den Andrängern die geballten Fäuste entgegen und schrie:

„Zurück, ihr Chineseng! Ich werde mich nicht anrühreng lassing! Könnt ihr boxeng? Wollt ihr meine Fäustung fühlang?"

Sie prallten wirklich zurück und das war der Augenblick, wo der Methusalem jenseits an das Gitter getreten war, um herüberzulugen. Er sah den Kapitän, dem der Klemmer von der Nase gerutscht war, in drohender Stellung vor seinen vielen Angreifern auf dem Postament stehen. Er erriet, was geschehen war, und erkannte die Gefahr, in der die beiden schwebten.

Turnerstick benutzte das Zurückweichen seiner Gegner zu einer donnernden Rede, worin er ihnen die Gefahr auseinandersetzte, die ihnen drohte, wenn sie sich seiner friedlichen Entfernung widersetzen sollten.

„Welche Unvorsichtigkeit!", sagte der Methusalem. „Sie werden kaum zu retten sein. Ich muss hinein!"

„Nein, nein!", entgegnete der Tong-tschi. „Die Leichtsinnigen haben die Stelle der Götter eingenommen gehabt und sind dabei überrascht worden. Wenn Sie ihnen zu Hilfe eilen, sind auch Sie verloren, wir alle! Wir können sie nur aus der Ferne retten."

„Ich rette sie!", sagte Liang-ssi. „Ich bringe es wenigstens so weit, dass ihnen jetzt kein Leid geschieht. Man wird sie in das Gefängnis stecken, aber ich hoffe, dass wir sie daraus befreien können."

Er wollte schnell fort. Der Methusalem hielt ihn zurück und fragte:

„Was wollen Sie tun?"

„Lassen Sie mich! Sie sind Lamas aus Lhassa."

„Das glaubt niemand!"

„Man mag es bezweifeln! Man muss sie doch einstweilen als solche behandeln."

Natürlich werden die beiden Unglücksraben gerettet. Mit List und Täuschung gelingt dem Methusalem und seinem Helfer ihre Befreiung aus den Händen der Tempelwächter; und es geht weiter und tiefer in das geheimnisvolle Reich der Mitte hinein, neuen Abenteuern entgegen – ab Seite 190 auf einer äußerst zwielichtigen Dschunke.

(Gesammelte Werke Band 40 „Der blaurote Methusalem“)

Die Senfindianer

Am abendlichen Lagerfeuer gibt der Hobble-Frank Erlebnisse und Weisheiten aus seinem Westmannsleben wieder. Die deutschen Auswanderer lauschen beeindruckt, wiewohl sich der eine oder andere von ihnen doch fragen mag, ob Frank sie mit seinen Schnurren – wie der folgenden – nicht vielleicht ein kleines Bisschen zum Narren hält.

Frank schloss seine Ausführungen mit den Worten:

„Und nun wollen wir diesen Nijoras zeigen, dass sie nichts weiter sind als bloße Senfindianer."

„Senfindianer?", fragte Wolf erstaunt. „Wieso?"

„Das wissen Sie nich?"

„Nein, Herr Frank, von einem Senfindianer habe ich wirklich noch nichts gehört."

„Nich? Da hört sich doch alles off! Es gibt nich nur eenen, sondern sogar zwee Senfindianer. Und da kennen Sie wirklich keenen davon?"

„Nein."

„Weder den alten noch den jungen?"

„Nein. Wo leben denn diese Senfindianer?"

„Das tut gar nichts zur Sache. Es genügt für Sie, zu wissen, dass sie in Washington beim ‚großen weißen Vater' gewesen sind. – Sie wissen vielleicht, wer mit diesen Worten gemeent sein soll?"

„Ja. Die Indianer pflegen den Präsidenten der Vereinigten Staaten so zu nennen."

„Richtig! Wie ich höre, sind Sie doch nich ohne alle Anlage zur Wissenschaft. Also diese beeden Indianer waren von ihrem Schtamm nach Washington gesandt worden, um dem großen, weißen Vater eenige Wünsche des Schtammes vorzutragen. Als Gesandtschaft mussten sie nobel und rücksichtsvoll behandelt werden, und darum wurden sie zum Abendessen beim Präsidenten eingeladen. Sie saßen da nebeneenander ganz unten an der Tafel, die fast zusammenbrach vor Flaschen, Schüsseln und Tellern, die darauf schtanden. Es gab Speisen, die sie im Leben noch nich gesehen, noch viel weniger aber gegessen hatten. Dabei lagen die Messer, Gabeln und Löffel und sie mussten Acht geben, wie sie sich dabei zu benehmen hatten. Da raunte der Alte dem Jungen listig zu:

‚Mein junger Bruder mag mit mir offpassen, wovon die weißen Gäste am wenigsten nehmen. Das ist die teuerste und köstlichste Schpeise. Da langen wir tüchtig zu.'

Sie gaben also Acht und bemerkten, dass am allerwenigsten genommen wurde von einer braunen Schpeise, die auf silbernen Untersetzern in kleenen, feinen Gläsern schteckte. In jedem Gläschen gab es eenen kleenen Löffel aus Schildkrötenschale. Da meente der Alte wieder zu dem Jungen:

‚In diesen Gläsern befindet sich das teuerste und köstlichste Gericht. Mein junger Bruder kann een solches Glas mit seiner Hand erreichen. Er mag sich zuerst von der Schpeise nehmen.'

Der junge Indianer zog sich das Glas heran, nahm eenen gehäuften Löffel voll und rasch darauf noch eenen zweeten. Dabei blickte er sich um, ob man wohl bemerkt habe, dass er gleich zwee Löffel voll genommen hatte. Keen Mensch guckte her. Erscht nun begann er, die köstliche Schpeise mit der Zunge zu zerdrücken, und der Alte sah ihm dabei voller Spannung in das Gesicht. Dieses Gesicht wurde nach und nach gelb, rot und blau, sogar grün, aber es blieb schtarr und unbewegt, denn een Indianer darf selbst bei den ärgsten Schmerzen nich mit der Wimper zucken. Die Oogen wurden schtarr und immer schtarrer und fingen an zu tränen, bis das Wasser schtromweise über die Backen runterlief. Da machte der junge Indsman eenen fürchterlichen, todesmutigen Schluck und – hinunter war der Senf und es wurde ihm wieder besser, nur dass das Wasser noch immer in Schtrömen aus den Oogen lief. Darum fragte der alte Indsman neugierig:

‚Warum weint mein junger roter Bruder?'

„Ich weine darüber, dass du damals vor fünf Jahren nich ooch gleich mit ersoffen bist!"

Dieser hätte um alles in der Welt nicht eingestanden, dass ihm die köstliche Schpeise so off die Nerven und an das Leben gegangen sei, und darum antwortete er:

‚Ich dachte eben daran, dass mein Vater vor fünf Jahren im Mississippi ertrunken is. Darum weine ich.'

Bei diesen Worten schob er dem Alten das Glas hin.

Dieser hatte gesehen, wie schlau sein junger Bruder gewesen war, und machte es ebenso: Er schob schnell hintereenander zwee volle Löffel in den Mund und klappte ihn dann rasch zu. Aber dann gingen mit eenem Male die Lippen wieder auseenander und klappten auf und zu wie bei eenem Karpfen, der keene Luft bekommen kann, oder wie wenn man eenen brennend heeßen Bissen in den Mund gesteckt hat und doch nicht wieder herausnehmen kann. Dann zog es dem Alten die Schtirnhaut in die Höhe und in der Gurgel quirlte es höchst verdächtig. Die Farbe seines Gesichtes veränderte sich wie bei einem Chamäleon. Der Schweiß sickerte aus allen Poren. Die Oogen wurden rot und füllten sich mit eenem See von Tränen, der bald überlief und seine Fluten über die Backen herniedergoss. Das sah der Junge und fragte ihn mitleidig:

‚Warum weint mein alter roter Bruder?'

Da schluckte dieser mit Aufbietung seiner ganzen Willenskraft den Senf hinunter, holte tief und stöhnend Atem und antwortete:

‚Ich weine darüber, dass du damals vor fünf Jahren nich ooch gleich mit ersoffen bist!'

So, Herr Wolf, das is die berühmte Geschichte von den zwee Senfindianern, die Sie noch nich kennen."

Ein allgemeines Gelächter war die Folge dieses Berichts, ein Gelächter, in das Frank selbst sehr kräftig einstimmte und das bei der nächtlichen Stille rundum wohl eine Viertelstunde weit zu hören war.

(Gesammelte Werke Band 37 „Der Ölprinz")

Der Mijnheer und der Geist

Während der Fahrt auf der Dschunke ‚Schui-heu', der ‚Königin des Wassers', soll ein ‚Kong-pit', eine Geisterbefragung, durchgeführt werden; die Reisenden erhalten die Erlaubnis, der Zeremonie beizuwohnen.

Da das Kong-pit als eine religiöse Handlung betrachtet wird, so darf es nur unter gewissen Zeremonien vorgenommen werden. Übrigens hat sich der Geist zu legitimieren. Er hat seinen Namen, seinen Stand und die Dynastie, unter der er als Mensch auf Erden wandelte, anzugeben. Je älter diese Letztere ist, bei welcher Angabe es aber auf einige hundert oder gar tausend Jahre nicht ankommt, desto ehrfurchtsvoller wird der Geist behandelt.

Als die Männer auf das Deck traten, war es dunkle Nacht. Zwischen Mittel- und Hintermast hingen Papierlaternen, die den Platz leidlich erleuchteten. In der Nähe des bereits erwähnten Tischs, der die Weihgeschenke für den Geist enthielt, stand ein zweiter, der mit einer glatten Schicht Sand bedeckt war. Die Mannschaft bildete um diese Stelle einen Kreis, in den der Ho-tschang die Deutschen führte. Dort waren mit Hilfe von Kisten Sitze für sie hergerichtet.

Als sie sich unter allgemeinen Verbeugungen da niedergelassen hatten, trat der Priester hervor und begann, natürlich in chinesischer Sprache:

„Wir stehen jetzt im Begriff, einen allwissenden Geist über den Verlauf unserer Fahrt zu befragen. Wir bringen hierzu die ernstesten, weihevollsten Gesinnungen mit und werden unsere Bitte an Mat-su-po, die erhabene Hoheit des Meeres richten."

Er gab einen Wink, worauf zwei Sessel und das Bild der Meeresgottheit gebracht wurden. Dann stellte er die Stühle eng nebeneinander an eine Seite des mit den Opfergaben bedeckten Tisches und forderte die Gottheit auf, sich auf den Ehrenplatz niederzulassen. Da in China der Vornehme zur Linken sitzt, so wurde das Bild auf den betreffenden Sessel gestellt, während der jetzt noch leere Stuhl für den zu erwartenden Geist bestimmt war.

Jetzt zog der Priester ein gelbes, beschriebenes Papier hervor und las dessen Inhalt laut ab. Dieser lautete: „Wir haben an diesem Abend Sam-chu und andere Gaben vorbereitet und ersuchen nun unseren mächtigen Schutzpatron, uns einen allwissenden Geist zu rufen, dem wir unsere Fragen vorlegen können. Wir werden diesen dort an der Schiffstreppe empfangen." Er verbrannte das Papier und warf dann die Asche in die Luft. Nun entstand eine mehrere Minuten lange Pause des Wartens, denn man musste doch dem Schutzpatron Zeit lassen, einen passenden Geist zu finden. Während dieser Pause hatte der Priester das Götzenbild mit einem Tuch bedeckt, um anzudeuten, dass die Meeresgottheit sich auf der ‚Suche' nach einem Geist befinde und also abwesend sei.

Dann entfernte er das Tuch. Das Bild stand auf seinem Platz; die Gottheit war also wieder zurückgekehrt und hatte jedenfalls einen Geist, der nun unten an der Schiffstreppe wartete, mitgebracht. Darum gab der Priester dem Hotschang und dem To-kung einen Wink, diesen dort abzuholen.

Die beiden Offiziere gingen nach der Treppe und forderten den Geist in lauten, höflichen Worten auf, heraufzukommen und sich bei ihnen niederzulassen. Höchstwahrscheinlich hatte er dieser Einladung Folge geleistet, denn sie brachten ihn zwischen sich geführt, während sie sich unaufhörlich gegen ihn verbeugten. Der Priester empfing ihn mit ebenso tiefen Verneigungen und ersuchte ihn ehrerbietigst, auf dem für ihn bereitgestellten Stuhl Platz zu nehmen. Diese Szene war so wunderlich, dass die Deutschen kaum im Stande waren, ihr Lachen zu unterdrücken. Der Geist war natürlich unsichtbar und darum nahmen sich die vielen Verbeugungen und die an ihn gerichteten Worte außerordentlich komisch aus.

Alle an einen Geist gerichteten Fragen müssen auf ein Papier geschrieben werden, das man dann verbrennt, um den geschriebenen Zeichen, wie man meint, eine geistige Form zu geben. Jetzt schrieb der Priester zunächst die Frage auf, ob der ‚wolkenwandelnde' Geist angekommen sei, verbrannte das Papier und streute die Asche in die Luft. Dann ergriff er den Geisterpinsel in der beschriebenen Weise und hielt ihn über den mit Sand bestreuten Tisch. Seine Hände begannen zu zittern, das Werkzeug kam in Bewegung und der Aprikosenzweig fuhr hörbar durch den Sand. Der Methusalem schaute nach; da stand deutlich geschrieben: „To", das heißt angekommen.

Er war also da. Weil der Priester den Pinsel zu halten hatte, musste im weiteren Verlauf der Kapitän die Fragen aufschreiben und die Papiere in Asche verwandeln. Der Geist teilte durch den Pinsel mit, dass er zuletzt Kia-tsong geheißen habe und unter der Dynastie der Wu-ti[1] ein Wang[2] des Ostens gewesen sei. Da die berühmten Wu-ti vor über viertausend Jahren gelebt haben und ein Wang der höchste Beamte des Reiches ist, so war der unsichtbar anwesende Vizekönig jedenfalls ein Geist, auf den man stolz sein konnte.

Das sah der Priester natürlich ein. Er fühlte sich zur größten Höflichkeit verpflichtet, legte deshalb seinen Geisterpinsel beiseite, verbeugte sich bis zur Erde und bat den Geist, doch die Güte zu haben und von dem Wein zu kosten. Dieser Wein war kein Traubenwein, sondern gegorener Reis, Sam-chu genannt. Ein Geist ist natürlich zu stolz, zu essen oder zu trinken, wenn Leute es sehen, die noch ungestorben sind. Darum wurden die Laternen mit Matten, welche zu diesem Zweck bereit gehalten waren, verhängt, sodass es rundum dunkel war.

Der Methusalem war der einzige unter den Passagieren, der alles verstand. Gottfried von Bouillon und Richard Stein hatten sich während der Schiffsreise zwar auch mit

[1] Fünf Kaiser [2] Vizekönig

der chinesischen Sprache beschäftigt, waren jedoch noch nicht so weit, einer solchen Feier von Wort zu Wort folgen zu können. Turnerstick und der Dicke verstanden aber gleich gar keine Silbe. Darum benutzte Degenfeld jede eintretende, wenn auch noch so kleine Pause, ihnen mit leiser Stimme das Gehörte zu verdolmetschen und das Gesehene zu erklären.

Der Tisch mit dem Sand war, sobald das Fragen und Antworten begann, an den Opfertisch gerückt worden, sodass nur drei Seiten des Letzteren frei blieben.

Die erste dieser Seiten nahmen die beiden Sessel ein, auf denen die Meeresgottheit und der Geist thronten; an den beiden übrigen Seiten saßen die fünf Passagiere, und zwar so, dass der Mijnheer sich zur rechten Hand des Geistes befand. Diesem flüsterte, sobald die Laternen jetzt verdunkelt waren, der Blaurote zu:

„Passen Sie auf, Mijnheer, ob der Geist trinken wird! Man wird es doch vielleicht hören."

Nach einer kurzen Pause berichtete der Dicke in ebenso leisem Ton:

„Hij drinkt, hij drinkt! Ik hoor 't slurpen. – Er trinkt, er trinkt! Ich höre es schlürfen."

„Es ist der Priester!"

„Deze vos! – Dieser Fuchs!"

Als dann auf einen Befehl des Priesters die Matten wieder von den Laternen entfernt worden waren, konnte jedermann sehen, dass der Geist tatsächlich getrunken hatte, denn der Inhalt des Gefäßes hatte sich vermindert.

Nun wurde der Geist befragt, ob man gutes Wetter bekommen, ob die Fahrt glücklich sein und ob man gute Geschäfte machen werde. Die Antworten fielen so günstig aus, dass der Priester sich verpflichtet fühlte, den Geist aufzufordern, ein Stück des auf dem Tisch liegenden Kuchens zu essen.

Das Gebäck sah höchst appetitlich aus und war in acht gleich große Teile geschnitten.

Wieder wurden die Lampen verhängt, dieses Mal für längere Zeit, denn selbst ein Geist bedarf mehr Frist, um ein Stück Kuchen zu essen als um einen Schluck Branntwein zu nehmen.

Als aber die Laternen wieder enthüllt wurden, staunten alle.

Der Geist hatte sich nicht mit einem Achtel begnügt, sondern den ganzen Kuchen verzehrt. Er war jedenfalls aus sehr weiten Regionen herabgestiegen, da er einen so großen Hunger hatte.

Am meisten erstaunt war der Priester selbst. Seine Augen waren ganz erschrocken auf den Teller gerichtet, auf dem der Kuchen gelegen hatte. Der Zopf wollte ihm vor Schreck zu Berge steigen. Er hatte gemeint, einen Hokuspokus zu begehen. Sollte es doch in Wirklichkeit Geister geben? Sollte das Kong-pit kein Betrug sein? Sollte in Wahrheit dort auf dem scheinbar leeren Sessel ein Geist sitzen, der in so kurzer Zeit die übrigen sieben Achtel verschlungen hatte? Denn das eine Achtel hatte er, der Priester, im Schutz der Finsternis zu sich genommen.

Sein Auftreten war von jetzt an viel weniger sicher als vorher. Die Hauptfragen waren beantwortet und nun wurde es den Matrosen erlaubt, sich mit Erkundigungen an den Geist zu wenden. Die abergläubischen Leute machten davon reichlichen Gebrauch. Das war den Offizieren lieb, da sie durch die Aussprüche des Orakels eine gewisse Macht über diese sonst nur schwer lenkbaren Menschen gewannen.

Der Geist gab auch jetzt so vortreffliche Antworten, dass der Priester ihn bat, die Gnade zu haben, noch einen Schluck zu trinken. Sobald die Laternen verdunkelt worden waren, schlich der betrügerische Geisterbanner sich herbei, um nach dem Krug zu greifen und einen tüchtigen Schluck zu tun. Wie erschrak er aber, als seine Hand die Stelle leer fand, wo das Gefäß soeben noch gestanden hatte. Fast hätte er laut aufgeschrien. Es war also doch ein Geist vorhanden, welcher Kuchen aß und Sam-chu trank. Welch ein Triumph, wenn man das den Leuten zeigen konnte! Welch ein Anblick, einen in der Luft schwebenden Krug zu sehen, ohne aber den Trinkenden erblicken zu können!

Er gab sofort den Befehl, die Hüllen von den Lampen zu entfernen. Als das geschah – – – stand der Krug wieder auf seinem Platz, aber vollständig leer. Er war ausgetrunken worden. Der Geist musste ebenso durstig wie hungrig sein. Der Priester machte ein ganz unbeschreibliches Gesicht. Richard Stein aber, der neben dem Mijnheer saß, flüsterte diesem zu:

„Was soll man denken? Ich habe es wirklich trinken hören."

„Zo?", lächelte der Dicke. „Ik kann't niet geloven! – So? Ich kann es nicht glauben!"

„O doch! Ich hörte es so glucksen und schlürfen, wie wenn jemand recht hastig trinkt, um schnell fertig zu werden."

„Dan is de dorst zeer groot geweest! – So ist der Durst sehr groß gewesen!"

Was den Priester und die Offiziere, die den Schwindel des Kong-pit kannten, in Schrecken versetzte, das erregte den Jubel der Mannschaften, die nun überzeugt waren, dass ein Geist vorhanden sei, und zwar ein sehr vornehmer, der sich nicht mit einem Schluck Reiswein und einem Stück Kuchen abspeisen lasse. Der Geisterbeschwörer fasste sich und fragte nun die Gäste, ob sie vielleicht wünschten, auch eine Frage an den Geist zu richten.

Der Methusalem hatte sich bereits vorgenommen, darum zu bitten, und ging also schnell auf diesen Vorschlag ein. Er ließ die Frage aufschreiben, ob er und seine Gefährten den Zweck ihrer Reise erreichen würden. Als dann der Geist mit Hilfe des Mediums die Antwort in den Sand geschrieben hatte, trat Degenfeld hinzu, um den Bescheid selbst zu lesen. Er geriet in das höchste Erstaunen, denn sie lautete:

„Ja. Ihr werdet den reichen Oheim finden, auch die Frau

mit den Kindern, und der Holländer wird ein großes Geschäft kaufen."

Der Methusalem übersetzte seinen Kameraden diese Antwort ins Deutsche, was ihre höchste Verwunderung zur Folge hatte. Es war klar: Der Geist kannte ihr Vorhaben, welches sie so sehr geheim gehalten hatten! Die Genugtuung über ihre sichtbare Betroffenheit war bei dem Priester so groß, dass er die in ihm aufgetauchten Bedenken bezüglich des Geistes ganz vergaß und diesen höflich aufforderte, ein Stück Braten zu sich zu nehmen.

Dieser Braten war natürlich kalt geworden. Die sieben oder acht großen Stücke, die auf dem Teller lagen, sahen recht einladend aus, fast wie ein knuspriger Kalbsbraten.

Natürlich wurden die Lichter wieder verhüllt und der Priester schlüpfte herbei, um heimlich zuzulangen. Da er aber der Sache nicht traute und in Erwartung dessen, dass er als Stellvertreter des Geistes werde tüchtig essen müssen, am Tage gar nichts zu sich genommen hatte, nahm er zwei Stücke weg, um nicht ganz schlecht wegzukommen, falls der Geist nochmals selbst zulangen werde. Diese zwei Stücke verzehrte er rasch und gebot dann, die Laternen wieder zu enthüllen. Kaum fiel deren Schein auf den Tisch, so konnte man sehen, dass der Teller vollständig geleert war.

Dem Priester wurde es angst und bange, zumal er die bedenklichen Blicke bemerkte, welche die in seine Kunstgriffe eingeweihten Offiziere auf ihn warfen. Diejenigen Stücke, die der Geist übrig zu lassen pflegte, waren stets für sie bestimmt. Jetzt meinten sie natürlich, dass sie von dem Medium übervorteilt worden seien; sie mussten annehmen, dass der Priester das Fehlende zu sich gesteckt habe, um es später zu verzehren.

„Alle Wetter!", sagte der Methusalem halblaut. „Dieser Geist eines Vizekönigs muss wirklich seit über viertausend Jahren gehungert und gedurstet haben. Er isst und trinkt ja wie ein deutscher Bauernknecht beim Dreschen!"

„Kann mich leid tun, dieser arme, liebe Großpapa!", meinte Gottfried von Bouillon. „Bei sonne jesegnete Mahlzeit muss sein Magen platzen, und dann ist es mit seine jute Gesundheit vorüber."

„Ich hörte ihn essen", bemerkte Richard. „Das Schnalzen und Schmatzen war ganz deutlich."

„Zoo?", fragte der Dicke. „Heeft hij gesmakt?"

„Ganz deutlich. Es war so nahe, als ob Sie es seien."

Um aus seiner Verlegenheit zu kommen, sah sich der Priester nun veranlasst, den Geist zu verabschieden. Er schrieb eine höfliche Danksagung auf einen Zettel und verbrannte diesen.

Der Geist besaß nicht weniger guten Ton, denn er fuhr in den Priester und zwang ihn, mit Hilfe des Pinsels in den Sand zu schreiben: „Meine Herren, ich war sehr erfreut, Sie kennenzulernen und danke Ihnen innigst für die Gaben, mit denen Sie mich beglückt und gestärkt haben. Ich muss nun schleunigst fort, denn es warten noch viele andere auf meine Hilfe, und so ersuche ich Sie, mich gefälligst nach der Treppe zu geleiten."

Diesen Abschiedsworten wurde alsbald Folge geleistet. Jeder von den Anwesenden bekam ein brennendes, gelbes Papier in die Hand und dann wurde ein Zug gebildet, um dem Geist das Ehrengeleit nach der Schiffsleiter zu geben. Er ging wieder so, wie er gekommen war, nämlich zwischen dem Kapitän und dem Steuermann, und obgleich er nicht zu sehen war, verbeugten sich doch alle unaufhörlich, bis er das Schiff verlassen hatte.

Die Deutschen waren auf ihren Plätzen geblieben. Es fiel ihnen nicht ein, den Hokuspokus mitzumachen und dadurch die Meinung zu erwecken, als ob sie ihm Glauben schenkten. Einiges daran war ihnen freilich unverständlich.

„Ein tüchtiger Esser und Trinker war der Jeist", meinte Gottfried. „Er muss sehr lange jefastet haben."

„Unsinn!", sagte Turnerstick. „Der Priester hat alles getrunken und gegessen."

„Dieser dürre, kleine Kerl? Dat will mich nicht in den Kopf. Ich habe von hier aus jerochen, dat der Branntwein nicht janz ohne war. Er duftete wie neunzigjrädiger Spiritus. Und so ein Topf voll? Nein, dat ist der Priester nicht jewesen."

„Ik ben't geweest", erklärte da der Dicke. „Ik heb de brandewijn gedronken."

„Sie?", fragte Methusalem erstaunt. „Sie haben ihm den Krug wegstibitzt?"

„Ja."

„Und ihn vollständig geleert?"

„Ja, hij was toch zeer klein en de brandewijn zwak. – Ja, er war doch sehr klein und der Branntwein schwach."

„Da geht mir freilich ein Licht auf! Dann haben Sie wohl auch den ganzen Kuchen gegessen?"

„Ik heb hem opgevreten. – Ich habe ihn aufgefressen."

„Und das viele Fleisch?"

„Heb ik ook opgevreten."

„Aber Sie haben doch vorher im Hotel so reichlich gespeist! Wie ist Ihnen denn da zu Mute? Wie befinden Sie sich denn?"

„Zeer wel, allerbest; ik houd veel van koek en ook van vlees. – Sehr wohl, vortrefflich; ich habe den Kuchen sehr gern und auch das Fleisch."

„Nun, dann brate nicht mir, sondern Ihnen einer einen Storch! Ich glaube, Sie würden auch diesen verzehren!"

„Een ooievaar? Waarom niet, als hij goed gebraden is? – Einen Storch? Warum nicht, wenn er gut gebraten ist?"

Er sagte das mit einem solchen Ernst und so unbefangen, dass die anderen ein lautes Gelächter aufschlugen. Soeben kehrten die Chinesen von der Begleitung des Geistes zurück. Die Matrosen zerstreuten sich über das Verdeck, die Offiziere aber nahmen den Priester in ihre Mitte und begannen mit ihm ein sehr erregtes Verhör über den außerordentlichen Appetit, den der Geist entwickelt hatte. Er beteuerte seine Unschuld, sie aber glaubten ihm nicht und zwangen ihn, seine Taschen zu zeigen. Wie erstaunten sie, als sie diese leer fanden! Sie hatten den Priester nicht aus den Augen gelassen, er konnte also den Kuchen und das Fleisch nicht anderweit versteckt haben und so gaben sie endlich kopfschüttelnd zu, dass heute einmal ausnahmsweise ein wirklicher Geist da gewesen sei.

Hier verlassen wir die ebenso tapferen wie kuriosen fünf Mann auf einer Dschunke – vom Neufundländer ganz zu schweigen –, denen noch eine Menge weiterer haarsträubender Abenteuer bevorstehen, bis ihre China-Expedition ein gutes Ende nimmt.

(Gesammelte Werke Band 40 „Der blaurote Methusalem“)

Im Gespensterhaus

Kara Ben Nemsi befindet sich in Kairo und lernt dort den reichen Türken Murad Nassyr aus Nif bei Ismir kennen, der eine weite Reise nach dem Sudan beabsichtigt und den Deutschen, von dessen Tatenruhm er gehört hat, einlädt, ihn zu begleiten. Kaum betritt Kara Ben Nemsi irgendeine Stadt, schon steckt er bis zum Hals in aufregenden Abenteuern. Er gerät mit dem Vorsteher einer Moslembruderschaft in Streit und schlägt ihn nieder, rettet zwei farbige Kinder vor deren Peiniger und muss fliehen. Schließlich findet er Quartier im Haus des Türken, einem verrufenen Haus, denn dort spukt es angeblich.

„Du bist ein Christ", begann er, „und ich kenne deine Religion zu wenig, um zu wissen, was sie lehrt. Glaubst du an die Seligkeit und an die Verdammnis? Glaubst du, dass die Seele nach dem Tod fortbesteht?"

„Gewiss."

„Weißt du, wohin die Seele sofort nach dem Tod gelangt?"

„Nein. Nur Gott allein kann das wissen."

„Kann eine abgeschiedene Seele auf Erden als Gespenst erscheinen? Antworte nach deinem Gewissen!"

„Als Geist wohl, aber als das, was ich unter dem Wort Gespenst verstehe, gewiss nicht."

„So irrst du dich. Es gibt Gespenster."

„Wenn du das glaubst, so will ich nicht mit dir streiten, obgleich ich deine Ansicht nicht teile."

„Du wirst bald meine Ansicht anerkennen. Du wirst schon morgen glauben, dass es Gespenster gibt, denn wir haben einen Chajâl im Haus."

Murad blickte mich dabei scharf an, wohl in der Erwartung, dass ich erschrecken würde. Aber ich blieb ruhig und lächelte.

„Da es überhaupt das nicht gibt, was das Volk Gespenster nennt, so kann sich auch hier keins befinden."

„Ich versichere dir aber, dass ich die Wahrheit sage."

„So beruht das auf einem Irrtum. Du hast etwas Natürliches, vielleicht einen Schatten, für ein Gespenst gehalten."

„O nein. Ein Schatten ist dunkel. Das Gespenst aber ist hell."

„Wie ist es gestaltet?"

„Es nimmt alle möglichen Gestalten an, bald die eines Menschen, dann die eines Hundes, eines Kamels, eines Esels..."

„Dann trifft es", fiel ich ein, „seine Auswahl auf keine geistreiche Weise. Ich möchte nicht für ein Kamel oder einen Esel gehalten werden."

„Scherze nicht, Effendi! Ich spreche in vollstem Ernst. Eigentlich ist es mir nicht leicht geworden, dir diese Mitteilung zu machen, denn ich musste befürchten, dass du dann auf diese Wohnung verzichten würdest."

„Das hast du nicht zu befürchten; im Gegenteil wird gerade diese Mitteilung mich bestimmen, die Wohnung von dir anzunehmen. Ich habe so oft von Gespenstern gehört, aber leider noch kein einziges zu sehen bekommen. Da sich mir jetzt die Gelegenheit dazu bietet, werde ich sie mit Freuden benutzen. Ich bleibe also nun erst recht hier in diesem Haus."

„Effendi, du lästerst die Geisterwelt."

„Fällt mir nicht ein. Ich bin nur sehr wissbegierig und hoffe, von dem Gespenst eine gute Auskunft über die Geisterwelt zu erhalten, glaube aber leider nicht, dass es ihr angehört."

„Es gehört ihr an, denn es kommt und verschwindet ganz nach Belieben."

„Treibt es etwa Unfug? Oder verhält es sich wie ein vernünftiger Mensch gesetzten Alters?"

„Du spottest immer wieder, wirst aber anders denken lernen. Das Gespenst geht durch alle Türen."

„Sind sie verschlossen?"

„Nein."

„Dann kann ich das auch, ohne ein Gespenst zu sein."

„Es klirrt wie mit Ketten; es heult, saust und braust wie der Sturm; es bellt wie ein Hund, wie ein Schakal; es schreit wie ein Esel, wie ein Kamel."

„Das alles kann ich auch nachmachen."

„Auch das plötzliche Verschwinden?"

„Ganz gewiss, sobald ich erst beobachtet habe, wie das Gespenst es anstellt. Also hast du es gesehen und gehört?"

„Ja."

„Wer noch?"

„Alle: meine Schwester, ihre Dienerinnen, der Haushofmeister, meine beiden Neger. Es ist in ihre Stube gekommen und an ihrem Lager gestanden, auch an dem meinigen."

„Auch an dem deiner Schwester?"

„Nein, denn sie hat durch ihre Dienerinnen die Türen des Harems verrammeln lassen."

„So haben wir es also mit einem Gespenst zu tun, das nicht durch verrammelte, sondern nur durch offene Türen gehen kann. Das kann ich auch."

„O bitte, unsere Türen sind zwar nicht verschlossen, aber doch verriegelt. Es gibt in diesem Haus keine Schlösser, sondern nur Riegel."

„Hm! Hat das Gespenst eine gewisse Stunde, in der es erscheint?"

„Allerdings. Du weißt vielleicht, dass die Geisterstunde um Mitternacht beginnt."

„Kommt es täglich?"

„Ja, und es bleibt eine volle Stunde hier."

„Das will ich ihm nicht verdenken, denn wenn den Gespenstern eine volle Stunde gegeben ist, so lässt es sich denken, dass die Erscheinung ihr Recht ausnützt. Hat jemand mit dem Gespenst gesprochen und was hat es geantwortet?"

„Nichts."

„Dieses Gespenst ist also kein gesprächiges, sondern ein stillvergnügtes Wesen. Das erwirbt ihm meine Achtung, da ich Schwatzhaftigkeit nicht liebe. Seit wann hat es sich denn an dieses Haus gewöhnt?"

„Seit langer Zeit. Es ist schon vor uns jedem Bewohner des Gebäudes erschienen."

„Auch dem Besitzer?"

„Nein, denn das Gespenst ist eben der Geist des letzten Besitzers."

„Ah! Hat es das durch irgendeine gültige Beglaubigung erwiesen?"

„Bitte, Effendi, lass den Scherz! Es ist genauso, wie ich sage. Seit dem Tod des Besitzers, der Major im Heer des Vizekönigs gewesen ist, hat es kein Bewohner dieses Hauses länger als eine Woche ausgehalten. Das Gespenst hat alle vertrieben."

„Und wie lange wohnst du schon hier?"

„Eine Woche. Und ich will dir aufrichtig gestehen, dass ich in einigen Tagen ausgezogen wäre, wenn ich dich nicht gefunden hätte; denn ich denke, dass du das Gespenst vertreiben wirst."

„Das ist ein offenherziges Geständnis und ich bin dir sehr dankbar dafür. Meine Dankbarkeit werde ich dadurch beweisen, dass ich deinen Erwartungen entspreche. Ich hoffe, ein so eindringliches Wort mit diesem Geist sprechen zu können, dass er nicht wiederkommt."

„Allah, Wallah, Tallah", rief Murad erschrocken. „Nimm dir das nicht vor! Er wird fortbleiben, ohne dass du mit ihm sprichst."

„Meinst du?"

„Ja. Deine einfache Anwesenheit wird ihn bestimmen, nicht wiederzukommen."

„Du meinst, dass er sich vor mir fürchtet?"

„Das nicht, aber – Effendi, wirst du es mir übel nehmen, wenn ich aufrichtig spreche?"

„Rede getrost!"

„Du hast dort aus den Büchern ersehen, dass der Major in der letzten Zeit seines Lebens ein frommer Mann gewesen ist, und daraus ist mit Sicherheit zu schließen, dass auch sein Geist fromm ist. Ein rechtgläubiges Gespenst aber, das Allah und den Propheten fürchtet, wird sicher ein Haus meiden, in dem ein Christ, ein Ungläubiger, wohnt."

„Ah", lachte ich, „was bist du für ein Schlaukopf! Also deshalb hast du mir die Freiwohnung angeboten?"

„Nicht allein deshalb. Erinnere dich, bitte, daran, dass ich viel von dir gehört habe und darum wünsche, dass du mich begleitest! Denk dich in meine Lage! Dieses Haus ist die einzig passende Wohnung für mich und meine Schwester. Muss ich es wegen des Gespenstes verlassen, so finde ich keine zweite, die unseren Ansprüchen in dieser Weise entspricht. Darum bist du mir so willkommen, denn ich weiß, dass der tote Major sein Haus nicht betreten wird, wenn du dich darin befindest. Meine Schwester fürchtet sich fast zu Tode, sie will fort. Meine Diener haben mir gesagt, dass sie mich verlassen werden, wenn ich hier bleibe. Sie alle werden sich beruhigt fühlen, wenn ich ihnen erkläre, dass du unser Hausgenosse geworden bist."

„So mache ihnen diese Mitteilung schleunigst! Es freut mich herzlich, zu erfahren, dass die mohammedanischen Gespenster solche Angst vor uns Christen haben, und wenn der tote Major ein kluges Gespenst ist, so unterlässt er gleich von heute an seine Besuche. Wie viel zahlst du denn für das verrufene Haus?"

„Wöchentlich fünfzig Piaster. Denke, wie billig!"

„Doch wegen des Gespenstes!"

„Ja. Ganz Kairo weiß, dass es hier umgeht, und niemand zieht herein. Es kann nur noch an Fremde vermietet werden und auch diese bleiben nur einige Tage, höchstens eine Woche da."

„Und wer ist der jetzige Besitzer?"

„Die Witwe des Verstorbenen; aber auch sie hat es hier nicht aushalten können und ist zu ihrem Bruder gezogen, einem Teppichhändler in der Muski."

„Hm! Mir scheint es sehr unrecht von dem Geist, so schlecht an seinem Weib zu handeln. Wenn der Mann ihr das Haus hinterlassen hat, so ist es seinem Geist nicht zu verzeihen, dass er die Witwe nun in dieser Weise aus dem Erbe treibt."

„Oh, er hat es ihr ja nicht vermacht, sondern der Kadirine, der frommen Bruderschaft des Seyid Abd el Kader el Djelani. Die Witwe hat nur das Recht, es bis zu ihrem Tod zu bewohnen; dann fällt es der Bruderschaft anheim."

„Ah so! Diese fromme Kadirine darf das Haus bis zum Tod der Witwe nicht benutzen, und da geht der tote Major als Gespenst um! Nun begreife ich. Eile zu deiner Schwester und sage ihr, dass der Geist sie höchstens noch einmal belästigen wird!"

„Bist du also meiner Meinung geworden? Du gibst mir Recht? Das freut mich. Ja, ich werde sogleich zu ihr gehen, um ihr die frohe Botschaft zu verkünden. Aber nicht das allein wird sie entzücken. Ich habe ihr damals von dir erzählt, und wenn ich ihr sage, dass ich dich hier wiedergesehen habe und dass du vielleicht mit uns nach Khartum fahren wirst, so wird ihre Besorgnis wegen der gefährlichen Reise sofort verschwinden. Überhaupt muss ich ihr auf alle Fälle deine Anwesenheit melden, weil du bei uns essen wirst."

Murad stand auf und ging. So war ich denn gleich in den ersten Stunden meiner Anwesenheit in Kairo mitten in das schönste Abenteuer geplatzt. Hatte Hoffnung auf freie Reise nach Khartum und außerdem die beste Aussicht, den Geist eines ägyptischen Majors beim Schopf nehmen zu können. Herz, was willst du mehr!

Was das Gespenst betrifft, so war mir, als ich die näheren Umstände vernahm, ein ähnlicher Gespensterfall in den Sinn gekommen, ein Fall, der sich in einem Dorf nahe meiner Heimat und zuletzt gar vor dem Strafrichter abgespielt hatte. Ein reicher Bauer war gestorben und hatte im Testament bestimmt, dass eine alte Verwandte das kleine

Hinterhaus bis zu ihrem Tod zur Verfügung haben solle. An diese Bedingung war der eigentliche Erbe, der Sohn des Verstorbenen, gebunden. Bald nach dem Begräbnis begann der Tote zu spuken, und zwar sonderbarerweise ausgerechnet im Hinterhaus. Die alte Frau glaubte aber nicht an Gespenster, sie war klüger als die Majorswitwe in Kairo und ließ heimlich einige handfeste Männer kommen, die sich versteckten und den Geist erwarteten. Er wurde ergriffen und des Betttuchs, das er umhängen hatte, beraubt: Es war der Erbe, der Sohn; er hatte der alten Frau das Hinterhaus nicht gegönnt.

Sollte nicht ein ähnlicher Fall in Ägypten vorkommen können? Ich war jetzt allein und trat zur Tür, um sie zu untersuchen. Alles war leicht zu erklären, nur das eine nicht, dass der Geist verriegelte Türen hatte durchdringen können. Meine Stube hatte drei Zugänge; durch den einen waren wir gekommen, der zweite führte zu den Gemächern des Türken und der dritte hinaus auf die Säulenhalle, die den Hof umschloss. Die erste Tür wollte ich nicht öffnen, weil der Neger draußen wartete; der Riegel befand sich an der Innenseite. Bei der zweiten gab es bei mir keinen Riegel, er war jedenfalls an der anderen Seite der Tür angebracht. Aber ich bemerkte in entsprechender Höhe drei nebeneinander gebohrte Löcher. Die dritte, zur Säulenhalle führende Tür hatte den Riegel innen auf der Stubenseite. Als ich sie öffnete und draußen untersuchte, sah ich ähnliche drei Löcher, und zwar an der Stelle, wo innen der Riegel befestigt war. Diese Riegel waren von Holz. Zu bemerken ist noch, dass alle rund um den Hof gehenden Stuben durch Türen miteinander verbunden waren, sodass man aus einer in die andere gelangen konnte; jede aber hatte auch noch eine zur Halle führende Tür. Es war klar, dass das Gespenst mit Hilfe eines dünnen, spitzen Nagels oder Drahtes von außen jede Tür öffnen konnte. Der Nagel brauchte nur in eins der Löcher gesteckt zu werden; dann griff er in den weichen Holzriegel und schob ihn zur Seite. Diese Entdeckung wollte ich Murad Nassyr nicht mitteilen, sondern einstweilen lieber für mich behalten.

*

Es mochte nach unserer Zeitrechnung gegen elf Uhr sein und ich hielt es für geraten, meine Vorbereitungen zu treffen, die recht einfach waren. Zunächst brachte ich die Kinder zur Ruhe. Sie mussten sich in einer Ecke auf das Polster legen und ich deckte sie mit meinem Mantel so zu, dass ihre Gesichter darunter steckten: Sie sollten das Gespenst nicht sehen. Dann trat ich leise hinaus in den Säulengang, um nach der nächtlichen Beleuchtung auszuschauen. Es gab keinen Mondschein; aber die Sterne schimmerten so hell, dass man wenigstens zehn Schritt weit zu sehen vermochte.

Zur Haustür kam das Gespenst nicht herein. Das war gewiss, weil sie mit Riegeln verschlossen war und weil Selim dort lag. Ich war überzeugt, dass der Schlingel sich gerade den Ort, wo die Erscheinung sich nicht blicken ließ, zur Ruhestätte gewählt hatte. Der Geist stieg unbedingt über die Gartenmauer, in der es die schon erwähnten Breschen gab. Dort konnte man ihn kommen sehen. Trotzdem zog ich es vor, mich nicht im Garten zu verstecken. Vielleicht befand sich der Geist schon draußen. In diesem Fall hätte er mich bemerkt und auf seinen heutigen Rundgang verzichtet. Nun ging ich zum Hausflur, um nach Selim zu schauen. Er war noch nicht da, kam aber soeben die Treppe herab, mit einer kleinen Lampe in der Hand, die ihn und die Umgebung matt beleuchtete. Alle Wetter, hatte sich dieser Held für die Geistererscheinung gerüstet! Von jeder Schulter hing ihm eine Flinte herab. An der linken Seite schleppte er einen mächtigen Sarras neben sich her. Sein langes, weißes Gewand war mit einem Tuch umgürtet, aus dem die Griffe von einigen Messern und Pistolen blickten. In der Linken trug er die Lampe und in der Rechten ein starkes Holz, das jedenfalls als Keule dienen sollte. Als Selim mich erblickte, fuhr er vor Schreck so zusammen, dass die Lampe ihm entfallen wäre, wenn ich sie nicht ergriffen und festgehalten hätte.

„Lass mich in Ruh, du böser Geist, du Teufel!", rief er, wobei die Keule seiner Hand entglitt.

„Schrei nicht so, Selim!", mahnte ich. „Ich glaube gar, du hältst mich für den Geist!"

Dabei hob ich die Lampe zu meinem Gesicht empor. Als er mich erkannte, meinte er erleichtert aufatmend:

„Preis sei Allah, dass du es bist, o Effendi! Wenn es der Geist gewesen wäre, so hätte ich ihn auf der Stelle erschlagen!"

„Wohl mit der Keule, die du soeben weggeworfen hast?"

„Ja, mit ihr. Sie entfiel mir, als ich eben ausholen wollte. Ist der Herr schon schlafen gegangen?"

„Ja."

„Die anderen auch, und ich wollte hier mein Lager aufsuchen."

Selim nahm mir die Lampe aus der Hand und leuchtete zur Tür. Dort hatte er eine alte Strohmatte ausgebreitet und darauf eine große Decke gelegt, in die er sich so einhüllen konnte, dass gewiss weder er den Geist noch dieser ihn zu entdecken vermochte.

„Und wo befindet sich der Neger?", fragte ich.

„Oben im Vorzimmer der Frauen, wo er sich mit ihnen verrammelt hat. Warum wandelst du hier herum, wo doch jeden Augenblick der Geist erscheinen kann?"

„Ich suchte dich. Ich wollte dich fragen, ob du nicht einige starke Schnüre oder Stricke hast."

„Ich habe welche und werde sie gleich holen."

Der lange Haushofmeister brachte mir das Verlangte und riet mir dann, mich schlafen zu legen. Ich kehrte in meine Wohnung zurück, zunächst in das hintere Zimmer, das erleuchtet war, um nach den Kindern zu sehen. Sie schliefen fest. Dann ging ich in die nebenan liegende, dunkle Stube und öffnete die Tür, die auf die Säulenhalle des Hofs führte. Da setzte ich mich auf den Boden nieder und wartete gespannt, ob es dem Gespenst belieben würde, heute zu erscheinen.

Ich wünschte aufrichtig, dass es kommen möchte, denn ich wollte gern wissen, ob ich mit meiner Ahnung, dass es ein Mitglied, vielleicht gar der Vorsteher der Verbrüderung sei, das Richtige traf. War es Abd el Barak, den ich, wie schon gesagt, für einen starken Menschen hielt, so galt es, vorsichtig und dabei flink zu sein. Er musste überrascht werden. Ich wollte den Mokkadem im erleuchteten Zimmer erwarten, um zu erfahren, was er machen werde, wenn er mich erkannte. So saß ich lange Zeit, die Minuten wurden mir zu Viertelstunden. Ich hielt die Augen auf den in den Garten führenden Durchgang gerichtet. Da hörte ich ein leises Geräusch aus jener Richtung und vom Dunkel der mir gegenüberliegenden Säulenhalle hob sich eine schmale, lichtere Stelle ab, die sich bewegte. Es war eine im Halbschatten grau erscheinende, also wohl weiß gekleidete Gestalt. Sie trat aus der Halle hervor und auf den offenen Hof. Aber sie war nicht allein, eine zweite und eine dritte Gestalt folgten ihr. Gab es etwa drei Gespenster? Dann war mein Vorhaben nicht ganz ungefährlich.

Die erste Gestalt wendete sich links zu den Zimmern des Türken. Sie hob einen Arm, ein Zeichen für die beiden anderen, die sofort einen Lärm begannen, der dem Heulen und Pfeifen eines starken Sturmes glich. Dazu reichte der Mund nicht aus, sie mussten Instrumente haben. Ihr Treiben war für mich jetzt Nebensache. Ich musste mein Augenmerk auf den Ersten richten. Er befand sich hinten bei der letzten Tür. Jedenfalls schob er nun in der erwähnten Weise den Riegel zurück, um in das Zimmer zu treten. Von da aus wollte er vermutlich die anderen Räume des Türken durchschreiten und musste dann auch in meine Wohnung kommen. Er sollte mich dort auf dem Lager finden. Darum stand ich auf und huschte, die Türen hinter mir verriegelnd, in mein erleuchtetes Zimmer zurück, wo ich mich auf das Kissen legte und die Decke so über mich breitete, dass mein Gesicht frei blieb. Die Negerkinder schliefen fest. Die Stricke hatte ich mit unter die Decke genommen.

Ich brauchte nicht lange zu warten: Der entscheidende Augenblick war da. Ich hörte ein Geräusch an der zu Murad Nassyr führenden Tür. Sie wurde geöffnet und der Geist trat ein. Er wandte sich zunächst zurück, und beim hellen Schein des Lichts sah ich in seiner Hand einen dünnen, spitzen Gegenstand, den er in die schon erwähnten Löcher steckte, um den jenseitigen Riegel zurückzuschieben. Der Kerl musste seiner Sache sehr sicher sein, dass er es nicht einmal für nötig hielt, sich erst bei mir umzusehen. Ich hielt die Lider so, dass die Augen geschlossen zu sein schienen, ich aber dennoch alles deutlich überschauen konnte. Dabei atmete ich ruhig wie ein Schlafender.

Ich hätte mich in die Seele Murad Nassyrs hinein ärgern oder schämen mögen! Dieser Geist hatte keineswegs das landläufige Aussehen eines Gespenstes. Er war in einen langen, bis auf den Boden reichenden Burnus von weißer Farbe gehüllt, hatte die Kapuze über den Kopf gezogen, und außerdem hing ihm über das Gesicht ein helles Tuch herab, in das für die Augen zwei Löcher geschnitten waren. Das war doch kein Geist, kein Gespenst, sondern ein Mensch, der die Gestalt Abd el Baraks hatte.

Draußen hatte sich das Geräusch des Sturmes in das Nachäffen von allerlei Tierstimmen verwandelt, eine wirklich kindische Art, Gespensterfurcht zu erwecken. Doch das konnte ich jetzt nicht beachten, denn mein Gespenst hatte sich von der Tür weg ins Zimmer gewendet, sah sich um und kam langsam auf mich zu. Es blieb eine kleine Weile vor mir stehen, wahrscheinlich, um mich zu betrachten. Ich hätte sein Gesicht sehen mögen! Aber das war nicht möglich, weil er es verhüllt hatte und weil ich die Augenlider nicht so weit öffnen durfte. Ich konnte durch die Wimpern nur bis dahin schauen, wo sich seine Hände unter dem Burnus befanden. Jetzt ging er leise zu den Kindern hinüber. Er bückte sich nieder und hob den Zipfel meines Haïks empor. Er sah die beiden Schwarzen und ich bemerkte eine Bewegung der Überraschung, die er nicht zu unterdrücken vermochte. Das gab mir die Überzeugung, dass ich Abd el Barak vor mir hatte.

Der ‚Geist' ließ den Zipfel sinken und kehrte geräuschlos zu mir zurück. Er beugte sich über mich, sodass sein Gesichtstuch senkrecht nieder hing und ich nun sein Kinn und auch seinen Mund sehen konnte. Seine rechte Hand kam aus dem Burnus hervor. Die Klinge eines Messers blitzte darin. Das war gefährlich und es galt, keinen Augenblick zu zögern. Sorge brauchte ich nicht zu haben, denn selbst wenn der Ägypter stärker war als ich, musste mir sein Schreck zustatten kommen. Ich sprang nicht etwa auf, denn das wäre ein Fehler gewesen und hätte mich gerade an sein Messer gebracht; vielmehr wälzte ich mich blitzschnell vom Polster herab vor seine Füße und hob sie aus, sodass er vorwärts stürzte. Das Messer flog aus seiner Hand, er kam mit Kopf und Brust quer auf das Polster zu liegen. Im nächsten Augenblick war ich über Abd el Barak, legte ihm die linke Hand an die Kehle, drückte sie fest zusammen und gab ihm mit der rechten Hand einen derben Hieb auf den Hinterkopf. Er machte einige schwache, krampfhafte Bewegungen, die ihn nicht befreien konnten, und blieb dann einige Sekunden still liegen.

Diese Pause benutzte ich, ihm den einen Strick um den Oberkörper und die Arme zu winden. Nun schlug er mit den Beinen aus. Ich band sie mit dem anderen Strick zusammen, sodass er nun völlig gefesselt und in meine Hand gegeben war. Danach riss ich das Tuch weg und blickte, wie ich erwartet hatte, in das Gesicht Abd el Baraks.

Seine Augen glühten mir entgegen, doch er sagte kein Wort, was mir lieb war, da die Kinder jetzt noch weiterschlafen sollten. Ich musste hinaus und er sollte sie nicht etwa durch Drohungen bewegen können, ihn von den Stricken zu befreien. Aus dem gleichen Grund musste ich ihm einen Knebel geben. Darum presste ich ihm mit der einen Hand abermals die Kehle zusammen. Abd el Barak sperrte, um Luft zu bekommen, den Mund weit auf und ich schob ihm den zusammengeballten Zipfel des Tuches hinein.

Nachdem ich den Ägypter noch weiter von den Kindern weggezogen hatte, damit er sich nicht leicht zu ihnen hinrollen könne, begab ich mich in den Säulengang hinaus, aber nicht durch die Tür des erleuchteten Zimmers, weil ich da von den anderen Gespenstern entdeckt worden wäre, sondern durch die dunkle Nebenstube. Ich nahm meine schwere Büchse mit, um zuschlagen zu können.

Die beiden ‚Geister' vollführten noch den gleichen Lärm wie vorher. Ich sah, dass sie, um für Tiere gehalten zu werden, sich auf Hände und Füße gestellt hatten. Indem ich mich so tief wie möglich niederduckte, schlich ich näher. Mein Anzug war dunkel genug, um nicht aufzufallen. Als ich dem nächsten auf sechs oder sieben Schritte nahe gekommen war, sprang ich auf ihn zu und schlug ihn mit einem Kolbenhieb nieder. Er stieß einen Schrei aus, blieb aber liegen. Der andere wurde durch diesen Schrei gewarnt und richtete sich auf. Er sah mich und wendete sich zur Flucht. Ich eilte ihm nach, an dem leeren Wasserbecken vorüber. Aus seiner Umfassung war ein Stein gefallen; ich sah ihn nicht und stolperte darüber hinweg, wobei mir mein Bärentöter so zwischen die Beine kam, dass er mir aus der Hand geprellt wurde. Ich ließ die Büchse liegen und rannte weiter, hinter dem flüchtigen Chajâl her. Er war mit der Örtlichkeit vertrauter als ich und hatte, als ich den Garten erreichte, einen Vorsprung gewonnen, der mich zu doppelter Eile antrieb. Es ging quer durch den Garten, über Schutthaufen und durch Unkrautgestrüpp der Mauer zu. Der Mann wollte hinauf; ich kam gerade noch zur rechten Zeit, erwischte ihn am Bein und riss ihn herab. Das geschah mit solcher Gewalt, dass ich das Gleichgewicht verlor, niederstürzte und unter ihn zu liegen kam. Das Gespenst Nummer drei hatte sein Messer gezogen und holte zum Stoß aus. Durch eine rasche Wendung erreichte ich es, dass der Stoß fehlging; die Klinge fuhr mir zwischen Brust und Oberarm hindurch. Ich stieß dem Mann die Faust von unten gegen die Nase und versuchte, seine bewaffnete Hand festzuhalten. Der Schmerz, den ihm der Nasenstüber verursachte, verdoppelte seine Kräfte; er riss sich los. Ich schnellte mich, um einem abermaligen Stich zu entgehen, einige Schritte fort und sprang dann auf. Der Geistermann aber hatte auf einen weiteren Gebrauch seines Messers verzichtet; das Entkommen schien ihm wichtiger zu sein als ein Sieg über mich. Er sprang, ehe ich seinen Vorsprung wieder einzuholen vermochte, auf die Mauer und verschwand drüben. Ich hörte ihn im Galopp davonrennen.

Mochte er entkommen! Ich war froh, seinem Messer entgangen zu sein, und kehrte in den Hof zurück. Dort lag das Gespenst Nummer zwei noch so, wie mein Kolbenhieb es niedergestreckt hatte. Ich untersuchte den Gürtel des Betäubten; es steckte ein Messer darin, das ich zu mir nahm. Dann begab ich mich in den Hausgang, wo der tapfere Selim lag. Als er mich kommen hörte, brach er vor Entsetzen in das bekannte Gebet der Mekkapilger aus:

„O Allah, behüte mich vor dem neunmal gesteinigten Teufel; bewahre mich vor allen bösen Geistern und verschließe die finsteren Tiefen der Hölle vor meinen Augen!"

„Wimmere nicht, sondern steh auf!", gebot ich ihm. „Ich bin es ja!"

„Du bist es? Wer denn?", klang es unter der Decke hervor, in die er sich gewickelt hatte. „Ich weiß, wer du bist. Geh an mir vorüber, denn ich bin ein Liebling des Propheten und du hast keine Gewalt über mich."

„Unsinn! Erkennst du mich nicht an der Stimme? Ich bin Kara Ben Nemsi Effendi, der als Gast bei euch wohnt."

„Nein, der bist du nicht. Du hast nur seine Stimme angenommen, um mich zu täuschen. Aber die Hände der heiligen Kalifen sind ausgebreitet zu meinem Schutz und im

Paradies bewegen sich Millionen von Lippen zum Gebet für meine Rettung. O Allah, Allah, Allah, lass meine Sünden so klein werden, dass du sie nicht sehen kannst, und hilf mir, den bösen Geist überwinden, der seine Krallen um meinen Nacken schlägt!“

Der Mann, der sich vermessen hatte, es mit allen Helden des Weltalls aufzunehmen, war eine Memme allererster Sorte. Zureden half da nichts. Ohne Sorge, dass Selim Gebrauch von seinem Waffenvorrat machen werde, wickelte ich ihn auf und zerrte ihn hinaus in den Hof, wohin er mir wimmernd folgte. Aber als er beim Sternenschein mich erkannte, richtete er sich stolz auf.

„Effendi, was hast du gewagt! Preise Allah, dass du noch am Leben bist! Ich habe dich sofort an der Stimme erkannt. Hätte ich dich jedoch für den Geist gehalten, so wäre deine Seele wie Rauch aus deinem Leib gefahren, denn ich bin fürchterlich in meinem Zorn und entsetzlich in meinem Grimm!“

„So fürchtest du dich also nicht vor einem Gespenst?“

„Ich mich fürchten? Ich nehme es mit allen Geistern und Drachen der Hölle auf.“

„Das ist mir lieb, denn du sollst mir den Geist in meine Stube tragen helfen.“

„Den Geist?“, fragte der lange Schlingel besorgt, indem er plötzlich um einen halben Meter kleiner wurde. „Du redest im Scherz. Wer kann einen Geist tragen?“

„Ich kann es und du kannst es auch. Dort liegt er, schau hin! Wir wollen ihn ins Zimmer bringen.“

Selim folgte mit seinem Blick meiner ausgestreckten Hand und sah die hellgekleidete Gestalt liegen.

„Hilf uns, o Allah, begnadige uns mit deinem Segen!“, rief er, indem er beide Hände abwehrend von sich streckte. „Kein Befehl des Padischah, kein Gebot und kein Gesetz kann mich zu der Stelle bringen, wo dieser Oberste der bösen Geister liegt.“

„Es ist ja gar kein Geist, sondern ein Mensch!“

„Aber du nanntest ihn ein Gespenst!"

„Er hat Gespenst gespielt, um euch in Furcht zu jagen."

„So sag mir vorher, wie er heißt, wo sein Stamm wohnt und welchen Namen sein Vater und der Vater seines Vatersvaters trägt! Eher kann ich ihn nicht für einen Menschen halten."

„Das ist reiner Unsinn! Er ist ein Mensch. Ich habe ihn besiegt und mit dem Gewehr niedergeschlagen. Und drin in meiner Stube liegt ein zweiter, dem es ähnlich ergangen ist."

„So bist du verloren. Sie haben sich nur zum Schein besiegen lassen und werden über dich und deine Seele herfallen, um sie in Stücke zu zerreißen und in alle Winde zu zerstreuen."

„So geh wieder zu deinem Lager und steck dich unter die Decke! Sag mir aber niemals wieder, dass du der berühmteste Held deines Stammes seist!"

Ich ließ den Feigling stehen, ging zu dem Geist Nummer zwei, nahm ihn auf die Schulter und trug ihn in mein Zimmer, wo ich ihn niederlegte. Meine letzten Worte waren doch nicht ohne Wirkung auf Selim geblieben. Er kam mir, wenn auch zögernd, nach und blickte vorsichtig durch die halb offene Tür. In ihrer Nähe lag Abd el Barak. Selim erkannte ihn am Gesicht. Sehr bedächtig, einstweilen nur den einen Fuß in die Stube setzend, fragte er erstaunt:

„Ist das nicht Abd el Barak, der Vorsteher der heiligen Kadirine? Wie kommt er hierher und wer hat ihn in Banden geschlagen?"

„Ich, weil er der Geist ist, der in diesem Haus spukt. Er kam zu mir herein und wollte mich erstechen. Da habe ich ihn unschädlich gemacht. Er hatte noch zwei Geister mit, diesen hier, den ich niedergeschlagen habe, und einen anderen, der mir über die Gartenmauer entkommen ist."

Jetzt schien dem ‚größten Helden seines Stammes' ein Licht aufzugehen. Er kam vollends herein und stellte sich vor mich hin.

„Effendi, du bist zwar kein Rechtgläubiger, aber Allah scheint dich doch in seinen ganz besonderen Schutz genommen zu haben, sonst wärst du jetzt eine Leiche und lägst draußen, starr wie ein Klotz, niedergestreckt von meiner tapferen Hand, die unüberwindlich ist."

„Um ein Held wie du zu werden, braucht man keinen anderen Glauben anzunehmen. Geh jetzt, um deinen Herrn herbeizuholen! Ich will ihm zeigen, welcher Art die Gespenster sind, die ihn aus diesem Haus vertreiben wollten."

„Ich werde ihn rufen. Vorher aber muss ich selber mit diesem Mann sprechen, der uns weismachen wollte, dass er in das Reich der abgeschiedenen Seelen gehöre."

Selim dachte jetzt nicht daran, dass Abd el Barak als Vorsteher der Kadirine eine bedeutende Macht besaß, das Prahlen war ihm zur zweiten Natur geworden, und da sich ihm hier eine Gelegenheit dazu bot, ließ er sie nicht ungenützt vorübergehen. Er streckte die geballte Hand gegen Abd el Barak aus.

„In diese Hand warst du schon längst gegeben. Aber du warst nicht würdig, von meiner Hand berührt zu werden. Darum hob ich dich für diesen Effendi auf, der dich überwunden hat, wenn auch nicht so leicht und schnell, wie ich mit dir fertig geworden wäre. Du bist für mich wie ein abgestandener Fisch, den man nicht riechen mag. Du wirst keine Nachkommen haben und deiner Vorfahren wird kein Mensch gedenken. Wenn du gestorben bist, wird deine Seele als Geist spuken müssen in alle Ewigkeit. Das wird der Lohn deiner Taten sein, während man die meinigen verzeichnen wird im Buch der Helden und in den Gedichten der Sieger und Eroberer!"

Kein Theaterheld hätte großartiger hinter den Kulissen verschwinden können, als Selim jetzt durch die Tür schritt, um Murad Nassyr zu rufen.

(Gesammelte Werke Band 16 „Menschenjäger")

Der Vielfraß

Auf seiner Reise in den Süden Ägyptens gelangt Kara Ben Nemsi mit seinem Begleiter, dem Reïs Effendina, nach Siut, einer Stadt, die Karl May auf seiner Orientreise im Jahr 1899 wirklich besucht hat. Der Reïs führt Kara Ben Nemsi zum Palast des Pascha, um dort nach Quartier zu fragen. Dort gerät unser reisender Abenteurer heftig mit dem unförmig fetten Haushofmeister in Streit, der unter der Zwangsvorstellung leidet, er müsse sterben, weil er unterernährt sei. Kara Ben Nemsi – dem inzwischen auch der Ruf eines genialen Arztes vorauseilt – kuriert den Dicken auf seine Art.

„Ich habe gehört, dass vor den Ärzten des Abendlandes der Tod oft fliehen muss. Du verstehst es, das Leben in ein Glas zu bannen, aus dem du es dem Toten mitzuteilen vermagst. Ich werde mit Daud[1] Aga, dem Haushofmeister, sprechen, der dir, da der Pascha nicht anwesend ist, das schönste Zimmer des Palastes anweisen wird. Er ist auch krank, und wenn du ihn heilst, wird er dir unendlich dankbar sein."

„An welcher Krankheit leidet er?"

„An verdorbenem Magen. Daud Aga isst so viel wie fünf oder sechs andere Menschen, darum ist sein Magen immer krank."

„So bedarf Daud Aga meines Rates und meiner Hilfe nicht. Er braucht, um gesund zu werden, nur mäßiger zu sein. Übrigens liegt ihm nichts daran, mich zu sehen und durch mich gesund zu werden. Er hat mich soeben aus dem Haus getrieben."

„Dich? Unmöglich!"

„Es ist Tatsache. Daud hat mich schwer beleidigt, obgleich ich ihm vom Reïs Effendina Achmed Abd el Insaf als Gast empfohlen wurde."

„Von ihm! Oh, den hasst der Haushofmeister, weil er von ihm stets grob behandelt wird. Käme die Empfehlung von

[1] David

einem anderen, so hätte Daud Aga sich nicht so schlimm an dir vergangen. Nun, da er dich so sehr gekränkt hat, darf ich freilich nicht zu ihm gehen. Ich bin dir so großen Dank schuldig und möchte dich nicht fortlassen. Verzeih mir, wenn ich zu kühn bin! Ich bitte dich, dir meine Wohnung anzusehen, und wenn sie dir gefällt, so wird es mir zur größten Freude und Ehre gereichen, dich als meinen Gast bei mir zu sehen."

Er sagte das in einem Ton, dem ich es anhörte, dass eine Ablehnung ihn beleidigen würde. Seine Frau hob die Hände gegen mich empor und sein Sohn meinte:

„Effendi, bleib da! Mein Kopf schmerzt sehr und du kannst mir helfen, wenn es schlimmer wird."

„Nun gut, ich bleibe", erklärte ich. „Der Haushofmeister wird euch meine Sachen, die noch bei ihm liegen, ausliefern. Doch erwarte ich, dass ich euch nicht lästig falle."

„Lästig! O nein!", beruhigte mich der Mann. „Ich bin nicht arm; ich bin Ismail Ben Chalil, der Mir achor[1] des Pascha, und kann dir das Gleiche bieten, was du vom Haushofmeister erhalten hättest. Erlaube, dass ich dir meine Wohnung zeige, und ihr eilt jetzt zum Haushofmeister und holt die Gegenstände, die dem Effendi gehören."

Dieser Befehl galt den Trägern, die sich sofort entfernten.

Der Stallmeister geleitete mich durch mehrere Türen in ein großes, schönes Eckzimmer, dessen eine Tür in den Hof führte, durch den ich gekommen war. Er freute sich, dass mir dieser Raum gefiel, und bat mich um Verzeihung, dass er mich für einige Augenblicke allein lassen müsse, um für seinen Sohn zu sorgen.

So hatte ich doch im Palast ein Unterkommen gefunden, und zwar bei einem Mann, der mir hundertmal angenehmer war als der unförmige Haushofmeister.

Ismail kehrte bald zurück. Er brachte mir, um mich zu ehren, die Pfeife und brannte sie mir auch selber an. Dann kamen die Träger mit meinen beiden Gewehren und meinem anderen Eigentum. Der eine von ihnen berichtete mir:

[1] Stallmeister

„Effendi, wir mussten Daud Aga sagen, wo du dich befindest. Als er hörte, dass du ein berühmter Arzt bist, der eine Flasche des Lebens hat, bereute er, unhöflich gegen dich gewesen zu sein, und lässt dich ersuchen, ihn bei dir zu empfangen. Daud Aga ist sehr krank; unsere Ärzte haben ihm gesagt, dass er eines Tages zerplatzen werde, und so meinte er, Allah habe dich gesandt als den Einzigen, der ihm Hilfe bringen kann."

„Gut, sagt ihm, dass er kommen darf."

Es fiel mir nicht ein, dem dicken Schwarzen sein Verhalten nachzutragen und ihn jetzt abzuweisen; ich sagte mir vielmehr, dass seine ‚Krankheit' den Stoff zu einer spaßhaften Unterhaltung liefern werde. Er ließ nicht lang auf sich warten. Fast fühlte ich Mitleid, als ich die zerknirschte Miene sah, mit der er sich mir näherte.

„Effendi, verzeihe!", bat er. „Hätte ich geahnt, dass du ein so..."

„Sprich nicht weiter!", unterbrach ich ihn. „Ich habe dir nichts zu verzeihen. Der Reïs Effendina ließ es an der schuldigen Höflichkeit mangeln; er war es, der einen Fehler begangen hat."

„Du bist sehr gütig. Darf ich mich zu dir setzen?"

„Ich bitte dich darum."

Daud Aga nahm mir und dem Stallmeister gegenüber Platz. In dieser sitzenden Stellung sah man weit deutlicher als vorher, welch ungeheuren Umfang sein Körper hatte. Er war noch viel beleibter als Murad Nassyr, mein dicker türkischer Freund. Sein Atem ging beinahe röchelnd; seine Wangen glichen gefüllten Backentaschen, und sein Gesicht war – das sah man trotz der schwarzen Hautfarbe – so blutreich, dass anzunehmen war, ein Schlagfluss müsse seinem Leben ein Ende machen, wenn er nicht noch vorher an einer Verdauungsstörung starb. Als er bemerkte, dass ich ihn aufmerksam betrachtete, seufzte er.

„Du irrst, Effendi. Ich bin nicht so gesund, wie du denkst. Man hält leider die Fetten stets für gesund."

„Ich nicht. Die Ärzte in Almanja wissen recht wohl, dass der Mensch dem Tod desto näher steht, je fetter er ist."

„Allah schütze mich! Sag mir schnell, wie lang ich noch leben kann!"

„Wann hast du zum letzten Mal gegessen?"

„Heute früh, Effendi."

„Und wann wirst du wieder essen?"

„Heute Mittag, also in einer halben Stunde."

„Und was hast du heute früh genossen?"

„Sehr wenig, nur ein Huhn und einen halben Hammelrücken."

„Was wirst du zu Mittag essen, Daud Aga?"

„Auch sehr wenig, nämlich die andere Hälfte des Hammelrückens, abermals ein gebratenes Huhn mit einem Häuflein Reis, nicht größer als mein Turban ist; dazu nur noch einen Fisch, vier Hände lang, und einen Teller mit Negerhirse, in Milch gekocht."

„So befürchte ich, dass du den heutigen Abend nicht erleben wirst!"

„O Himmel, o Erde! Ist das dein Ernst?"

„Ja, es ist mein völliger Ernst. Wenn ich nur den vierten Teil dessen, was du jetzt aufgezählt hast, essen wollte, so würde ich fürchten, auseinanderzuplatzen."

„Ja du! Dein Leib und mein Leib! In den meinigen geht ja sechsmal mehr als in den deinigen!"

„O nein! Oder meinst du, dass unsere Leiber hohle Fässer sind? Du hast dich nicht nur dick, sondern auch krank gegessen. Ich höre, dass du an Magenschmerzen leidest?"

„Man hat dir recht berichtet. Diese Schmerzen sind nicht auszuhalten."

„Kannst du sie mir beschreiben? Wo tut es weh?"

„Hier", klagte der Neger, indem er die Hand auf die Magengegend legte.

„Welcher Art sind die Schmerzen? Sticht es?"

„Nein. Das ist eben der Schmerz, dass ich gar nichts fühle, dass es ist, als hätte ich nichts im Leib."

„Ach so, ich verstehe! Wann kommen diese Schmerzen? Regelmäßig oder unregelmäßig?“

„Sehr regelmäßig, stets ganz kurz vor den Mahlzeiten, sodass ich sofort essen muss.“

Ich gab mir Mühe, das Lachen zu unterdrücken, und zeigte sogar ein sehr ernstes Gesicht.

„Das ist freilich eine sehr schlimme Krankheit!“

„Führt sie zum Tod?“, fragte Daud Aga ängstlich.

„Unbedingt, wenn nicht schnell Hilfe geschafft wird.“

„So sag schnell, kannst du helfen? Ich werde dich mit Gold belohnen!“

„Ich heile dich umsonst. Wenn man nur erst den Namen der Krankheit weiß und das betreffende Mittel kennt, so ist sehr leicht zu helfen.“

„Wie heißt meine Krankheit?“

„Bei den Franzosen wird sie *faim* und bei den Engländern *hunger* genannt; den hiesigen Namen brauchst du nicht zu wissen.“

„Ich mag ihn gar nicht kennen, wenn du mir nur das richtige Mittel nennen kannst.“

„Ich kenne es.“

„So sag es, sag es schnell! Ich bin der Haushofmeister des Pascha und habe Geld in Hülle und Fülle. Ich wiederhole, dass ich dich mit Gold bezahlen werde!“

„Und ich wiederhole, dass ich keine Bezahlung annehmen werde. Dennoch wirst du nicht, ohne in den Beutel zu greifen, davonkommen. Was haben dir die hiesigen Ärzte geraten?“

„Ich soll hungern. Sie sagen, mein Magen sei schwach.“

„Die Toren! Es liegt gerade das Gegenteil vor. Du hast einen starken Magen. Unsere Ärzte nennen diese Krankheit einen Rhinozeros- oder Nilpferdmagen. Darum darfst du nicht hungern, sondern du musst essen, viel essen.“

Sein Gesicht glänzte vor Entzücken. Daud Aga schlug jubelnd die fetten Hände auf die fetten Knie.

„Essen soll ich, essen darf ich; es wird mir sogar befohlen, zu essen! O Mohammed, o ihr Kalifen! Das ist eine Arznei, gegen die weder mein Herz noch mein Verstand etwas einzuwenden hat."

„Es ist die einzige Medizin, die dir zu helfen vermag, nur muss sie in der richtigen Weise genommen werden."

„In welcher Weise, o Effendi?"

„Sobald du die große Leere im Magen fühlst, verbeugst du dich siebenmal in der Richtung gegen Mekka. Dann musst du dich niedersetzen, um so viel zu essen, bis das Gefühl der Leere verschwunden ist."

„Was denn? Was soll ich essen?"

„Alles, was dir schmeckt. Wenn du dich dann wohler fühlst, so erhebst du dich, um dich nun neunmal gegen Mekka zu verbeugen, und zwar so tief, dass dein Haupt den Boden berührt."

„Werde ich das fertig bringen?"

„Du musst!"

„Aber wenn es nicht geht?"

„Es muss, sonst hilft das Mittel nichts. Nimm die Hände zu Hilfe! Wenn du sie auf den Boden stemmst, wirst du den Kopf auch hinunter bringen. Versuch es nur!"

Der Neger stand gehorsam auf und machte den Versuch. Es war wunderbar anzusehen, wie er auf allen vieren stand und sich bestrebte, mit dem Kopf den Teppich zu berühren. Noch wunderbarer aber war es, dass es mir gelang, ernst zu bleiben. Es wurde dem Dicken schwer; er wollte es erzwingen, verlor das Gleichgewicht und schlug einen Purzelbaum. Doch raffte er sich rasch auf und erneuerte den Versuch, der ihm nun auch gelang.

„Es geht, es geht!", rief er froh. „Aber ich werde es heimlich machen müssen, da es sonst leicht um den Ruhm meiner Würde geschehen wäre. Was soll ich noch weiter tun?"

„Dankbare Wohltat üben."

„An wem?"

„Ich sah auf dem Weg hierher so viele Augenkranke, meist waren es Kinder. Sie sind an einer Entzündung erblindet und die geschwollenen Augen sind mit Fliegen bedeckt, die den Eiter fressen."

„Ja", bestätigte er, „es gibt Hunderte von solchen Kindern; sie sitzen an den Wegen, um die Vorübergehenden um eine Gabe zu bitten."

„Nun, du bist reich und der Prophet gebietet, Almosen zu geben. Willst du von meinem Mittel gesunden, so lass fünfzig solche blinde Kinder kommen, um jedem zwei Piaster zu schenken, und zwar alle drei Monate einmal."

„Effendi, ich werde es tun, denn ich bin überzeugt, dass dein Mittel vortrefflich ist. Du bist ein großer Arzt und in kurzer Zeit wird dein Ruhm in allen Ländern des Nils und weit darüber hinaus erschallen. Soeben fühle ich die Leere in der Magengegend. Darf ich gehen, um zu essen?"

„Ja, beeile dich! Aber vergiss die Verbeugungen und dann auch die blinden Kinder nicht!"

„Ich werde gleich nach dem Essen das Geld eigenhändig unter sie verteilen. Hoffentlich hast du die Güte, mich zu besuchen, um dich von meinem Wohlbefinden zu überzeugen. Du bist ein Christ; dennoch wünsche ich, dass dir alle Pforten des Paradieses offen stehen mögen, da du nicht so grausam bist, einen kranken Magen durch Hunger heilen zu wollen."

Daud Aga reichte mir die Hand und entfernte sich. Der Stallmeister hatte sich sehr ernst und schweigsam verhalten. Jetzt zuckte ein leises Lächeln um seinen Bart.

„Effendi, du bist nicht nur ein kluger Arzt, sondern auch ein lustiger und guter Mensch."

„Wieso gut?"

„Weil du für die Blinden sorgst."

„Und wieso lustig?"

„Nun, es ist doch sicher nicht dein Ernst gewesen."

„Was?"

„Dass du ihm – hm! Verzeih! Wie könnte mein Blick deine Kenntnisse und Mittel durchdringen! Mekka ist die heilige Stadt und so werden die sieben und neun Verbeugungen gewiss notwendig sein; ich glaube es. Ein Arzt, der das Leben aus einer Flasche spendet, muss auch wissen, welche Wirkung eine Verbeugung nach Mekka hat. Ein anderer als du hätte mir den Sohn nicht retten können. Verständest du doch auch, mich von der Sorge zu befreien, die noch auf meiner Seele lastet!"

Was dem Stallmeister so große Sorgen bereitet, ist ein Pferd im Stall des Pascha, das seiner Meinung nach schlimmer ist als der Teufel. Es handelt sich um einen herrlichen Bakarra-Grauschimmel, der aber jeden Reiter abwirft und derart um sich tritt und beißt, dass man sich ihm unmöglich nähern kann. Kara Ben Nemsi, den es etwas wurmt, dass man ihm, dem Franken, keine große Pferdekenntnis zutraut, macht sich sogleich anheischig, den unbotmäßigen Hengst zu zähmen. Unter den zahlreichen Zuschauern, die das zu erwartende Schauspiel natürlich anlockt, befindet sich auch Daud Aga, der es nicht versäumt, keuchend und außer Atem seine Warnung auszusprechen:

„Effendi, was hast du vor! Ich höre, dass du den Rücken dieses Teufels besteigen willst. Hüte dich vor ihm! Fiele ich von seinem Rücken, so käme ich vielleicht mit dem Leben davon, weil meine Knochen von den weichen Kissen des Fleisches umbettet sind. Wirft er aber dich ab, so fahren deine Gebeine auseinander wie ein Rattennest, in das die Katze springt."

Aber selbstverständlich wird Kara nicht abgeworfen; mit Einfühlungsvermögen, guten Worten und einigen Datteln macht er das renitente Tier im Handumdrehen zahm und kann es auch problemlos reiten. Das Publikum staunt angemessen, und als man nach der Pferdedressur zum gemeinsamen Mittagessen schreitet, ist auch Daud Aga nicht fern.

Da es die Landessitte den Frauen und Töchtern nicht gestattet, mit den Männern zu essen, und der einzige Sohn des Hauses, über Kopfweh klagend, sich wieder zurückgezogen hatte, waren es eigentlich nur der Stallmeister und ich, denen das Mahl aufgetragen wurde. Der Haushofmeister hatte schon gegessen und setzte sich in einiger Entfernung von uns nieder. Da aber wurde ein wahrer Berg von fettem Reis und Rosinen gebracht und dazu kam eine große Platte, auf der ein ganzer, gebratener Hammelleib, ohne den Kopf und die Vorderbeine, lag. Das duftete so schön und einladend, dass Daud Aga ein leises Räuspern hören ließ. Als das nicht den gewünschten Erfolg hatte, begann er zu husten, und zwar so vielsagend, dass Ismail ein Barbar gewesen wäre, wenn er ihn nicht verstanden hätte. Er fragte also den Schwarzen, ob er mitessen wolle.

„Nein", erklärte der Unförmige, indem er sich mit der Hand den Mund wischte. „Ich habe schon gespeist."

Damit wäre die Sache abgemacht gewesen. Ich schnitt mir aber ein Stück Keule ab und zog, als ich den ersten Bissen im Mund hatte, mit Absicht ein so verklärtes Gesicht, dass der Dicke nicht zu widerstehen vermochte. Freilich hatte er schon abgesagt; aber es gab ein Mittel, diesen Fehler ungeschehen zu machen. Er griff dazu, indem er sich an mich wendete:

„Effendi, mein Magen beginnt schon wieder zu schmerzen. Es ist abermals die schreckliche Leere."

„So musst du essen."

„Dann erlaube, dass ich mich entferne!"

„Nein, das wird dir nicht erlaubt", fiel Ismail Ben Chalil ein. „Dafür aber wird es dir gestattet, mit uns zu speisen."

„Wenn das der Fall ist, so nehme ich bei euch Platz. Ich werde nur ein wenig kosten."

Daud Aga bediente sich des arabischen Wortes dâk, das so viel wie kosten, versuchen bedeutet, und ich gestehe, dass ich auf dieses Kosten neugierig war. Nachdem er sein Kissen herübergebracht und sich zu uns gesetzt hatte, riss er sich, ohne ein Messer zu gebrauchen, die andere Keule ab und wollte sie zum Mund führen, um sie mit den Zähnen zu bearbeiten. Da hielt ich seinen Arm fest.

„Halt! Willst du sterben?"

„Sterben? Allah verhüte es! Warum fragst du so?"

„Vor dem Essen dich siebenmal gegen Mekka verneigen! Verstanden?"

„Ich will ja nicht essen, sondern bloß ein wenig kosten!"

„Es ist ganz gleich, ob du viel oder wenig verzehrst. Was der Arzt verordnet hat, muss streng befolgt werden."

„Du hast Recht, Effendi. Es handelt sich um mein Leben und ich muss gehorchen."

Daud erhob sich, nahm die Richtung gegen Mekka und machte sieben tiefe Verbeugungen, die tropfende Keule in der Hand. Dann setzte er sich nieder und begann zu ‚kosten'. Nun, wenn das gekostet war, so möchte ich einmal wissen, was essen ist! Es ging mir hier geradeso wie mit Murad Nassyr, meinem dicken, türkischen Freund in Kairo. Ehe ich nur die Hälfte meines kleinen Stückes verzehrt hatte, war die Keule verschwunden. Dann kam die eine Brust an die Reihe, die mit wahrhaft meisterlichem Geschick von den Knochen gelöst wurde. Während meine Hand nur niedliche Vertiefungen in dem Reisberg zurückließ, riss der Haushofmeister ganze Lawinen los, denen riesige Bergstürze folgten. Weißglänzende Reis-Firne und großblockige Fleischmoränen verschwanden hinter seinem mächtigen Gebiss. Ich konnte nicht weiteressen, denn das Zusehen und Bewundern nahm mich ganz in Anspruch. Der Stallmeister kannte seinen Mann; er beachtete ihn nicht und bemühte sich nur, seinem Beispiel zu folgen. So kam es, dass der Reis-Chimborasso immer niedriger und der Hammel immer magerer wurde, bis nur noch die Knochen übrig waren. Da wischte sich der große Esser die Hände am langen, rundum laufenden Speisetuch ab und atmete tief auf.

„Meine Schmerzen sind verschwunden. Dem Propheten sei Lob und Dank gebracht!"

„So empfindest du die Lehre des Magens nicht mehr?", fragte ich.

„Nein. Ich hatte ja zu Hause gegessen."

„So wird es Ismail Ben Chalil erwünscht sein, dass du ein

andermal zu Hause kostest und hier isst. Bist du nun auch wirklich fertig?“

„Ja. Oder gibt es noch etwas?“

„Zu essen wohl nicht, denn wir sind völlig gesättigt. Wo aber bleiben die neun Verbeugungen?“

„Helft, ihr Kalifen! Die hätte ich fast vergessen. Doch sag, Effendi, warum hast du mir vor dem Essen nur sieben gewöhnliche Verneigungen befohlen, nachher aber neun, und gerade diese mit dem Kopf bis zum Boden nieder?“

„Weil das die Vorschrift Hischams, des Kalifen, ist, in dessen Palast diese Verbeugungen vor und nach dem Essen gemacht werden mussten.“

„So stehe mir dieser verehrungswürdige Hischam jetzt bei, dass der Glanz meines Ruhms nicht das Übergewicht bekommt und auf die Nase fällt!“

Daud Aga erhob sich schwer, stellte sich mit dem Gesicht gegen Osten, wo Mekka liegt, und gab sich alle mögliche Mühe, der grausamen Vorschrift Folge zu leisten. Er brachte es unter lautem Ächzen und Stöhnen nur dadurch fertig, dass er, von der Schwere seines Leibes niedergezogen, allemal auf die Knie zu liegen kam. Das waren so unbeschreibliche Anstrengungen und Bewegungen, dass mir, obgleich ich mich hütete, laut zu lachen, die Tränen über die Wangen liefen. Für den Dicken war das die Strafe, dass er mir ins Gesicht gesagt hatte, ich als Christ verunziere das Zimmer mit den Koransprüchen.

Der Neger fühlte sich infolge der Anstrengung so ermüdet, dass er erklärte, er müsse unverweilt heimgehen, um zu schlafen. Es stand zu erwarten, dass der Schlaf seinen kranken Magen wieder in den schmerzhaften, leeren Zustand versetzen würde, worauf mit Sicherheit ein reichliches Abendmahl folgen musste. Vielleicht war dann einmal im ‚Wad en Nil‘[1] zu lesen, dass er seinen Herrn, den Pascha, arm gegessen und bankrott geschlafen habe.

(Gesammelte Werke Band 16 „Menschenjäger“)

[1] Eine arabische Zeitung

Der Herr der Heerscharen

Old Shatterhand in Afrika! Er reist zusammen mit Winnetou, der wegen seiner dunklen Hautfarbe als Beduine gilt, von Alexandria nach Tunis, einem gefährlichen Verbrecher auf den Fersen. Dort sucht er zuerst seinen alten Freund Krüger-Bei auf, der im Bardo, dem Schloss des Herrschers, seinen Dienstsitz hat. Krüger-Bei, ein Deutscher, der schon lange Jahre in Tunesien lebt, ist zum Islam übergetreten und bekleidet nun eine hohe Stellung am Hof des Bei von Tunis. Nach all den Jahren hat er seine deutsche Muttersprache zwar nicht vergessen, doch ist sein Gebrauch derselben sehr, sehr individuell geworden.

Meine Gefährten ließ ich in einem Gasthaus der unteren Stadt zurück und begab mich zunächst nach der Kasba, wo Krüger-Bei aber nicht zu finden war; darum spazierte ich hinaus nach dem Bardo. Jeder Schritt war mir bekannt, denn ich hatte während meiner beiden früheren Aufenthalte diesen Weg, hinaus zu meinem ebenso lieben wie urdrolligen Herrn der Heerscharen, sehr oft gemacht.

Im Bardo hatte sich in Beziehung auf die Baulichkeiten nichts verändert. Im Vorzimmer saß ein alter Unteroffizier, der die Kommenden anzumelden hatte. Er rauchte seinen Tschibuk und hatte den Säbel gemütlich abgeschnallt neben sich liegen.

„Was willst du?“, fragte er gewohnheitsmäßig, ohne mich anzusehen.

Ich kannte ihn sehr gut, dieses alte Bestandstück des Herrn der Heerscharen. Er war mein Liebling gewesen, damals noch Onbaschi[1], jetzt aber zum Tschausch[2] aufgerückt. Der biedere, graubärtige Moslem mochte jetzt sechzig Jahre zählen, sah aber noch so rüstig aus wie damals, als er mich zu den Uled Saïd führte. Er hieß eigentlich Selim, wurde aber nur der alte ‚Sallam‘ genannt, weil er dieses Wort stets im Munde führte und ihm alle möglichen Bedeutungen un-

[1] Unteroffizier [2] Feldwebel

terlegte. Wenn er „O Sallam!“ ausrief, so konnte das ebenso wohl o Wonne wie o Schande, o Freude, o Unglück, welche Schlechtigkeit, wie herrlich, wie entzückend, wie armselig, wie schändlich und hunderterlei bedeuten. Es kam nur darauf an, wie er es aussprach, welche Miene er dabei zeigte und welche Armbewegung er machte.

Sein Gesicht hatte er wohl wochenlang nicht gewaschen. Der graue Bart hing voller Hammelfett, das beim Essen hineintropfte und nie entfernt wurde, wenn es nicht von selber abfiel, sein Mund roch nach dem Saft der Pfeife, die wohl nie gereinigt worden war. Aber trotz alledem freute ich mich herzlich, meinen alten Sallam so wohl und munter wieder gefunden zu haben.

„Ist der Herr der Heerscharen daheim?“, antwortete ich auf seine Frage.

„Nein.“

Er sah mich noch immer nicht an. Ich kannte das.

Er ließ seinen Obersten nie eher daheim sein, bis er ein Bakschisch erhielt.

„Aber ich weiß, dass er da ist“, entgegnete ich. „Nimm diese fünf Piaster und melde mich an!“

„Gut! Da Allah dir den Verstand so hell erleuchtet, sollst du zu ihm dürfen. Gib also her und...“

Er stockte. Er hatte den Blick nun doch zu mir erhoben und sah von der Hand, mit der ich ihm das Geld entgegenhielt, in mein Gesicht, ließ den angefangenen Satz unvollendet und sprang freudig empor.

„O Sallam, Sallam, Sallam, abermals Sallam und dreimal Sallam! Du bist es, o Wonne meiner Augen, o Glanz meiner Seele, o Entzücken meines Angesichts! Allah führt dich zur rechten Zeit zu uns, wir brauchen dich. Lass dich umarmen und behalte dein Geld! Lieber mag mir die Hand verdorren, als dass ich von dir ein Bakschisch nehme, wenigstens heute; später kannst du es mir doppelt geben!“

Er umarmte mich und rannte dann ins Nebenzimmer, wo ich ihn laut „O Sallam, Sallam, Sallam!“ rufen hörte.

Nun war ich gespannt auf das Wiedersehen mit Krüger-Bei. Ich durfte überzeugt sein, von ihm sogleich mit einem seiner deutschen Rattenkönigsätze empfangen zu werden. Die Tür wurde aufgerissen. Sallam trat heraus, packte mich beim Arm, schleuderte mich ins Zimmer hinein und rief dabei:

„Da ist er, der von Allah Gesandte! O Sallam, Sallam!“

Dann machte er die Tür hinter mir zu. Ich befand mich im Selamlik[1] des Herrn der Heerscharen, der, etwas gealtert, etwas gebeugter als vor Jahren, aber mit leuchtenden Augen und lachendem Angesicht vor mir stand. Er streckte mir beide Hände entgegen und begrüßte mich mit den schönen deutschen Worten:

„Ihnen hier? Ihnen hier im Tunis? Ich bitte Ihnen, zu wollen nehmen den Empfang auf herzliche Willkommen zu richten die edle Freundschaft desselbiges Gefühle in Überraschung den schönen Augenblick auf Ansicht der Gegenwart wegen tausend Grüßen bei hundert Empfindungen zu sein gewesen und wollen zu bleiben Ihnen der Freund und Sie der Bruder wegen Deutschland und trotzdem immer Afrika!“

Wer diese Worte so schnell wie möglich liest, bekommt wenigstens ungefähr einen Begriff von der Art und Weise, in der Krüger-Bei seine Muttersprache zu handhaben pflegte. Er umarmte mich, zog mich auf den Teppich nieder, auf dem er gesessen hatte, und fuhr eifrig fort; aber ich kann seinen Satzbau meinen Lesern nur etwas verbessert bieten, sonst verstehen sie keine Zeile davon.

„Setzen Sie Ihnen nieder! Setzen Sie Ihnen, setzen Sie! Mein alter Sallam werden bringen Pfeife und Kaffee mit geschnellter Ungeheurigkeit, um Sie zu beweisen den verzückten Zustand, dass Sie heute so plötzlich hierher gekommen sind. Wann sind Ihnen angekommen?“

„Soeben erst aus Ägypten.“

[1] Der von den Männern bewohnte und auch Besuchern zugängliche Teil des Hauses bei den Muslimen

„Haben Sie Wohnung im Gasthof zu nehmen gesonnen sein?"

„Noch nicht fest, wenigstens für mich nicht. Meine Freunde aber haben sich wahrscheinlich jetzt eingemietet. Ich habe zwei Begleiter mit."

„Wem?"

„Erinnern Sie sich noch meiner Erlebnisse in der algerischen Wüste?"

„Ja. Die Raubkarawane, die prächtiger Engländer totzuschlagen und Gefangener befreit nach Hause geführt."

„Richtig! Dieser prächtige Engländer, Emery Bothwell, ist mit hier. Und erinnern Sie sich aus meinen früheren Erzählungen des Apatschenhäuptlings Winnetou?"

„Mit genauer Unvergänglichkeit für das Andenken Ihrer amerikanischen Indianer, bei denen Winnetou Ihr Hauptfreund."

„Ja. Dieser Indianerhäuptling ist auch mit da. Ich werde Ihnen erzählen, zu welchem Zweck ich mich mit diesen beiden außergewöhnlichen Männern vereinigt habe."

„Ja, du wirst mir alles sagen", begann er jetzt in arabischer Sprache, in der er keine Fehler machte.

(Gesammelte Werke Band 21 „Krüger Bei")

Der Trank des Paradieses

Als es gilt, Amad el Ghandur, den Sohn Mohammed Emins, aus dem Gefängnis des Müteßellim in Amadije zu befreien, kommt Kara Ben Nemsi einmal mehr sein Ruf als wundertätiger Mediziner zugute – und die Schwäche so manches braven Muslimen für eigentlich von Allah und seinem Propheten untersagte Genüsse.

Als ich zum Kommandanten kam, waren alle seine Beamten und auch die Offiziere der Besatzung bereits um ihn versammelt. Es gab also große Abendgesellschaft. Ich erhielt den Ehrenplatz an seiner Seite. Wir befanden uns in einem größeren Zimmer, das einem kleinen Saal glich; es wäre Raum genug zur freien Bewegung gewesen, aber ein jeder saß still an seinem Platz, rauchte seine Pfeife, trank den herumgereichten Kaffee und flüsterte leise mit seinem Nachbarn. Wenn aber der Müteßellim ein lautes Wort sagte, so neigten sie lauschend die Häupter, wie vor einem mächtigen Herrscher.

Auch meine Unterredung mit ihm wurde leise geführt. Nach einigen Weitschweifigkeiten sagte er:

„Ich habe schon gehört, dass du heute ein Mädchen heiltest, das vom Teufel besessen war. Mein Hekim hat ihn hineinfahren sehen; er verlangte, dass ich dich fortschicken soll, weil du ein Zauberer bist!"

„Dein Hekim ist ein Tor, Müteßellim! Das Mädchen hatte eine giftige Frucht gegessen und ich gab ihr ein Mittel, durch das das Gift unwirksam gemacht wurde. Vom Teufel oder von einem Geist war keine Rede."

„So bist du ein Hekim?"

„Nein. Du weißt ja, wer und was ich bin! Aber im Westen von hier, weit über Stambul hinaus, da, wo ich geboren bin, hat jedermann mehr Kenntnisse über die Krankheiten als dein Hekim, der den Teufel durch eine tote Fliege vertreiben wollte."

Das war rücksichtslos und wohl auch ein wenig mutig gesprochen, aber es konnte diesen Leuten gar nicht schaden, wenn einmal einer kam, der es wagte, an ihrer Selbstherrlichkeit zu rütteln.

Der Müteßellim tat, als hätte er meine scharfe Antwort nicht gehört, und erkundigte sich weiter:

„So kennst du alle Krankheiten?"

„Alle!", antwortete ich sehr entschieden.

„Und kannst auch alle Tränke machen?"

„Alle!"

„Gibt es auch Tränke, die ein guter Moslem nicht trinken darf?"

„Ja. Die trunken machenden, deren Genuss der Prophet verboten hat, zum Beispiel Wein."

„Wein ist aber auch eine Medizin?"

„Ja, eine sehr wichtige!"

„Wann wird sie getrunken?"

„Bei gewissen Krankheiten des Blut- und Nervensystems sowie auch der Verdauung als Stärkungs- oder Erregungsmittel."

Wieder stockte die Unterhaltung. Die Anwesenden begannen wieder leise untereinander zu flüstern und nach einer Weile wandte sich der Müteßellim auch ebenso leise an mich:

„Effendi, ich bin krank, sehr krank!"

„Ah, ist es möglich! Allah gebe dir deine Gesundheit zurück!"

„Er wird es vielleicht tun, denn ich bin ein guter Moslem und ein treuer, frommer Anhänger des Propheten."

„An welcher Krankheit leidest du?"

„Ich habe bereits sehr viele Ärzte gefragt; sie sagen alle, dass ich an gewissen Krankheiten des Blut- und Nervensystems leide sowie auch an der Verdauung."

Ich konnte mich kaum beherrschen, ihm nicht geradezu ins Gesicht zu lachen. Darum also diese eigentümliche Einleitung, die sich um den Rand herum bewegt hatte, wie ‚die

Katze um den heißen Brei'. Jedenfalls lief die Sache auf eine kleine Bettelei hinaus.

„Haben dir deine Ärzte Mittel gegeben?"

„Ja, aber diese Mittel haben nicht geholfen. Diese Männer waren nicht so klug und unterrichtet wie du. Meinst du nicht, dass ich der Anregung und der Stärkung bedarf?"

„Ich bin davon überzeugt."

„Würdest du mir ein solches Mittel geben?"

„Der Prophet verbietet es mir."

„Der Prophet hat nicht gewollt, dass die wahren Gläubigen am System des Blutes und der Nerven zu Grunde gehen sollen. Hast du den Korân aufmerksam gelesen?"

„Sehr aufmerksam."

„So sage mir, ob du eine einzige Arznei gefunden hast, die darin verboten wird!"

„Keine!"

„Siehst du! Also willst du mir eine Anregung geben?"

„Ich habe die Sachen nicht, die ich zur Bereitung brauche."

„Du scherzest wieder, denn du hast sie!"

„Woher wolltest du dies wissen?"

„Dein Diener hat heute solche Dinge bei einem Juden gekauft."

Ah, der Müteßellim ließ uns also beobachten! Er wusste bereits, dass der kleine Hadschi für den Engländer Wein geholt hatte. Wir mussten also vorsichtig sein, wenn unser Vorhaben nicht verraten werden sollte.

„Es gehört mehr dazu, als was mein Diener kaufte", antwortete ich.

„Das wenige ist besser als gar nichts. Eben weil ich sehr schwach bin, darfst du nicht viele Dinge zusammenmischen. Willst du mir eine einfache Stärkung senden?"

„Gut, du sollst sie haben!"

„Wie viel?"

„Eine Arzneiflasche voll."

„Effendi, das ist viel zu wenig! Ich bin Kommandant und

ein sehr langer Mann; der Trank wird alle sein, ehe er durch den ganzen Körper gekommen ist. Siehst du dies ein?"

„Ich sehe es ein, darum werde ich dir eine große Flasche senden."

„Eine? Nimmt ein Kranker nur einmal Arznei?"

„Nun wohl, du sollst zwei haben!"

„Lass mich täglich einmal nehmen, und zwar eine Woche lang!"

„Müteßellim, ich denke, du wirst dann zu stark werden!"

„Oh, Effendi, das hast du nicht zu befürchten!"

„So wollen wir es denn mit einer Woche versuchen."

„Aber eine Bitte erfüllst du mir dabei."

„Welche?"

„Ein Müteßellim darf seine Untergebenen nie wissen lassen, dass er ein krankes System der Nerven und der Verdauung hat."

„Das ist richtig!"

„Also wirst du diese Arznei so gut einpacken, dass niemand sieht, dass sie in Flaschen enthalten ist."

„Ich werde dir diesen Wunsch erfüllen."

„Hast du auch kranke Nerven, Effendi?"

„Nein. Warum sollte ich welche haben?"

„Weil du dir dieses Mittel kaufen ließest."

„Es war nicht für mich."

„Für wen sonst? Für den stummen Hadschi Lindsay Bej?"

„Du sagtest vorhin, dass ein Müteßellim nicht wissen lassen dürfe, dass er ein krankes System habe. Es gibt auch andere Männer, die dies nicht wissen lassen dürfen."

„Oder war es für den dritten Mann, der sich gar nicht sehen lässt? Er muss sehr krank sein, weil er nicht aus seiner Stube kommt!"

Es klang wie ein Verhör. Er wollte sich nach Mohammed Emin erkundigen.

„Ja, er ist krank", antwortete ich.

„Welche Krankheit hat er?"

„Eine Krankheit des Herzens."

„Kannst du ihn heilen?“

„Ich hoffe es.“

„Ich bedaure, dass du ihn wegen seiner Krankheit nicht mitbringen konntest. Er ist ein Freund von dir?“

„Ein sehr guter Freund.“

„Wie lautet sein Name?“

„Er hat mich gebeten, ihn dir heute noch nicht zu nennen. Du kennst ihn sehr gut und er will dir eine Überraschung bereiten.“

„Ah!“, meinte er neugierig. „Eine Überraschung? Wann?“

„Sobald seine Krankheit geheilt ist.“

„Wie lange dauert es noch?“

„Nur einige Tage.“

„Soll ich ihn nicht lieber besuchen, da er nicht zu mir kommen kann?“

„Dieser Besuch würde ihn zu sehr aufregen. Herzkrankheiten sind lebensgefährlich; das wirst du wohl auch wissen?“

„So muss ich warten.“

Wieder versank er in Schweigen; dann begann er von Neuem:

„Weißt du, dass du mir ein Rätsel bist?“

„Du mir auch.“

„Warum?“

„Weil du mich rätselhaft findest. Sage mir, ob es bereits jemand gewagt hat, so klar und offen, so aufrichtig und ohne Furcht mir dir zu reden!“

„Das ist wahr, Effendi! Ich wollte es auch keinem andern raten! Du aber stehst im Schatten des Großherrn und bist mir vom Mutaßarryf empfohlen; da dulde ich es.“

„Und bei all dieser Furchtlosigkeit bin ich dir ein Rätsel?“

„Ja.“

„Ich will dir helfen, es zu lösen. Frage mich!“

„Ich möchte vor allen Dingen wissen, wie du in den Schutz des Großherrn gekommen bist, wie der Großherr über mich denkt und was er für Pläne hat mit dir und mir. Aber dazu ist heute keine Zeit. Wir werden davon morgen reden, wenn wir allein sind."

Das war mir lieb. Auch hörte jetzt die Unterhaltung auf, da ein Meddâh[1] eingelassen wurde, den der Kommandant zur Unterhaltung seiner Gäste bestellt hatte. Die Pfeifen wurden von Neuem gestopft und angebrannt, die Tassen wieder gefüllt und dann lauschte man andächtig den Worten des Erzählers.

Er stellte sich in die Mitte des Raumes und erzählte mit singender Stimme die tausendmal gehörten Geschichten von Abu Ssabr, dem schiefmäuligen Schulmeister, dem Liebessklaven Ganem, von Nurredin Ali und Bedreddin Hassan. Dafür erhielt er zwei Piaster und konnte gehen.

Dann erhob sich der Müteßellim, zum Zeichen, dass die Gesellschaft beendet sei. Man sagte sich einige Höflichkeiten, verbeugte sich und war dann froh, dem Kommandanten, dem Kara Ben Nemsi Effendi, dem Tabak und Kaffee und dem Meddâh glücklich entronnen zu sein. Ich hatte das nachträgliche Vergnügen, von Selim Agha unter den Arm genommen und nach Haus begleitet zu werden.

„Effendi erlaube, dass ich deinen Arm nehme!", bat er.

„Da hast du ihn!"

„Ich weiß, dass ich dies eigentlich nicht sollte, denn du bist ein großer, ein weiser Effendi und ein Liebling des Propheten; aber ich habe dich lieb und du musst bedenken, dass ich kein gemeiner Arnaut, sondern ein sehr tapferer Agha bin, der diese Festung gegen fünfzigtausend Feinde verteidigen würde."

„Das weiß ich. Auch ich habe dich lieb. Komm, lass uns gehen!"

„Wer ist das?"

Er deutete dabei auf eine Gestalt, die hinter der Ecke gelehnt hatte und nun an uns vorüberstrich und schnell im Dunkel der Häuser verschwand. Ich erkannte den Mann.

[1] Märchenerzähler

Es war der Arnaut, der uns angefallen hatte, doch zog ich es jetzt vor, ihn nicht zu erwähnen.

„Es war wohl einer deiner Arnauten."

„Ja, aber ich habe dieses Gesicht noch nicht gesehen."

„Das Licht des Mondes täuscht."

„Weißt du, Effendi, was ich dir jetzt sagten sollte?"

„Was?"

„Hm! Ich bin krank."

„Was fehlt dir?"

„Ich leide an dem System der Nerven und des Blutes."

„Selim Agha, ich glaube, du hast gehorcht!"

„O nein, Effendi! Aber ich musste ja euer Gespräch hören, da ich als der Nächste neben dem Müteßellim saß."

„Jedoch so weit entfernt, dass du lauschen musstest!"

„Soll man nicht lauschen, wenn man einer Stärkung bedarf?"

„Du willst sie doch nicht etwa von mir verlangen?"

„Wohl von dem alten Hekim? Der würde mir Fliegen geben!"

„Willst du sie in einer Arzneiflasche oder in einer großen Flasche?"

„Du willst sagen, in einigen großen Flaschen!"

„Wann?"

„Jetzt, wenn es dir gefällig ist!"

„So lass uns eilen, dass wir nach Hause kommen!"

„O nein Effendi, denn da ist mir Mersina im Weg. Sie darf niemals wissen, dass ich ein krankes System der Verdauung habe!"

„Aber sie sollte es doch wissen, da sie dir die Speisen bereitet."

„Sie würde die Medizin an meiner Stelle trinken. Ich weiß einen Ort, wo man diesen Trank in Ruhe und Sicherheit genießen kann."

„Wo?"

„Effendi, ein solcher Ort ist allemal bei einem Juden oder bei einem Griechen. Hast du das noch nicht bemerkt?"

„Sehr oft. Aber man wird dich sehen und dann erfährt die ganze Stadt, dass du dich nicht ganz auf dein System verlassen kannst!“

„Nur wir beide werden einander sehen. Dieser Jude hat eine kleine Stube, in die nicht einmal der Mond blicken kann.“

„So komm! Aber lass uns vorsichtig sein, dass wir nicht beobachtet werden.“

Also wieder einen Angriff auf meinen Geldbeutel! Übrigens war ich ganz vergnügt, den Agha als einen Moslem kennenzulernen, dem zwar der Wein, nicht aber die Arznei verboten ist, die aus dem Blut der Trauben gekeltert wird. Ein kleines Räuschchen konnte mir Vorteile bringen.

Nachdem wir einige enge und winkelige Gässchen passiert hatten, hielten wir vor einem kleinen, armseligen Häuschen, dessen Tür nur angelehnt war. Wir traten in den dunklen Flur, wo Selim in die Hände klatschte. Sogleich erschien eine krumme Gestalt aus der Stube und leuchtete dem Agha ins Gesicht.

„Du bist es, Hoheit? Gott Abrahams, ich bin erschrocken, als ich sah im Hause stehen zwei Gestalten statt der deinen, die ich gewohnt bin, alle Tage die Ehre zu haben, zu empfangen in meinem Hause mit Vergnügen und sehr tiefer Untertänigkeit!“

„Mach auf, Alter!“

„Mach auf? Was? Die Stube, die ist die kleine oder die große?“

„Die kleine!“

„Bin ich auch sicher, dass dieser Mann, der hat die Ehre, mit Euch zu kommen in mein Haus, nicht wird sein ein Herr, dessen Mund redet von Dingen, die von mir geschehen aus Barmherzigkeit und doch nicht sollen werden besprochen, weil mich dann bestrafen würde der mächtige Müteßellim?“

„Du bist ganz sicher. Öffne oder ich mache mir selbst auf!“

Der Alte schob einige Bretter zur Seite, hinter denen eine Tür zum Vorschein kam. Sie führte in ein sehr kleines Gemach, dessen Boden mit einer zerrissenen Bastmatte belegt war. Einige Mooskissen bildeten die Sofas.

„Soll ich brennen an die Lampe?"

„Natürlich!"

„Was werden begehren die Herren zu trinken?"

„Wie immer!"

Jetzt brannten zwei Flammen und der Jude konnte mich, der ich bisher hinter Selim gestanden, nun besser betrachten.

„Chatyr-i Musa[1], das ist ein hoher Effendi und ein großer Held des Krieges! Ist er doch behangen mit glänzenden Waffen und hat einen Byjyk[2] wie Jehoschuah, der Eroberer des Landes Kanaan. Da darf ich nicht bringen den Gewöhnlichen, sondern ich muss gehen in eine Ecke des Kellers, wo da liegt vergraben ein Trank, den nicht ein jeder bekommt."

„Was für einer ist das?", fragte ich.

„Es ist Wein von Türbedi Haidari, aus einem Land, das niemand kennt und wo Trauben wachsen, deren Beeren sind wie die Äpfel und deren Saft kann umreißen die Mauern einer ganzen Stadt."

„Bring eine Flasche!", befahl der Agha.

„Nein, bring zwei Krüge! Du musst nämlich wissen, dass der Wein von Türbedi Haidari nur in großen Tonkrügen aufbewahrt und nur aus kleinen Krügen getrunken wird", sagte ich.

„Du kennst ihn?", fragte der Jude.

„Ich habe ihn oft getrunken."

„Wo? Wo liegt dieses Land?"

„Der Name, den du nanntest, ist der Name einer Stadt, die in Terbidschan in Persien liegt. Der Wein ist gut und ich hoffe, dass du verstanden hast, ihn zu behandeln. Was kostet er?"

„Du bist ein vornehmer Herr, darum sollst du ihn haben

[1] Um Moses Willen [2] Schnurrbart

halb umsonst. Du wirst bezahlen dreißig Piaster für den Krug."

„Das ist halb umsonst? Bringe die zwei Krüge, damit ich ihn koste. Dann werde ich dir sagen, wie viel ich gebe!"

Er ging. In einer Ecke lehnten einige Pfeifen neben einem Kästchen mit Tabak. Wir setzten uns und griffen nach den Pfeifen, die ohne Spitzen waren. Ich zog mein Mundstück aus der Tasche und schraubte es an; dann versuchte ich den Tabak, es war ein guter Perser.

„Was ist drüben auf der andern Seite des Hauses, Selim Agha?", fragte ich.

„Ein Spezereiladen und eine Kaffeestube. Hinten ist eine Opiumbude für das Volk; hier aber dürfen nur vornehme Herren eintreten", erklärte er mir mit selbstgefälligem Gesicht.

Ich kann sagen, dass ich mich auf diesen Wein freute. Es ist ein roter, dicker und ungemein starker Naturtrank, von dem drei Schluck genügen, um einen Menschen, der noch nie Wein getrunken hat, in einen gelinden Rausch zu versetzen. Selim liebte das Getränk Noahs, aber ich war überzeugt, dass ihn der Krug mehr als überwältigen würde.

Da kam der Wirt mit zwei Krügen, von denen jeder vielleicht einen Liter fasste. Hm, armer Selim Agha! Ich versuchte einen Schluck. Der Wein hatte auf der Reise gelitten, ließ sich aber trinken.

„Nun, Hoheit, wie ist er?", fragte der Jude.

„Er ist so, dass ich dir für den Krug zwanzig Piaster geben werde."

„Herr, das ist geboten zu wenig, viel zu wenig! Für zwanzig Piaster werde ich wieder mitnehmen meinen Wein und dir bringen einen andern."

„In dem Land, wo er bereitet wird, gebe ich nach hiesigem Geld für diesen Krug vier Piaster. Du siehst, ich will gut bezahlen, aber wenn dir das nicht genügt, so nimm ihn wieder mit!"

Ich stand auf.

„Was soll ich bringen für welchen?“

„Keinen! Ich trinke nur diesen für zwanzig Piaster, den du mir auch für fünfzehn ließest. Bekomme ich ihn nicht, so gehe ich und du magst ihn selbst trinken.“

„So wird ihn trinken die Hoheit des Selim Agha.“

„Er wird mit mir gehen!“

„Gib neunundzwanzig!“

„Nein.“

„Achtundzwanzig!“

„Gute Nacht, Alter!“

Ich öffnete die Tür.

„Komm her, Effendi! Du sollst ihn doch haben für zwanzig Piaster, weil es mir ist eine Ehre, dich zu sehen in meinem Hause.“

Der Handel war also abgeschlossen, und jedenfalls sehr zur Zufriedenheit des Juden, der sich, nachdem ich ihm das Geld gegeben hatte, mit verstecktem Schmunzeln entfernte. Der Agha kostete ein wenig und tat dann einen tiefen Zug.

„Wallah, Billah, Tallah! Solchen habe ich noch nicht bekommen. Glaubst du, dass er gut ist für ein krankes System, Effendi?“

„Sehr gut!“

„Oh, wenn das die ‚Myrte‘ wüsste!“

„Hat sie auch ein System?“

„Ein sehr durstiges, Effendi!“

Er tat einen zweiten und nachher einen dritten Zug.

„Das ist kein Wunder“, meinte ich. „Sie hat sehr viel zu sorgen, zu schaffen und zu arbeiten.“

„Für mich nicht, das weiß Allah!“

„Aber für deine Gefangenen.“

„Sie bringt ihnen täglich einmal Essen, Brot und Mehlwasser.“

„Wie viel gibt dir der Müteßellim für jeden Gefangenen?“

„Dreißig Para täglich.“

Also fünfzehn Pfennige ungefähr! Davon blieb sicherlich die Hälfte an den Händen Selims kleben.

„Und was erhältst du für die Beaufsichtigung?“
„Zwei Piaster täglich, die ich aber noch niemals bekommen habe. Ist es da ein Wunder, dass ich diese schöne Arznei noch gar nicht kenne?“
Er tat abermals einen Zug.
„Zwei Piaster? Das ist sehr wenig, zumal dir die Gefangenen sehr viel Mühe machen werden.“
„Mühe? Gar keine! Was soll ich mir mit diesen Halunken für Mühe geben? Ich gehe täglich einmal in das Gefängnis, um nachzusehen, ob vielleicht einer gestorben ist.“
„Zu welcher Zeit tust du das?“
„Wann es mir passt.“
„Auch des Nachts?“
„Ja, wenn ich es am Tag vergessen hatte und gerade ausgegangen war. Wallahi, da fällt mir ein, dass ich heute noch nicht dort gewesen bin!“
„Meine Ankunft hat dich gestört.“
„Das ist wahr, Effendi.“
„So musst du nachsehen?“
„Das werde ich nicht tun.“
„Warum nicht?“
„Die Kerle sind es nicht wert, dass ich mich bemühe!“
„Richtig! Aber wirst du dir nicht den Respekt verscherzen?“
„Welchen Respekt?“
„Du bist doch Agha, ein hoher Offizier. Deine Arnauten und Unteroffiziere müssen Angst vor dir haben! Nicht?“
„Ja, das müssen sie. Bei Allah, das müssen sie!“, beteuerte er.
„Auch der Tschausch[1], der im Gefängnis ist?“
„Auch dieser. Natürlich! Dieser Mensch ist überhaupt ein widerspenstiger Hund. Er muss Angst haben!“
„So musst du ihn gut beaufsichtigen, musst ihn zuweilen überraschen, um zu sehen, ob er im Dienst pünktlich ist, sonst wird er dich niemals fürchten!“
„Das werde ich, ja, bei Allah, ich werde es!“

[1] Feldwebel

„Wenn er sicher ist, dass du nicht kommst, so sitzt er vielleicht beim Kahwedschy[1] oder bei den Tänzerinnen und lacht dich aus."

„Das soll er wagen! Ich werde ihn überraschen, morgen oder auch heute noch. Effendi, willst du ihn mit überraschen?"

Ich hütete mich wohl, einen Zweifel darüber blicken zu lassen, ob ich überhaupt das Recht hatte, im Gefängnis Zutritt zu nehmen; ich tat im Gegenteil so, als ob ich ihm mit meiner Begleitung eine Ehre erwiese:

„Ist so ein Kerl es wert, dass er das Angesicht eines Effendi sieht?"

„Du begleitest mich doch nicht um seinet-, sondern um meinetwillen."

„Dann muss mir aber auch die Ehre erwiesen werden, die einem Effendi, der das Gesetz studiert hat, gebührt!"

„Das versteht sich! Es wird so sein, als ob mich der Müteßellim selbst begleitete. Du sollst das Gefängnis inspizieren."

„So gehe ich mit, denn ich bin überzeugt, dass mich diese Arnauten nicht für einen Saptije[2] halten."

Er hatte nur noch eine kleine Neige im Krug und ich hatte mit ihm gleichen Schritt gehalten. Seine Augen wurden kleiner und die Spitzen seines Schnurrbarts standen auf Krakeel.

„Wollen wir uns noch einen Krug kommen lassen, Selim Agha?", fragte ich ihn.

„Nein, Effendi, wenn es dir beliebt. Ich dürste danach, den Tschausch zu überraschen. Wir werden morgen wieder hierhergehen!"

Der Tschausch wurde nur vorgeschoben; in Wirklichkeit mochte der gute Agha die Gefährlichkeit des Weins aus Türbedi Haidari bereits verspüren. Er legte die Pfeife fort und erhob sich ein wenig unsicher.

„Wie war der Tabak, Effendi?", erkundigte er sich.

[1] Kaffeewirt
[2] Polizist

Ich ahnte den Grund und antwortete deshalb:

„Schlecht. Er macht Kopfschmerzen und Schwindel."

„Bei Allah, du hast Recht. Dieser Tabak schwächt das System des Blutes und der Nerven, während man doch gekommen ist, es zu stärken. Komm, lass uns gehen!"

„Müssen wir denn dem Juden unsere Entfernung melden?"

„Ja."

Er klatschte in die Hände. Das war das Zeichen, dass wir aufbrachen. Dann traten wir ins Freie. Das kurze Weinstudium war für mich vorteilhaft gewesen.

„Komm, Effendi, gib mir deinen Arm! Du weißt, ich liebe dich!"

Es war weniger Liebe als vielmehr die Schwächung seines ‚Systems', die ihn bewog, diese Bitte auszusprechen; denn als ihm die frische Abendluft entgegenwehte, verriet er den sichtbarsten Eifer, in jene akrobatische Fatalität zu verfallen, bei der man den Nadir mit dem Zenit zu verwechseln pflegt.

„Nicht wahr, Mohammed war ein gescheiter Kerl, Effendi?", fragte er so laut, dass ein eben Vorübergehender stehen blieb, um uns etwas in Augenschein zu nehmen.

„Warum?"

„Weil er die Arzneien nicht verboten hat. Hätte er auch dies noch getan, so müsste man aus den Trauben Tinte machen. Weißt du, wo das Gefängnis liegt?"

„Hinter deinem Haus."

„Ja, du hat immer Recht, Effendi. Aber wo liegt unser Haus?"

Das war nun eine jener leichten Fragen, die sich doch sehr schwer beantworten lassen, wenn nicht die Antwort ebenso albern sein soll wie die Frage.

„Gerade vor dem Gefängnis, Agha."

Er blieb stehen oder versuchte vielmehr stillzustehen und sah mich überrascht an.

„Effendi, du bist just ein ebenso gescheiter Kerl wie der

alte Mohammed; nicht? Aber ich sage dir, dieser Tabak ist mir so in das Gehirn gefahren, dass ich hier rechts das Gefängnis sehe und dort links ebenso. Welches ist das richtige?“

„Keins von beiden. Da rechts steht eine Eiche und das da oben links ist eine Wolke.“

„Eine Wolke? Allah! Erlaube, dass ich dich ein wenig fester halte!“

Der wackere Agha führte mich und zeigte dabei jene merkwürdige Manie des unwillkürlichen Fortschritts, die man in einigen Gegenden Deutschlands ‚eine Lerche schießen‘ nennt. So kamen wir allerdings ziemlich schnell weiter und es gelang mir endlich, ihn vor das Gebäude zu bringen, das ich für das Gefängnis hielt, obgleich ich es von seiner vorderen Seite noch nicht gesehen hatte.

„Ist dies der Sindan[1]?“, fragte ich ihn.

Er schob den Turban ins Genick und blickte sich nach allen Seiten um.

„Hm! Es sieht ihm ähnlich. Effendi, bemerkst du niemand in der Nähe, den man fragen kann? Ich habe dich so fest halten müssen, dass mir die Augen wirbeln, und das ist schlimm; denn diese Häuser sprangen an mir vorbei wie eine galoppierende Karawane.“

„Ich sehe keinen Menschen. Aber es muss es sein!“

„Wir wollen einmal probieren!“

Er fuhr mit der Hand in seinen Gürtel und suchte nach etwas, was er nicht finden konnte.

„Was suchst du?“

„Den Schlüssel zur Gefängnistür.“

„Hast du ihn?“

„Stets! Fass du doch einmal her und sieh, ob du ihn findest!“

Ich suchte und fand den Schlüssel sofort. Man musste ihn beim ersten Griff fühlen, denn er war so groß, dass man ihn mit einer Bärenkugel Nummer Null hätte laden können.

[1] Gefängnis

„Hier ist er. Soll ich schließen?“

„Ja, komm! Aber ich denke mir, dass du das Loch nicht finden wirst, denn dein System hat sehr gelitten.“

Der Schlüssel passte und bald knarrte die Tür in ihren Angeln.

„Gefunden!“, meinte er. „Diese Töne kenne ich sehr genau. Lass uns eintreten!“

„Soll ich die Tür wieder zuschließen?“

„Versteht sich! In einem Gefängnis muss man vorsichtig sein.“

„Rufe den Schließer!“

„Den Tschausch? Wozu?“

„Er soll uns leuchten.“

„Fällt mir gar nicht ein! Wir wollen doch den Schurken überraschen!“

„Dann musst du leiser sprechen!“

Er wollte vorwärts, stolperte aber so, dass er gefallen wäre, wenn ich ihn nicht mit beiden Händen gehalten hätte.

„Was war das? Effendi, wir sind doch in ein fremdes Haus geraten!“

„Wo ist der Raum, in dem sich der Tschausch befindet? Liegt er zu ebener Erde?“

„Nein, sondern eine Treppe hoch.“

„Und wo führt die Treppe hinauf, hinten oder vorn?“

„Hm! Wo war es nur! Ich glaube, vorn. Man hat von der Tür aus noch sechs bis acht Schritte zu gehen.“

„Rechts oder links?“

„Ja, wie stehe ich denn? Hüben oder drüben? O Effendi, deine Seele kann die Arznei nicht gut vertragen; denn du hast mich so schief gestellt, dass dieser Hausflur nicht geradeaus läuft, sondern von unten hinauf in die Höhe!“

„So komm her! Hinter dir ist die Tür, hier ist rechts und da ist links. An welcher Seite nun geht die Treppe empor?“

„Hier links.“

Wir schritten vorsichtig weiter und mein tastender Fuß stieß wirklich bald an die unterste Stufe einer Treppe.

„Da sind die Stufen, Agha!"
„Ja, das sind sie. Falle nicht, Effendi! Du warst noch nie in diesem Haus; ich werde dich sehr sorgfältig leiten."
Er hängte sich schwer an mich, sodass ich ihn die mir unbekannte Treppe förmlich emportragen musste.
„Jetzt sind wir oben. Wo ist die Stube des Tschausch?"
„Rede leiser, ich höre alles! Rechts die erste Tür ist es."
Er zog mich fort, aber geradeaus statt nach rechts; ich schwenkte ihn also herum und fühlte nach einigen Schritten die Tür, die ich tastend untersuchte.
„Ich fühle zwei Riegel, aber kein Schloss."
„Es gibt keins."
„Die Riegel sind vorgeschoben."
„Dann sind wir am Ende doch in ein fremdes Haus geraten!"
„Ich werde öffnen."
„Ja, tu es, damit ich erfahre, woran ich mit dir bin!"
Ich schob die schweren Riegel zurück. Die Tür ging nach außen auf. Wir traten ein.
„Gibt es ein Licht in der Stube des Tschausch?"
„Ja. Die Lampe steht mit dem Feuerzeug links in einem Mauerloch."
Ich lehnte ihn an die Wand und suchte. Das Loch nebst dem Nötigen wurde entdeckt und bald hatte ich die Lampe angebrannt.
Der Raum war eng und klein. Eine Binsenmatte lag auf der Diele; sie hatte als ‚Möbel für alles' zu dienen. Ein zerbrochener Napf, ein Paar zerrissene Schuhe, ein Pantoffel, ein leerer Wasserkrug und eine Peitsche standen und lagen auf dem Boden herum.
„Nicht da! Wo steckt dieser Mensch?", fragte der Agha.
„Er wird bei den Arnauten sein, die auch hier zu wachen haben."
Er nahm die Lampe und wankte voran, stieß aber an den Türpfosten.
„Schiebe mich nicht, Effendi. Komm, halte die Lampe;

ich will dich lieber führen, sonst könntest du mich die Treppe hinabwerfen. Ich liebe dich und bin dein Freund, dein bester Freund; darum rate ich dir, nie wieder diese persische Arznei zu trinken. Sie macht dich ja ganz gewalttätig!"

Ich musste allerdings einige Gewalt anwenden, um ihn unbeschädigt hinabzubringen. Als wir vor der bezeichneten Tür anlangten, war auch sie verschlossen, und als wir sie öffneten, fanden wir auch diesen Raum leer. Er glich mehr einem Stall als der Wohnung eines Menschen und ließ sehr Trauriges über die Zellen der Gefangenen erraten.

„Auch fort! Effendi, du hattest Recht. Diese Schurken sind fortgelaufen, statt zu wachen. Aber sie sollen lernen, mich zu fürchten. Ich lasse ihnen die Bastonade geben, ja, ich lasse sie sogar aufhängen!"

Er versuchte, die Augen zu rollen, aber er brachte es nicht fertig; der Wein wirkte je länger desto kräftiger; sie fielen ihm zu.

„Was tun wir nun?"

„Was meinst du, Effendi?"

„Ich an deiner Stelle würde warten, um die Arnauten so zu empfangen, wie sie es verdient haben."

„Freilich werde ich dies tun. Aber wo warten wir?"

„Hier oder oben."

„Hier. Ich steige nicht erst wieder hinauf; du wirst mir zu schwer, Effendi. Sieh, wie du wankst! Setze dich nieder!"

„Ich denke, wir wollen die Gefängnisse inspizieren?"

„Ja, das wollten wir", sagte er ermüdet. „Aber diese Menschen sind es nicht wert. Es sind lauter Spitzbuben, Diebe und Räuber, Kurden und auch ein Araber, der wohl der Schlimmste von allen ist."

„Wo steckt dieser Kerl?"

„Hier nebenan, weil er am schärfsten bewacht werden soll. So setze dich doch!"

Ich ließ mich neben ihm nieder, obgleich der Boden nur aus hartgestampftem Lehm bestand und den höchsten Grad von Unreinlichkeit zeigte. Der Agha gähnte.

„Bist du müde?“, fragte er mich.

„Ein wenig.“

„Darum gähnst du so. Schlafe, bis sie kommen. Ich werde dich wecken. Allah, du bist ganz schwach und unzuverlässig geworden! Aber ich werde es mir so bequem wie möglich machen.“

Er streckte sich aus, stemmte den Ellbogen auf und legte den Kopf in die Hand. Eine lautlose Stille trat ein und nach einer kleinen Weile sank der Kopf vollends nieder – der Herr des Gefängnisses schlief.

Wie oft hatte ich gelesen, dass ein Gefangener durch die Berauschung seiner Wächter befreit worden war, und mich über diesen verbrauchten Schriftstellertrick geärgert! Und jetzt befand ich mich in voller Wirklichkeit infolge eines Rausches im Besitz aller Gefangenen. Sollte ich dem Haddedihn Tor und Tür öffnen? Das wäre wohl unklug gewesen. Wir waren nicht vorbereitet, augenblicklich die Stadt zu verlassen. Am Tor standen Wachen, die sicher Verdacht geschöpft hätten. Auf den armen Agha wäre die ganze Schuld gefallen und – ich musste ganz offen als der Täter bezeichnet werden, was mir große Gefahr bringen oder wenigstens später viele Ungelegenheiten bereiten konnte. Es war jedenfalls besser, den Gefangenen so verschwinden zu lassen, dass sein Entkommen ganz unbegreiflich blieb. Das war jetzt in meine Hand gegeben und machte es mir möglich, jeden Verdacht von mir fern zu halten. Ich beschloss also, heute mit dem Haddedihn nur zu sprechen und die Flucht erst dann zu bewerkstelligen, wenn sie gehörig vorbereitet sein würde.

Der Agha lag am Boden und schnarchte laut mit offen stehendem Mund. Ich rüttelte ihn erst leise und dann stärker am Arm.

Er erwachte nicht. Nun ergriff ich die Lampe und verließ die Stube, deren Tür ich leise zumachte. Auch einen der Riegel schob ich lautlos vor, um auf keinen Fall überrascht zu werden. Ich hatte bereits vorhin Acht gegeben und bemerkt, dass alle Türen ohne Schlüssel und nur mit zwei Riegeln versehen waren. Einen Schlüssel brauchte ich also nicht zu suchen.

Es war mir doch ein wenig verändert zu Mute, als ich so allein draußen auf dem Gang stand, dessen Finsternis von dem kleinen Licht der Lampe nicht durchdrungen werden konnte. Aber ich hielt mich auf alles gefasst. Wäre ein zwingender Umstand eingetreten, so hätte ich alles gewagt, um nicht ohne den Gefangenen fortzukommen. Ich schob die Riegel zurück, öffnete und ließ die Tür weit offen stehen, um jeden Laut vernehmen zu können, nachdem ich eingetreten war.

Ja, es war ein Loch, das ich erblickte! Ganz ohne die Vermittlung von einigen Stufen fiel der vor mir liegende Raum hart hinter der Türe etwa einen Meter tief hinab. Er hatte eine Länge von vier und eine Breite von zwei Schritten und zeigte weder Tünche noch Holz- oder Lehmboden. Oben, dicht unter der Decke, war eins jener Löcher angebracht, die ich am Tag von außen bemerkt hatte, und außer einem Napf mit Wasser, wie man ihn einem Hund vorgesetzt haben würde, sah ich nichts als den Gefangenen in dieser Höhle.

Er hatte auf der feuchten, dumpfen Erde gelegen, war aber bei meinem Erscheinen aufgestanden. Hohläugig und abgemagert, glich er einem Halbtoten, aber dennoch war seine Haltung stolz und sein Auge blitzte zornig, als er mich fragte:

„Was willst du? Darf man nicht einmal schlafen?"

„Sprich leise! Ich gehöre nicht zu deinen Wächtern. Wie ist dein Name?"

„Warum fragst du?"

„Sprich noch leiser, denn man soll uns nicht hören. Wie heißt du?"

„Das wirst du wissen!", antwortete er, aber doch mit gedämpfter Stimme.

„Ich vermute es, aber ich will aus deinem Mund wissen, wer du bist."

„Man nennt mich Amad el Ghandur.“

„So bist du der, den ich suche. Versprich mir, ganz ruhig zu sein, was ich dir auch sagen werde!“

„Ich verspreche es!“

„Mohammed Emin, dein Vater, ist in der Nähe.“

„Allah akb...!“

„Schweig! Dein Ruf kann uns verraten!“

„Wer bist du?“

„Ein Freund deines Vaters. Ich kam als Gast zu den Haddedihn und habe an der Seite deines Vaters gegen eure Feinde gekämpft. Da hörte ich, dass du gefangen seist, und wir haben uns aufgemacht, dich zu befreien.“

„Allah sei gelobt! Aber ich kann es nicht glauben!“

„Glaube es! Sieh, dieses Fenster geht in einen Hof, der an einen Garten stößt; der Garten wieder gehört zu dem Haus, in dem wir wohnen.“

„Wie viele Männer seid ihr?“

„Nur vier. Dein Vater, ich, noch ein Freund und mein Diener.“

„Wer bist du und wer ist dieser Freund?“

„Lass das für später, denn jetzt müssen wir eilen!“

„Fort?“

„Nein. Wir sind noch nicht vorbereitet und ich kam zufällig hierher, ohne es vorher geahnt zu haben. Kannst du lesen?“

„Ja.“

„Aber es fehlt dir das Licht dazu.“

„Zur Mittagszeit ist es hell genug.“

„So höre. Ich könnte dich gleich jetzt mitnehmen, aber das wäre zu gefährlich; doch ich versichere dir, dass es nur ganz kurze Zeit noch dauern wird, bis du frei sein wirst. Noch weiß ich nicht, was wir beschließen werden; aber wenn du einen Stein durch das Fenster fallen hörst, so hebe ihn auf; es wird ein Papier daran gebunden sein, das dir sagt, was du tun sollst.“

„Herr, du gibst mir das Leben zurück, denn beinahe wäre

ich verzweifelt! Wie habt ihr erfahren, dass man mich nach Amadije geschleppt hat?"

„Ein Jesidi sagte es mir, den du am Wasser getroffen hast."

„Das stimmt", antwortete er schnell. „Oh, nun sehe ich, dass du die Wahrheit redest! Ich werde warten, aber grüße den Vater von mir."

„Ich werde es noch heute tun. Hast du Hunger?"

„Sehr!"

„Könntest du Brot, Licht und Feuerzeug verstecken?"

„Ja. Ich grabe mit den Händen ein Loch in die Erde."

„Hier hast du meinen Dolch dazu. Es ist für alle Fälle gut, wenn du eine Waffe hast. Aber sie ist mir kostbar; lass sie nicht entdeckt werden!"

Er griff hastig zu und drückte sie an die Lippen.

„Herr, Allah mag dir das in deiner Todesstunde vergelten! Nun habe ich eine Waffe; nun werde ich frei sein, auch wenn ihr nicht kommen könnt!"

„Wir werden kommen. Unternimm ja nichts Vorschnelles; das könnte mich und deinen Vater in große Gefahr bringen."

„Ich werde eine ganze Woche warten. Seid ihr dann noch nicht gekommen, so handle ich selbst."

„Gut! Wenn es geht, werde ich dir noch diese Nacht Speise, Licht und Feuerzeug durch das Fenster bringen. Vielleicht können wir auch miteinander sprechen. Wenn es ohne Gefahr geschehen kann, sollst du die Stimme deines Vaters hören. Jetzt lebe wohl; ich muss gehen!"

„Herr, reiche mir deine Hand!"

Ich hielt sie ihm entgegen. Er drückte sie mit beiden Händen, dass es mich schmerzte.

„Allah segne diese Hand, solange sie sich bewegt, und wenn sie sich zum Todesschlaf gefaltet hat, so möge dein Geist sich im Paradies der Stunde freuen, in der du mein Engel wurdest! Jetzt gehe, damit dir nichts widerfahre!"

Ich verließ das Gefängnis und begab mich leise zum Agha

zurück. Er schlief und schnarchte noch immer und ich setzte mich nieder. So saß ich wohl eine ganze Stunde lang, bis ich Schritte vernahm, die vor der Haustür halten blieben. Schnell zog ich die bisher offene Tür zu und rüttelte den Agha munter. Es war keine leichte Arbeit, besonders da sie schnell geschehen musste. Ich stellte ihn aufrecht empor. Er starrte mich verwundert an:

„Du, Effendi? Wo sind wir?"

„Im Gefängnis. Raff dich zusammen!"

Er schaute mich verdutzt an.

„Im Gefängnis? Ah! Wie kommen wir hierher?"

„Denk an den Juden und die Arznei; denke auch an den Tschausch, den wir überraschen wollen!"

„Den Tschau... Maschallah, jetzt weiß ich es! Ich habe geschlafen. Wo ist er? Ist er noch nicht da?"

„Sprich leiser! Hörst du? Sie stehen noch unter der Tür und reden miteinander. Reib dir den Schlaf aus dem Gesicht!"

Der gute Selim sah jämmerlich aus; aber er hatte wenigstens die Besinnung wiedergefunden und vermochte ohne Schwanken aufrecht zu stehen. Und jetzt, als die Haustür verschlossen wurde, nahm er die Lampe in die Hand, stieß unsere Tür auf und trat in den Gang hinaus. Ich folgte ihm. Die Übeltäter blieben erschrocken stehen, während er auf sie zuschritt.

„Wo kommt ihr her, ihr Hunde?", fuhr er sie an.

Seine Stimme klang wie Donner in dem langen, schmalen Raum.

„Vom Kahwedschy", antwortete der Tschausch nach einigem Zögern.

„Vom Kahwedschy! Während ihr hier wachen sollt! Wer hat euch die Erlaubnis erteilt, fortzugehen?"

„Niemand!"

Die Leute zitterten vor Angst; sie dauerten mich. Ihre Nachlässigkeit war mir ja von so großem Vorteil gewesen. Trotz des kleinen Flämmchens sah ich, wie schrecklich der

Agha seine Augen rollen ließ. Die Spitzen seines Bartes bebten und seine Hand ballte sich vor Wut. Aber er mochte bemerken, dass er denn doch noch nicht ganz fest auf den Füßen stand, und daher besann er sich eines Besseren.

„Morgen erhaltet ihr eure Strafe!"

Er setzte die Lampe auf eine der Treppenstufen und wandte sich zu mir:

„Oder meinst du vielleicht, Effendi, dass ich gleich jetzt das Urteil fälle? Willst du haben, dass ich den einen durch den andern auspeitschen lasse?"

„Verschiebe ihre Züchtigung bis morgen, Selim Agha! Sie kann ihnen ja nicht entgehen."

„Ich tue deinen Willen. Komm!"

Er öffnete die Türe und verschloss sie von draußen wieder.

Wir gingen nach Haus, wo uns die ‚Myrte' erwartete.

„Warst du so lange beim Müteßellim?", fragte sie ihn argwöhnisch.

„Mersina", antwortete er, „ich sage dir, dass wir eingeladen wurden, bis zum frühen Morgen zu bleiben; aber ich wusste dich allein zu Haus und habe darum die Gastfreundschaft des Kommandanten abgeschlagen. Ich will nicht haben, dass dir die Russen den Kopf abschneiden. Es gibt Krieg!"

Sie schlug erschrocken die Hände zusammen.

„Krieg? Zwischen wem denn?"

„Zwischen den Türken, Russen, Persern, Arabern und Kurden. Die Russen stehen bereits mit hundertausend Mann und dreitausend Kanonen vier Stunden von hier in Seraru."

„O Allah! Ich sterbe, ich bin bereits tot! Musst du auch mitkämpfen?"

„Ja. Fette mir noch heute Nacht die Stiefel ein! Aber lass keinen Menschen etwas wissen. Der Krieg ist jetzt noch Staatsgeheimnis und die Leute von Amadije sollen es erst erfahren, wenn die Russen morgen die Stadt umzingelt haben."

Sie taumelte und setzte sich ganz entkräftet auf den ersten besten Topf, der in ihrer Nähe stand.

„Schon morgen! Morgen sind sie wirklich da?"

„Ja."

„Und sie werden schießen?"

„Sehr."

„Selim Agha, ich werde dir deine Stiefel nicht einschmieren!"

„Warum nicht?"

„Du darfst nicht Krieg führen helfen; du sollst nicht erschossen werden!"

„Gut! Das ist mir sehr lieb, denn dann kann ich schlafen gehen. Gute Nacht, Effendi! Gute Nacht, meine süße Mersina!"

Er trat ab.

Die Blume des Hauses blickte ihm etwas verwundert nach, dann erkundigte sie sich:

„Effendi, ist es wahr, dass die Russen kommen?"

„Das ist noch ein wenig ungewiss. Ich glaube, dass der Agha die Sache etwas zu ernst genommen hat."

(Gesammelte Werke Band 2 „Durchs wilde Kurdistan")

Der Teppichschatz

Kara Ben Nemsi reitet auf einsamen Wegen durch die wilden Schluchten des Balkan, da sieht er vor sich ein Brötchen auf dem Boden liegen. Sein Hengst Rih frisst es mit Behagen. Doch der Weg scheint bald mit Zuckerwecken übersät. Rih ist erfreut; da erblickt sein Reiter einen Esel, der ebenfalls Gefallen an dem findet, was da vom Himmel geregnet zu sein scheint. Als dann noch eine weiblich klingende Stimme aus einem Dornengestrrüpp um Hilfe fleht, hat Kara Ben Nemsi alsbald eines seiner im wahrsten Sinn des Wortes ‚schwersten' Abenteuer zu bestehen.

„Jetischin, jetischin – Hilfe, Hilfe!", hörte ich jetzt ziemlich deutlich.

„Wer ist da?", fragte ich.

„Tschileka, Tschileka!", antwortete es.

Das war eine weibliche Stimme. Auch der Name, der ‚Erdbeere' bedeutet, sagte mir, dass es sich um ein weibliches Wesen handelte.

„Gleich!", antwortete ich.

Ich lief am Saum des Gesträuchs hin und fand die Stelle, an der der ‚Einbruch' geschehen war. Da gab es doch wenigstens einigermaßen Bahn. Ich drang hindurch, wobei ich mein Messer zu Hilfe nahm, und befand mich dann am Rand einer kessel- oder vielmehr trichterartigen Vertiefung, die aber nicht, wie ich erwartet hatte, mit Dornwerk, sondern mit – Teppichen und ähnlichen Dingen angefüllt war.

Hier auf dieser Seite war der Maulesel hinein und drüben wieder hinausgegangen. Unten aber saß auf der weichen Unterlage ein Frauenzimmer, wie so wohlbeleibt ich in meinem ganzen Leben noch keins gesehen hatte.

„Hilfe, Hilfe!", rief die Frau immerfort.

Kaum aber erblickte sie mich, so verbarg sie, laut aufkreischend, ihr Gesicht in einem Teppichzipfel.

„Was ist denn hier geschehen?“, fragte ich.

„Hasch! Tschekil! Jaschmaghym, jaschmaghym – Gott behüte! Geh fort! Mein Schleier! Mein Schleier!“

Sie rief um Hilfe und jagte mich doch wieder fort, weil sie keinen Gesichtsschleier hatte. Als ich mich genauer umblickte, sah ich dessen Fetzen an den Dornen hängen.

„Hier; nimm mein Taschentuch!“, rief ich ihr zu.

Ich zog es hervor, beschwerte es mit einigen kleinen Steinchen und warf es ihr zu.

„Dön, büs bütün – drehe dich um, ganz und gar, vollständig!“

Ich gehorchte ihrem Befehl.

„Geri dön – wieder herum!“, kommandierte sie nach einem Weilchen.

Als ich mich ihr nun zudrehte, hatte sie ihr Gesicht mit meinem Taschentuch verhüllt, sehr unnötigerweise, denn ich hatte ihr dunkelrotes Gesicht mit den Backentaschenwangen doch bereits genau genug gesehen.

Wäre sie ein Mann gewesen und beim verflossenen Leipziger Turnfest erschienen, so hätte sie bei der bekannten ‚dicken Riege‘ schon durch ihr bloßes Erscheinen jede Konkurrenz und Rivalität aus dem Feld geschlagen. Da sie aber eine Dame war und ich mich gern für einen Kavalier halten lasse, so sei von einer näheren Personalbeschreibung hiermit abgesehen.

Der Orientale misst die Schönheit seines Weibes nach dem Lehrsatz:

Radius mal Radius mal π, multipliziert mit dem Quadrat des ganzen Durchmessers, gibt, in Millimetern ausgedrückt, die Kubikwurzel des Schönheitsgrades. Nach diesem Lehrsatz enthielt die von Dornen eingefasste Vertiefung einen Schatz von ungeheurem Wert.

Tschileka war in einen kurzärmeligen blauen Mantel gekleidet, der aber durch die Dornen ein wenig gelitten hatte. Die kurzen Ärmel erlaubten, ein Paar sehr lange, fuchsfeuerrote Handschuhe zu sehen, die von ausgezeichneter Arbeit waren, da sie sich ohne das leiseste Fältchen an Hand und Arm anschlossen.

Es war ihr, ich weiß nicht wie, gelungen, ein Loch in das Taschentuch zu konstruieren. Durch dieses Monokel betrachtete sie mich eine Weile. Dann sagte sie unter einem mächtigen, donnerartig grollenden Seufzer:

„Fremdling, willst du mich retten?“

„Ja“, antwortete ich galant.

„Kannst du mich tragen?“

Ich erschrak aufs Tiefste, doch suchte ich mich zu fassen und erkundigte mich:

„Muss das sein? Kannst du nicht gehen?“

„Nein.“

„Bist du verletzt?“

„Ja.“

„Wo?“

„Ich weiß nicht.“

„Du musst es doch fühlen!“

„Ich fühle es überall.“

„Hast du versucht aufzustehen?“

„Nein.“

„Warum nicht?“

„Es geht nicht.“

„Versuche es getrost. Ich werde dir helfen.“

Nur einen Meter betrug die Tiefe bis hinab zu den Teppichen. Ich sprang hinunter und wollte ihr meine Hand bieten. Da aber schrie sie laut auf:

„Müßibet, müßibet – Unglück, Unglück! Rühre mich nicht an! Ich bin nicht verhüllt!“

„Wo denn nicht?“

„Hier an den Armen.“

„Du hast doch Handschuhe an!“

„Handschuhe? Fremdling, bist du blind? Das ist doch nur Kysyl Kök, die rote Farbe des Krapp!“

Wahrhaftig! Diese Tschileka, zu deutsch ‚Erdbeere‘, die hier mitten unter Brom- und Himbeeren saß, hatte keine

Handschuhe an. Ihre Arme waren vom Krapp so hochrot gefärbt. Ja, nun begriff ich, warum diese Handschuhe so faltenlos gesessen hatten!

Aber noch etwas anderes begriff ich auch: Frau Erdbeere war eine Bäckerin. Sie hatte krapprote Arme, sie war also wohl auch Färberin. Ich hatte die Frau des Bojadschy Boschak vor mir, den ich besuchen wollte; die gute Frau, die ihre Tochter beschützte, wenn diese mit dem Freier sprach.

O gute Erdbeere! Derjenige, dessen Liebe du unter deinen mütterlichen Fittich nimmst, hat dich vor kaum einer Viertelstunde für einen Frosch, für eine Kröte und deine Hilfe flehende Stimme für den Ruf einer mit klebrigen Warzen bedeckten Unke gehalten! Hat die Liebe nicht mehr Instinkt? Vermag sie nicht, die Nähe der Beschützerin zu ahnen?

„Aber, wie soll ich dich aufrichten, wenn du mir nicht erlaubst, dich anzurühren?", fragte ich sie.

„Fasse mich von hinten an!"

Ich schlug einen Halbkreis, mit dessen Hilfe ich hinter ihren Rücken gelangte und legte ihr die Hände unter.

„Chajyr, chajyr – nein, nein! Ich bin kitzlig!", kreischte sie so laut auf, dass ich vor Schreck weit zurückprallte.

„Aber wo soll ich dich anfassen?", fragte ich.

„Ich weiß es nicht."

„So müssen wir es anders versuchen."

„Aber wie?"

„Dort liegt ein Strick. Die Leute, die diese Waren hierher brachten, haben ihn vergessen. Ich werde dich mit dem Strick heraufziehen."

„Doch nicht am Hals?"

„Nein, sondern an der Hüfte."

„Versuch es!"

Ich holte den Strick, schlang ihn um den Leib der Erdbeere, drehte mich so, dass wir uns Rücken an Rücken befanden, zog den Strick, indem ich mich bückte, über meine Achsel und kommandierte dann:

„Dikkat! Bir – iki – ütsch – pass auf! Eins – zwei – drei!"

Bei drei richtete ich mich langsam auf. Der Strick spannte sich an und ich begann zu ziehen. Es ging nicht.

„Sür, sür, sür – schieb, schieb, schieb mit!", rief ich keuchend.

„Mümkindejys – mümkindejys; kajarym – unmöglich, unmöglich; ich rutsche aus!", keuchte sie noch mehr als ich.

Ich zog ihr den Strick wieder weg und holte Atem. War das ein ungeschicktes Weib! Allerdings war die Teppichlage, auf der diese Mammut-Erdbeere zu Fall gekommen war, von einer gewissen Glattheit; überdies bildete sie eine schiefe Ebene. Eine solche Last, die an sich keine Beweglichkeit besitzt, ist da nicht leicht emporzubringen, und ich gestehe, dass mir beim Anblick der stacheligen Ranken ein sehr verbrecherischer Gedanke kam, den ich aber sofort von mir wies.

„Hast du denn jetzt nicht wenigstens bemerkt, ob du verletzt bist?", fragte ich.

„Ich bin verletzt!", antwortete sie.

„Wo denn?"

„Ich weiß es nicht – überall. O Himmel! Was werden die Leute sagen, wenn sie erfahren, dass ich mit dir ganz allein hier gewesen bin?"

„Habe keine Sorge! Man wird nichts erfahren."

„Du sagst nichts?"

„Nein. Ich bin übrigens hier fremd."

„Fremd? So bist du nicht aus dieser Gegend?"

„Nein."

„Woher denn?"

„Weither aus dem Abendland."

„So bist du kein Moslem?"

„Nein. Ich bin ein Christ."

„Nicht wahr, die Frauen der Christen brauchen sich nicht zu verhüllen?", fragte sie.

„Nein."

„Nun, so brauche auch ich keinen Schleier. Ich werde durch die Augen eines Christen, der tausend Frauen sieht, nicht beleidigt. Gib mir deine Hände!“

Ich gab sie ihr. Sie fasste an. Ich zog und – da stand sie aufrecht vor mir, zwar ein wenig schnaufend, aber doch glücklich auf die Füße gebracht.

War es eine Schande für mich, dass sie meinte, sich vor mir nicht genieren zu müssen? Oder war es eine Ehre?

„Wie lange steckst du bereits hier?“, fragte ich.

„Oh, eine lange, lange Zeit.“

„Wie aber kamst du herein?“

„Der Esel wurde scheu. Die Dornen stachelten ihn an die Beine.“

„Du saßest auf ihm?“

„Ja.“

Armer, armer Maulesel! Jetzt bedauerte ich es, ihn in seinem Schmaus gestört zu haben. Er hatte den Zucker mehr als reichlich verdient.

„Warum aber bist du mit ihm in diese Dornen geritten?“, erkundigte ich mich.

„Ich wollte, wollte...“

Sie wurde noch röter, als sie bereits war, und schwieg. Ich warf einen Blick umher. Das war ja ein regelrechtes kleines Vorratslager hier unten.

„Wem gehören diese Sachen?“, fragte ich.

„Ich – ich – ich weiß es nicht!“

„Und doch hast du gewusst, dass es sich hier befindet?“

„Nein.“

„Ich bin verschwiegen und zudem fremd. Vor mir brauchst du keine Angst zu haben. Aber wie gut, dass ich dich nicht vorher bemerkte, als noch ein zweiter bei mir war!“

„Du warst nicht allein?“

„Nein. Ein junger Mann aus Kabatsch war bei mir.“

„Wo ist er jetzt?“

„Nach Haus.“

„Kennst du seinen Namen?“

„Ja. Es ist der Buchhändler Ali."
„Dieser, ah, dieser! Nein, der darf nicht wissen, was du hier gesehen hast. Du kennst ihn gut?"
„Ich sah ihn heute zum ersten Mal, aber er hat mir sehr gut gefallen."
„Und wie hast du mich gefunden?"
„Ich sah dein Gebäck am Boden liegen und dann fand ich den Maulesel. Er war in den Sträuchern hängen geblieben. Ich band ihn an und folgte deiner Spur. So kam ich hierher."
„Dieser Esel ist ein sehr dummes Geschöpf. Nun muss ich das Gebäck von der Erde auflesen und kann mich doch nur sehr schwer bücken. Wirst du mir helfen?"
„Gern!"
„So komm!"
„Wird es gehen? Wirst du hier emporsteigen können?"
„Nein. Aber du wirst mich ziehen oder schieben."
„Ich denke, du bist kitzlig!"
„Nun nicht mehr, da du ein Christ bist."
Hm! Diese Dame besaß wirklich höchst eigentümliche Nerven! Ich stieg jetzt auf dem Teppichlager herum, um es mir genauer zu betrachten. Dann fragte ich:
„Gehört dieser Ort noch zu Koschikawak oder bereits zu Dschnibaschlü?"
„Zu Dschnibaschlü."
„Was für ein Mann ist euer Muchtar?"
„Ich bin nicht seine Freundin", antwortete sie aufrichtig.
Jetzt wusste ich genug. Der Zufall hatte mir hier einen Trumpf in die Hand gespielt, den ich zu Gunsten des Buchhändlers auszuspielen entschlossen war.
„Gehst du mit?", fragte sie.
„Ja."
„So komm! Führe mich!"
Ich geleitete sie von den Teppichen herab bis dahin, wo die Dornen begannen.
„Aber mein Gewand wird hängen bleiben!", sagte sie.

„Ich werde dir Platz machen. Ich schlage die Dornen mit meinem Messer ab."

„Nein, nein!", sagte sie ängstlich. „Das darfst du nicht!"

„Warum nicht?"

„Es ist verboten."

„Wer hat es verboten?"

„Eben dieser böse Muchtar."

Ich durchschaute sie. Dieser Platz war ein sehr passendes Versteck für das gesetzwidrige Treiben ihres Mannes. Man hielt das Gestrüpp für undurchdringlich, aber es musste doch eine Stelle geben, wo es leicht passierbar war. Bahnte ich einen breiten Weg hindurch, so war die Grube der Entdeckung ausgesetzt. Das wollte sie verhüten.

„Wohin wolltest du mit dem Gebäck?", fragte ich sie.

„Nach Göldschik, da aber ging der Esel durch."

Ah, sie hatte gewusst, dass, vielleicht während der letzten Nacht, diese Waren hier untergebracht worden waren, und sie war durch die Neugier, sie sich anzusehen, vom Weg abgetrieben worden. Sie hatte den Esel zu weit in die Dornen gedrängt und dieser war durchgegangen, unglücklicherweise mitten durch das Gestrüpp und über die Vertiefung hinweg.

„Woher kommst du heute?", fragte sie mich.

„Von Koschikawak."

„Und wohin willst du?"

„Nach Dschnibaschlü und Kabatsch."

„Was willst du in Kabatsch?"

„Ich will den Buchhändler Ali besuchen."

„Wirklich? Sag, Fremdling, willst du mir wohl da einen Gefallen erweisen?"

„Sehr gern."

„Ich will dir etwas für ihn mitgeben."

„Schön!"

„Aber ich habe es nicht hier. Du müsstest mit nach meiner Wohnung gehen."

Das war mir eben recht. Dennoch bemerkte ich:

„Ich denke, du willst nach Göldschik reiten!"

„Nun nicht mehr. Dem Esel ist heute nicht mehr zu trauen. Aber ich muss dir sagen, dass mein Mann nicht wissen darf, dass ich dir eine Botschaft für Ali gebe."

„Ich werde schweigen. Wer ist dein Mann?"

„Er heißt Boschak und ist Bojadschy und Ekmekdschy. Ich werde ihm gar nicht mitteilen, dass wir beide hier gewesen sind, und du wirst niemals zu einem Menschen davon sprechen!"

Diese Frau setzte meine Verschwiegenheit als ganz selbstverständlich voraus. Dann fuhr sie fort:

„Ich werde meinem Mann nur erzählen, dass mir der Esel durchgegangen ist und mich abgeworfen hat. Du hast ihn eingefangen und mich auf dem Weg gefunden. Nachher bin ich von dir heimgeleitet worden."

„Was soll ich dem Buchhändler bringen?"

„Das sage ich dir später. Jetzt wollen wir fort von hier."

Es war kein leichtes Stück Arbeit, diese eigenartige Erdbeere die Böschung hinauf und dann durch das dichte Dorngestrüpp zu schaffen. Es gelang aber doch.

„Jetzt wirst du den Gang, den wir getreten haben, wieder zumachen", befahl sie kurz und bündig. „Kein Mensch darf wissen, dass man durch die Dornen dringen kann!"

„Du bist eine vorsichtige Herrin. Du hast Recht."

Nach diesen Worten machte ich mich an die mühsame Arbeit, wobei mir mancher Dorn in die Haut drang.

„So ist es gut!", sagte sie, nachdem ich die Aufgabe zu ihrer Zufriedenheit gelöst hatte. „Du bist sehr geschickt in solchen Dingen. Ich danke dir! Jetzt wirst du mir erlauben, mich auf dein Pferd zu setzen."

„Willst du nicht lieber gehen?"

„Warum?"

„Mein Pferd hat noch nie ein Weib getragen."

„Oh, ich tue ihm nichts!"

„Das glaube ich! Aber sieh dir diesen Sattel an. Er ist nicht für die zarten Glieder eines weiblichen Wesens gemacht. Er ist so eng, dass du gar nicht Platz in ihm finden würdest."

„So nimm ihn herab. Ich setze mich auf den bloßen Rücken des Tieres. Da finde ich Platz."

„Das würde viel Zeit erfordern. Ich müsste das Pferd führen und zudem könnten wir ja dein Gebäck nicht auflesen, das dein Maulesel auf dem Boden verstreut hat. Es ist gar nicht weit bis dahin, wo ich ihn angebunden habe."

„Du hast ihn festgebunden? Das ist gut! Ich werde also, da du es für besser hältst, zu Fuß gehen, obgleich mir diese Bewegung schaden kann. Ich pflege, wenn ich gehe, den Atem zu verlieren, und dann muss ich stets lange warten, bis er wiederkommt. Das Gehen verursacht mir immer ein großes Herzklopfen und dann bekomme ich Husten und Niesen, sodass ich dem Tod nahe bin."

Ich nahm meinen Rappen am Zügel. Sie stützte sich auf meinen Arm und wir setzten uns in Bewegung. Wir hatten kaum dreißig Schritte getan, so begann sie zu pusten und zu schnaufen. Sie blieb stehen, holte tief Atem und sagte:

„Siehst du, jetzt geht es los. Ich muss mich noch mehr auf dich stützen. Wir wollen langsamer gehen."

Wir schritten nun mit der halben Geschwindigkeit eines Leichenzugs weiter. Als wir die Stelle erreichten, an der die erste Semmel lag, sagte sie:

„Hier liegt eine Frandschela. Hebe sie auf!"

Ich tat es. Eine kurze Strecke weiter wiederholte sie:

„Hier liegt abermals eine Frandschela. Hebe sie auf!"

Ich gehorchte abermals.

Nach kurzer Zeit hatte ich einen ganzen Arm voll Bäckerwaren zu tragen, das Pferd zu führen und auch die gute Dame zu stützen. Nach einer weiteren Strecke blieb sie halten, zog ihren Arm aus dem meinen, schlug die Hände zusammen und rief:

„O Allah! Hier liegt ein ganzer Haufen Buttergebackenes! Dieser Maulesel muss eine Menge Ratten im Kopf haben, dass es ihm einfällt, diese kostbare Speise auf die Erde zu werfen. Hebe sie auf!"

„Gern, sehr gern! Aber sage mir vorher, wohin ich diese Dinge tun soll. Ich habe keinen Platz mehr für sie."

„Tu sie in deinen Mantel!"

„Nicht doch! Siehst du nicht, welche Farbe mein Mantel hat?"

„Er ist weiß. Er ist so weiß wie der Schnee des Gebirges. Ich vermute, dass er neu ist."

„Allerdings. Er ist neu und ich habe volle zweihundert Piaster dafür bezahlt!"

„Das ist gut. Ich würde gar nicht zugeben, dass dieses Butterwerk in einen schmutzigen Kaftan getan werde."

„Allah hat dir einen schönen Sinn für Reinlichkeit verliehen. Du musst ihm Zeit deines Lebens dafür dankbar sein, denn Sauberkeit ist die schönste Zierde des Weibes. Aber ich sage dir, dass ich mich ganz derselben Gottesgabe erfreue. Es würde meine Seele schmerzen und mein Herz mit Traurigkeit erfüllen, wenn ich mir meinen neuen Mantel voll Butterflecken machen müsste."

„Oh, Butter ist gut! Ein Butterfleck im Mantel ist keine Schande. Butter ist weder Fischtran noch Pferdefett."

„Aber niemand wird es diesen Flecken ansehen, dass sie von deiner Butter verursacht wurden!"

„Herr, du bist ein vornehmer Mann, es kann dir ganz gleichgültig sein, ob man die Flecken deines Mantels für Butter- oder Tranflecken hält. Zieh ihn aus und wende ihn um, so wird man sie vielleicht gar nicht bemerken."

„Weißt du nicht, dass es verboten ist, sich in Gegenwart eines Weibes eines Kleidungsstücks zu entledigen?"

„Oh, du bist mein Freund, mein Retter, und du trägst ja eine Jacke und eine Weste unter dem Mantel!"

„Dennoch möchte ich mich nicht gegen die Gesetze der Höflichkeit und Sittsamkeit versündigen. Erlaube, dass ich diese Esswaren in meine Pferdedecke tue!"

„Ist sie rein?"

„Ja. Ich pflege sie täglich auszuklopfen."

„Ich muss mich überzeugen. Klopfe einmal!"

Diese Verhandlung machte mir unendlichen Spaß. Ich war nicht darauf gekommen, die Decke zu reinigen. Sie war hinter dem Sattel festgeschnallt und zeigte sehr deutliche Spuren des Staubes, der sich während des gestrigen Rittes festgesetzt hatte. Ich schnallte sie los und rollte sie auf.

„Schüttle einmal!", befahl die holde Erdbeere.

Ich gehorchte und der Staub flog in einer sehr sichtbaren Wolke von der Decke ab. Dennoch meinte die Frau: „Ja, sie ist rein. Hebe also dieses Butterwerk auf und tu es hinein."

Ich bildete aus der Decke einen Sack, in den ich alle Backwaren stopfte, die nach und nach von der Erde aufzunehmen waren.

So erreichten wir das Gebüsch, in dem ich den Esel angebunden hatte. Beim Anblick der am Boden liegenden Körbe schlug sie die Hände hoch zusammen und rief:

„O Allah! O Aïscha! O Fâtime! Welch ein Unheil hat dieses Tier angerichtet! Da liegen die Körbe am Boden und dabei alle meine Delikatessen! Doch nein, nicht alles ist da. Es fehlt sehr viel. Wo ist es?"

Sie warf einen fragenden Blick auf mich und fuhr fort:

„Effendi, diese Sachen schmecken sehr süß und sehr gut!"

„Ich glaube es!"

„Liebst du Süßigkeiten?"

„Zuweilen."

„Hast du vielleicht das, was hier fehlt, gegessen?"

„Nein."

„Sage mir die Wahrheit! Ich werde dir nicht zürnen, sobald du es nur bezahlst!"

„Ich habe es nicht gegessen, holde Tschileka."

„Aber wo ist es hin? Wo liegt es? Ich muss meinem Mann von jedem Stück Rechenschaft ablegen!"

„Ich sage dir, dass es nicht gegessen worden ist."

„Was sonst?"

„Gefressen!"
„Gefressen? Von wem?"
„Von diesem deinen Maulesel."
„O Unglück, o Verwegenheit! Glaubst du denn wirklich, dass ein Maulesel Zuckerwerk fressen kann?"
„Ich habe ihn ja dabei erwischt!"
„Du hast es mit deinen eigenen Augen gesehen?"
„Mit diesen meinen Augen."
„Und mich hat er niemals merken lassen, dass er Süßigkeiten liebt! Dieser Heuchler! Dieser Scheinheilige! Effendi, willst du mir einen Gefallen erzeigen?"
„Einen einzigen? Habe ich dir nicht bereits bewiesen, dass ich dir gern gefällig bin?"
„Ja, du hast alles getan, was ich von dir begehrte. Nimm jetzt einmal meine Reitpeitsche und haue das Tier so auf den Kopf, dass die Ohren herunterfliegen!"
„Das werde ich nicht tun."
„Nicht? Warum nicht?"
„Es wäre Tierquälerei."
„Was geht das dich an! Gehört der Esel dir?"
„Nein."
„Sondern mir! Nicht?"
„Ja freilich."
„Nun, er ist mein, und mein Eigentum kann ich quälen, solange ich will. Also schlag nur zu!"
„Verzeih, dass ich es doch nicht tue. Hast du dem Esel gesagt, dass er diese Sachen nicht essen soll?"
„Nein."
„Da hast du einen großen Fehler begangen. Er hat geglaubt, das Zuckerwerk fressen zu dürfen, weil es Eigentum seiner Herrin ist. Beim nächsten Ritt darfst du nicht versäumen, es ihm klarzumachen."
„Oh, das werde ich gleich jetzt tun und ich hoffe, dass er meine Worte sehr gut verstehen wird!"
Sie zog meine Reitpeitsche aus der Sattelöse und trat da-

mit zu dem Esel, der sie misstrauisch anblickte und dabei besorgt mit den Ohren wedelte.

„Was hast du getan?“, schrie sie ihn an. „Weißt du, was du bist? Ein Spitzbube, ein großer Spitzbube! Hier hast du deine Strafe!“

Er erhielt einen kräftigen Hieb über den Kopf.

„Ein Leckermaul!“

Sie versetzte ihm einen zweiten Hieb.

„Ein heimtückischer Schurke!“

Ein dritter Hieb sauste durch die Luft. Aber der Maulesel schien keine gute Erziehung genossen zu haben und seine Herrin in nur geringem Grad zu respektieren. Er machte eine blitzschnelle Wendung und schlug mit den beiden Hinterhufen nach ihr aus. Das ging so schnell, dass ich kaum Zeit gefunden hatte, sie auf die Seite zu reißen.

Jetzt war aller Ärger vorüber. Sie zitterte vor Angst.

„Effendi“, sagte sie bebend, „Was hat er getan? Nach mir ausgeschlagen hat er!“

„Ja.“

„Der Elende! Das undankbare Vieh! Weißt du nicht, ob er mich getroffen hat?“

„Ich glaube nicht, dass du getroffen worden bist. Fühlst du denn Schmerz?“

„Natürlich, ja! Mein ganzer Körper scheint eine einzige Beule zu sein.“

„O weh! Eine solche Beule wird schwer zu heilen sein!“

„Ja. Aber doch glaube ich, dass die Hufe an mir vorübergegangen sind. Nicht?“

„Ich glaube, das auch bemerkt zu haben.“

„Allah sei Dank! Wenn er mich vor die Brust getroffen hätte, so wäre ich eine Leiche, oder gar ins Gesicht! Er hätte mir einen Zahn ausschlagen können, vielleicht auch alle. Ich werde dieses Ungeheuer nie wieder schlagen!“

„Daran tust du recht. Ich sagte dir, dass ich es nicht tun würde; du aber achtetest nicht auf meinen Rat.“

„Aber der Esel ist mein Eigentum. Wie darf er es wagen, nach mir zu schlagen! Ich bin erschrocken, dass ich am ganzen Leibe bebe. Siehst du mich zittern?“

„Ja, ich sehe es!“

„Halte mich!“

„Wird dies wirklich notwendig sein? Ist es so schlimm?“

„Ja, es ist sehr schlimm! Es ist sogar so schlimm, dass ich mich setzen muss, um mich zu erholen.“

Eine ätherischer gestaltete Dame hätte sich nun in malerischer Weise niedersinken lassen. Tschileka machte zwar auch den Versuch dazu, aber das Gewicht ihres Körpers war zu groß; sie verlor das Gleichgewicht und kam infolgedessen mit so rapider Schnelligkeit zur Erde, dass ich kaum Zeit fand, den Korb wegzureißen, in den sie sich sonst gesetzt hätte.

„Ah, ich danke dir!“, sagte sie. „Jetzt muss ich Atem holen. Ich schnappe nach Luft.“

Dies tat sie auch buchstäblich. Dann, als sie regelrecht zu atmen vermochte, sagte sie:

„Jetzt wirst du mir alles, was übrig ist, hier in die Körbe tun und dann den Sattel wieder in Ordnung bringen. Dann brechen wir auf.“

Ich gehorchte auch diesem Befehl, im Innern sehr gespannt darauf, wie es mir möglich sein würde, sie in den Sattel zu bringen. Es kostete schon eine bedeutende Anstrengung, ihr beim Aufstehen behilflich zu sein. Als dies gelungen war, blickte sie sich ratlos um.

„Was suchst du?“, fragte ich.

„Eine Treppe, eine kleine Treppe.“

„Eine Treppe? Wo soll hier im freien Feld eine Treppe herkommen?“

„Aber ich brauche sie doch, um aufzusteigen!“

„O weh! Das ist allerdings sehr schlimm!“

Nun ließ auch ich meinerseits den Blick ziemlich ratlos in die Runde schweifen.

„Dort“, sagte sie, „dort sehe ich einen Baumstumpf. Führe mich hin!“

Es gelang mir mit einiger Anstrengung, sie auf den Stumpf und von da in den Sattel zu bringen. Der arme Maulesel brach unter ihrer Last fast zusammen, schien aber doppelte Kräfte zu bekommen, als er bemerkte, dass der Ritt heimwärts ging. Schon nach kurzer Zeit sah ich einige weit zerstreute Häuser von weitem.

„Ist das Dschnibaschlü?“, fragte ich.

„Nein, das ist erst Klein-Dschnibaschlü. Aber wir wohnen da“, antwortete sie.

Wir langten bald an und ritten an einigen armseligen Gebäuden vorüber, bis wir ein etwas größeres Haus erreichten, nach dessen hinterer Front meine Begleiterin einlenkte.

Dort gab es mehrere Gruben, in die man Fässer eingelassen hatte. Diese Fässer waren mit farbigen Flüssigkeiten gefüllt. Wir befanden uns also bei der Wohnung des Färbers und Bäckers Boschak.

Die Amazone stieß einen schrillen Schrei aus, den sie noch mehrmals wiederholte. Dann öffnete sich ein kleines, in der Nähe stehendes Bretterhäuschen und eine männliche Gestalt mit einem Vogelgesicht kam herbei.

Der ganze Anzug dieses Menschen bestand aus einer Art von Badehose. Aber nicht dieser Umstand fiel mir auf, sondern die Färbung der Haut. Sein Körper schillerte in allen Nuancen vom tiefsten Dunkelbraun bis zum schreiendsten Orange. Und dabei machte der Mensch ein so unbefangenes, ernstes Gesicht, als verstünde diese Malerei sich ganz von selbst.

Ich war vom Pferd gestiegen und erwartete das Kommende mit lebhafter Neugierde.

„Syghyrdschik, meine Treppe!“, befahl sie.

Also Syghyrdschik, das bedeutet ‚Star‘, hieß der Mann. Hm, es gibt ja allerdings auch Prachtstare, wie jeder Ornithologe weiß. Der Gerufene schritt sehr gravitätisch zur Hintertür ins Haus hinein und brachte wirklich eine mehrstufige Treppenleiter herbei, die er neben den Maulesel stellte. Die Reiterin stieg ab.

„Was macht mein Mann?“, fragte sie.

„Ich weiß es nicht“, war die Antwort.

„Nun, er muss doch etwas machen!“

„Nein.“

„Dummkopf! Wo ist er denn?“

„Weiß es nicht.“

„Er ist doch daheim?“

„Nein.“

„Also fortgegangen?“

„Ja.“

„Warum sagst du das nicht gleich? Schaff den Esel fort!“

Der farbenprächtige Mensch hatte seine Antworten in höchst feierlicher Weise gegeben, mit einem Ernst, als ob es sich um die hochwichtigste Angelegenheit handle. Jetzt ergriff er den Esel beim Zügel und wollte fort.

„Erst abladen, natürlich!“, schrie sie ihn an.

Er nickte ihr verständnisvoll zu und machte sich nun daran, die Körbe abzunehmen.

„Komm nun mit hinein, Effendi!“, lud sie mich ein.

Ich hatte mein Pferd an einen in den Boden gerammten Pfahl gebunden und folgte ihr. Es drang mir ein starker Geruch von Butter und heißer Sodalauge entgegen. Links bemerkte ich eine Vorrichtung, die ich für den Backofen zu halten geneigt war, denn ein Dachsbau konnte sich doch nicht hier im Wohnhaus befinden. Rechts war der Eingang in den Wohnraum.

Als wir da eintraten, stand ich dem leibhaftigen, allerdings jüngeren Ebenbild meiner ‚Erdbeere‘ gegenüber. Ich konnte nicht im Zweifel sein, dass es ihre Tochter war.

Sie war nach bulgarischer Weise, doch häuslich leicht gekleidet und besaß die größte Schönheit des orientalischen Weibes, die Wohlbeleibtheit, beinahe in demselben Grad wie ihre Mutter.

Sie stand vor einigen Schüsseln und war im Begriff, von

der darin befindlichen Milch die Haut mittels der zwei Zeigefinger nach ihrem weit geöffneten Mund zu führen.

„Ikbala, was tust du da?“, fragte die Mutter.

„Derisini tschykarym – ich häute ab“, antwortete die Gefragte.

„Nereje – wohin?“

„Aghys itschine – in den Mund hinein.“

„Aber diese Häute sollst du doch auf einen Teller oder in einen Topf tun, keineswegs aber in den Mund.“

„Es schmeckt gut!“

Das war allerdings ein sehr triftiger Grund, den das Mädchen da angab. Die Mutter ließ ihn auch gelten, denn sie trat auf die Tochter zu, klopfte ihr zärtlich auf die volle Wange und sagte in liebkosendem Ton:

„Oburdschughum – mein Leckermäulchen!“

Dieses Leckermäulchen richtete einen sehr erstaunten Blick auf mich. Die Mutter erklärte:

„Dieser Effendi will sich hier bei uns ausruhen.“

„Warum?“

„Er ist ermüdet.“

„So mag er draußen im Gras liegen. Wie kannst du ohne Schleier mit einem Fremden verkehren und ihn zu mir bringen, da du doch weißt, dass ich hier keinen Schleier trage?“

„Oh, er ist mein Freund, mein Erretter!“

„Warst du in Gefahr?“

„In großer Lebensgefahr.“

Jetzt richtete die Tochter ihre Augen mit verminderter Strenge auf mich, dann sagte sie: „Du kannst noch gar nicht zurück sein. Es muss dir unterwegs etwas geschehen sein!“

„Freilich ist mir etwas geschehen.“

„Was denn?“

„Ein Unglück. Ich hatte nicht daran gedacht, dass heute einer der fünfzig unglücklichen Tage des Jahres ist; sonst wäre ich daheim geblieben. Ich war kaum eine halbe Stunde geritten, da tat sich vor mir die Erde auf...“

„O Allah!“, sagte die Tochter erschrocken.

„Ein blauer Rauch stieg hervor", fuhr die Mutter fort.

„Waj – wehe!"

„Und aus diesem Rauch trat ein Geist hervor, der hundertvierundvierzig Arme nach mir ausstreckte..."

„Allah beschütze dich! Es gibt viele und schlimme Gespenster auf der Erde!"

„Allerdings, mein Kind. Mein Esel erschrak natürlich ebenso wie ich und entfloh, so schnell er konnte. Ich bin eine sehr gute Reiterin, wie du weißt, aber ich kam dennoch zu Fall und der Esel entfloh."

„Welch ein Unglück! Ist er fort?"

„Nein. Dieser Effendi kam geritten, nahm den Esel gefangen und hob auch mich von der Erde auf, um mich heimzugeleiten. Wo ist dein Vater?"

„Er ist ins Dorf gegangen."

„Was will er da?"

„Er will Rosinen und Mandeln kaufen."

„Hat er gesagt, wann er wiederkommt?"

„Er sagt, dass er nicht lange ausbleiben würde."

„So bediene diesen Effendi, bis ich zurückkehre. Ich muss ein anderes Kleid anlegen."

Sie wollte sich durch eine zweite Tür zurückziehen, aber ihre Tochter fasste sie am Arm und sagte:

„Sage mir vorher, was aus dem Geist geworden ist."

„Ich habe keine Zeit. Frage den Effendi, er wird es dir sagen."

Damit entfernte sich die Schlaue und überließ es mir, ihr Gespenstermärchen zu Ende zu führen.

Was mich betrifft, so hatte ich mich bereits nach den ersten zwischen Mutter und Tochter gewechselten Worten auf eine an der Wand liegende Matte gesetzt.

Die junge ‚Erdbeere' sah sich nun mit mir allein und war in sichtlicher Verlegenheit. Nach einer Pause fragte sie:

„Bist du müde, Effendi?"

„Nein."

„Oder hungrig?"

„Auch nicht, mein Kind.“

„Aber durstig?“

„Es ist warm. Würdest du mir einen Schluck Wasser geben, du Tochter der Holdseligkeit?“

Da griff sie nach einer der Milchschüsseln, von deren Inhalt sie mit ihren zarten Zeigefingern das ‚Dicke‘ vorhin ‚abgehäutet‘ hatte. Sie hielt mir die Schüssel vor und sagte:

„Hier hast du Kuhmilch! Sie ist frisch und wird dir schmecken. Oder ist dir vielleicht Ziegenmilch noch lieber als diese?“

„Ist von dieser auch bereits die Milchhaut abgenommen?“

„Ja, ich habe es selbst getan.“

„So gib mir Wasser. Ich trinke nur dann Milch, wenn sie ihre Haut noch hat.“

Sie ging hinaus und brachte mir einen tönernen Becher voll Wasser, das ganz so roch und aussah, als ob ein alter Tabaksbeutel oder ein schmutziger Pudelhund darin gewaschen worden sei.

„Wo hast du dieses Wasser geschöpft?“, fragte ich.

„Ich habe es aus dem Backtrog genommen“, antwortete sie.

„Hast du kein anderes Wasser?“

„Ja, wir haben nicht weit vom Haus ein fließendes Wasser.“

„Kannst du mir nicht von diesem bringen?“

„Ich könnte es, aber du wirst es nicht trinken.“

„Warum nicht?“

„Es sind Frösche und Kröten darin, so groß wie ein Schäferhund oder ein Igel, wenn er recht fett geworden ist.“

„Habt ihr denn keinen Brunnen in der Nähe?“

„Ja, aber es sind Eidechsen darin, so lang und so stark wie ein Aal.“

„O weh! Da will ich lieber nicht trinken.“

„Herr, einen guten Most könnte ich dir geben.“

„Ist er wirklich gut?“

„Er ist so süß wie Zucker und Honig.“

„So bitte ich dich, mir davon zu geben!"

Sie entfernte sich abermals. Als sie zurückkehrte, brachte sie mir einen ausgehöhlten halben Kürbis, in dem sich eine Flüssigkeit befand, deren Aussehen geradezu lebensgefährlich war. Ich roch daran und wurde dadurch nur in dem Vorsatz bestärkt, mich äußerst reserviert zu verhalten.

„Aus welchen Früchten ist dieser Most gepresst?", erkundigte ich mich:

„Aus Maulbeeren, Beeren der Eberesche und Zitronen. Er ist mit gelben Pilzen gewürzt und mit Sirup gesüßt. Er wird dich erquicken und stärken wie ein Strom des Paradieses."

Also Maulbeeren, die an und für sich einen eklen Geschmack besitzen, Ebereschenbeeren, die als Futter für Gimpel und andere Vögel verwendet werden, und saure Zitronen! Mit Gelbschwämmen gewürzt und mit Zucker süß gemacht! Der Geschmack ließ sich denken und die Wirkung ahnen. Ein Leibschneiden oder ähnliches musste die unvermeidliche Folge sein. Aber ich hatte wirklich Durst und setzte darum den Kürbis an die Lippen, machte die Augen zu und tat einige Züge. Da aber hatte mich das Mädchen schnell beim Arm.

„Dur, dur – halt, halt!", rief sie. „Nur einen Schluck, nur einen Schluck!"

„Warum?", fragte ich.

Und als ich das Gefäß absetzte, bemerkte ich erst den widerlichen Geschmack des hinterlistigen Getränks.

„Sandschy – Bauchgrimmen, fürchterliches Bauchgrimmen!", antwortete sie.

„Warum aber gibst du mir das Zeug?"

„Oh, der Most ist sehr gut, aber man darf nur einen einzigen Schluck nehmen. Pass auf! So!"

Und sie nahm mir den Kürbis aus der Hand, um einen langen, langsamen, schlürfenden Zug zu tun. Dabei machte sie ein Gesicht, als ob sie himmlischen Nektar trinke.

Es kam mir dabei der Gedanke an den entsetzlichen Kumis, den ich in der Kirgisensteppe getrunken hatte. Bei den ersten Versuchen hätte ich in Ohnmacht fallen mögen. Man riet mir, beim Trinken die Nase zuzuhalten, und in der Befolgung dieses guten Rates war es mir wirklich gelungen, diesen höllischen Trank später ohne Abscheu zu genießen.

Dieser Most hier in Dschnibaschlü war jedenfalls ein weit schlimmeres Kunstprodukt. Da ich mich aber stets eines ausgezeichneten Magens erfreut habe, blieb der Mordversuch der schönen Bäckers- und Färberstochter ohne alle Folgen.

Als sie nun den Kürbis zur Erde setzte, kam ein alter, dreifarbiger Kater, der bisher in einer Ecke gelegen hatte, herbei, tauchte probeweise den Schnurrbart in den Most, schüttelte bedenklich den Kopf, begann aber doch zu lecken, erst leise und misstrauisch, dann aber mit sichtbarem Behagen.

„Trink, mein Kätzchen; sauf, meine Süße, meine Teure!", sagte die Türkin, während sie das Tier streichelte.

„Halt, halt!", rief ich, und zwar so laut, dass sie ganz erschrocken emporfuhr.

„Was ist's? Warum rufst du so?", fragte sie.

„Lass deinen Liebling doch nicht von diesem Most trinken!"

„Warum nicht?"

„Er wird das Bauchgrimmen bekommen, vor dem du mich gewarnt hast!"

„O nein! Er ist den Most gewöhnt."

„Ah, er trinkt den Most öfter?"

„Ja."

„Aus diesem Kürbis?"

„Ja. Er trinkt ihn sehr gern; er hat erst vorhin daraus getrunken, der Gute, der Liebe."

Also auch das noch! Erst hatte der ‚Liebling' getrunken, dann ich, dann sie! Und dazu die unübertreffliche Unbefangenheit, mit der sie mir das sagte! O Ikbala, wie wenig bist du doch von den guten Sitten des westlicheren Europa übertüncht!

(Gesammelte Werke Band 4 „In den Schluchten des Balkan")

Im Taubenschlag

Kara Ben Nemsi und sein Begleiter Hadschi Halef Omar sind auf der Jagd nach dem geheimnisvollen Oberhaupt einer weitverzweigten Verbrecherbande. Zum ersten Mal hören sie den seltsam unheimlichen Namen: der ‚Schut'. Unerschrocken nehmen die beiden zusammen mit ihren Freunden Osko und Omar die Spur dieses düsteren Phantoms in den Schluchten des Balkans auf, die sie zunächst nach Melnik führt. Kaum dass sie dort ein Quartier gefunden haben, befinden sie sich bereits wieder in Gefahr, denn sie werden schon erwartet.

Unten traf ich auf Osko und Omar, die von ihrem Ausgang zurückkehrten. Der Erste nahm mich beim Arm und sagte:

„Effendi, man betrügt uns. Dieser Fuhrmann ist ein Lügner, ein gefährlicher Mensch."

„Wieso?"

„Der Fruchthändler wohnt gleich hinter uns; wir haben nach ihm gefragt. Und weißt du, wer bei ihm ist?"

„Nun, wer?"

„Der Mann, der uns in Ismilan bewirtet hat. Er stand unter der Tür des Hauses."

„Hat er euch gesehen?"

„Ja. Aber er trat sofort zurück, um sich zu verbergen. Er glaubte vielleicht, wir hätten ihn noch nicht bemerkt. Was werden wir tun?"

„Vielleicht müssen wir die Stadt noch in der Nacht verlassen. Hier ist Geld. Kauft Früchte und einiges Geflügel ein, doch so, dass man es nicht bemerkt, und übergebt es Halef. Aber bleibt nicht lange fort!"

Sie gingen wieder und ich begab mich in den Stall. Es war nun dunkel geworden und ich hatte nicht lange zu warten, bis es draußen klopfte. Ich schob die unten losgemachten und nur noch oben an den Nägeln hängenden Bretter zur Seite und kroch hinaus auf den Nachbarhof.

„Allah, Allah! Du kommst heraus?“, sagte die Alte.

„Ja, es ist so besser. Werden wir gestört, so krieche ich schnell zurück. Es hat keine Gefahr. Ist der Fuhrmann schon bei euch?“

„Nein, die Stunde ist ja noch nicht vorüber. Aber, Herr, du wolltest mir von meiner guten Gebieterin erzählen!“

Eigentlich hatte ich viel Nötigeres zu tun, aber sie verdiente es, dass ich ihren Wunsch erfüllte. Ich gab ihr so ausführlich Bericht, wie die gegenwärtige Lage es erlaubte. Die Nachricht vom Tod ihrer Herrin wollte ihr das Herz brechen. Sie weinte halblaut vor sich hin. Dann erzählte sie mir von ihrer Vergangenheit, wie sie von ihrem damaligen Herrn fortgejagt worden und nach verschiedenen Schicksalen zu dem Fruchthändler in Melnik gekommen sei.

Das tat ihr wohl und darum hörte ich ihr willig zu, obgleich ich mit meiner Ungeduld zu kämpfen hatte. Leider musste ich die gute Seele endlich doch unterbrechen und sie auf die Gegenwart aufmerksam machen.

„O Isa, Jussuf, Marjam!“, sagte sie da. „Ich denke nur an mich, aber nicht an dich! Kann ich dir einen Dienst erweisen? Ich will es gern tun.“

„Du kannst es. Hast du vielleicht den Namen Manach el Barscha oder Barud el Amasat gehört?“

„Ja. Diese beiden waren mit noch einem Dritten bis heute bei meinem Herrn.“

„Bis heute? Wo sind sie jetzt?“

„Fort.“

„Wohin?“

„Das weiß ich nicht. Es kamen die zwei Männer, von denen ich dir gesagt habe. Es wurde heimlich gesprochen und dann ritten die drei fort. Darauf wurde der Fuhrmann geholt. Sie wussten nicht genau, wann und woher ihr kommen würdet. Sein Knecht musste sich auf dem Weg nach Nevrekup, der unsrige aber auf dem Weg nach Vessme und Wlakawitza aufstellen. So konntet ihr ihnen nicht entgehen. Ich hörte, dass du ein Christ seiest und dass man sich an dir rächen wolle. Du sollst bei dem Fuhrmann wohnen und dann wollen sie bestimmen, was sie tun werden. Das erlauschte ich nur nach und nach und beschloss, dich zu warnen. Jetzt bin ich ganz glücklich, dies getan zu haben, und ich wollte, ich könnte noch mehr für dich tun!"

„Ich danke dir! Ich weiß nicht, wie lange ich hier bleibe und ob ich dich noch einmal sehen werde. Erlaube mir, dass ich dir ein Andenken gebe an den fremden Mann, dem du dein Wohlwollen geschenkt hast!"

Ich gab ihr das für sie vorher hervorgesuchte Geschenk in die Hand. Sie sagte nichts dazu. Es war dunkel und sie mochte wohl den Gegenstand erst betasten. Dann aber erklang es, fast zu laut:

„O Gott! Ein Rosenkranz! O Herr, wie bist du doch so gütig! Ich werde bei jedem Gebet deiner gedenken. Aber was soll ich heute für dich tun?"

Das Geschenk hatte sie in eine Art von Begeisterung versetzt. Sie befand sich in der Stimmung, sich sogar in Gefahr zu begeben, wenn ich es verlangt hätte.

„Meinst du, dass es unmöglich sei, zu erfahren, was sie beschließen?", fragte ich.

„Das wird schwer sein. Ich habe Matten und Wein in die Erker schaffen müssen. Dort werden sie ihre Unterredung halten und da sind sie nicht zu belauschen."

Mit dem Wort ‚Erker' meinte sie wohl eine Giebelkammer. Die Schurken verfuhren mit großer Vorsicht.

„Trinken sie denn Wein, sie, die Anhänger des Propheten?"

„Oh, sie trinken oft, bis sie keinen Verstand mehr haben, nur darf es kein anderer wissen. Die Kammer liegt ganz versteckt. Man muss auf einer alten Treppe hinaufgehen. Ich wollte wohl lauschen, aber da oben kann man nicht schnell entfliehen. Würde die Tür geöffnet, so wäre ich verloren. Der Herr hat verboten, heute da hinaufzugehen."

„In eine solche Gefahr sollst du dich auch gar nicht begeben! Und doch möchte ich gern wissen, was sie sprechen."

„Da fällt mir ein – ich werde sie doch belauschen! Ich lege mich auf die Decke der Kammer."

„Wie meinst du das?"

„Es gibt da oben einen Taubenschlag. Ich krieche hinein und werde alles hören."

Das war lustig – ein Taubenschlag!

„Kann man denn da hinein?", fragte ich.

„Ja. Es sind seit vielen Jahren keine Tauben drin gewesen. Das Türloch ist so groß, dass ein Mensch ganz gut hineinkriechen kann."

„Aus was besteht der Boden?"

„Aus hölzernen Knütteln, einer neben den andern gelegt."

„Liegen sie fest?"

„Sehr fest, aber es sind doch Lücken dazwischen und man kann ganz gut in die Kammer hinabblicken und alles hören. Da hinauf gehe ich und dann komme ich wieder hierher, um dich zu benachrichtigen."

„Hm! Ich möchte dich nicht zu einem solchen Wagnis veranlassen und sodann ist es..."

„Effendi", fiel sie ein, „ich tue es gern!"

„Das glaube ich dir, aber es könnte vieles gesagt werden, was du nicht recht zu deuten wüsstest. Dein Bericht würde mich dann vielleicht irreführen, anstatt mir zu nützen. Könnte ich selbst hinauf in den Taubenschlag, so wäre es viel besser."

„Es ist sehr schmutzig da oben!"

„Das darf mich nicht abhalten. Die Frage ist nur, ob ich glücklich hinauf gelangen könnte, ohne bemerkt zu werden."

„Das kannst du ganz gut."

„Wieso?"

„Es ist dunkel, sonst würdest du hier an diesem Gebäude eine Leiter sehen. Steigt man da hinauf, so kommt man dahin, wo der Herr das Stroh aufbewahrt, mit dem er handelt. Noch eine kleine Leiter, und du bist oben, wo sich das Heu befindet. Gehst du dann unter dem Dach hin, so gelangst du unter das Dach des Hauptgebäudes und gerade an die Tür des Taubenschlags. Kriechst du da hinein und ziehst die Tür hinter dir zu, so kann kein Mensch auf den Gedanken kommen, dass jemand darin ist. Links von dieser Tür geht eine Stiege hinunter in das Hauptgebäude. Ich werde dich hinaufführen.“

„Gut. Herunter finde ich dann allein.“

„Wenn die Männer wieder herabkommen, so weiß ich, dass du auch fort bist. Dann werde ich wieder hierher kommen. Vielleicht kann ich dir dann noch von Nutzen sein. Soll ich dich jetzt hinaufführen? Die Stunde wird bald vorüber sein.“

„Ja, aber warte vorher noch einen Augenblick!“

Ich kroch in den Stall zurück. Dort stieß ich auf Halef, der sich nicht entfernt hatte.

„Sihdi, ich habe alles gehört“, sagte er.

„Gut, so brauche ich dir keine Erklärung zu machen. Sind Osko und Omar noch nicht da?“

„Nein.“

„Ich habe sie nach Mundvorrat geschickt. Ich weiß nicht, wie das Abenteuer abläuft. Halte die Pferde gesattelt, ganz so, als ob wir sofort aufbrechen wollten, doch muss es möglichst unbemerkt bleiben.“

„Ahnst du Gefahr?“

„Nein, aber man muss auf alles vorbereitet sein.“

„So gehe ich mit hinauf!“

„Das ist unmöglich.“

„Sihdi, es gibt Gefahr und ich bin dein Beschützer!“

„Du beschützt mich am besten, wenn du meine Aufträge erfüllst.“

„So nimm wenigstens deine Gewehre mit!“

„Gewehre in einem Taubenschlag? Unsinn!“

„Ich sehe, dass du zu Grunde gehen willst. Aber ich werde über dir wachen.“

„Tu das, doch entferne dich nicht von den Pferden. Ich habe das Messer und zwei Revolver; das ist genug.“

Jetzt kroch ich wieder in den Hof hinaus. Die Dienerin nahm mich bei der Hand und führte mich zur Leiter. Ohne ein Wort zu sagen, stieg sie mir voran und ich folgte ihr. Oben angekommen, fühlte ich aufgeschichtetes Stroh. Sie zog mich einige Schritte weiter bis zu einer zweiten Leiter, die aber weniger hoch war. Als wir diese erstiegen hatten, befanden wir uns auf – wie es daheim genannt würde – auf dem Hahnebalkenboden des Nebengebäudes. Dort nahm sie mich abermals bei der Hand und zog mich weiter, immer unter dem Dachfirst hin. Wir warteten im Heu. Ich war länger als sie und stieß mehrmals mit dem Kopf an die Sparren und Balken. Sie sagte zwar immer: „Hier war ein Balken!" Aber sie sagte es stets erst dann, wenn ich seine Bekanntschaft bereits gemacht hatte.

Endlich – brr, ging es plötzlich so jäh abwärts, dass wir beide den Halt verloren und miteinander einen Meter tief abwärts rutschten. Das hatte nichts zu sagen. Die Schlittenbahn bestand aus Heu.

Meine Führerin hatte einen Schreckensruf ausgestoßen. Wir lauschten, ob dies gehört worden sei. Als aber alles ruhig blieb, sagte sie leise zu mir:

„Hier gerade vor uns ist der Taubenschlag und links die Stiege. Ich gehe aber nicht hinab, sondern kehre auf demselben Weg zurück, auf dem ich gekommen bin."

„Werden die Männer schon da sein?"

„Nein, sonst würden wir sie hören."

„Das ist gut, sonst hätten sie deinen Schrei vernommen."

„Hier habe ich die Tür geöffnet. Ich gehe, nimm dich in Acht, damit dir kein Leid geschieht!"

Ich hörte sie im Heu zurückklettern; dann war es still um mich her, still und schauerlich finster.

In einem amerikanischen Urwald, des Nachts, hätte ich mich gewiss nicht so beklommen gefühlt wie hier in diesem dunklen, unbekannten und engen Raum. Rechts war Wand, links die Stiege; hinter mir der Heuboden und vor mir eine dünne Holzwand mit einem offenen Türchen, gerade so groß, dass ich mich mühsam hindurchzwängen konnte.

Diese Umgebung war außerordentlich feuergefährlich, aber es war andererseits notwendig, zu sehen, wo ich mich befand. Darum zog ich ein Wachshölzchen hervor und brannte es an. Ich blickte mich schnell außerhalb des Taubenschlags um und leuchtete sodann hinein. Ah, die Alte hatte sehr Recht! Schmutz gab es da in Masse, aber das musste ertragen werden. Glücklicherweise war das Staatskabinett doch so geräumig, dass ich gut Platz fand. Da, rechts, schien ein Stück des Bodens zu fehlen; doch hatte die linke Hälfte ein ganz sicheres Aussehen. Ich kroch also hinein und zog die Tür hinter mir zu. Ich hatte es mir aber noch nicht ganz bequem gemacht, so begann der hier herrschende Geruch seine Wirkung. Ich merkte, dass kein Mensch hier zwei Minuten bleiben konnte, ohne eine ganz Bachsche Fuge herunterzuniesen. Das war höchst gefährlich. Ich suchte mit der Hand umher und fand eine Schnur. Ich zog daran – und wirklich, da öffneten sich zwei Fluglöcher und es drang wenigstens so viel Luft herein, wie ich unbedingt zum Atmen brauchte.

Dieser Luxus machte mich anspruchsvoller. Ich kroch wieder hinaus und holte mir ein Quantum Heu herein, um wenigstens für die Ellbogen eine weichere Unterlage zu haben. Nun hatte ich es so gemütlich, wie ich es hier überhaupt nur haben konnte.

Jetzt wäre es mir lieb gewesen, wenn die Erwarteten gekommen wären, aber meine Geduld wurde leider auf eine harte Probe gestellt. Ich merkte dabei, dass es ohne gewisse Vorkehrungen hier auf die Dauer doch nicht auszuhalten war. Die frische Luft reichte nicht aus. Ich schob die Tür wieder auf. Der Duft des Heus war doch noch besser als das scharfe Aroma des Taubenmistes, in dem ich lag. Um das Niesen zu verhüten, nahm ich mein Taschentuch hervor und band es zusammengelegt über die Nase und hielt dann den Mund möglichst nah an die beiden Fluglöcher.

Hier waren die Vögel des Ölzweiges aus und ein geschlüpft. Ein Blick hinaus belehrte mich, dass ich mich unter dem Giebeldach befand. Der Lärm und die Lichter des Jahrmarkts drangen zu mir herauf. Dabei kamen und gingen allerlei Gedanken. Meines kleinen Halef berühmter Kara Ben Nemsi Effendi im Taubenschlag! Ein Weltläufer in der Fremde hier im Taubenschlag? Ja, das war ja ganz wie in jenem berühmten Gedicht vom Schneider, der in die Fremde wandern soll, sich aber vor dieser so fürchtet, dass er unmöglich fortzubringen ist und seine Mutter ihn im Taubenschlag versteckt.

An diese romantische Heldenballade musste ich denken. Ich lachte dabei fröhlich vor mich hin, das verursachte eine zitternde Bewegung meines Körpers, die sich auch dem Boden mitteilte – er krachte.

Eigentlich hätte mich dies misstrauisch machen sollen; aber die Hölzer hatten vorher meine viel kräftigere Bewegung ausgehalten und so war also gar kein Grund zur Besorgnis vorhanden. Selbst wenn die Festigkeit des Taubenschlags nicht auf Jahrtausende berechnet sein sollte – ich lag ja still, es konnte nichts geschehen.

So hielt ich es fast bewegungslos wohl eine Stunde aus und meine Lage wurde immer unbehaglicher. Da ich die Nase zugebunden hatte, holte ich durch den Mund Atem. Der scharfe, ätzende Staub drang mir in die Kehle und reizte zum Husten. Ich konnte mir doch nicht auch noch den Mund verbinden!

Da – endlich – erschallten unter mir Schritte und Stimmen. Man öffnete die Tür, es wurde Licht und es traten zwei, vier, fünf, sechs Männer ein, die sich auf die auf dem Boden ausgebreiteten Strohdecken niederließen.

Jetzt, da das Licht von unten herauf durch meine Knüppelunterlage leuchtete, erschien mir diese gar nicht mehr so recht zuverlässig. Es gab da ganz bedeutende und beängstigende Lücken. „Sehr fest“, hatte die Alte gesagt. Ich fand dies ganz und gar nicht.

Der Regen war durch das arg beschädigte Dach gedrungen, hatte den Mist durchnässt und ihn zu einer ziemlich zusammenhängenden Kruste gemacht. Das mochte der Grund sein, dass er überhaupt noch vorhanden und nicht längst hinunter in die Kammer gefallen war.

Nun aber hatte ich mich auf der Kruste bewegt, die Wirkung konnte verhängnisvoll für mich werden. Ich erblickte zu meinem Schrecken den weißgrauen, stellenweise fingerhohen Überzug, den die Gegenstände da unten erhalten hatten, und dazu siebte ununterbrochen ein feiner Staubregen nach. Das wurde dann erst deutlich bemerkt, als sich die Männer niedergesetzt hatten.

Derjenige, welcher das Licht in der Hand gehabt hatte, ein langer, spindeldürrer Mensch, jedenfalls der Wirt, blickte zornig nach oben und sagte:

„Verdammnis über die Katze! Ich schlage sie tot."

Man kann sich denken, dass ich mich nicht rührte; ich wagte kaum, zu atmen.

Neben dem Wirt saß mein liebenswürdiger Gastfreund, der Fuhrmann, dann folgten Saban, der Bettler, und der Bruder Deselims aus Ismilan. Der Bettler hatte den einen Arm verbunden und eine tüchtige Beule an der Stirn. Es schien, dass er dem wackeren Schmied nur nach einem Kampf entkommen war. Die beiden anderen Männer hatte ich noch nicht gesehen. Sie trugen die Koptscha, waren also auch Eingeweihte und hatten Physiognomien, die man am besten mit dem Wort ‚Ohrfeigengesichter' bezeichnet. Der eine hatte außer den gewöhnlichen Waffen noch etwas an dem zerfetzten Gürtel hängen, was ich für eine Schleuder zu halten geneigt war. Ich wusste damals nicht, dass diese Waffe in jenen Gegenden noch heute in Gebrauch ist.

Diese beiden Männer verhielten sich schweigend, nur die anderen sprachen.

Der Bettler erzählte das Ereignis in der Waldhütte und berichtete dann von unserem nächtlichen Zusammentreffen und wie er in meine und des Schmiedes Hände geraten war. Als an das Pferd gefesselter Gefangener hatte er widerstandslos folgen müssen, bis sie am frühen Morgen ein Dorf erreicht hatten und da bei einem Bekannten des Schmieds eingekehrt waren. Dort aber hatte sich ein Freund des Bettlers auf Besuch befunden und ihn von seinen Fesseln frei gemacht, sodass es ihm geglückt war, auf dem Pferd davon zu reiten. Der Schmied hatte ihn dann verfolgt und auch erreicht. Es war zu einem Handgemenge gekommen, bei dem der Bettler zwar einige derbe Jagdhiebe erhalten hatte, aber doch noch entwischt war. Natürlich hatte er nun in höchster Eile seinen unterbrochenen Ritt nach Ismilan fortgesetzt und dort im Einkehrhaus vernommen, ich sei da gewesen, aber bereits wieder aufgebrochen.

Als der Bruder Deselims erfahren hatte, ich trüge die Schuld, dass sein Bruder den Hals gebrochen hatte, war er mit dem Bettler sofort zu Pferd gestiegen, um mir zu folgen. Er wusste ja, dass ich in Melnik bei dem Fruchthändler einkehren würde und da ganz sicher zu finden wäre.

Unterwegs waren sie dem abgelohnten Führer Albanis begegnet, der ihnen alles Weitere erzählt hatte. Sie erfuhren, dass wir einen Umweg eingeschlagen hatten, und beeilten sich, vor uns in Melnik anzukommen, was ihnen auch gelungen war, da sie das Pferd des Bettlers gegen ein besseres vertauscht hatten.

Sie hatten Barud el Amasat, Manach el Barscha und den mit diesen beiden davongelaufenen Gefangenenwärter in Melnik bei dem Fruchthändler angetroffen und von allem unterrichtet. Die drei waren sofort aufgebrochen, um von uns nicht erwischt zu werden, hatten sich aber vorher das feste Versprechen geben lassen, dass man uns an einer weiteren Verfolgung hindern würde.

Man hatte an den beiden östlichen Ausgängen der Stadt auf uns gewartet, um uns bei dem Fuhrmann einzuquartieren. Das Weitere sollte nun besprochen werden.

„Es versteht sich", sagte der Fruchthändler, „dass diese Hunde unsere Freunde nicht erreichen dürfen."

„Nicht erreichen?", meinte der Ismilaner. „Nur das willst du verhindern? Weiter soll nichts geschehen? Hat dieser Fremde nicht meinen Bruder getötet? Hat er mich nicht betrogen und mir unsere Geheimnisse entlockt? Hat er sich nicht in den Besitz der Koptscha gesetzt, sodass ich ihn nicht nur für einen der Unseren, sondern sogar für einen der Anführer gehalten habe? Er wird unserem Bund den größten Schaden bereiten, wenn wir ihn fortreiten lassen. Er muss bleiben!"

„Wie willst du ihn dazu bewegen?"

„Wie? Das fragst du noch?"

„Ja, ich frage es."

„Nun – durch schöne Worte und freundliche Vorspielungen bringen wir ihn nicht so weit. Wir müssen Zwang anwenden. Das können wir auf zweierlei Weise tun. Entweder klagen wir ihn an, sodass er hier gefangen genommen wird, oder wir selbst halten ihn fest."

„Wessen willst du ihn anklagen?"

„Gibt es nicht der Gründe genug?"

„Es wird kein Grund etwas nützen. Du hast mir ja gesagt, dass er drei Papiere besitzt: eine Teskere, ein Bujrultu und auch einen Ferman. Er steht nicht nur unter dem Schutz der Behörde, sondern ist sogar ein Empfohlener des Großherrn. Wenn man ihn festnehmen will, so wird er seine Pässe vorzeigen und man wird ihm eine Verbeugung machen und ihn nach seinen Befehlen fragen. Ich kenne das. Und selbst wenn er arretiert würde, so könnte er darüber lachen. Er ist ein Franke und wird sich auf seinen Konsul berufen. Und fürchtet sich auch der Vizekonsul vor uns, so gibt es einen Generalkonsul, dem es gar nicht einfallen wird, auf uns zu hören."

„Du hast Recht. Wir werden also handeln."

„Aber wie?"

Da machte der Bettler eine energische Handbewegung und sagte:

„Was verliert ihr so viele Worte? Er ist ein Verräter und

ein Mörder. Gebt ihm eine Messerklinge in den Leib, da wird er schweigen und kann nichts ausplaudern."

„Du hast Recht", stimmte der Ismilaner bei. „Mein Bruder ist tot. Blut um Blut! Ihr habt sein Pferd gelähmt, damit wir ihn schnell einholen. Warum soll er überhaupt von hier fort? Mein Messer ist scharf. Während er schläft, schleiche ich mich zu ihm und stoße ihm die Klinge ins Herz. Dann ist unsere Rechnung ausgeglichen."

Da entgegnete der Fuhrmann hastig:

„Das geht nicht! Ich bin euer Freund und Helfer; ich bin bereit gewesen, ihn bei mir aufzunehmen, damit wir ihn genau beobachten können; ich will auch weiter das Meine tun. Aber bei mir darf er nicht sterben. Ich will nicht vor dem Richter erscheinen, weil ein Schützling des Großherrn bei mir ermordet wurde."

„Feigling!", brummte der Ismilaner.

„Schweig! Du weißt, dass ich nicht feig bin. Ich habe bereits genug Schaden, da mein Knecht schwer verletzt ist. Ich glaube sogar, dieser Fremdling ahnt, was wir getan haben."

„Wie kann er es ahnen?"

„Er sprach von Stecknadeln. Vielleicht hat er gar die Nadel im Fuß des Pferdes entdeckt. Diese ungläubigen Frankenhunde haben die Augen des Teufels. Sie sehen alles, was sie nicht sehen sollen."

Da legte der eine der beiden Männer, die mir unbekannt waren, den Tschibuk[1] weg.

„Macht es kurz! Worte sind für Kinder und Weiber; wir aber sind Männer und wollen Taten verrichten. Manach el Barscha will in der Ruine von Ostromdscha auf uns warten, damit wir ihm sagen, wie wir diese Hunde unschädlich gemacht haben. Ich muss ihm mit meinem Bruder hier die Botschaft bringen und habe nicht Lust, eine Ewigkeit zu warten."

Diese Worte waren mir natürlich von größter Wichtigkeit, da sie mir sagten, wo ich die Flüchtlinge suchen musste. Nun

[1] Langstielige türkische Tabakspfeife

harrte ich in höchster Spannung des Entschlusses, der gefasst werden sollte. Es verursacht ein gar eigentümliches Gefühl, zu hören, dass es einem an den Kragen gehen soll.

Natürlich war ich bemüht, mir kein Wort entgehen zu lassen. Umso ärgerlicher war es, dass ich gerade jetzt draußen ein Rascheln im Heu vernahm. Ich hob den Kopf empor. War das vielleicht die Katze, von der der Hausherr gesprochen hatte? Das Tier spazierte zu einer Zeit hier oben herum, die mir gar nicht ungelegener sein konnte. Unten erhoben sich laute Stimmen. Fast noch lauter aber wurde es in diesem Augenblick vor dem Taubenschlag. Es gab einen sehr geräuschvollen Rutsch – plumps – ein ärgerliches „Ah!“, und dann war es draußen still, unter mir aber auch.

Ein Blick, den ich hinunterwarf, zeigte mir, dass alle horchten. Auch sie hatten das Geräusch vernommen. Es war ein Glück, dass sie eben jetzt lauter als vorher gesprochen hatten.

„Was war das?“, fragte der Bettler.

„Wohl die Katze“, antwortete der Fruchthändler.

„Hast du so viele Mäuse da oben?“

„Mäuse und Ratten.“

„Aber wenn es ein Mensch gewesen ist, der uns belauscht!“

„Wer sollte das wagen?“

„Sieh doch lieber einmal nach!“

„Es wird nicht nötig sein, ich will es aber tun.“

Er stand auf und verließ die Kammer. Jetzt befand ich mich in Gefahr. Ich zog die Beine möglichst an mich. Er hatte zwar kein Licht bei sich; aber wenn er fühlte, dass die Tür zum Taubenschlag offen war, schöpfte er wohl Verdacht und griff hinein. Ich hörte die Stiege knarren. Er kam wirklich herauf – zum Glück aber nicht ganz.

„Ist jemand da?“, fragte er.

Niemand antwortete, aber es raschelte leise im Heu, sodass auch er es sicher hörte.

„Wer ist da?“, wiederholte er.

„Miau!“, antwortete es jetzt.

Und darauf erfolgte ein zorniges Fauchen. Es war wirklich die Katze, der er vorhin die Verdammnis angewünscht hatte. Er brummte unmutig einige Worte in den Bart und kehrte dann in die Kammer zurück.

„Habt ihr es gehört?“, fragte er. „Es war das Vieh.“

Jetzt fühlte ich mich beruhigt – aber nicht für lange Zeit, denn als das Gespräch wieder begann, hörte ich ein leises, streichendes Geräusch hinter mir, als ob jemand mit der tastenden Hand die Räumlichkeit untersuchte. Ich horchte auf. Ah, da fühlte eine Hand an meinem Fuß.

„Sihdi!“, flüsterte es.

Jetzt kannte ich diese Katze.

„Halef?“, antwortete ich so leise wie möglich.

„Ja. Habe ich die Stimme der Katze nicht prächtig nachgeahmt?“

„Mensch, was fällt dir ein! Du bringst dich und mich in die allergrößte Gefahr!“

„Musste ich nicht? Du bliebst so lange fort! Ich hatte Sorge um dich. Wie leicht konnte man dich erwischen!“

„Das hättest du abwarten sollen!“

„So! Soll ich warten, bis man dich getötet hat? Nein, ich bin dein Freund und Beschützer.“

„Der mich aber in Verlegenheit bringt. Verhalte dich jetzt ganz ruhig!“

„Siehst du sie?“

„Ja.“

„Und hörst du sie?“

„Ja, doch!“, antwortete ich ungeduldig. „Aber ich werde sie nicht hören, wenn du weiter plauderst.“

„Gut, ich schweige. Aber zwei hören mehr als einer. Ich lausche auch – ich komme hinein.“

Ich hörte, dass er Anstalt machte, in den Taubenschlag zu kriechen.

„Mensch, bist du des Teufels?“, raunte ich ihm zu. „Ich kann dich nicht brauchen. Bleib draußen!“

Leider aber hatte eben jetzt der Ismilaner seine Stimme so erhoben, dass Halef meine Worte gar nicht verstehen konnte. Er kam zu mir hereingekrochen – wahrhaftig, er kam! Ich gab ihm zwar einen tüchtigen Tritt mit dem Fuß, aber der kleine Kerl meinte es gut – zu gut für die Verhältnisse. Er war ganz erpicht darauf, den Lauscher zu machen, und mochte glauben, dass der Fußtritt nur eine ganz zufällige Bewegung von mir gewesen sei.

Jetzt war er da. Ich drückte mich so weit nach links, wie es mir möglich war.

„O Allah! Wie stinkt es hier!", flüsterte er.

„Her zu mir! Hierher, hierher, ganz zu mir!", gebot ich ihm. „Dort rechts brichst du durch!"

Er machte eine hastige Bewegung zu mir herüber und hatte dabei ganz sicher eine Menge Taubenmist aufgewühlt, denn unten fluchte der Fruchthändler:

„Zur Hölle mit dieser Katze! Da ist sie jetzt über uns und wirft allen Kot herab!"

„Puh! Ah – oh – uh!", pustete Halef, dem der scharfe Staub in die Nase und Lunge geraten war.

Er hatte sich infolge meiner Aufforderung ganz nahe an mich geschmiegt; darum fühlte ich, dass sein Körper eine krampfhafte, wurmartige Bewegung machte.

„Nimm dich in Acht!", mahnte ich, denn trotz der verbundenen Nase empfand ich einen heftigen Niesreiz.

„Ja, Sihdi! Niemand soll hören – oh – ich – bchch – gchchch – dchchchch – hilf mir, Allah!"

Er kämpfte vergebens gegen den unüberwindlichen Reiz. Ich hörte ein ganz unbeschreibliches, vergebens nach innen gedrängtes Pusten und Keuchen und griff unwillkürlich hinüber, um ihm den Mund zuzuhalten.

„O Allah – Al – ill – ell ah – ha – ha – ha – ha – hab – babziiih, habzuäuuuh!"

Da krachte es los, und zwar so kräftig, so nachhaltig, dass sein ganzer Körper bebte. Aber es krachte auch unter uns. Ich fühlte, dass der ganze Taubenschlag wackelte und bebte.

„Si – Sih – Sihdi, o Mohammed, ich breche durch!“

Der Kleine wollte diese Worte leise sagen, aber da er bereits den Boden unter sich verlor, so stieß er sie in seinem Schreck laut wie einen Hilferuf aus. Er fasste mich am Arm. Ich erkannte, dass er auch mich mit hinunterreißen würde, und riss mich los. Im nächsten Augenblick prasselte es um mich her, als ob das ganze Gebäude zusammenstürze: Ein entsetzliches Gepolter, eine noch entsetzlichere, dicke Dreckwolke – unter mir lautes Schreien, Fluchen, Husten und Niesen – der gute Hadschi war mit der Hälfte des Taubenschlags hinabgestürzt.

Auch ich hing halb in der Schwebe. Ein rascher Schwung brachte mich mit den Beinen zu dem Loch hinaus; nach einer zweiten, krampfhaften Anstrengung stand ich mit dem ganzen Körper draußen. Ich riss das Tuch von der Nase und hustete und nieste, als ob ich es bezahlt bekäme. Jetzt war es ganz gleich, wenn man mich auch hörte.

Unten entstand ein Höllenlärm. Halef befand sich jedenfalls in Gefahr. Das Licht war nicht erloschen. Hatte man ihn ergriffen oder war er so geistesgegenwärtig gewesen, hurtig zu entspringen? Ich rannte, so rasch es die Dunkelheit gestattete, die Stiege hinab. Der Heidenspektakel war mein Führer. Ich fühlte die Kammertür – ich tastete mit der Hand, dass sie von außen verriegelt werden konnte;

man brauchte nur einen an einer Schnur hängenden Holzpflock vorzuschieben. Von innen war sie nicht verschlossen. Ich öffnete. Ein dicker Staub, durch den das Licht der Lampe kaum zu dringen vermochte, wallte mir entgegen.

Ich erblickte, so weit ich die Augen zu öffnen vermochte, ein Chaos von Armen, Beinen und herabgefallenen Holzknüppeln, alle in Bewegung – ein unbeschreiblicher Lärm von hustenden, niesenden, fluchenden Menschen, dazu klatschendes Geräusch, als ob jemand eine Peitsche aus Leibeskräften in Bewegung setzte. Ich merkte, dass diese Leute sich untereinander gepackt hielten, in der Meinung, den unerwarteten Eindringling ergriffen zu haben. Jetzt erschallte Halefs Stimme:

„Sihdi, wo bist du? Bist du auch herunter?"

„Ja, hier!"

„Hilf, hilf! Jetzt haben sie mich!"

Ich sprang nun – ohne weiteres Besinnen – sprang mitten in den Knäuel hinein. Ja, sie hatten ihn. Ich packte ihn mit der Linken, entriss ihn ihren Händen und schleuderte ihn zur offenen Tür hinaus. Einige Faustschläge mit der Rechten – und sie wichen zurück. Sofort war auch ich draußen, warf die Tür zu und steckte den Pflock vor.

„Halef!"

„Hier!"

„Bist du verletzt?"

„Nein. Komm fort!"

„Ja, hier die Treppe hinab!"

Ich erfasste seine Hand und zog ihn nach der Gegend, in der ich die Treppe vermutete. Hierbei leiteten mich Stimmen, die unten erschallten. Man hatte da den Lärm vernommen und kam, um nachzusehen, was es zu bedeuten hatte.

Wir rutschen mehr die Treppe hinab, als dass wir liefen, rissen dabei einige Personen um, kamen glücklich unten an und sprangen über den Hof hinüber, nach der Stelle, wo ich die Bretter locker gemacht hatte. Als wir hindurchgeschlüpft waren und stehen blieben, um auszuschnaufen, sagte der kleine Hadschi:

„Allah sei Dank! Mich bringt kein Mensch wieder in einen Taubenschlag!"

„Es hatte dir niemand befohlen, hinaufzugehen!"

„Du hast Recht. Ich bin an allem schuld. Aber schön war es doch, denn ich habe meiner Peitsche Arbeit gegeben, an die diese Leute noch lange denken werden. Hörst du sie rufen? – Horch!"

„Ja. Man sucht uns. Wo ist Osko? Wo ist Omar?"

„Hier", antworteten die beiden Genannten in der Nähe.

„Sind die Pferde zum Aufbruch bereit?"

„Ja. Wir warten schon lange."

„Hinaus aus dem Stall und fort aus der Stadt!"

Jeder ergriff sein Pferd. Meine Gewehre hingen am Sattel, wie ich tastete. Im Hof stiegen wir auf. Das Tor des Hauses war offen, wir gelangten unangefochten auf die Gasse.

Halef ritt neben mir. Er fragte: „Wohin geht es? Kennst du den Weg? Wollen wir denn nicht jemand fragen?"

„Nein. Es braucht niemand zu erfahren, welche Richtung wir einschlagen. Wir reiten nach Westen. Nur erst zur Stadt hinaus! Dann werden wir wohl einen Weg finden."

„Aber müssen wir denn fliehen? Ist das notwendig?"

„Wir reiten fort, das ist auf alle Fälle gut. Willst du das eine Flucht nennen, so tue es. Ich weiß, wo Barud el Amasat steckt. Er ist nicht hier und wir werden ihn und seine Begleiter aufsuchen."

Bald lag Melnik hinter uns. Als wir heute von der entgegengesetzten Seite in die Stadt geritten waren, hatte ich nicht geahnt, dass wir sie so schnell wieder verlassen würden.

(Gesammelte Werke Band 4 „In den Schluchten des Balkan")

Auf dem Weg nach Ostromdscha

Kara Ben Nemsis Weg führt immer tefer in die ‚Schluchten des Balkan'. Die Gegend ist fruchtbar, es zeigen sich Tabaksfelder, doch trotz des scheinbaren Friedens bleibt die Bedrohung durch die Verbrecher spürbar, die noch immer im Verborgenen ihr Unwesen treiben. Schließlich müssen aber auch die tapfersten Helden auf ihrer Verfolgung der Schurken einmal rasten, und Hadschi Halef Omar nutzt die Einkehr bei einem recht naiven Wirt, um wieder einmal in den höchsten Tönen mit der wundersamen Weisheit seines Sihdi zu prahlen.

Ich war nicht recht befriedigt von meinem Erfolg. Was hatte ich erfahren? Dass der Schut, der geheimnisvolle Anführer aller, die in ‚die Berge gegangen waren', seine Untertanen in sehr strenger Zucht hielt und sogar Widersetzlichkeit mit dem Tod bestrafte.

Ferner wusste ich nun genau, dass Barud el Amasat, Manach el Barscha und der mit ihnen aus Adrianopel entflohene Gefängnisschließer in der Ruine von Ostromdscha zu suchen waren. Aber diese Ruine konnte sehr weitläufig sein. Vielleicht befanden sich die Betreffenden auch nur des Nachts oder überhaupt nur zu gewissen Zeiten dort.

Sodann hatte ich erfahren, dass es einen alten Mübarek gab, einen sogenannten Heiligen, bei dem die Eingeweihten mit Hilfe eines heimlichen Wortes erfahren konnten, wo sich die drei erwähnten Männer befanden. Aber wer war dieser ‚Heilige', der trotz seiner Heiligkeit in dem verbrecherischen Bund der Ausgestoßenen eine Stelle einnahm? Wo war er zu finden? Auch in der Ruine? Und welches war das Wort, mit dem man sich bei ihm legitimieren konnte?

Den ‚Heiligen' getraute ich mich leicht zu finden. Aber das Wort zu erfahren, dies war jedenfalls außerordentlich schwierig, wenn nicht gar unmöglich. Vielleicht gelang es, den Alten zu überrumpeln und ihm dadurch sein Geheimnis zu entreißen.

Jedenfalls aber war ich jetzt überzeugt, dass die beiden Trinker da drin in der Stube für mich bis morgen ganz unschädlich waren. In ganz kurzer Zeit waren sie gewiss so betrunken, dass sie den Verstand verloren hatten. Sie kamen wohl gar nicht dazu, sich Essen geben zu lassen, und wurden in irgendeinem Winkel untergebracht, um dort ihren gewaltigen Rausch auszuschlafen.

Das war natürlich von großem Vorteil für mich, denn auf diese Weise blieben die Gesuchten ungewarnt vor uns und ich konnte die Zeit von heute Nachmittag bis morgen Mittag – denn eher waren die Betrunkenen wohl nicht in Ostromdscha zu erwarten – dazu verwenden, nach den drei Entflohenen zu forschen.

Jetzt nun, da weiter nichts mehr zu erlauschen war, schob ich mich, am Boden kriechend, unhörbar hinter den Weidenbündeln hervor und schlich dann nach der Schlafstube. Sie war von innen verriegelt. Als ich leise klopfte, öffnete Halef. Er befand sich mit den beiden Gefährten und einem Knecht darin.

„Wir mussten natürlich zuriegeln, Sihdi“, erklärte er leise. „Die Halunken hätten ja auf den Gedanken kommen können, nachzusehen, ob sich jemand hier befinde.“

„Ganz recht. Wo sind die Bewohner des Hauses?“

„Sie haben sich versteckt, weil der Wirt erzählt hat, dass alle sich auf dem Feld befänden.“

„So wollen wir aufbrechen. Geh du voran und sorge dafür, dass wir nicht entdeckt werden.“

Der Knecht, an den diese Aufforderung gerichtet war, ließ uns heraustreten, schloss dann die Tür zu, zog den Schlüssel ab und huschte uns voran.

Der andere Knecht, der die Gäste bediente, stand auch bereit. Er ging zu ihnen hinein, um, laut mit ihnen sprechend, ihre Aufmerksamkeit auf sich zu lenken, und so wurde es uns leicht, aus dem Haus hinaus und auf den Hof zu gelangen.

Von hier aus kamen wir dann schnell nach der hinteren

Seite des Gebäudes und wurden von dem Knecht eine Strecke weit auf das Feld geführt, wo der Wirt mit einigen Knechten und mit unseren Pferden auf uns wartete.

„Endlich!“, sagte er. „Dir ist die Zeit wohl nicht so lang geworden wie mir. Nun aber wollen wir aufbrechen. Steigt auf!“

„Vorher will ich bezahlen. Sage uns, was wir dir schuldig sind!“

„Ihr mir schuldig?“, lachte er. „Nichts, gar nichts!“

„Das dürfen wir nicht annehmen!“

„Doch! Ihr wart meine Gäste.“

„Nein. Wir sind ungeladen zu dir gekommen und haben sogar alles, was wir aßen und tranken, von dir verlangt.“

„Effendi, sprich nicht weiter! Tu mir die Schande nicht an, meine Gastfreundschaft von dir zu weisen. Wenn ich zwei solchen Halunken, wie denen in der Stube, gebe, was ihr Herz begehrt, so kann ich wohl euch bitten, so zu tun, als ob ihr bezahlt hättet.“

„Aber gerade das, was diese beiden erhalten, habe auch ich bestellt. Ich habe sogar versprochen, es zu bezahlen.“

„Herr, willst du mich erzürnen? Du willst mir mein Geld wieder verschaffen, und ich soll einige lumpige Piaster von dir für Bier und ein paar Eier verlangen? Das tue ich auf keinen Fall!“

Ich hätte mich gleich beim ersten Wort nicht geweigert und hatte mich nur Halefs wegen nicht sofort beruhigt. Ich wollte sein Gesicht sehen, über das es unaufhörlich zuckte und zerrte. Er mochte befürchten, dass ich doch bezahlen würde. Darum sagte er jetzt hastig:

„Sihdi, du kennst den Korân und alle seine Auslegungen. Warum handelst du gegen diese vom Engel Gabriel diktierten Lehren? Siehst du nicht ein, dass es gottlos ist, eine offene und mildtätige Hand von sich zu weisen? Wer ein Almosen gibt, der gibt es Allah, und wer eine Gabe zurückweist, der beleidigt Allah. Ich hoffe, dass du die Härte deines Herzens bereust und dem Propheten die Ehre gibst.

Steig also auf und kümmere dich nicht um die Piaster, die kein Mensch haben will!"

Das war so ernst und eifrig vorgebracht, als ob es sich um Tod und Leben, um Verdammnis und Seligkeit handelte. Ich gab lachend nach und reichte nur den Knechten ein Bakschisch, eine Kleinigkeit, von der sie entzückt waren. Dann ritten wir davon, zunächst ein Stück hinter dem Dorf hin und dann bogen wir zu der nach Ostromdscha führenden Straße ein, die aber keine Straße war.

Nur sehr kurze Zeit folgten wir ihr, dann aber, als wir das Dorf hinter uns hatten, fragte ich unseren Wirt:

„Ist diese sogenannte Straße der einzige Weg, der nach Ostromdscha führt?"

„Der geradeste ist sie. Es gibt aber noch andere Wege, die freilich längere Zeit erfordern."

„Suchen wir uns einen solchen Weg aus! Ich möchte gern diesen vermeiden."

„Warum?"

„Weil morgen, wenn uns die beiden Kerle nachkommen..."

„Morgen?", unterbrach er mich.

„Ja, sie wollen so lange bei dir bleiben, weil sie nicht zu bezahlen brauchen. Sie erwarten dich nicht vor morgen zurück, weil du zu deinem Geburtstag ihrer Ansicht nach heute Abend tüchtig trinken wirst."

„Diese Schurken! Ich werde sie überraschen und ihnen mitteilen, dass ich heute meinen Geburtstag gar nicht habe."

„Das wirst du wohl nicht tun."

„So? Warum nicht?"

„Weil es auch in deinem Interesse liegt, dass sie nicht vor morgen Mittag nach Ostromdscha kommen. Du wirst das noch erfahren. Wenn sie uns dann nachkommen, könnten sie zufällig erfahren, dass wir doch nach Ostromdscha ritten und nicht nach Doiran. Dies könnte alle meine Pläne zunichte machen."

„Gut! Wenn du es wünschst, so reiten wir anders. Wir werden so reiten, dass wir auf die Straße von Kusturlu gelangen. Dort kennt uns kein Mensch."

Wir bogen also seitwärts ein. Doch war das Ding, das er einen Weg genannt hatte, alles andere, aber kein Weg. Man sah es dem Boden an, dass hier zuweilen Menschen gegangen waren, aber eine Bahn gab es nicht.

Rechts und links waren Felder zu sehen, meist mit Tabak bebaut. Auch einige kleine, kümmerliche Baumwollpflanzungen erblickte ich. Dann gab es wieder braches Land und endlich Wald, durch den wir ritten, ohne einen Pfad zu sehen.

Bisher waren wir schweigsam gewesen, nun aber konnte der ‚Herbergsvater' seine Neugierde nicht länger zügeln. Er fragte:

„Hast du gehört, was ich mit den Rakitrinkern gesprochen habe?"

„Alles."

„Ihre Fragen und meine Antworten?"

„Es ist mir nichts entgangen."

„Nun, wie bist du mit mir zufrieden?"

„Du hast deine Sache vortrefflich gemacht. Ich muss dich wirklich loben."

„Das freut mich sehr. Es war gar nicht so leicht für mich, das Richtige zu treffen."

„Das weiß ich sehr wohl und darum habe ich mich doppelt über deinen Scharfsinn gefreut. Du hast bewiesen, dass du ein tüchtiger Pfiffikus bist."

„Effendi, ich bin entzückt, das aus deinem Mund zu hören, denn ein Lob von dir ist zehnmal mehr wert als eins aus einem andern Mund."

„So? Warum?"

„Weil du ein Gelehrter bist, der alles weiß, von der Sonne herab bis auf das Körnchen im Sand, und ein Held, den noch niemand hat besiegen können. Du kennst Kaiser und

Könige, die dich verehren, und reisest unter dem Schatten des Großherrn, mit dem du von einem Teller gegessen hast."

„Wer hat dir das gesagt?"

„Einer, der es weiß."

Ich ahnte sogleich, dass mein kleiner, sonst so braver Hadschi hier wieder einmal eine seiner Aufschneidereien losgelassen hatte. Er nannte sich meinen Freund und Beschützer und je höher er mich herausstrich, desto bedeutender war der Abglanz, der von mir auf ihn fallen musste. Ein Blick nach ihm zeigte mir, dass er, wohl eine Art von Gewitter ahnend, gleich bei Beginn der Rede des Wirtes ein Stück zurückgeblieben war.

Dass der Wirt meine Frage nicht klar beantwortete, war mir ein Beweis, dass Halef ihm verboten hatte, ihn zu nennen.

„Wer ist es denn, der etwas weiß, wovon nicht einmal ich selbst eine Ahnung habe?", fragte ich weiter.

„Ich soll ihn nicht nennen."

„Gut! So werde ich ihn nennen. Hat er dir seinen Namen gesagt?"

„Ja, Effendi."

„Es ist ein sehr langer. Heißt der kleine Halunke etwa Hadschi Halef Omar – und so weiter?"

„Effendi, frage mich nicht!"

„Und doch muss ich dich fragen."

„Aber ich habe ihm versprechen müssen, seinen Namen nicht zu nennen."

„Dieses Versprechen musst du halten. Den Namen brauchst du nicht zu nennen. Sage nur ja oder nein! War es der Hadschi?"

Er zögerte noch verlegen, aber als ich ihm einen strengen, zornigen Blick zuwarf, antwortete er: „Ja, er hat es gesagt."

„Nun, so will ich dir mitteilen, dass er ein ganz gewaltiger Lügner ist."

„Effendi, das sagst du aus Bescheidenheit!"

„Nein. Lass dir das nicht einfallen. Ich bin ganz und gar nicht bescheiden; das kannst du schon daraus ersehen, dass ich deine prächtige Eierspeise gegessen habe, ohne sie zu bezahlen..."

„Herr, sei still!", fiel er mir in die Rede.

„Nein, ich muss sprechen, um den Fehler dieses Hadschi Halef Omar wieder gutzumachen. Er hat geradezu gelogen. Ich habe den Padischah gesehen, aber nicht mit ihm von einem Teller gegessen. Ich kenne Kaiser und Könige, ja, nämlich dem Namen nach, habe auch wohl einen oder den andern von ihnen erblickt, aber sie verehren mich ganz und gar nicht; sie kennen nicht einmal meinen Namen. Ich bin für sie gar nicht vorhanden."

Er sah mir mit einem Ausdruck ins Gesicht, aus dem ich erkannte, dass er der Aufschneiderei des Kleinen weit mehr Glauben schenkte als meinem offenen Geständnis.

„Und was meine Gelehrsamkeit betrifft", fuhr ich fort, „so ist sie gar nicht weit her. Ich soll alles wissen, von der Sonne bis zum Sandkorn herab? Nun ja, das Sandkorn kenne ich wie jeder andere; aber von der Sonne weiß ich weiter nichts, als dass die Erde sich um sie dreht, wie weit wir von ihr entfernt sind, welchen Umfang, welches mutmaßliche Gewicht, welchen Durchmesser sie hat, wie..."

„Maschallah! Maschallah!", schrie der Mann laut auf, während er mich ganz ängstlich anblickte und sein Pferd von dem meinen wegrückte.

„Was schreist du denn?", fragte ich.

„Das weißt du? Was du jetzt gesagt hast?"

„Ja."

„Wie weit die Sonne von uns entfernt ist?"

„Ungefähr zwanzig Millionen Meilen."

„Dass wir uns um sie drehen?"

„Natürlich!"

„Wie stark und wie dick sie ist, das weißt du auch?"

„Ja."

„Und sogar wie schwer sie wiegt?“

„Ungefähr. Auf eine Million Zentner kommt es dabei gar nicht an.“

Er machte jetzt ein völlig entsetztes Gesicht und hielt sein Pferd an.

„Effendi“, sagte er, „ich bin einmal in Istanbul gewesen und habe dort mit einem gelehrten Derwisch gesprochen, der wieder mit vielen gelehrten Männern anderer Länder zusammengetroffen war. Der hat mir bei dem Propheten und dessen Bart zugeschworen, dass die Sonne und die Sterne nicht so klein sind, wie es scheint, sondern viel, viel größer als die Erde. Sie scheinen so klein zu sein, weil sie unendlich weit von uns entfernt sind. Ich war ganz erschrocken darüber. Du aber willst die Entfernungen wissen und auch alles andere dazu! Kennst du denn auch den Mond?“

„Das versteht sich!“

„Wie weit er von uns entfernt ist?“

„Sechsundachtzigtausend türkische Agatsch.“

„O Allah! Effendi, mir graut vor dir!“

Er starrte mich förmlich an. Da kam Halef herbei, hielt bei uns an und sagte:

„Oh, mein Sihdi weiß noch mehr, noch viel, viel mehr. Er weiß, dass es Sterne gibt, die wir noch gar nicht sehen, und dass es Sterne nicht mehr gibt, die wir noch alle Nächte erblicken. Er hat es mir selbst gesagt und es mir auch erklärt. Ich aber habe es wieder vergessen, denn mein Kopf ist viel zu klein für eine solche Menge von Sonnen und Sternen.“

„Ist das wirklich wahr?“, schrie der Türke laut auf.

„Ja. Frage ihn selbst!“

Da ließ der Mann die Zügel auf die Knie fallen, hob die Hände bis zum Gesicht empor und hielt sie so, dass alle zehn Fingerspitzen nach mir wiesen. Das tut man in der Levante[1], wenn man sich gegen den bösen Blick und Zauberei verteidigen will.

„Nein!“, rief er dazu. „Ich frage ihn nicht. Ich will nichts

[1] Die östlichen Mittelmeerländer

wissen. Ich will ganz und gar nichts mehr erfahren. Allah behüte meinen Kopf vor solchen Dingen und solchen Zahlen. Er würde zerplatzen wie ein alter Mörser, in den man zu viel Pulver gesteckt hat. Lasst uns lieber weiterreiten!"

Er nahm die Zügel wieder auf und setzte sein Pferd in Bewegung. Dabei murmelte er:

„Und da nennst du den Hadschi einen Lügner? Er hat noch viel zu wenig von dir gesagt!"

„Ibarek, was du jetzt von mir gehört hast, das weiß in meinem Vaterland jedes Kind."

„Maschallah! Ich danke für so ein Land, in dem schon die Kinder die Sterne wiegen und messen müssen. Welch ein Glück, dass ich nicht in Almanja geboren bin! Der Schuster, von dem ich das Bier kochen lernte, hat mir davon nichts gesagt, und das war sehr klug von ihm. Lass uns von etwas anderem reden. – Ich sagte, dass dein Lob mich doppelt erfreue, eben weil es aus deinem Mund kommt. Du bist mit mir zufrieden gewesen und das gibt mir die Hoffnung, dass ich mein Geld wieder erlangen werde."

„Wenn mich meine Hoffnung nicht betrügt, so bekommst du es wieder."

„Hoffnung? Du hoffst es bloß?"

„Ja. Was sonst?"

„Du hoffst es nicht, sondern du weißt es genau!"

„Da irrst du dich."

„Nein. Ich kann darauf schwören, dass du es genau weißt."

„Du würdest einen falschen Eid schwören."

„Nein, Effendi! Wer in der Wüste, im Wald und im Feld die Spuren von Leuten lesen kann, die längst verschwunden sind, der weiß auch ganz genau, wo sich mein gestohlenes Geld befindet."

Jetzt wurde ich ernstlich zornig. Der kleine Hadschi konnte mich leicht einmal durch seinen unbedachten Lobeserhebungen in die übelste Lage bringen.

„Das hat dir natürlich Halef auch gesagt?", fragte ich den Wirt.

Er nickte zustimmend.

Jetzt wandte ich mich zu dem Kleinen:

„Halef, warum bleibst du zurück? Komm doch einmal her!“

„Was soll ich, Sihdi?“, frage er freundlich, wie ein Hund, der weiß, dass er gerufen wird, um Prügel zu bekommen, und dabei doch mit dem Schwanz wedelt.

„Die Kurbatsch solltest du bekommen, die Nilpferdpeitsche! Weißt du warum?“

„Sihdi, deinen treuen Halef schlägst du niemals. Das weiß ich genau!“

„Das ist eben das Unglück, dass du meinst, ich könne dich nicht bestrafen. Es gibt aber noch ganz andere Strafen als das Peitschen. Kostentziehung sollst du haben! Nichts zu essen bekommst du, während wir gebratene Hühner speisen!“

Ich sagte das sehr drohend und im Ton des Zorns. Gebratenes Huhn war sein halbes Leben! Er aber antwortete lächelnd:

„Sihdi, lieber äßest du selbst nichts, mir aber gäbst du die ganze Henne.“

„Schweig! Wenn nichts anderes hilft, so jage ich dich fort!“

„Sihdi, du weißt, dass ich dir doch nachlaufen würde. Ich bin dein Diener. Wir haben zusammen gehungert und gedürstet, geschwitzt und gefroren, geweint und gelacht – Sihdi, zwei solche Leute sind nur schwer zu trennen.“

Der gute Kerl hatte freilich Recht. Er wusste ganz genau, was erfolgte, wenn er diese Saite anschlug. Mein Zorn legte sich sofort.

„Aber, Halef, du sollst nicht so flunkern!“

„Sihdi, war es geflunkert? Das habe ich wirklich nicht gewusst. Wie kannst du doch so zornig werden, wenn ich sage, du habest mit dem Sultan von einem Teller gegessen?“

„Es ist ja eine Lüge!“

„Das kannst du nicht behaupten! Hast du nicht in Stambul beim Kasaskeri gespeist?“

„Was hat das aber mit deiner Aufschneiderei zu tun?“

„Gar viel. Speist der Sultan denn nicht einmal auch beim Kasaskeri?“

„Offiziell nicht.“

„Also heimlich. Nun, so habe ich ganz und gar nicht Unrecht. Wie leicht kann der Sultan einmal gerade den Teller, aus dem auch du gegessen hast, schon bekommen haben! Du siehst, Sihdi, dass dein treuer Halef ganz genau weiß, was er sagt. Aber du bist wie die Trüffel, ganz genau so. Sie ist eine große Delikatesse und wird teuer bezahlt, aber sie versteckt sich unter der Erde, weil man ja nicht von ihr reden soll. Ich allein kenne dich, und da ich dein Angesicht wieder freundlich leuchten sehe, so ist mein Herz wieder leicht und froh. Allah gibt Wolken und Allah gibt Sonnenschein. Der Mensch muss nehmen, was Allah gibt.“

Natürlich leuchtete mein Gesicht. Der Kuckuck mag ernst bleiben, wenn man auf eine so geistreiche Weise mit einer Trüffel verglichen wird.

(Gesammelte Werke Band 4 „In den Schluchten des Balkan“)

Die Speisung der sechs Polizisten

Kara Ben Nemsi und seine Begleiter sollen von sechs Polizisten in Ostromdscha festgenommen werden. Was aber tut das Auge des Gesetzes, wenn die Angeschuldigten auf die Aufforderung, sich zu erheben, dasitzen wie ein paar Ölgötzen und sich nicht rühren? Als den ausgehungerten Vertretern der türkischen Gerichtsbarkeit dann noch eine riesige Platte mit duftendem Reis serviert wird, bricht die Moral zusammen. Eine glänzende Abrechnung Karl Mays mit der Gerichtsbarkeit!

Nun überzeugte ich mich, dass die Pferde gut untergebracht waren, und wurde dabei von einer Menge Menschen angestaunt, die durch das nun wieder geöffnete Tor hereingekommen waren. Es schien ihnen unbegreiflich zu sein, dass ein Reiter im Galopp einen Mann zu sich in den Sattel nehmen könne. Oder war ihnen meine Person auch aus anderen Gründen wichtig?

Diese letzte Frage musste ich bejahen, als mir Halef mitteilte, dass ihn einer gefragt habe, ob ich der fremde Hekim sei, der Nebatja über zweihundert Piaster geschenkt und es auch gewagt habe, einen Vogel des Mübarek totzuschießen.

Ich befand mich kaum eine Viertelstunde hier im Han[1] und war bereits ein berühmter Mann. Das war mir gar nicht lieb. Je weniger man auf mich achtete und von mir sprach, desto eher und leichter konnte ich meine Aufgabe erfüllen.

Jetzt begab ich mich ins Innere des Hauses. Es war fast ebenso eingerichtet wie das in Dabila, nur dass es hier Wände aus Backsteinen gab.

Der Türke hatte uns gut empfohlen, denn wir wurden in eine besondere Stube geführt und erhielten zunächst Wasser, um uns vom Staub zu reinigen, und sodann ein Essen, das in Anbetracht der hiesigen Verhältnisse sehr anständig war.

[1] Herberge

Die beiden Schwäger aßen mit. Servietten oder, wie sich Halef ausgedrückt hatte, Brustvorhänge gab es da freilich nicht. Es verstand sich, dass die Rede auch auf den Diebstahl kam, dessen nähere Umstände noch einmal genau durchgesprochen wurden.

Dabei dachte ich daran, dass ich den mitentflohenen Gefängnisschließer noch gar nicht gesehen hatte; die beiden andern kannte ich genau. Darum fragte ich Ibarek:

„Würdest du die drei Diebe wiedererkennen, wenn du sie sähest?"

„Sofort."

„Also hast du sie genau betrachtet. Kannst du mir den Mann beschreiben, der die Kartenkunststücke gemacht hat? Man könnte ihm vielleicht begegnen und ich habe ihn noch nicht gesehen."

„Oh, der ist sehr leicht zu erkennen! Er hat ein Zeichen, das er nicht entfernen kann: eine Hasenscharte im Gesicht."

Jetzt kam ein Knecht herein und flüsterte mit dem Wirt, der sichtlich verlegen wurde und mich ratlos anblickte.

„Was gibt es?", fragte ich.

„Verzeih, Effendi", antwortete er. „Es sind mehrere Saptijeler[1] draußen."

„Wegen uns?"

„So ist es."

„Was wollen sie?"

„Euch verhaften."

„Allah akbar – Gott ist groß!", rief Halef. „Sie mögen hereinkommen! Wir werden ja sehen, wie wir laufen: ob sie mit uns oder wir mit ihnen."

„Ja", stimmte ich bei, „aber lass unsere Pferde augenblicklich wieder satteln."

„Wollt ihr etwa fliehen?"

„Fällt uns nicht ein!"

Er ging hinaus und durch die nun offene Türe traten sechs bis an die Zähne bewaffnete Saptijeler ein. Was ich erwartet

[1] Mehrzahl von Saptije = Polizist

hatte, erfüllte sich. Der Mann, mit dem wir draußen im Busch gesprochen hatten, war bei ihnen. Das war nicht zu verwundern, da wir sehr langsam geritten waren.

Sie pflanzten sich an der Tür auf und unser Bekannter trat vor. Er mochte es sich als wohlverdiente Genugtuung ausgebeten haben, das Wort zu führen. Von seinem früheren Phlegma schien nichts mehr vorhanden zu sein, denn er rief, den Kolben seines Gewehrs auf den Boden stoßend:

„Nun!“

Dieses eine Wort schon sollte uns niederschmettern. Es lag eine ganze Welt voll Freude, Überlegenheit, Hohn und Befriedigung darin. Aber keiner von uns rührte sich. Wir aßen, ohne uns verabredet zu haben, ruhig weiter. Die drei Gefährten folgten eben meinem Beispiel.

„Nun!“, wiederholte der Held.

Als auch darauf keine Antwort erfolgte, trat er einen Schritt näher und fragte mit der Miene eines Lynchrichters:

„Hört ihr etwa nicht?“

Er erhielt eine Antwort, die ebenso außer seiner wie auch außer meiner Berechnung gelegen hatte. Der kleine Hadschi stand nämlich auf, ergriff das große Tellerbrett, auf welchem uns der köstliche, in Fett schwimmende Pilaw[1] vorgesetzt worden war, trat vor ihn hin, hielt ihm den noch für zehn Personen ausreichenden Pilaw entgegen und sagte auch nur dies eine Wort:

„Nimm!“

Beide blickten einander eine Weile in die Augen. Dabei zog der Duft des Lieblingsgerichts aller Türken in die Nase des Saptije; sein strenges Gesicht wurde immer weniger streng. Seine Lippen öffneten sich unwillkürlich, die Nasenflügel zitterten und ein verbindliches Lächeln begann um seinen Mund zu spielen. Die Spitzen seines Schnurrbartes zuckten – es war keine Frage, der Pilaw hatte gesiegt.

Welcher türkische Saptije kann einem in Fett schwimmenden Pilaw widerstehen! Der Mann ließ seine Flinte nie-

[1] Beliebtes orientalisches Gericht aus geschmortem Reis, Fleisch und Gemüse

dergleiten, ergriff das Brett, drehte sich zu seinen Gefährten um und fragte:

„Wollt ihr?“

„Ja, ja!“, antworteten schnell fünf Stimmen.

„So setzt euch nieder!“

Die anderen lehnten ihre Flinten an die Wand und hockten sich zu ihrem Kameraden nieder. Es war eine wahre Lust, zu sehen, wie sie ernst und würdevoll, mit den Mienen griechischer Weltweisen, um das Brett hockten und – mit den Fingern in den Reis langend und ihn in den hohlen Händen zu einer Kugel wickelnd – diese Kugel in die weit aufgesperrten Mäuler schleuderten.

Hadschi Halef hatte sich wieder auf seinen Platz gesetzt und verzog keine Miene.

Da kam der Wirt wieder herein. Als er die kauernde und Reiskugeln rollende Gesellschaft erblickte, verschwand er augenblicklich wieder, denn wäre er nur noch eine Sekunde geblieben, so hätte er in ein schallendes Gelächter ausbrechen müssen.

Als der Pilaw verschwunden war, brachte der würdige Saptije das Brett zurück.

„Wir danken!“, sagte er, legte das Brett auf den Tisch zurück, hob sein Gewehr aus der Stube auf, stellte sich wieder in Positur und sagte mit der Miene eines römischen Diktators: „Nun!“

Ich hielt es jetzt für angebracht, zu antworten.

„Was wollt ihr?“, fragte ich kurz.

„Euch!“, lautete die noch kürzere Antwort.

„Wozu?“

„Zum Präfekten schaffen.“

„Was will er?“

„Euch bestrafen.“

„Wofür?“

„Für die Prügel.“

„Welche Prügel?“

„Die ich bekommen habe.“

„So bist du ja schon bestraft! Wozu sind denn da wir noch nötig?"

Hätte ich das Gesicht, das er jetzt machte, malen können, das Bild würde das kostbarste Andenken an meinen Aufenthalt in der Türkei sein. Es war geradezu unbeschreiblich. Er war vollständig weg. Doch bald kam ihm der Gedanke, dass er doch etwas sagen müsse. Er schnitt ein sehr finsteres Gesicht und rief:

„Geht ihr freiwillig mit?"

„Nein."

„Also mit Gewalt?"

„Nein."

„Allah, Allah! Mit was denn?"

„Mit gar nichts."

Jetzt war es mit seiner Philosophie zu Ende. Er hatte sich den scharfsinnigsten seiner Kameraden genannt; aber es ist ein Unterschied, ob man drei Schimmeln in Gedanken nachläuft oder ob man fünf Männer arretieren soll, die sich durch keine Polizei und überhaupt durch nichts aus der Fassung bringen lassen. Er tat das, was er für das Klügste hielt und was jedenfalls auch das Allerklügste war: Er lehnte sich an die Wand und sagte zu einem seiner Kameraden:

„Rede du!"

Der Betreffende trat vor. Er fing seine Sache ganz anders an. Er schien bedeutende Talente für den Anschauungsunterricht zu besitzen, denn er erhob seine Flinte, schob mir den Kolben fast an die Nase, zeigte ihn dann im Kreis herum und fragte:

„Wisst ihr, was das ist?"

Der Rarität wegen antwortete ich ihm selbst:

„Ja."

„Nun, was denn?"

„Ein Flintenkolben."

„Ja, und daran ist ein Lauf, mit dem man schießt. Verstehst du mich?"

„Ja."

„Nun wisst ihr also alles!“

„Gar nichts wissen wir.“

„Alles!“

„Nein, wir wissen nur, dass man mit deiner Flinte schießen kann.“

„Das ist doch genug. Wir sind gekommen, euch zu verhaften!“

„Ah! Das musst du doch sagen!“

„Das ist ganz selbstverständlich. Wenn ihr nicht sofort mitkommt, greifen wir zu unseren Gewehren.“

„Etwa um uns zu erschießen?“

„Ja.“

„Nun, dazu sind wir bereit. Erschießt uns also!“

Ich nahm meinen Tschibuk und brannte ihn an. Die andern taten auch so und so rauchten wir uns an; die Polizisten aber starrten uns an. So etwas war ihnen noch nicht vorgekommen.

Was ich für ganz unmöglich gehalten hätte, das geschah; der Befehlshaber legte sein Amt nieder. Er drehte sich um, gab einem andern einen Puff in die Seite und sagte:

„Kommandiere du!“

Dieser war sogleich bereit, das freiwillig abgelegte Zepter zu ergreifen. Er trat vor, augenscheinlich im Begriff, eine sehr ernste Rede zu halten. Ich gewann bereits die Überzeugung, dass nach und nach einer dem andern das Kommando übergeben würde, bis alle miteinander, ihrer Misserfolge müde, sich entfernen würden. Aber so wohl sollte es uns nicht werden, denn eben als der dritte Generalfeldmarschall den Mund öffnete, um zu beginnen, wurde die Tür aufgerissen und das Gesicht und die Uniform eines Tschausch[1] kamen zum Vorschein.

„Wo steckt ihr?“

„Hier!“

„Das sehe ich! Wo sind die Kerls?“

„Hier!“

[1] Feldwebel

Dabei zeigte der Antwortende auf uns.
„Warum bringt ihr sie nicht?"
„Sie wollen nicht."
„Warum zwingt ihr sie nicht?"
„Wir konnten nicht."
Diese Fragen und Antworten klappten so exakt und rasch aufeinander, als ob sie einstudiert gewesen wären. Es war zum Totlachen.
„So werde ich euch zeigen, wie man solche Menschen zwingt!"
Er trat näher und zog den Säbel. Seine Augen rollten wie Kugeln und seine langen, gelben Zähne wurden sichtbar.
„Habt ihr's gehört, ihr Halunken, was man von euch will?", schrie er uns an.
Kein Mensch antwortete.
„Ob ihr es gehört habt?"
Alles schwieg.
„Seid ihr taub?"
Es schien so, denn keiner von uns zuckte auch nur mit den Wimpern. Das brachte ihn so in Harnisch, dass er völlig aus dem Gleichgewicht kam. Er holte mit dem Säbel aus, um mir einen Hieb mit der flachen Klinge zu versetzen, und schrie:
„Hund! Du sollst wohl reden lernen!"
Der Säbel sauste nieder – aber nicht auf meinen Rücken, o nein, sondern auf den Boden; der Tschausch aber bemerkte, als er sich ansah, dass er gleichfalls auf dem Boden saß.
Als er fluchend aufsprang und auf uns einstürmen wollte, blieb er dennoch stehen und starrte uns an, wie wenn wir Geister seien. Wir saßen nämlich noch immer da: still, starr, steif und stumm wie die Ölgötzen.
Keiner hatte sich bewegt, nur ich; denn ich hatte ihm mit der Faust den Säbel aus der Hand schlagen und ihm dann einen Hieb geben müssen, der ihn zu Boden fällte. Das war aber so blitzschnell geschehen, dass man es gar nicht rechnen konnte.

Er ließ den Blick über uns hingleiten, von einem zum andern, wandte sich dann um und fragte:

„Waren sie denn vorhin schon so?“

„Ja“, antwortete unser Bekannter aus dem Busch.

„Sie sind verrückt!“

„Gewiss.“

Es herrschte also eine geradezu beglückende Einheit der Ansichten unter diesen lieben Leuten. Sie sahen sich an und schüttelten die Köpfe, und so hätten sie – wer weiß, wie lange – die Köpfe geschüttelt, wenn ich nicht endlich aufgestanden und zu dem Tschausch getreten wäre, um ihn zu fragen:

„Wen sucht ihr hier?“

Sein Gesicht erheiterte sich unverzüglich, denn er erkannte aus dieser Frage doch wenigstens, dass wir ziemlich leidlich reden konnten.

„Euch“, lautete seine kurze Antwort.

„Uns? Wie ist das möglich? Du sprachst doch von Hunden und von Halunken!“

Dabei fasste ich ihn so ins Auge, dass er errötete, wirklich errötete.

„Wer verlangt denn, uns zu sehen?“, erkundigte ich mich weiter.

„Der Präfekt.“

„Wozu?“

„Er hat euch zu befragen.“

Ich sah es ihm an, dass er eine ganz andere Antwort beabsichtigt hatte, aber sie kam ihm nicht über die breiten Lippen.

„Das ist etwas anderes. Vorhin sprach jemand von Bestrafung. Geh also und melde dem Präfekten, dass wir sofort erscheinen werden.“

„Das darf ich nicht, Effendi!“, antwortete er.

„Warum?“

„Ich muss euch mitbringen. Ich soll euch verhaften.“

„Weiß denn der Präfekt, wer wir sind?“

„Nein, Herr."

„So laufe schnell zu ihm und sage ihm, dass wir nicht Männer sind, die sich so ohne weiteres verhaften lassen möchten."

„Das darf ich wirklich nicht. Tu mir den Gefallen und geh mit. Die Herren warten schon lange."

„Welche Herren?"

„Die Beisitzer."

„Ah so! Nun, so will ich aus Rücksicht für diese Herren ohne Säumen aufbrechen. Kommt also heraus!"

Die Saptijeler hatten sich das Verhaften wohl ganz anders gedacht. Ich schritt voran in den Hof, hinter mir kamen die Gefährten und nach diesen die Polizisten. Da standen unsere gesattelten Pferde.

Dem Tschausch schien ein Licht aufgehen zu wollen. Er kam zu mir heran und fragte:

„Warum geht ihr in den Hof? Der gerade Weg führt doch nicht hierher nach den Ställen, sondern dort zum Tor hinaus."

„Habe keine Sorge", antwortete ich. „Wir werden diesen Weg sofort einschlagen."

Schnell trat ich zu meinem Rappen und stieg auf.

„Halt!", rief er. „Ihr wollt uns entfliehen. Herab mit dir! Lasst die andern nicht aufsteigen!"

Seine Leute wollten sich der Pferde bemächtigen und er selbst packte mich bei einem Bein, um mich herabzuziehen.

Da nahm ich den Rappen vorn hoch empor und ließ ihn auf den Hinterhufen einen Kreis beschreiben. Der Tschausch musste loslassen.

„Seht euch vor, ihr Leute!", warnte ich laut. „Mein Pferd wird leicht scheu."

Ich zwang es zu einigen Lançaden[1], sodass es unter die Saptijeler fuhr, die schreiend auseinanderstoben. Dadurch gewannen meine Leute Zeit aufzusteigen, und nun ritten wir im Galopp zum Tor hinaus.

[1] Lançade = bestimmte Sprungart des Pferdes beim Dressurreiten

„Lebe wohl! Auf Wiedersehen!“, rief ich dem Tschausch zurück.

„Dur, dur – halt, halt!“, brüllte er und sprang mit seinen Untergebenen hinter uns her. „Lasst sie nicht fort! Haltet sie auf, die Diebe, die Räuber, die Halunken!“

Leute, uns aufzuhalten, wären genug da gewesen. Die Kunde, dass wir verhaftet werden sollten, hatte sich schnell im Ort verbreitet und eine ansehnliche Menschenmenge herbeigelockt.

Aber diesen braven Untertanen des Beherrschers der Gläubigen fiel es gar nicht ein, Hand an uns zu legen und dadurch vielleicht unter die Hufe unserer Pferde zu geraten. Sie rissen vielmehr schreiend vor uns aus.

(Gesammelte Werke Band 4 „In den Schluchten des Balkan“)

Doktor Morgenstern und der Fleischhacker

Dr. Morgenstern – der nur körperlich kleine, geistig dafür um so mehr nach Höherem strebende Gelehrte aus Jüterbogk – wird durch seinen Wunsch, ein vorsintflutliches Riesentier auszugraben, nach Südamerika verschlagen. Nach turbulenten Abenteuern mit einheimischem Militär lernt Morgenstern in einer Posada den Señor Parmesan kennen, der ein vollendeter Chirurg zu sein vorgibt. Bei seinen potenziellen Patienten ist er aber mehr gefürchtet denn geachtet. Da er nach seinen eigenen Worten „alles heruntersäbelt", laufen die Leute bei seinem Erscheinen in panischer Angst davon.

Sie gingen suchend durch die Straßen und kamen an ein Haus, über dessen Tür auf einem Schild zu lesen war: ‚Posada por pasageros‘[1]. Diese Posada sah freilich gar nicht einladend aus. Das Gebäude bestand aus gestampfter Erde und hatte nur ein Erdgeschoss mit einer breiten, niedrigen Tür und zwei Öffnungen, in denen keine Fenster waren. Nebenan gab es einen von einer Mauer umgebenen Hof, wo man Pferde wiehern hörte. Auf diese Hütte steuerte Fritze zu.

„Da hinein?", fragte der Doktor, indem er ein bedenkliches Gesicht zog.

„Ja", antwortete Fritze.

„Es sieht aber genau wie eine Spelunke aus!"

„Det schadet nichts, wenn wir nur nicht wieder herausjeworfen werden, hier ist alles Spelunke. Also man wieder rin ins Vergnüjen!"

Als sie eingetreten waren, sahen sie, dass das Innere dieses Gasthauses aus nur einem Zimmer bestand. Tische und Stühle gab es nicht, dafür aber mehrere Hängematten und niedrige Schemel. Auf einem derselben saß der Wirt, ein hagerer, schmutziger Mensch, der sich erhob und unter tiefen Verneigungen nach den Wünschen der Señores fragte.

[1] Gasthaus für Fremde

Fritze warf sein Bündel auf den Boden und entgegnete an Stelle seines Herrn:

„Können Sie uns vier Pferde, zwei Reit- und zwei Packsättel verschaffen?"

„Mieten?"

„Nein, kaufen."

„Wohin wollen Sie?"

„Nach dem Gran Chaco, nach Tucumán, vielleicht noch weiter."

„Ich habe sehr feine Pferde zum Verkauf. Bemühen sich Euer Gnaden mit in den Hof!"

Er öffnete eine Seitentür, die in den Hof führte. Die beiden folgten ihm hinaus. In einer Hängematte hatte ein Mann gelegen, den sie gar nicht beachteten. Als dieser von dem Pferdehandel hörte, sprang er aus der Matte und folgte ihnen. Draußen standen zwölf abgetriebene und halb verhungerte Gäule, deren Aussehen aber so verkümmert war, dass selbst der Doktor, obgleich er nichts von Pferden verstand, kopfschüttelnd meinte:

„Das sollen Pferde sein? Ich würde so ein Tier viel eher für das halten, was der Lateiner *caper* oder *hirvus* nennt."

„Was ist das?", fragte der Wirt.

„Ein Ziegenbock."

„So sind wir fertig. Meine Pferde sind keine Ziegenböcke."

Er wendete sich stolz ab, um in die Stube zurückzukehren. Da stand der Gast, der in der Hängematte gelegen hatte. Dieser betrachtete die beiden Kleinen mit neugierigen Augen. Er war ebenso rot gekleidet wie sie, trug aber lange Stiefel, deren Schäfte seine Oberschenkel bedeckten. Sein Gesicht war so bärtig, dass man davon nur die Nase und die Augen sah. Sein Haar hing unter dem Hut, der auf dem schon beschriebenen Kopftuch saß, lang bis auf den Rücken herab. Dennoch machte er den Eindruck eines Menschen, vor dem man sich nicht zu hüten brauchte. Er verbeugte sich und sagte:

„Señores, ich höre, dass Euer Gnaden nach dem Gran Chaco wollen, und kann Ihnen vielleicht mit meinem Rat dienen. Wo kommen Sie her?"

„Von Buenos Aires."

„Wohnen Sie dort?"

„Nein. Ich bin fremd im Land."

„Ein Fremder? Wo haben Sie Ihre Heimat?"

„In Deutschland."

„Also ein Deutscher! Und was sind Sie? Nehmen Sie mir meine Fragen nicht übel! Ich habe eine gute Absicht dabei."

„Ich bin ein Privatgelehrter, ein Zoologe, und will nach dem Gran Chaco, um dort vorweltliche Tiere auszugraben."

„Ah! Vielleicht ein Mastodon?"

„Hoffentlich!"

„Oder ein Megatherium?"

„Sie kennen die Namen dieser Tiere?"

„Natürlich! Ich bin ein Kollege von Ihnen."

„Was? Auch ein Gelehrter?", fragte Morgenstern verwundert, denn dieser Mann sah wie ein echter Gaucho, nicht aber wie ein Gelehrter aus.

„Allerdings bin ich einer", antwortete er stolz, indem er sich an die Brust schlug.

„Wohl auch Zoologe?"

„Auch, denn ich habe alles studiert. Eigentlich aber bin ich Cirujano[1], wenn Euer Gnaden gestatten."

„Also ein Arzt!"

„Ja. Ich erlaube mir, mich Euer Gnaden vorzustellen. Man kennt mich überall und Sie werden nur deshalb, weil Sie fremd sind, meinen berühmten Namen noch nicht gehört haben. Ich bin nämlich Doktor Parmesan Rui el Iberio de Sargunna y Castelguardiante."

„Danke! Ich heiße Doktor Morgenstern und der Name meines Dieners ist Kiesewetter."

„Zwei schöne Namen, doch darf ich wohl behaupten, dass der meinige wohlklingender ist und sich auch viel

[1] Chirurg, Arzt

leichter aussprechen lässt. Ich bin einer altkastilianischen Adelsfamilie entsprossen. Was sagen Sie zu einer Amputation des ganzen Beines, und zwar in der Weise, dass man erst die Weichteile abschneidet und dann den Kopf des Oberschenkelknochens sehr einfach aus dem Pfannengelenk des Beckens nimmt?“

„Oberschenkelknochen, *os femoris* genannt? Und Becken, *pelvis* geheißen? Ich verstehe Sie nicht Señor. Warum soll denn dem unglücklichen Mann das Bein amputiert werden? Ist er verwundet? Hat er schon den Brand darin?“

„Keineswegs. Das Bein ist kerngesund.“

„Aber weshalb soll es ihm da abgeschnitten werden?“

„Weshalb? Cielo! Welche Frage! Der Mann ist ja ganz munter und wohl. Es fehlt ihm nichts, gar nichts. Ich denke überhaupt gar nicht an einen bestimmten Menschen, sondern ich setzte nur den Fall, verstehen Sie wohl, den Fall, dass ich ein Bein abzunehmen hätte. Würden Sie mir die nötige Geschicklichkeit zutrauen?“

„Ganz gern, Señor. Aber dennoch bin ich herzensfroh, dass Sie nur den Fall setzen. Ich glaubte schon, ich sollte Ihnen helfen und das Bein des Unglücklichen halten.“

„Das ist gar nicht notwendig, denn ich bedarf keiner Hilfe. Ich verfahre mit solchem Geschick und solcher Schnelligkeit, dass der Kranke gar nichts davon empfindet. Erst dann, wenn er geheilt das Lager verlässt, bemerkt er, dass er nur noch ein Bein hat. Und das tue ich nicht nur beim Bein, sondern bei allen Gliedern. Ich sage Ihnen, Señor, ich säble alles, alles herunter!“

Er machte dabei so heftige Armbewegungen, dass der Doktor erschrocken ausrief:

„Mein Himmel! Ich bin gesund, vollständig gesund! Mir brauchen Sie nichts zu amputieren!“

„Leider! Es ist wirklich jammerschade, dass Sie nicht verwundet sind oder einen hübschen Knochenfraß haben. Sie würden sich königlich über die Kunst freuen, mit der ich Ihren Körper von dem betreffenden Glied befreite. Ich habe meine Werkzeuge stets bei mir. Was meinen Sie wohl zum Beispiel vom Heraussägen des Ellenbogengelenks? Haben Sie diese wunderbare Operation schon einmal gesehen?“

„Nein. Und ich versichere Sie, dass sich meine beiden Ellenbogen in vollster Ordnung befinden.“

„Oh, was das betrifft, so würde es nichts schaden, wenn sie durch Schüsse zerschmettert worden oder durch eine veraltete Verrenkung unbrauchbar geworden wären. Ich säge sie Ihnen zu Ihrem eigenen Entzücken heraus, und dann könnten Sie sich Ihrer Arme ganz leidlich wieder bedienen.“

„Das will ich nicht bezweifeln, Señor. Aber dennoch ist es mir lieber, nicht in die Lage zu kommen, sie mir heraussägen lassen zu müssen.“

„So sind Sie zwar ein gelehrter Mann, besitzen aber nicht den Mut, der Wissenschaft ein Opfer zu bringen. Und das ist jammerschade, denn ich säble alles, alles herunter.“

„Ich bewundere Ihre Geschicklichkeit, Señor, habe aber leider keine Zeit, mich weiter über dieses Thema zu verbreiten. Ich suche Pferde für meine Reise, und da ich hier keine passenden gefunden habe, so muss ich jetzt weiter, um...“

„Machen Sie sich keine Sorge“, unterbrach ihn der Chirurg. „Ich stelle mich Ihnen zur Verfügung.“

„Sie? Wissen Sie vielleicht, wo vier kräftige und ausdauernde Tiere zu haben sind?“

„Ich weiß es nicht nur, sondern ich stehe selbst im Begriff, mir eins zu kaufen.“

„Wo ist das?“

„Auf einer kleinen Estanzia[1], die eine halbe Stunde von der Stadt entfernt liegt. Aber es hat keine Eile. Wir können den Handel erst morgen früh tätigen. Ich habe erfahren, dass der Estanziero[2] verreist ist und erst heute Abend wiederkommt.“

„So muss ich mich nach einer anderen Stelle umsehen, denn ich habe keine Zeit zu verlieren.“

[1] Gehöft; Landgut, auf dem besonders Viehzucht betrieben wird

[2] Besitzer einer Estanzia

„Warum? Die vorsintflutlichen Skelette laufen Ihnen doch nicht fort."

„Nein; aber ich will eine Gesellschaft von Männern einholen, die nach Laguna Porongos vorausgeritten sind."

Der Chirurg horchte auf. „Wer ist das? Meinen Sie etwa den Vater Jaguar mit seinen Leuten?"

„Ja, den meine ich. Kennen Sie ihn vielleicht?"

„So genau wie mich selbst. Ich gehöre ja zu ihm. Wir hatten uns hier zu versammeln. Ich wurde aber droben in Puerto Antonio unvermutet aufgehalten, sodass ich zu spät kam. Sie sind schon fort. Ich konnte mir freilich hier sofort ein Pferd kaufen, um ihnen nachzureiten; aber in dieser Stadt findet man kein brauchbares Tier. Darum warte ich lieber bis morgen früh, wo ich ein gutes bekomme und nicht Gefahr laufe, es unter mir zusammenbrechen zu sehen."

Doktor Morgenstern hatte ein gelindes Grauen vor diesem Mann gefühlt, der ‚alles, alles heruntersäbelte'. Jetzt aber freute er sich, ihn getroffen zu haben. Darum fragte er:

„Sie glauben, dass Sie den Vater Jaguar noch einholen werden?"

„Natürlich! Ich kenne den Weg, den er einschlägt, ganz genau."

„Das freut mich außerdordentlich. Würden Sie uns die Erlaubnis, lateinisch *concessio*, erteilen, uns Ihnen anzuschließen?"

„Herzlich gern, Señor, da wir beide Jünger der Wissenschaft, also Kollegen sind und ich mich darauf freue, doch vielleicht eine Gelegenheit zu finden, Ihnen zeigen zu können, dass ich mich selbst vor der schwierigsten Amputation nicht fürchte. Hoffentlich stoßen wir mit feindlichen Indianern zusammen; ich nehme natürlich mit Bestimmtheit an, dass dabei einigen von uns mehrere Glieder zerschmettert werden. Dann sollen Sie sehen, wie ich meines Amtes walten werde. Das wird nur so fliegen, denn ich säble wirklich alles, alles herunter!"

Er fuhr dabei mit beiden Armen durch die Luft, um anzudeuten, dass die Knochen und Fleischfetzen ‚nur so fliegen' würden. Dieser Mann schien dem blutigen Teil seines Berufes mit außerordentlicher Leidenschaft anzuhängen. Trotzdem fühlte sich Morgenstern jetzt nicht mehr dadurch eingeschüchtert. Er begann zu ahnen, dass er es hier mit einer zwar krankhaften, doch ganz ungefährlichen Idee zu tun habe. Darum antwortete er lächelnd:

„So bin ich bereit, mit Ihnen bis morgen zu warten. Aber was tun wir bis dahin? Und wo halten wir uns auf?"

„Wir leihen uns einige Klepper vom Wirt und reiten nach der Estanzia, von wo sie ein Peon[1] zurückbringen wird. Dort essen, trinken, rauchen und schlafen wir."

„Einverstanden, doch rauchen werde ich nicht."

„Welch ein Wunder! Hier raucht alles, Mann und Weib, Kind und Kegel. Warum Sie nicht?"

„Weil ich eine Nikotinvergiftung befürchtete. Hat doch die Wissenschaft nachgewiesen, dass man vom vielen Rauchen den schwarzen Star, Amaurosis genannt, bekommen kann."

„Da müsste man die Zigaretten nicht rauchen, sondern scheffelweise hinunterschlingen. Und selbst dann kämen sie doch nur in den Magen, nicht aber in die Augen. Ich könnte ohne das Rauchen nicht leben. Es regt die Nerven an, erhöht die Lebenskraft, begeistert den Menschen für alles Gute und Schöne und gibt eine so sichere Hand, dass man selbst die schwerste und gefährlichste Amputation mit Leichtigkeit auszuführen vermag. Haben Sie hier in Santa Fe noch zu tun oder können wir bald aufbrechen?"

Morgenstern erzählte ihm in kurzen Worten das hier erlebte Abenteuer und sagte ihm, dass er nur noch seiner Bücher bedürfe, um reisefertig zu sein.

„Die werde ich Ihnen sofort holen, Señor", meinte der ‚Doktor' Parmesan.

„Sie? Damit darf ich Sie doch unmöglich belästigen, Señor."

„Warum nicht? Zahlen Sie mir zwei Papiertaler, so tue ich es gern. Übrigens bin ich den Soldaten und Offizieren

[1] Knecht

bekannt. Man wird keinem anderen Ihre Bücher so gewiss übergeben wie mir."

Also dieser Mann mit dem langen und wohlklingenden altkastilianischen Namen, der sich ‚Doktor' nannte, war bereit, für zwei Papiertaler, also für zweiunddreißig deutsche Pfennige, Gepäckträgerdienste zu leisten! Als er von Morgenstern diesen Betrag erhalten hatte, ging er fort und brachte schon nach kurzer Zeit die Bücher. Dann entfernte er sich abermals, um Papier und Tabak und Zigaretten einzukaufen. Er nahm zu diesem Zweck einen Ledersack mit, den er gefüllt zurückbrachte. Er hatte richtig gesagt, dass hier jeder rauche. Man wird in der Pampa selten einen Menschen sehen, der nicht eine selbst gedrehte Zigarette im Mund hat. Der Wirt war gern bereit, gegen geringe Bezahlung Pferde und einen Peon auszuleihen. Eines dieser Tiere bekam Morgensterns Pakete zu tragen; dann stiegen die Männer auf, um nach der Estanzia zu reiten. Als sie langsam durch die erste Gasse kamen, standen einige Kinder beisammen; sie sahen den Chirurgen und rannten augenblicklich in das nächste Haus, indem sie schrien:

„El carnicero, el carnicero! Huid, huid, del contrario os amputa – der Fleischhacker, der Fleischhacker! Flieht, flieht, sonst zerschneidet er euch!"

Er schien also den Kindern als abschreckender Popanz bekannt zu sein. Das ärgerte ihn aber keineswegs, sondern er sagte in stolzem Ton: „Hören Sie es, Señor? Oh, man kennt mich und meine Fertigkeiten. Mein Ruhm ist über sämtliche La-Plata-Staaten verbreitet!"

Und dieser ‚Ruhm' eilt ihm in der Tat weit voraus, wie der geneigte Leser in der Fortsetzung der südamerikanischen Abenteuer ab Seite 348 feststellen kann.

(Gesammelte Werke Band 39 „Das Vermächtnis des Inka")

Die Geschichte vom Doktor Marterstein

Bei der Verfolgung der Räuberbande im wilden Balkan gerät Kara Ben Nemsi mit den beiden Aladschy, zwei bärenstarken Mitgliedern der Verbrecherorganisation, in Konflikt. Er muss mit den beiden Riesen kämpfen, besiegt sie zwar auch im Faustkampf, verstaucht sich dabei aber einen Fuß und muss sich in medizinische Behandlung begeben.

Endlich kam der Arzt. Aber ich hätte ihn viel eher für einen chinesischen Briefträger als für einen europäischen Äskulap gehalten.

Er war von kleiner Statur und außerordentlich dick. Seine Wangen glänzten wie hübsche Weihnachtsäpfel. Seine kleinen, etwas schief liegenden Äuglein verrieten, dass die Wiege seines Geschlechts von der Stange eines mongolischen Zeltes herabgehangen hatte. Auf dem glatt geschorenen Haupt saß – ein alter, abgegriffener Fes, der an Stelle der Troddel mit einem Bündel roter, blauer und gelber Zigarrenbändchen geschmückt war. Sein kurzer Kaftan reichte ihm nur bis an das Knie, schien aber aus einer einzigen ungeheuren Tasche zu bestehen; denn er war an allen Seiten, oben und unten, rechts und links, hinten und vorn, weit aufgebauscht. Er enthielt jedenfalls die wandernde Apotheke des Arztes.

Zum Überfluss hing diesem Heilkünstler noch ein ziemlich großer, viereckiger Korb an einem Riemen von der Schulter herab, jedenfalls das Behältnis seiner kostbaren Instrumente.

Er hatte dicke wollene Strümpfe mit doppelten Filzsohlen an, und mit diesen steckten die Füße dann in Pantoffeln, die mit großen Zwecken beschlagen waren und zu der Sorte zu gehören schienen, die man sehr drastisch mit den Worten bezeichnet: „in zwei Schritten über den Rhein hinüber“.

Als er eintrat, schnallte er diese Pantoffeln von den Füßen

und kam in den Strümpfen auf mich zu, eine Höflichkeit, die bei ihm chronisch geworden zu sein schien.

Da ich den Fuß im Wasserbad hatte, wusste er natürlich gleich, dass ich es war, der seiner Hilfe bedurfte. Er machte mir eine Verneigung, bei der ihm der Korb nach vorn rutschte, und es schien, als ob der Riemen ihn erwürgen wollte. Ich erwiderte diesen Gruß nach bestem Wissen und Können. Jetzt nahm er den Korb herab, setzte ihn auf den Boden nieder und fragte:

„Sprichst du gern viel?"

„Nein", antwortete ich kurz.

„Ich auch nicht. Also kurze Fragen, kurze Antworten und schnell fertig!"

Eine solche Energie hatte ich dem Dicken gar nicht zugetraut. Mit ihr konnte er in Radowitsch freilich imponieren und gute Geschäfte machen. Er stellte sich breitbeinig vor mich hin, betrachtete mich von oben bis unten und examinierte dann:

„Du bist doch der mit dem Fuß?"

„Nein, der mit zwei Füßen!"

„Was! Alle beide gebrochen?"

Er hatte meine Ironie nicht verstanden.

„Nur einen, den linken."

„Doppelbruch?"

O weh! Er sprach von Doppelbruch! Warum nicht gleich Dezimalbruch! Übrigens war das seine Sache. Von mir konnte er nicht verlangen, zu wissen, wie es mit der Verletzung stand.

„Nur Verrenkung", antwortete ich.

„Zunge heraus!"

Das war noch hübscher! Aber ich tat ihm den Gefallen und zeigte sie ihm. Er betrachtete sie, befühlte sie, schob die Spitze hin und her, auf und ab und meinte dann kopfschüttelnd:

„Gefährliche Verrenkung!"

„Nein, nur unvollständig!"

„Still! Ich sehe es an der Zunge! Seit wann verrenkt?“
„Drei Stunden, höchstens vier.“
„Schon viel zu lange! Kann leicht Blutvergiftung eintreten!“
Fast hätte ich ihm ins Gesicht gelacht; aber ich beherrschte mich und wunderte mich nur darüber, dass das Wort ‚Blutvergiftung‘ sich auch schon im Türkischen eingebürgert hatte.
„Schmerz?“, fragte er weiter.
„Zum Aushalten.“
„Appetit?“
„Stark und vielseitig.“
„Sehr gut, ganz gut! Werden's überstehen. Den Fuß zeigen!“
Er kauerte sich nieder. Da ihm das nicht recht bequem war, setzte er sich ganz neben das Wassergefäß, und ich legte ihm zutraulich den triefenden Fuß in den Schoß.
Er betastete ihn erst leise und dann stärker mit den Fingerspitzen, nickte endlich und fragte mich:
„Schreist du leicht?“
„Nein.“
„Sehr gut!“
Ein schneller Griff, ein kräftiger Ruck, ein leichtes Knirschen im Gelenk – dann sah er mich blinzelnd an.
„Nun, wie war's?“
„Allerliebst.“
„So sind wir fertig!“
„Ganz?“
„Nein. Nun noch verbinden.“
Als Chirurg war er jedenfalls ein ganz tüchtiger Kerl! Wer weiß, wie ein anderer mich gequält hätte, nur um die Sache gefährlicher erscheinen zu lassen und ein besseres Honorar zu verdienen.
„Womit verbinden?“, fragte ich.
„Mit Schienen. Wo ist Holz?“
„Mag ich nicht!“

„Warum nicht?"
„Taugt nichts."
„Taugt nichts! Willst du etwa silberne oder goldene Schienen mit Brillanten besetzt?"
„Nein, ich will einen Gipsverband."
„Gips? Bist du toll? Mit Gips schmiert man Wände und Mauern an, aber keine Beine!"
Hier lag seine schwache Seite. Ich befand mich eben in der Türkei.
„Und mit Gips macht man auch prachtvolle Verbände", behauptete ich.
„Möchte ich sehen!"
„Kannst es sehen. Habe nach Gips geschickt."
„Wie willst du das machen?"
„Warte ab!"
„Wenn du aber keinen Gips bekommst?"
„So mache ich den Verband aus Kleister!"
„Kleister!", schrie er auf. „Willst du mir etwas aufbinden?"
„Nein."
„Das bilde dir auch nicht ein!"
„Oh, wenn ich nur wollte!", lachte ich.
„Was! Ich bin ein Gelehrter!"
„Ich auch."
„Was hast du studiert?"
„Alles!", antwortete ich kurz genug.
„Und ich noch dreimal mehr! Ich kenne sogar das erste Dispensatorium von Sabur Ibn Saheli!"
„Und ich habe das ganze medizinische Wörterbuch von Abdu'l Medschid im Kopf!"
„Ich habe es nicht bloß im Kopf, sondern im ganzen Leib und in allen Gliedern. Ein Verband von Gips oder gar Kleister! Gips ist Mehl und Kleister ist weich und flüssig. Ein Verband muss aber fest sein."
„Gips und Kleister werden fest. Du wirst dich wundern. Überhaupt darf der Verband jetzt noch gar nicht angelegt

werden. Erst muss ich Umschläge machen, bis die Geschwulst sich gesetzt hat und die Schmerzen sich gemildert haben. Verstanden?"

„Allah! Du redest ja wie ein Arzt!"

„Ich verstehe es auch!"

„Nun so renke dir deine Knochen selber ein, wenn du sie dir ausgerenkt hast. Warum ließt du mich holen?"

„Um dir meine Zunge zu zeigen."

„Da ist eine Rinderzunge größer und imponierender. Das merke dir. Mein Besuch kostet zehn Piaster. Du bist ein Fremder und zahlst also doppelt. Verstanden?"

„Hier hast du zwanzig Piaster. Komm mir aber ja nicht wieder."

Er warf das Geld in einen Schlitz seines Kaftans, hängte sich den Korb wieder über die Schulter und ging zur Tür. Dort fuhr er in die Pantoffeln und wollte eben, ohne mich eines Abschiedsgrußes zu würdigen, zur Tür hinaus, als Omar eintrat, mit einem Gefäß in der Hand.

Der Arzt blieb stehen, betrachtete den Inhalt des Gefäßes und fragte:

„Was hast du da?"

„Altschy – Gips."

„Ah, das ist also der Gips, aus dem die Schienen gemacht werden sollen? So eine Verrücktheit, so ein Unsinn; das ist doch so lächerlich, dass nur ein Übergeschnappter daran denken kann!"

Noch hatte Omar die Tür offen, unter deren Öffnung er stand. Jetzt zog er sie hinter sich zu, dass der Arzt ja nicht hinaus könne, setzte das Gefäß auf den Boden nieder, fasste den dicken Mediziner hüben und drüben bei den Armen und fragte:

„Du Molch, wer bist du denn eigentlich?"

„Ich bin der Arzt, verstanden!"

„Na, du magst auch ein schöner Pflasterstreicher sein! Was hast du denn da von Verrücktheit, Unsinn und Lächerlichkeit zu reden? Unser Effendi hat den Gips verlangt;

er braucht ihn und er weiß stets, was er tut. Tausende solcher Wänste wie du haben nicht so viel Klugheit in ihren Köpfen, wie bei ihm an der Spitze eines seiner Haare klebt. Wenn du ihn mit solchen Worten beleidigst, so kannst du sehr leicht in den Quark zu sitzen kommen! Dir sieht man es ja gleich an, dass die Dummheit deine Mutter ist!"

Das war dem Mann der Wissenschaft wohl noch nie widerfahren. Er riss sich von Omar los, trat einige Schritte zurück, holte tief Atem und platzte los, als ob seine Lunge mit Pulver geladen gewesen sei:

„Soll ich dir etwa hier mit meiner Mütze das lose Maul stopfen? Hier hast du sie, du Sohn eines Affen, du Enkel und Urenkel eines Pavian!"

Er riss sich die Mütze vom Kopf, ballte sie zusammen und warf sie Omar ins Gesicht. Dieser ergriff sie, langte mit der anderen Hand in sein Gefäß, füllte sie mit Gipsmehl und sagte:

„Da hast du den Deckel deines durchlöcherten Verstandes wieder!"

Und er warf ihm die mit Gips gefüllte Mütze in das vor Zorn hochrote Angesicht. Der Gips flog aus dem Fes heraus und im nächsten Augenblick sah der Arzt aus wie ein aus weißem Pfefferkuchen gekneteter Weihnachtsmann. Das Gipsmehl war ihm in die Augen geraten. Er wischte und wischte, stampfte dabei mit den Füßen, verlor die Pantoffeln, schrie, wie wenn er am Spieß steckte, und riss endlich, als er wieder sehen konnte, den Riemen seines Korbes über den Kopf von der Achsel herab und wollte den Korb Omar an den Kopf werfen. Dieser aber war darauf vorbereitet und fing den Korb auf; dabei öffnete sich der Deckel und der ganze Inhalt kollerte zu boden: Zangen, Scheren, Spatel, Pinzetten, Schachteln und allerlei anderes Zeug, dabei natürlich das Hauptinstrument, dessen sich ein orientalischer Arzt bedient, die Klistierspritze.

Der gewandte Araber bückte sich schnell und begann den Doktor mit diesen Gegenständen zu bombardieren. Dieser

„Da hast du den Deckel deines durchlöcherten Verstandes wieder!“

konnte in seiner Wut zu keinem anderen Entschluss kommen, als das Recht der Vergeltung zu üben. Er hob die einzelnen Gegenstände, die von ihm ab zur Erde fielen, wieder auf und schleuderte sie mit aller Gewalt auf Omar zurück, wobei er sie mit den Geschossen von Schimpfworten begleitete, in denen er Virtuose zu sein schien und die gar nicht wiedergegeben werden können.

Dieses Bombardement machte einen so komischen Anblick, dass wir andern unwillkürlich in ein schallendes Gelächter ausbrachen. Dieses wurde draußen im Hof vernommen und lockte den Wirt nebst dessen Leuten herbei, die angesichts des sonderbaren Zweikampfes in unser Gelächter einstimmten.

Nun kam Halef auf den Gedanken, seinem Freund und Gefährten zu Hilfe zu kommen.

„Sihdi, tu den Fuß aus dem Wasser!“, sagte er. Bei diesen Worten hatte er auch schon mein Bein erfasst und hob es empor. Er ergriff das Gefäß und eilte damit nach der Tür, um dem Arzt die Flucht abzuschneiden. Dann raffte er die Klistierspritze vom Boden auf und begann den Dicken so eifrig und sicher zielend anzupusten, dass dieser in wenigen Augenblicken triefte wie ein begossener Pudel.

„Schön, herrlich, prächtig!“, rief Omar. „Jetzt soll er auch den ganzen Gips zu kosten bekommen. Spritze nur wacker, Halef!“

Er ergriff das Gefäß und schüttelte das Gipsmehl über sein Opfer aus, während Halef für die nötige Bewässerung sorgte.

Ich wollte Einhalt tun, kam aber vor Lachen gar nicht dazu, denn der Arzt bot einen Anblick, der nicht anders als ‚schauderhaft-schön‘ zu bezeichnen war. Selbst der galligste Melancholikus hätte hier in die Lustigkeit einstimmen müssen. Die Zuschauer schüttelten sich vor Lachen.

Am meisten lachte der Wirt. Er war nicht groß, hatte schmale Schultern, ein ansehnliches, spitzes Bäuchlein und ein Paar dünne Beinchen, die den Leib nur mit Mühe zu tragen vermochten. Sein Stumpfnäschen und sein breiter Mund mit den weißen Zähnen passten ungemein zu dem lustigen Gebaren. Er hatte die Hände gefaltet und unter den wackelnden Bauch gelegt, um diesen zu stützen. Die Tränen standen ihm in den Augen. Er krähte förmlich vor Entzücken.

„Waj, waj, wüdschudum, wüdschudum, karnym, midem, dschigherim, dalaghym, böbreklerim, waj hasmym, ßindirim – o weh, o weh, mein Leib, mein Leib, mein Bauch, mein Magen, meine Leber, meine Milz, meine Nieren! O weh, meine Verdauung, meine Verdauung! Patlarym, patlarym – ich zerplatze, ich zerknalle!“

Er sah auch ganz so aus, als ob seine Haut die erschütterten Körperteile nicht mehr zusammenhalten könne.

Der Jünger Äskulaps hatte sich in die Ecke geflüchtet. Dort stand er und hielt die Ärmel seines Kaftans vor das Gesicht; aber unter diesen Ärmeln heraus schrie, zeterte und schimpfte er mit unversieglicher Kraft. Als die Spritze nicht mehr ziehen wollte, nahm Halef das Gefäß und schüttete ihm den ganzen Inhalt über den Kopf mit den Worten:

„So muss es einem jeden ergehen, der unsern Effendi einen Übergeschnappten nennt. Osko, hole wieder Wasser herein, dass der Sihdi seinen Fuß kühlen kann. Diesen klugen Mann des Pflasters, der Salben und der hölzernen Beinschienen aber wollen wir hier auf diesen Stuhl setzen, um ihm das Antlitz abzuputzen. Halte still, Freundchen, sonst schabe ich dir dein Näschen mit herunter!“

Er hatte den Doktor auf den Stuhl gezogen, dann hob er einen hölzernen Spatel vom Boden auf und begann ihm den Gips aus dem Gesicht zu barbieren. Was er herunterbrachte, strich er ihm in die Ohren, und dabei verfuhr er sehr gemächlich.

Der Barbierte ließ es sich gefallen, schimpfte dabei aber immer weiter. Je mehr seine Zunge von dieser Anstrengung ermüdete, desto gröber wurden die Brocken, die sie über die Lippen stieß. Er brachte die ungeheuerlichsten Beleidigungen zum Vorschein und schien dennoch der Ansicht zu sein, damit noch nicht genug zu tun.

Der Gips erhärtet bekanntlich sehr schnell; schon nach einigen Minuten wird er zur harten Masse. Hier ging dies umso schneller, je rascher die Kleider die Feuchtigkeit aufsaugten. Erst als der Überzug vollständig weiß aussah und fest geworden war, hielt Halef mit dem Schaben inne.

„So!", sagte er. „Ich habe dich gereinigt, denn man soll selbst dem Feind nur Gutes erweisen. Aber mehr kannst du nicht verlangen. Deine Sachen magst du dir selbst zusammenlesen, um sie in den Korb zu tun. Steh auf! Die Kur ist beendet!"

Der Dicke wollte sich von dem Stuhl erheben, fand aber, dass sein Gewand so steif geworden sei, dass es ihn hinderte. Das war auch ein Grund gewesen, dass ich dem Übermut nicht Einhalt getan hatte. Die Möglichkeit, den Gips zum Verband zu verwenden, wurde ihm dadurch *ad oculos* demonstriert.

„Ich kann nicht aufstehen, ich kann nicht aufstehen!", rief er, wobei er alle zehn Finger weit auseinander spreizte. „Mein Kaftan ist wie Glas, mein Kaftan zerbricht!"

Halef fasste den Fes bei der Zigarrenbändertroddel, nahm ihn ihm vom Kopf, auf den er ihn vorhin wieder gestülpt hatte, hielt ihm die Mütze vor die Augen und sagte:

„Sieh, das ist die würdige Bedeckung deines gelehrten Hauptes! Wie gefällt sie dir?"

Der Fes bildete jetzt ein hartes, weißes, glockenförmiges Ding, das genau die Form des Schädels angenommen hatte. Es war zu spaßhaft!

„Mein Mütze, meine Mütze!", rief der Dicke. „Sie hat seit meiner Jugend auf meinem Haupt gesessen, und nun wird die Ehre ihres Alters und die Würdigkeit ihrer hohen Tage von euch Müflisler[1] entweiht! Gib sie her!"

Er wollte nach ihr greifen. Als er den Arm erhob, begann der Gips seines Ärmels zu brechen.

[1] Bankrotte Menschen

„Waj, waj – o weh, o weh!“, schrie er. „Da geht das Heil meines Arms und die Gediegenheit meiner Extremitäten verloren! Was soll ich tun? Ich muss fort. Meine Patienten warten auf mich.“

Er wollte sich erheben; aber als der Kaftan abermals zu prasseln begann, sank er schnell wieder zurück.

„Habt ihr es gesehen? Habt ihr es gehört?“, fragte er in weinerlichem Ton. „Die Umrisse meiner Gestalt und die Linien meines Körperbaus bröckeln ab. Ich fühle, dass auch mein Inneres in Brocken zerfällt. Die Zierlichkeit des Ebenmaßes ist verschwunden und die weiche Rundung der Taille hat sich in schauerliche Falten gelegt. Ihr habt mich zu einer Gestalt ohne Ansehen und zu einem Mann ohne Lieblichkeit gemacht. Die Bewunderung meiner Beschauer wird sich in Lachen und das Wohlgefallen ihrer Blicke sich in Spott verwandeln. Auf der Gasse wird man mit den Fingern auf mich zeigen und im Gemach meiner Teuersten wird die Zärtlichkeit über den Verlust meiner Vorzüge klagen. Ich bin ein geschlagener Mann und kann mich nur gleich hinaus auf den Kirchhof schaffen lassen, wo die Zypresse ihre Tränen weint. O Allah, Allah!“

Sein Zorn hatte sich in Wehmut verwandelt. Der Verlust seiner Eleganz ging ihm nahe. Schon wollte man ihm durch erneutes Lachen antworten, da gebot ich durch eine Armbewegung Schweigen und antwortete ihm:

„Jammere nicht, Hekim! Deine Trauer wird sich in Freude verwandeln, denn du hast hier Gelegenheit gefunden, eine für dich hochwichtige Erfahrung zu machen.“

„Ja, diese Erfahrung habe ich gemacht, aber wichtig ist sie nicht für mich. Ich habe erfahren, dass man sich nicht mit Leuten abgeben soll, die keine Bildung besitzen.“

„Meinst du etwa, dass sie bei dir zu finden sei, Hekim?“

„Ja, denn ich bin der Mann, der die kranken Leiber heilt und die müden Herzen erfrischt. Das ist die wahre Bildung.“

„Du bist der Mann, der dem Patienten sagt, dass seine Zunge nicht so imponierend sei wie die eines Rinds. Wenn du das Bildung nennst, so bist du freilich ein hochgebildeter Gelehrter. Wie du übrigens meiner Zunge ansehen willst, ob die Verrenkung meines Fußes gefährlich sei oder nicht, das begreife ich nicht."

„Du wirst in deinem Leben noch sehr wenig begriffen haben. Das sehe ich dir an. Jedenfalls begreifst du auch nicht, dass ihr mich in eine Lage gebracht habt, die meiner Ehre schadet und mein Ansehen im Lande begräbt."

„Nein, das begreife ich allerdings nicht."

„So ist deine Klugheit so kurz wie ein Tag, deine Dummheit aber so lang wie die Mütewasiler[1], die man um die Erde zieht. Und dennoch rümpfst du die Nase und sitzt da mit einem Gesicht und führst Reden, als ob du ein Professor aller möglichen Weisheiten seist."

„Dir gegenüber bin ich auch ein Professor gewesen, denn ich habe dir praktischen Unterricht in der Lehre des Verbandes gegeben."

„Davon haben ich freilich kein einziges Wort vernommen."

„Ich sprach von einem praktischen Unterricht; da war vom Sprechen keine Rede. Was du jetzt gelernt hast, kann dich zum berühmtesten Hekim aller Länder machen, die der Padischah beherrscht."

„Willst du mich noch verspotten? Wenn du wirklich so weise bist, wie du behauptest, so gib mit einen guten Rat, wie ich aus der Schale des Gipses herauskommen kann."

„Davon nachher! Du hast mich ausgelacht, als ich dir sagte, dass man aus Gips einen Verband herstellen könne, und doch ist er der allerbeste, den es gibt. Du ließest mich nicht zu Wort kommen, darum bist du durch die Tat belehrt worden. Greif deinen Kaftan an! Vorher war er weich, jetzt ist er hart und fest wie ein Stein, so hart, wie ein Verband sein muss, wenn er dem Glied Halt verleihen soll. Merkst du noch nichts?"

Er zog die Brauen empor und blickte mich nachdenklich an. Ich fuhr fort:

[1] Parallelkreise

„Wenn du ein gebrochenes Bein schienst, werden die Schienen das Glied sehr belästigen, weil sie sich nicht seiner Form anbequemen. So ein Verband taugt nichts."

„Aber es gibt keinen andern Verband. Die größten Ärzte des Reichs haben sich ihre Köpfe vergebens zerbrochen, um einen Verband zu finden, der fest ist und doch sich an die Form des Gliedes schmiegt. Ich selbst besitze ein Buch, dessen Titel lautet: Kyryk kemiklerin schifaßi[1]. Da ist zu lesen, dass man diese Brüche nur mit Schienen behandeln kann."

„Wer ist denn der Verfasser des Buches?"

„Der berühmte Arzt Kari Asfan Sulfikar."

„Nun, der hat fast vor zweihundert Jahren gelebt. Damals mag er Recht gehabt haben, jetzt aber würde man ihn auslachen."

„Oh, ich lache ihn nicht aus."

„So passen deine Kenntnisse und Ansichten nur für jene Zeit, nicht aber für die heutige. Es gibt jetzt noch ganz andere Verbände. Hast du vorhin den Fes betrachtet, der jetzt wieder dein Haupt beschützt?"

„Warum soll ich ihn nicht angesehen haben? Diese kleine giftige Kröte hat ihn mir ja nah genug an die Nase gehalten."

„So sage, welche Form er angenommen hat."

„Die meines Kopfes."

„Und zwar ganz genau. So ist es auch mit einem jeden anderen Glied. Wenn ich den Arm gebrochen habe und mir ihn einrichten lasse, so umwickle ich ihn zunächst mit einem dünnen Zeugstoff. Diesen tränke ich sodann mit Gips, den ich in Wasser aufgelöst habe, mache darüber noch mehrere Umwicklungen, deren jede ich abermals mit Gips tränke. Wenn dieser dann trocken und hart geworden ist, so habe ich einen Verband, der sehr fest ist und genau auf die Form des Arms passt."

„Ah ... oh ... aah!", stieß er hervor; erst starrte er mich

[1] Über die Heilung der Knochenbrüche

eine Weile an und wandte sich sodann an Halef: „Gib mir rasch noch einmal meine Mütze herab!“

Der Hadschi tat ihm den Gefallen und hielt sie ihm vor die Augen, wobei er sie nach allen Seiten drehte.

„Noch besser ist es“, fuhr ich fort, „wenn man das Zeug gleich mit dem nassen Gips tränkt und es erst dann um das Glied wendet. Und damit es dann, wenn der Gips erhärtet ist, das kranke Glied nicht drückt, so bringt man zuvor eine Lage Watte an. Dann ruht das Glied weich in dem festen und ganz genauen Verband.“

Wieder sah er mich an und rief endlich aus:

„Ne parlak idschad, ne güsel ichtira – köstliche Entdeckung, herrliche Erfindung! Ich laufe, ich eile; das muss ich mir aufschreiben!“

Er sprang auf, ohne auf die Steifheit seines Kaftans zu achten und sprang zur Tür.

„Warte, warte! Nimm deinen Korb der Werkzeuge mit!“, rief Halef. „Und setze zuvor deine Mütze auf!“

Der Arzt blieb stehen. Er bot einen köstlichen Anblick. Der Gips brach kreuz und quer und bröckelte von ihm herab. Der Kaftan wollte nicht aus den Brüchen und Falten, nicht aus der Haltung, die er während des Sitzens eingenommen hatte. Der hintere, untere Teil starrte nach vorn und hinderte am Gehen. Da kehrte der Dicke dem kleinen Hadschi den Rücken zu, hielt ihm die Arme nach hinten und sagte:

„Zieh an den Ärmeln. Ich muss heraus!“

Halef fasste an und hielt ihn fest. Der Äskulap zog und zog und drängte und fuhr endlich mit solcher Gewalt aus dem gegipsten Kleidungsstück heraus, dass er an die Tür flog und, da er sie schon aufgeklinkt gehabt hatte, durch sie hinaus in den Hof schoss.

„Tekrar gelirim, tekrar gelirim, schimdi tekrar gelirim; ich komme wieder, ich komme wieder, ich komme gleich wieder!“, schrie er, während er zu Boden stürzte, sich schnell wieder aufraffte und dann forteilte.

Die Begeisterung für den Verband hatte ihn ergriffen. Er musste nach Haus, um sich meine Anweisung zu notieren. Dass er die Pantoffeln, den Kaftan, den Fes samt dem Instrumentenkorb zurückgelassen hatte und nun barhäuptig durch die Straßen rannte, das focht ihn nicht an.

Er war jedenfalls mit Leib und Seele bei seinem Beruf, hatte aber leider weiter nichts lernen können, als was andere wussten, die – nichts wussten.

Nun galt es die Stube zu säubern. Der steife Kaftan wurde über die Stuhllehne gehängt und man sammelte die Instrumente. Dann wurde mir mein Stübchen hergerichtet. Osko hatte mir längst wieder Wasser gebracht und ich bemerkte zu meiner Freude, dass die Geschwulst sich minderte. Schmerz fühlte ich gar nicht mehr. Später ließ ich mich in meine Kammer tragen und auf das bereitete Lager betten. Ich machte Umschläge und wollte dann am Abend den Verband anlegen. Dazu war nun allerdings Watte, Gaze und wieder Gips zu holen.

Als ich ungefähr drei Stunden gelegen hatte, hörte ich durch die Tür die Stimme des Arztes.

„Wo ist der Effendi?"

„Da in der kleinen Stube", vernahm ich Halefs Antwort.

„Melde mich an!"

Halef öffnete die Tür und der Arzt kam herein, aber wie!

Er war wie ein Bräutigam gekleidet. Ein blauseidener Kaftan umhüllte den Leib bis herab zu den Füßen, die in feinen Saffianpantoffeln steckten, und das Haupt war geschmückt mit einem blau und weiß gestreiften Turban, an dem eine Granatagraffe glänzte. Seine Miene war feierlich und sein Gang überaus würdevoll. Unter der Tür blieb er stehen, kreuzte die Arme über der Brust, verneigte sich tief und sagte:

„Effendim, ars-y teschekkür we hürmete geldim – mein Effendi, ich mache dir die Visite des Dankes und der Hochachtung. Girmene müßaade eder mißin – erlaube mir, einzutreten!"

Ich neigte feierlich mein Haupt und antwortete:

„Buzur, hosch geldin – tritt näher, du bist willkommen!"
Er machte drei kleine Schritte, räusperte sich und hob an:
„Effendi, dein Kopf ist die Wiege des Menschenverstandes und dein Gehirn beherbergt das Wissen aller Völker. Dein Geist ist scharf wie die Schneide eines Rasiermessers und dein Nachdenken so spitz wie die Nadel, mit der man eine böse Schwäre öffnet. Darum hattest du das Kismet, die große Frage zu lösen, wie die Brüche, Verstauchungen und Verrenkungen zu behandeln sind. Dein Ingenium hat alle Sphären durchmessen und alle Gebiete der Wissenschaft durchforscht, bis es auf den schwefelsauren Kalk gekommen ist, der von unwissenden Barbaren Gips genannt wird. Du hast Wasser dazugetan und ihn umgerührt, damit er seines Kristalls beraubt werde und auf Leinwand gestrichen werden kann, die man um die Gelenke, Knochen und Röhren wickelt, um diesen Halt zu geben, wenn sie dessen bedürfen. Dadurch wirst du im Lauf der Zeit Millionen von Beinen und Armen vor Verkrümmung und Verunstaltung bewahren, und die Professoren der Zukunft werden Piaster sammeln, um dir ein Denkmal zu erbauen, auf dem dein Kopf in Stein ausgehauen oder deine Gestalt in Erz gegossen ist. Auf der Platte des Denkmals wird dein Name in goldener Schrift glänzen. Bis dahin aber soll er in meinem Buch der Notizen stehen, und ich bitte dich, ihn mir zu nennen, damit ich ihn aufschreiben kann."
Er hatte das feierlich, im Deputationston gesprochen. Leider bestand die Deputation nur aus ihm allein.
„Ich danke dir!", antwortete ich ihm. „Die Wahrheitsliebe gebietet mir, dir mitzuteilen, dass nicht ich es bin, der die große Erfindung gemacht hat. In meinem Vaterland ist sie so verbreitet, dass alle Ärzte und Laien sie kennen. Willst du dir den Namen des Erfinders aufschreiben, so sollst du ihn erfahren. Der gelehrte Mann, dem so viele Leute ihre Wohlgestalt zu verdanken haben werden, hieß Mathysen und war ein berühmter Wundarzt im Land Holland. Ich habe deinen Dank nicht verdient, aber es freut mich sehr,

dass die Erfindung dir gefällt, und ich hoffe, dass du sie auch fleißig in Anwendung bringen wirst."

„Dass ich fest entschlossen bin, sie in Anwendung zu bringen, werde ich dir beweisen. Aber den Dank darfst du nicht ablehnen. Wenn du auch nicht der Erfinder selbst bist, so hast du doch diese unvergleichliche Wohltat hier eingeführt. Ich werde den heutigen Tag nicht vergessen und habe zu meiner Freude gesehen, dass mein Kaftan noch vorhanden ist. Er soll von nun an mein Firmenschild sein, und ich werde ihn neben der Tür meines Hauses aufhängen, damit alle, die gebrochene Glieder haben, zu ihrer Beruhigung sehen, dass ich sie mit schwefelsaurem Kalk einwickele. Ich habe bereits versucht, wie es zu machen ist, und bitte dich, mein Werk in Augenschein zu nehmen, um mir meine Zensur zu geben. Willst du das?"

„Sehr gern!", antwortete ich.

Er trat an die Fensteröffnung und klatschte in die Hände. Die Tür zur großen Stube wurde geöffnet und ich hörte schwere Tritte.

„Hier herein!", gebot er.

Zunächst erschienen zwei Männer, die einen großen Kübel trugen, der bis an den Rand mit flüssigem Gips gefüllt war. Der eine hatte auch einen Vorrat von Watte, der ausgereicht hätte, zehn Personen einzuwickeln, und der andere hielt einen Pack Kattun in der Hand. Sie legten ihre Lasten ab und entfernten sich.

Als dadurch Platz entstanden war, kamen abermals zwei Männer herein, die eine Bahre trugen. Darauf lag ein bärtiger Mensch, dessen Leib bis an den Hals zugedeckt war. Sie setzten die Bahre nieder und gingen dann hinaus.

„Hier sollst du die ersten Verbände sehen, die ich anlegte", begann der Arzt. „Ich habe mir das Material gekauft und diesen Arbeiter kommen lassen, damit er mir als Modell diene. Er bekommt für den Tag zehn Piaster und die Kost. Erlaube, dass ich das Tuch wegnehme, und betrachte dir den Patienten."

Er entfernte die Hülle. Als mein Blick auf das Modell fiel, musste ich an mich halten, um nicht herauszuplatzen. O Allah, sah der Mensch aus! Der Dicke hatte sich alle möglichen Brüche und Luxationen gedacht und den armen Kerl entsprechend eingegipst. Aber wie!

Die Achseln, die Ober- und Unterarme, die Ober- und Unterschenkel, sogar die Hüften steckten in Gipsüberzügen, die sicher eine Handbreit dick waren. Auch der Brustkasten war mit einem Panzer versehen, durch den eine Pistolenkugel nur schwer hätte dringen können.

Der Mann lag da wie ein wirklicher Patient, der dem Tod nahe ist. Er konnte sich nicht bewegen; ja, er konnte kaum Atem holen. Und das alles für ungefähr achtzehn Groschen pro Tag. Also tagelang sollte er die Verbände tragen, und wozu?

„Wie lange willst du dieses Experiment währen lassen?", fragte ich.

„So lange, bis er es nicht mehr aushalten kann. Ich will die Wirkung studieren, die der schwefelsaure Kalkverband auf die verschiedenen Körperteile hat."

„An einem Gesunden? Die einzige Wirkung wird die sein, dass er es nicht lange aushalten kann. Was ist denn mit seiner Brust geschehen?"

„Er hat fünf Rippen gebrochen, rechts zwei und links drei."

„Und mit den Achseln?"

„Die Schlüsselbeine sind entzwei."

„Und wie steht's mit den Hüftgelenken?"

„Er hat sich beide Kugeln ausgefallen. Nun fehlt noch eins. Der Unterkiefer hat sich ausgehakt und nun ist eine Mundklemme eingetreten. Wie man das mit Gips verbindet, weiß ich nicht und werde das nun nach deiner Anweisung tun."

„O Hekim, das wird ja nie verbunden!"

„Nicht? – Warum?"

„Hat man die Verrenkung des Unterkiefers eingerichtet, so ist die Sperre beseitigt und es bedarf des Gipses nicht."

„Gut! Wenn es dir beliebt, so wollen wir annehmen, dass ihm der Mund wieder zugefallen ist."

„Sei so gut und mache auch seine Rippen frei! Er schnappt ganz angstvoll nach Luft."

„Wie du willst; ich werde vom Wirt das Werkzeug holen."

Neugierig war ich, was er bringen werde. Bei seiner Rückkehr war ich eben beschäftigt, einen Umschlag um den Fuß zu legen, und sah erst empor, als ich Hammerschläge hörte.

„Um Gottes willen, was machst du denn? Was hast du in den Händen?"

Ich konnte es nämlich nicht sehen, weil er mir den Rücken zukehrte.

„Hammer und Meißel", antwortete er ganz unbefangen.

„Da wirst du ihm die Rippen zerschlagen oder ihm den Meißel in die Brust treiben."

„Ja, was nimmt man denn?"

„Schere, Messer oder eine passende Säge, je nach der Stelle und Stärke des Verbandes."

„Die Knochensäge befindet sich in meinem Korb und ich werde sie holen."

„Bring meinen kleinen Gefährten mit herein. Der mag dir helfen, da ich es nicht kann."

Als Halef kam, genügten einige Winke und er machte sich über die Gipskrusten her, obgleich der Arzt dagegen protestierte. Es war eine harte Arbeit und es dauerte so lange, bis das ‚Modell' von allen Verbänden befreit war, dass inzwischen Licht angezündet werden musste, denn es war Nacht geworden. Der arme Kerl, dem der Arzt nebst allen möglichen Brüchen und Verrenkungen auch noch die Mundklemme hatte aufzwingen wollen, hatte nicht ein einziges Wort gesprochen. Als aber der letzte Verband entfernt war, sagte er zu mir:

„Ich danke dir, Effendi!"

Ein Sprung, und er war hinaus.

„Halt!", schrie der Dicke ihm nach. „Ich brauche dich ja noch! Es geht wieder los!"

Aber dieser Ruf blieb vergeblich.

„Da läuft er hin! Was tue ich nun mit dem schönen Gips, mit der Watte und dem Baumwollstoff?"

„Lass ihn laufen!", antwortete ich. „Was hast du denn gedacht? Mit dem Inhalt dieses Kübels kannst du zwei Häuser angipsen. Einen kleinen Teil davon kann ich brauchen, und ich glaube, dass es nun Zeit sein wird, mich zu verbinden."

„Schön, schön, Effendi! Ich werde gleich beginnen."

„Langsam, langsam! Verfahre genau nach meiner Anweisung."

Der Mann war Feuer und Flamme. Während des Verbindens erzählte er mir von den unglaublichen Kuren, die er schon ausgeführt hatte. Als wir fertig waren, meinte er:

„Ja, das ist freilich etwas ganz anderes! Ich werde nun den Versuchspatienten wieder holen und ihn dir dann morgen herschaffen lassen."

„Und wann willst du ihn verbinden?"

„Heute Abend noch."

„O Allah! Da soll er bis morgen liegen? Du wirst ihn töten. Wenn du dich an ihm üben willst, so darfst du es nicht an allen Gliedern zugleich tun, sondern nur an einem einzigen, und sodann musst du den Verband auch sofort wieder abnehmen, wenn er erstarrt ist. Merke dir übrigens auch, dass man in den Verband Fenster schneiden kann."

„Wozu?"

„Zur Besichtigung und Behandlung einzelner Stellen. Du hast keinen Lehrer, der dich darin unterrichtet, und auch kein Buch zum Studium. Du musst also selbst nachdenken und Versuche machen."

„Effendi, bleibe da und gib mir Unterricht! Alle Ärzte dieser Gegend werden deine Schüler sein."

„Ja, und wir andern geben uns als Modelle dazu her!", lachte Halef. „Das fehlte noch! Du hast genug gelernt an diesem Nachmittag; nun sieh zu, wie du dir weiterhilfst."

„Wenn ihr keine Zeit dazu habt, so muss ich auf den Unterricht verzichten. Und es ist wahr, ich habe heute sehr viel gelernt und weiß gar nicht, wie ich dankbar sein soll. Geld wirst du nicht nehmen. So will ich dir ein Andenken geben, Effendi; du wirst dich darüber freuen."

„Was ist es denn?"

„Mehrere Gläser mit Spiritus und alle Arten von Band- und Darmwürmern, an denen ich sehr große Freude habe. Dir aber gönne ich sie von Herzen."

„Ich danke dir! Die Gläser würden mir während der Reise nur unbequem werden."

„Das tut mir leid; aber du sollst dennoch sehen, dass ich dir dankbar bin. Ich gebe dir das Liebste, was ich besitze: ein Skelett. Ich habe die Knochen selbst abgeschabt, gekocht, gewässert und gebleicht."

„Auch dafür muss ich leider danken."

„Willst du mich beleidigen?"

„Gewiss nicht. Du siehst ein, dass ich kein Skelett zu mir aufs Pferd nehmen kann."

„Das ist freilich wahr. So erlaube mir wenigstens, dass ich dir die Hand recht herzlich drücke."

Der Hekim war, wie die meisten dicken Leute, im Grund ein ganz gemütlicher Mann. Er besaß Lernbegierde und Dankbarkeit und hatte sich seit dem Nachmittag sehr geändert. Er fühlte sich glücklich, als ich ihn einlud, das Abendmahl mit uns einzunehmen, und verabschiedete sich danach mit einer Herzlichkeit, als ob wir alte, gute Freunde wären.

Seine Träger hatten solange warten müssen und schleppten dann ihre Lasten wieder fort. Anstatt des ‚Modells' aber lagen der Instrumentenkorb und der steife Kaftan, den er als Firmenschild benutzen wollte, auf der Bahre.

(Gesammelte Werke Band 5 „Durch das Land der Skipetaren")

Der Kampf mit dem Stier

Doktor Morgenstern, Don Parmesan und ihre Begleiter gelangen auf ihrem Ritt durch die südamerikanische Pampa zu einer Estanzia, auf der gerade das Vieh mit Brandzeichen versehen werden soll. Die Reisenden werden freundlich zum Zuschauen eingeladen. Man macht Morgenstern sicherheitshalber darauf aufmerksam, dass dessen rote Kleidung die Rinder reizen könnte. Doch der Herr Doktor beharrt auf seiner modischen Aufmachung und erklärt sich sogar bereit, der Wissenschaft ein Opfer zu bringen.

Die Rinder wissen genau, dass stets etwas Ungewöhnliches bevorsteht, wenn man sie nach dem Korral bringen will, und weigern sich infolgedessen, ihren Hirten zu gehorchen. So auch hier. Sie versuchten auszubrechen, stets aber waren die kühnen Reiter da, sie mit hochgeschwungenem Lasso oder kreisender Bola daran zu hindern. Die Bola ist ein Wurfgeschoss, das aus drei Blei- oder Eisenkugeln besteht. Jede dieser Kugeln hängt an einem starken, unzerreißbaren Riemen; die Enden dieser Riemen sind zusammengebunden. Der Gaucho nimmt eine der Kugeln in die Hand, schwingt die beiden anderen einige Male zielend um den Kopf und schleudert dann die Bola nach dem Tier, das er fangen will. Er verfährt dabei mit einer solchen Geschicklichkeit, dass die Bola sich um die Hinterbeine des Pferdes oder Rindes schlingt und dieses zu Fall bringt.

Die Tiere kennen diese Schleuderkugeln und fürchten sie ebenso sehr, wie sie den Lasso scheuen. Sooft sie ausbrechen wollten, trieb die Angst vor diesen Waffen sie wieder zurück. So kamen sie, zu beiden Seiten und hinter sich die schreienden Gauchos, mit donnerndem Gestampfe herangebraust. Am offenen Korral angekommen, stutzten sie; als aber ein alter, erfahrener Bulle, der wohl wusste, dass er für sich nichts zu befürchten hatte, hineinrannte, folgten die anderen hinter ihm drein und die Umzäunung wurde sofort geschlossen.

Da sahen die Gauchos die vier Reiter halten. Sie kamen herbeigeritten. Der Majordomo[1] rief, als er den Chirurgen erblickte, fröhlich lachend:

„Cielo, beim Himmel, das ist ‚el Carnicero‘, der Fleischhauer! Willkommen, Señor! Wollen Sie bei uns vielleicht etwas heruntersäbeln? Wir sind alle gesund und munter. Lassen Sie also Ihre Instrumente stecken!“

Dieser Empfang schien den Doktor Parmesan zu verdrießen, denn er erwiderte:

„Lassen Sie solche Scherze, wenn Sie mit einem Caballero sprechen! Wie können Sie mich Carnicero nennen! Ich verbitte mir das! Meine Ahnen wohnten auf altkastilianischen Burgen und Schlössern und haben siegreich gegen die Mauren gekämpft, als von Ihren Vorfahren noch keine Rede war. Für Sie bin ich Don Parmesan Rui el Iberio de Sargunna y Castelguardiante. Das merken Sie sich, Euer Gnaden!“

„Schön, Don Parmesan, ich merke es mir. Übrigens wollte ich Sie keineswegs beleidigen. Sie wissen ja, welche Wertschätzung wir Ihnen widmen, und werden es mir also verzeihen, wenn ich in der Freude über Ihre Ankunft den rechten Ausdruck verfehlte!“

„Das lasse ich mir eher gefallen. Die Reue findet bei mir stets ein versöhnliches Herz. Ich mache Sie bei dieser Gelegenheit darauf aufmerksam, dass man bei einer Trepanation der Hirnschale jetzt nicht mehr mit dem zirkelförmigen Trepanum, sondern mit dem Meißel arbeitet. Man muss...“

„Bitte, davon später!“, unterbrach ihn der Gaucho. „Sie wissen, Don Parmesan, dass wir uns sehr gern von Ihnen belehren lassen; aber Sie haben da Señores bei sich, gegen die wir unhöflich sein würden, wollten wir von Schädelverletzungen sprechen. Darf ich Euer Gnaden um ihre Namen bitten?“

[1] Hausverwalter

„Die Señores sind neue Bekannte von mir, die nach dem Gran Chaco wollen, gelehrte Leute, infolgedessen sind ihre Namen so schwer auszusprechen, dass es mir unmöglich ist, sie Ihnen zu sagen."

„Ich heiße Morgenstern und mein Begleiter Kiesewetter", erklärte der Privatgelehrte. „Wir sind gekommen, um einige Pferde zu kaufen. Hoffentlich sind welche übrig, was der Lateiner *supersum* oder nach Umständen auch *reliquus* nennt."

„Nun, Reliquien sind unsere Pferde nicht. Aber der Estanziero wird Ihnen doch gern einige verkaufen. Leider kommt er erst heute Abend heim. Sie werden bis dahin unsere Gäste sein und können, wenn Sie sich unterhalten wollen, an der Zeichnung der Rinder teilnehmen."

„Außerordentlich gern! Ich habe so etwas noch nicht gesehen!"

„So kommen Sie! Ich werde Ihnen zunächst Zimmer anweisen lassen."

Er ritt voran nach dem Wohngebäude und führte sie in das Zimmer. Der Peon aus Santa Fe wurde abgelohnt und kehrte mit den Pferden nach der Stadt zurück.

Der Besitzer der Estanzia war gewiss ein wohlhabender Mann, dennoch konnte die Einrichtung seiner Wohnung nicht einmal mit der eines deutschen Arbeiters verglichen werden. Die vier Lehmwände waren nackt und leer. Es gab einen alten Tisch, zwei noch ältere Stühle und mehrere niedrige Schemel. Eine Gitarre hing in der Ecke. Das war alles. Der Majordomo lud zum Sitzen ein und begab sich nach der Küche, um den üblichen Mate zu holen, der dort zu Lande jedem Gast sofort vorgesetzt wird.

Mate ist Paraguay-Tee; er wird aus den Blättern und Stängeln von *Ilex paraguyensis* gewonnen und hat die Form eines groben Pulvers. Man tut eine Prise davon in einen kleinen, ausgehöhlten Flaschenkürbis und gießt kochendes Wasser darauf. Der Tee wird nicht getrunken, sondern mittels einer dünnen, metallenen Röhre, Bombilla genannt, aus dem Kürbis gesogen. Da die Bombilla sehr heiß wird, verbrennen sich Ausländer, welche diese Art des Trinkens nicht gewöhnt sind, gewöhnlich Lippen und Zunge, bis sie gelernt haben, vorsichtig zu sein.

Solchen Mate bekamen die drei Gäste. Der Chirurg sog das Getränk mit Vorsicht in den Mund, auch Fritze war lange genug im Lande gewesen, um zu wissen, dass er sich in Acht zu nehmen habe. Der Doktor aber brachte dem Mate sofort den Tribut, den ihm in der Regel jeder Ausländer bringt. Die Bombilla war heiß und er sog zu kräftig, infolgedessen bekam er zu viel des heißen Tees in den Mund. Er verbrannte sich, und da er es für unanständig hielt, den Mate auszuspucken, schluckte er ihn hinab. Natürlich verbrannte er sich auch den Schlund und rief, indem er sein Gesicht schmerzlich verzog:

„O weh, meine Lippen, mein Gaumen, mein Schlund, lateinisch *labia*, *palatum* und *gluttus* genannt! Das ist ja der reine Teufelstrank, ganz geeignet, die Verdammten in der Hölle innerlich zu martern! Ich danke ergebenst für dieses Ilex-Wasser!“

„Det habe ick bei die ersten Versuche ooch jesagt“, meinte Fritze. „Bei zu kräftiger Anziehungskraft verfeuerwerkert man sich die Jeschmacksorgane, doch dauert es nicht lange, bis man sich injerichtet und den richtigen Manometerdruck anjewöhnt hat. Trinken Sie man weiter, Herr Doktor!“

„Fällt mir gar nicht ein! Ich glaube, mein Schlund ist eine einzige Brandblase!“

Er war durch kein Zureden zu bewegen, noch einen Zug zu tun. Die beiden anderen aber hatten ihre Calabazas[1] bald ausgeleert, und dann wurden sie von dem Majordomo aufgefordert, sich mit nach dem Korral zu begeben, um dem Zeichnen der Rinder beizuwohnen. Don Parmesan legte seinen roten Poncho, sein Kopftuch und die Chiripa ab, die beide von der gleichen Farbe waren.

Von Morgenstern nach dem Grund befragt, antwortete er:

[1] Flaschenkürbisse

„Wissen Euer Gnaden noch nicht, dass die rote Farbe diese halbwilden Rinder reizt? Wer rot gekleidet ist, soll sich hüten, einem Toro nahe zu kommen."

„Meinen Sie? Meines Wissens ist es nur vom Puter wissenschaftlich festgestellt, dass er gegen diese schöne Farbe idiosynkrasiert. Aber dass auch das Rind, *bos* auf Lateinisch, denselben Widerwillen besitzt, ist wohl hie und da geäußert, aber noch von keinem Zoologen mit unumstößlichen Beispielen belegt worden. Da ich nun Zoologe bin und hier eine so vortreffliche Gelegenheit finde, mir hier den Stoff zu einer gelehrten Abhandlung über dieses Thema zu sammeln, so wäre es unverantwortlich, wenn ich meine roten Kleidungsstücke ablegen wollte."

„Aber Sie begeben sich in Gefahr, Señor!"

„Der echte Jünger der Wissenschaft darf, wenn es gilt, ein Problem zu lösen, nicht fragen, ob eine Gefahr damit verbunden ist. Ich bleibe also angekleidet wie ich bin."

„Ick ooch", stimmte Fritze bei. „Da ich der Diener eines Zoologen bin, darf mir selbst der größte Ochse nichts anderes als nur ein Gegenstand dieser edlen Wissenschaft sein."

Man ging hinaus. Der Haupteingang des Korrals war zu, doch gab es neben ihm eine kleine, schmale Öffnung, wodurch ein Mensch schlüpfen konnte; diese benutzten die drei Gäste, um in den Korral zu kommen. Der Majordomo blieb außerhalb.

Der Rodeo, wie man das Zusammentreiben einer Herde in die Korrals nennt, war im vollsten Gange. Die Masse der Rinder hielt eingeschüchtert im hinteren Teil des umzäunten Platzes; das Jungvieh aber, das gezeichnet werden sollte, jagte, von den Gauchos verfolgt, auf dem freien Raum umher. Jedes Rind, dem die Marke aufgebrannt werden sollte, musste eingefangen und so gefesselt werden, dass es keinen Widerstand zu leisten vermochte. Dazu gehörten, wie es hier auf dieser Estanzia gehandhabt wurde, fünf Gauchos. Andere waren beschäftigt, ein Feuer zu unterhalten, in dem die Stempel glühend gemacht wurden.

Der ganze Vorgang ging folgendermaßen vor sich: Das betreffende Rind wurde zunächst von den übrigen geschieden. Während es dann über den Platz rannte, jagte ihm ein Gaucho nach, um ihm den Lasso über den Kopf zu werfen. Die Schlinge zog sich stets mit unfehlbarer Sicherheit um den Hals zusammen, benahm dem Tier den Atem und riss es nieder. Sofort waren die vier anderen Gauchos bei der Hand, ihm ihre Schlingen um die Beine zu werfen. Die Pferde, auf denen diese fünf Reiter saßen und an deren Sattelknöpfen die Enden der Lassos befestigt waren, kannten das, was sie zu tun hatten, sehr genau. Sie zogen, jedes in der betreffenden Richtung, die Lassos straff an, wodurch die Beine des Rindes scharf ausgestreckt wurden, und in diesem Augenblick sprang ein sechster Gaucho mit dem glühenden Stempel herbei, um ihn dem Tier auf den linken Oberschenkel zu drücken. War dies geschehen, so ließ man es frei; es sprang auf, rannte, vor Schmerz und Aufregung brüllend, einige Male hin und her und kehrte dann zur Herde zurück, um sich in ihr zu verstecken.

Dieses Verfahren lief nicht immer glatt ab. Zuweilen saß ein Lasso nicht an der gewünschten Stelle fest; das Tier konnte sich also bewegen und wehren. Dann war Hilfe oder doppelte Anstrengung notwendig, und das ging nicht ohne Rufen und Schreien, ohne Auftritte ab, bei denen es einem Europäer hätte angst und bange werden mögen. Das gequälte Rind sträubte sich brüllend.

Die anderen stimmten ein und stoben schnaubend auseinander, um auf dem Platz umherzujagen, bis sie von den Gauchos mit hochgeschwungenen Lassos und Bolas wieder zusammengetrieben waren. Da kam es vor, dass ein widerspenstiger Ochse sich zur Wehr setzte und der angegriffene Reiter sich nur durch Aufbietung aller seiner Geschicklichkeit zu retten vermochte.

„Det ist allerdings großartig“, sagte Fritze nach einem solchen Vorfall zu seinem Herrn. „Ick habe doch auch schon zu Pferde jesessen, aber sonne Jelenkigkeit, wie hier erforderlich ist, kann ick nicht aufweisen. Ick bin überzeugt, dass det erste beste Rind mir über den Haufen rennen würde, Ihnen nicht auch, Herr Doktor?"

„Mit mathematischer Gewissheit kann ich diese Frage nicht beantworten", meinte bedachtsam der Doktor. „Ich habe noch keine Erfahrungen darin, und man soll, wie die Wissenschaft lehrt, nur das behaupten, was man beweisen kann. Übrigens liegt mir an dem Beweise, dass ich umgerannt würde, bedeutend weniger als an demjenigen, dass der Wiederkäuer, den wir mit dem Worte Rind bezeichnen, wirklich einen so großen Widerwillen gegen die rote Farbe hat, wie vorhin behauptet wurde. Ich hoffe, du wirst mir behilflich sein, einen darauf bezüglichen Versuch anzustellen."

„Sehr jerne, wenn es nämlich ohne zerbrochene Gliedmaßen jeschehen kann."

„Ohne allen Zweifel!"

„So? Denken Sie doch an den Büffel beim Stierjefecht!"

„Das war ein *bison americanus*, während wir es hier mit einfachen argentinischen Rindern zu tun haben. Ich beabsichtige, eine Probe zu machen, und zwar eine Doppelprobe. Wir sind beide rot gekleidet. Ich nähere mich einem Ochsen und du bemühst dich, an eine Kuh zu kommen. Auf diese Weise erfahren wir nicht nur, ob das Rind im Allgemeinen die betreffende Abneigung besitzt, sondern es wird zugleich auch die besondere und sehr wichtige Frage beantwortet, bei welchem *genus* diese Abneigung bedeutender ist, ob beim *genus masculinum* oder bei dem *genus femininum*."

„Jut, aber wenn ick nun jrad an de bösern genus jerate!"

„Das steht nicht zu erwarten, da ich den Ochsen auf mich nehmen werde und jede Eigenschaft, also voraussichtlich auch dieser Widerwille, beim männlichen Geschlecht schärfer ausgeprägt ist als beim weiblichen, das ja bekanntermaßen stets die schwächere Hälfte bildet. Also bist du bereit?"

„Ja, ick will mir Ihnen zu Jefallen für diese zoologische Frage interessieren."

„Es ist nicht eigentlich eine allgemein zoologische, sondern eine besonders zoopsychologische."

„Det ist eins und dasselbe. Ob ick zoologisch oder zoopsychologisch niedergerannt werde, bleibt sich gleich. Beides ist gleich unanjenehm, soll aber für Ihnen jewagt werden."

„So nimm du die Kuh, die eben jetzt gebrannt wird."

Er zeigte auf das Tier, das eben jetzt gefesselt an der Erde lag, um die Marke zu erhalten. Die beiden Deutschen hatten bisher an der Umzäunung und hinter den Gauchos gestanden, die das Feuer unterhalten mussten, und dies war wohl der Grund, weshalb den Tieren die rote Farbe ihrer Kleidung noch nicht aufgefallen war. Fritze folgte der Aufforderung seines Herrn und ging schnell nach der Stelle, wo die Kuh soeben von ihren Fesseln befreit wurde. Als die Gauchos dies sahen, riefen sie ihm von mehreren Seiten zu: „Arredro, arredro! Que demencia, que locura – zurück, zurück! Welch ein Wahnsinn, welch eine Verrücktheit!"

Er ließ sich nicht aufhalten und ging weiter. Eben löste sich der letzte Lasso und die Kuh sprang auf und wendete sich zur Flucht. Da fiel ihr Auge auf den unvorsichtigen Deutschen. Durch die rote Farbe seines Anzugs gereizt, senkte sie den Kopf zum Angriff, aber die Behandlung, die sie vor wenigen Augenblicken erfahren hatte, übte doch noch eine einschüchternde Wirkung.

Das Tier stand einige Augenblicke mit gesenkten Hörnern, warf dann den Kopf empor und rannte davon.

„Welch ein Glück!", ertönte es von den Lippen der Gauchos. „Eilen Sie zurück, eilen Sie, Señor! Bleiben Sie dort am Zaun! Wissen Sie denn nicht, dass die rote Farbe diesen Tieren zuwider ist?"

„Ich wusste es nicht genau und wollte deshalb versuchen, ob es wahr ist", antwortete er, indem er langsam zurückkehrte.

„Versuchen Sie es nicht noch einmal. Es könnte Ihnen nicht wieder so glücken, wie das jetzt der Fall war!"

Aus ihren Worten sprach nicht nur die Besorgnis um ihn, sondern auch der Unwille darüber, dass er es ohne ihre Erlaubnis gewagt hatte, sich der Kuh zu nähern, um sie zu reizen. Fritze trat siegesfroh zu Morgenstern und sagte:

„Nun, sind Sie mit mich zufrieden? Die Probe ist, denke ich, jenügend ausjefallen."

„Allerdings", nickte der Doktor. „Die Kuh wollte auf dich losgehen, besann sich aber eines anderen. Es ist daraus mit Sicherheit zu schließen, dass ihr die rote Farbe unangenehm war, doch nicht in einem Grade, der sie zum wirklichen Angriff, lateinisch *aggressio* geheißen, veranlasst hätte. Wir haben es also bei diesem *genus femininum* mit einer Abneigung geringen Grades zu tun, und ich werde mir nun ein *masculinum* suchen, um einen vergleichenden Beweis erbringen zu können."

Während dieser kurzen Unterhaltung waren einige Gauchos in die Herde eingedrungen, um wieder ein Tier zwischen ihre Lassos zu nehmen. Die Färse, auf die sie es abgesehen hatten, hielt ganz in der Nähe des alten Bullen, der als erster in den Korral gegangen war. Er hatte sich bisher ruhig verhalten; als aber jetzt die Riemen so nahe bei ihm geschwungen wurden, glaubte er, es sei auf ihn abgesehen, brach mit Gewalt aus dem Rebaño[1] und galoppierte brüllend über den freien Platz gerade auf das Feuer zu. Die dort befindlichen Gauchos warfen die Arme in die Luft und schrien ihm entgegen, um ihn dadurch zur Umkehr zu bewegen. Er blieb aber auch wirklich kurz vor ihnen stehen und glotzte sie mit stieren Augen an. Einer riss einen Brand aus dem Feuer und warf ihm diesen an den Kopf; da drehte sich der Stier um, jedenfalls um zurückzukehren, hielt aber schon bei halber Wendung inne und ließ ein zorniges Brummen hören. Die Ursache dazu hatte ihm Morgenstern gegeben, der ihm entgegengetreten war und jetzt kaum vier Schritte entfernt vor ihm stand.

„Lugar, lugar – auf die Seite, auf die Seite!", schrien die Gauchos.

[1] Herde

Der Bulle drang nämlich mit einem ganz urplötzlichen Sprung auf den kleinen Gelehrten ein, und es war für diesen ein Glück, dass er den Warnungsrufen augenblicklich Folge leistete und eine schnelle Wendung nach rechts machte, denn nur dadurch entging er den Hörnern des Tieres, das an seiner linken Seite vorüberschoss, sich aber rasch umwendete, um ihn wieder anzurennen.

„Lugar, lugar!“, riefen die Gauchos von Neuem. Dabei sprengten die Reiter heran, um die Aufmerksamkeit des Angreifers von dem Deutschen ab und auf sich zu lenken.

Morgenstern wich abermals glücklich aus, doch ging die ihn bedrohende Hornspitze nicht weiter als drei Zoll an ihm vorüber. Erst jetzt blitzte ihm die Einsicht auf, dass er sich in eine große Gefahr begeben habe, und die Sorge um sein Leben gab ihm einen ebenso plötzlichen wie eigenartigen Gedanken ein. Er konnte sich nur retten, wenn es ihm gelang, den gefährlichen Hörnern auszuweichen. Der Ochse hatte die Hörner vorn und so war also nur hinter ihm Sicherheit zu finden. Dieser Gedanke wurde von dem kleinen Männchen ebenso schnell ausgeführt, wie er gekommen war: Morgenstern sprang hinter dem Ochsen drein. Dieser wendete sich wieder um und sah seinen Gegner nicht mehr stehen, wo er gestanden hatte, bemerkte ihn aber hinter sich. Sich abermals umdrehend, suchte er ihn zu erreichen; aber der Gelehrte war behänd und machte die Schwenkung mit, um hinter dem Feind zu bleiben. Dies wiederholte sich mehrere Male, und zwar so schnell, dass die Gauchos ihre Bolas und Lassos nicht anwenden konnten, ohne den Deutschen zu gefährden. Aber diese Schnelligkeit verschlimmerte seine Lage. Er fühlte, dass er derselben nicht gewachsen sei und bald ermüden werde. Gab es denn gar keine Rettung, keinen Halt? Gewiss gab es einen Halt, ganz nahe da vor ihm! Er griff mit beiden Händen zu und hielt sich an dem Schwanz des Ochsen fest. Solange er da hängen blieb, konnten ihn die Hörner nicht erreichen.

Als der Stier sich da ergriffen fühlte, wo es noch niemand

Er griff mit beiden Händen zu und hielt sich an dem Schwanz des Ochsen fest.

gewagt hatte, ihn in dieser Weise anzupacken, blieb er zunächst einige Sekunden lang in verdutztem Abwarten stehen. Dann sprang er mit beiden Hinterbeinen zur Seite, um das Anhängsel abzuschleudern, was ihm aber nicht gelang, da Morgenstern auf Tod und Leben festhielt. Hierdurch an allen seinen Kenntnissen und Erfahrungen erst recht irre geworden, gab der verblüffte Bulle das Spiel vollständig auf, wenn auch der Schwanz dabei verloren gehen sollte. Er ließ ein klägliches Brüllen hören und rannte spornstreichs seiner Herde zu.

Hatten die Gauchos erst gebrüllt, was die Lungen nur hergaben, um das Tier von dem Gelehrten abzuhalten, so lachten sie jetzt ebenso sehr über den Anblick, der sich ihnen bot. Der Stier schien vor Entsetzen ganz außer sich zu sein. Er machte die tollsten Sprünge, bald nach rechts und bald nach links den Hinterkörper werfend. Man hörte seinem Gebrüll die Angst, die er empfand, deutlich an. Morgenstern hielt fest. Er konnte nicht so schnell laufen wie sein Vordermann, verlor infolgedessen die Erde unter den Füßen und wurde fortgeschleift, bis seine Kräfte nachließen und er den Schwanz losließ, was einen Purzelbaum zur Folge hatte, wie er ihn wohl noch nie im Leben geschlagen hatte.

Da erreichte das Gelächter der Gauchos eine Stärke, dass die Angst des Bullen noch vergrößert wurde; wie ein Pfeil fuhr er zwischen seinesgleichen hinein und hindurch, bis er die hinterste Ecke erreichte, wo er schnaubend stehen blieb und da jedenfalls das stille Gelübde tat, niemals wieder mit einem Zoologen aus Jüterbogk anzubinden.

Morgenstern war ohne Verletzung davongekommen. Er erhob sich vom Boden, befühlte einige seiner Gliedmaßen und kehrte dann langsam dahin zurück, wo er gestanden hatte. Die Gauchos kamen, noch immer lachend, herbei, um ihn zu beglückwünschen. Der Oberpeon aber sagte sehr ernst:

„Sie sind im höchsten Grade unvorsichtig gewesen, Señor, und scheinen selbst jetzt noch nicht zu wissen, dass Sie Ihr Leben aufs Spiel gesetzt haben. Wie kommen Sie beide denn eigentlich dazu, sich in dieser Weise an die Rinder zu wagen?"

„Infolge eines zoopsychologischen Problems", antwortete Morgenstern.

„Diese Worte verstehe ich nicht."

„Ich wollte erfahren, ob die rote Farbe wirklich im Stande ist, diese Familie der Wiederkäuer so in Zorn zu bringen."

„Ah! Und deshalb wagten Sie Ihr Leben. Das konnten Sie billiger haben. Hätten Sie uns gefragt, so wären wir gern bereit gewesen, Ihnen alle Auskunft zu erteilen."

„Sind Sie Zoologe?"

„Nein. Ich bin Gaucho."

„So hätte Ihre Aussage mir nicht genügen können. Hier gelten nur anerkannte Autoritäten."

„Señor, wenn ich auch nicht zu den Autoritäten zähle, so bin ich doch jedenfalls ein Caballero!", meinte der Mann beleidigt. „Glauben Sie, dass ich Sie belügen würde?"

„Nein. Sie würden mir sagen, was Sie für wahr halten. Eine solche Wahrheit kann nur von Fachmännern festgestellt werden."

„Ich bin kein Gelehrter und will nicht annehmen, dass Sie mich beleidigen wollen, denn Sie sind unser Gast. Sie sind jedenfalls Fachmann und es freut mich, dass Sie nun auf Grund eigener Erfahrung eine Wahrheit, die wir längst kannten, feststellen können. Aber Ihre Unvorsichtigkeit hat auch uns in Gefahr gebracht. Sie wissen wohl gar nicht, was eine Estampeda ist?"

„Nein."

„Eine Estampeda ist eine durchbrechende, aufgeregte, fliehende Pferde- oder Rinderherde. Infolge Ihrer Unvorsichtigkeit konnten wir alle sehr leicht unter die Hufe gestampft werden. Hoffentlich geben Sie mir wenigstens in dieser Beziehung Recht und haben die Güte, dafür zu sorgen, dass weder Sie selbst noch wir durch Ihre roten Anzüge wieder in Verlegenheit gebracht werden."

Er wendete sich ab und die anderen Gauchos folgten

diesem Beispiel. Sie fühlten sich beleidigt, dass ihr Anführer nicht als ‚Autorität' anerkannt worden war. Die beiden Deutschen verstanden den Wink und entfernten sich durch die Lücke aus dem Korral. Draußen vor der Umzäunung meinte Fritze:

„Ick muss sagen, dass unser Ritt sehr jut anfängt. Wir haben noch nicht mal Pferde und sind gleich am ersten Tag zweimal herausjeschmissen worden. Aber wir besitzen jetzt wenigstens den Trost, dass die wissenschaftliche Wahrheit festjestellt worden ist: Der Puter ärjert sich nicht alleine über die rote Farbe."

„Ja", nickte der Doktor. „Ich werde der Akademie der Wissenschaften eine Abhandlung über diesen Gegenstand einsenden. Es ist nun heutigentags unwiderleglich bewiesen, dass die Rinder einen Widerwillen gegen die rote Farbe haben."

„Und zwar beide Jeschlechter."

„Allerdings, aber doch in verschiedenem Grade. Das *masculinum* war empfindlicher als das *femininum*."

„Aber woher denn diese Abneigung jejen diese Farbe, welche jerade meine Lieblingsfarbe ist?"

„Das lässt sich jetzt nicht sagen. Die Tatsache ist festgestellt; den Gründen muss man noch nachspüren. Ob es vielleicht darin liegt, dass die roten Farbenstrahlen im Sonnenspektrum durch das Prisma am schwächsten gebrochen werden? Die roten Strahlen schwingen in einer Sekunde nur fünfhundert Billionen mal."

„Sollte det dem Bullen aufjefallen sind?"

„Wenn zum Beispiel das Violett in der Sekunde achthundert Billionen Schwingungen macht, so ergibt das einen Unterschied von dreihundert Billionen, der so groß ist, dass er selbst auch dem Auge eines Wiederkäuers wohl aufzufallen vermag. Doch bedarf das jedenfalls noch der Aufklärung. Ich habe meinen nächsten Zweck erreicht und dabei zugleich eine Entdeckung gemacht, über welche jeder Menageriebesitzer in Entzücken geraten wird."

„So? Welche denn?“

„Wie selbst das wildeste Tier sofort zu bändigen ist. Man hängt sich einfach an dessen Schwanz. Die Lage ist zwar nicht übermäßig bequem, doch wird das einen Tierbändiger nicht hindern, meinem Rat zu folgen.“

„Hm! Det ist nun so ’ne Sache! Ick möchte mir zum Beispiel nicht an den Schwanz eines Löwen oder einer Riesenschlange hängen.“

Sie waren während dieses gelehrten Gesprächs langsam weitergegangen und hatten nicht bemerkt, dass der Chirurg ihnen gefolgt war. Jetzt holte er sie ein und sagte:

„Señores, die Gauchos sind sehr erzürnt auf Sie. Ich warnte, doch Sie achteten meiner Worte nicht und kamen in Gefahr. Leider aber ließ der Bulle sich ins Bockshorn jagen.“

„Leider?“, fragte Morgenstern verwundert.

„Ja, leider! Denn wenn er nicht so erschrocken wäre, hätte ich Gelegenheit gehabt, Ihnen meine Kunst zu zeigen.“

„Wieso?“

„Er hätte Sie entweder aufgespießt oder Ihnen einige Knochen zerbrochen. Wie glücklich hätte es mich gemacht, Euer Gnaden beweisen zu können, dass ich ein Meister in der Behandlung jeder Art von Wunden und Knochenbrüchen bin.“

Dr. Morgenstern jedenfalls ist stolz auf seine neuen zoologischen ‚Erkenntnisse‘, auch wenn die Gauchos das – nicht ganz unbegreiflicherweise – etwas anders sehen. Aber seine hauptsächlichen Forscherambitionen gelten ja ohnehin weniger den lebendigen als vielmehr den seit langer, langer Zeit (aus)gestorbenen Tieren. Ob er hier seinem Wunschtraum näherkommt, *lesen Sie ab Seite 375.*

(Gesammelte Werke Band 39 „Das Vermächtnis des Inka“)

Der Teufelstrank

Nach einem Ritt durch fruchtbare Landschaften erreichen Kara Ben Nemsi und seine Begleiter das breite Tal des Wardar. Halef verspürt große Lust, hier im ‚lieblichen' Glogovik zu rasten und sich mit Speise und Trank zu verköstigen. Der örtliche Wirt zeigt sich indes nicht sehr kooperativ, sodass Halef zur Selbsthilfe schreitet, um sich die gewünschte Labsal für Kehle und Magen zu beschaffen. Sein rabiates Vorgehen bleibt indes nicht ungestraft.

Als wir Glogovik vor uns liegen sahen, hielt Halef sein Pferd an und überflog mit finsterem Blick die ärmlichen Hütten, in die ein deutscher Bauer wohl schwerlich seine Kühe stecken würde. Auf einer Anhöhe stand eine kleine Kapelle – ein Zeichen, dass ein Teil der Einwohnerschaft oder auch die ganze Bevölkerung sich zum Christentum bekannte.

„O weh!", sagte er. „Wollen wir etwa hier bleiben, Sihdi?"

„Wohl nicht", antwortete ich mit einem fragenden Blick auf den Führer. „Es ist ja erst zwei Stunden nach Mittag. Wir tränken die Pferde und reiten dann wieder vorwärts. Hoffentlich gibt es im Dorf ein Einkehrhaus?"

„Es ist eins da, aber es wird dir nicht genügen", meinte der Konaktschy. „Für unseren Zweck reicht es jedenfalls aus."

Wir erreichten die ersten Häuser und sahen einen Kerl im Gras liegen, der, als er den Hufschlag unserer Pferde hörte, aufsprang und uns anstarrte. Er war der glückliche Besitzer eines Anzugs, um dessen Einfachheit ihn ein Papua hätte beneiden können. Eine Hose, aber was für eine! Das rechte Bein reichte zwar bis auf den Knöchel herab, war aber auf beiden Seiten aufgeschlitzt und hatte buchstäblich Loch an Loch. Das linke Bein ging bereits kurz unter der Hüfte seinem Ende entgegen und lief in eine ganz unbeschreibliche Garnierung von Fransen und Fäden aus. Das Hemd hatte keinen Kragen, keinen rechten und nur einen halben linken

Ärmel. Es war ihm höchstwahrscheinlich einmal abgerissen worden, nämlich der untere Teil, denn es reichte nur so weit herab, dass zwischen ihm und dem Hosenbund ein Streifen niemals gewaschener, lebendiger Menschenhaut zu sehen war. Auf dem Kopf trug dieser Dandy einen mächtigen Turban von einem Stoff, dem ich die Marke ‚Scheuerhader' geben würde. Mehrere bunte Hahnenfedern wiegten sich würdevoll auf dieser Kopfbedeckung. Ausgerüstet war er mit einem alten, fast halbkreisförmig gekrümmten Säbel. Ob es nur die fürchterlich rostige Klinge der Waffe war oder ob diese in einer schwarzen Lederscheide steckte, das war nicht zu unterscheiden.

Nachdem uns dieser Gentleman lange genug angestarrt hatte, rannte er wie rasend von dannen, schwang den Säbel rund um den Kopf und schrie aus Leibeskräften:

„Jabandschylar, jabandschylar – Fremde, Fremde! Reißt die Fenster auf, reißt die Fenster auf!"

Dieser schlagende Beweis, mich in einem hochzivilisierten Ort zu befinden, imponierte mir ungeheuer. Welch eine hohe Disziplin hier herrschte, ersah ich aus der Schnelligkeit, mit der sämtliche männliche und weibliche, alte und junge Einwohner des Dorfes dem Zeterruf Folge leisteten.

Wo sich ein Loch in einem Haus befand – mochte es nun Tür oder Fenster heißen oder mochte es ein wirkliches, wahres, buchstäbliches Loch in der morschen Mauer sein –, da ließ sich ein Gesicht erkennen, wenn ich auch nur ein Kopftuch, zwei Augen, einen Bart und zwischen diesen drei Dingen etwas Unbeschreibliches, jedenfalls aber Ungewaschenes konstatieren konnte.

Was der vom Alphabet und dessen Folgen beleckte Mensch hinter seinem Haus anbringt, damit es sich dort in ruhiger und ungestörter Sammlung zur Goldgrube des Landwirtes entwickeln könne, war hier an der Vorderseite der Hütten angebracht, und zwar mit großer Beharrlichkeit gerade da, wo die Schutzgeister des Hauses gezwungen waren, lieblich ein- und auszuschweben.

Man konnte das ganze Dorf überblicken. Ich weiß nicht, wie ich auf den baukünstlerischen Gedanken kam, nach einem Schornstein zu suchen; kurz und gut, ich kam darauf, doch war das eine ganz überschwängliche Idee: Ich sah nicht die Spur einer Feueresse.

Ein Häuschen stand auf hohem Rand. Rechts und links, vorn und hinten war das Dach eingefallen. Der Giebel hatte einen Riss, der die Haustür vollständig überflüssig machte. Vom Dorfweg führte eine Steintreppe hinauf, aber von dieser Treppe war nur die oberste und die unterste Stufe vorhanden. Wer da hinauf wollte, der musste entweder Alpenjäger mit Steigeisen oder Akrobat mit Sprungstange sein.

Läden und Holztüren schien es nicht zu geben und so offen wie die Gebäude waren auch die Bewohner, denn ich sah nicht eine einzige Person, der nicht vor Erstaunen über uns der Mund sperrangelweit offen stand. Wäre der Spötter Heinrich Heine an meiner Stelle gewesen, so hätte er zu seinen geografischen Reimen noch den einen hinzugefügt:

‚Glogovik ist die Blume des Orientes,
wer's mit Schaudern gesehen hat, der kennt es!'"

Unser Führer hielt vor dem ansehnlichsten Gebäude der Ortschaft an. Zwei mächtige dunkle Tannen beschatteten es; darum hatte der Besitzer es für überflüssig gehalten, das halb eingestürzte Dach zu reparieren. Das Haus lag nah am Bergabhang. Ein Wässerlein floss von da herab bis vor die Tür und fand dort in der bereits erwähnten Goldgrube Gelegenheit, sich mit einer chemisch anders gearteten Flüssigkeit zu vereinigen. Hart am Rand dieses ‚Bassins ästhetischer Anschauungen' lagen einige Baumklötze, von denen uns der Konaktschy sagte, dass sie das Amphitheater der öffentlichen Versammlungen bildeten, an welchem Ort schon manche welterschütternde Frage erst mit Worten, dann mit Fäusten und endlich mit Messern behandelt worden sei.

Wir nahmen auf diesen Klötzen der Politik Platz und ließen unsere Tiere aus dem Wässerlein trinken, aber oberhalb der erwähnten Vereinigungsstelle. Unseren Führer schickten wir auf Entdeckung in das Haus, denn Halef hatte die Kühnheit zu behaupten, dass er Hunger habe und irgendetwas essen müsse.

Nachdem wir ein aus dem Haus schallendes Duett angehört hatten, das aus dem Kreischen einer weiblichen Fistelstimme und aus den fluchenden Basstönen des Konaktschy bestand, erschienen die beiden Tonkünstler vor der Tür, und zwar in der Weise, dass der Bass den Diskant an einem Fetzen herausgezogen brachte, der hierzulande von den Besitzern einer großen Einbildungskraft und unter ganz besonders günstigen Umständen vielleicht Schürze genannt werden konnte.

Wir sollten den zwischen ihnen ausgebrochenen Streit mit einem Machtwort entscheiden. Der Bass behauptete noch immer im tiefen C, dass er etwas zu essen haben wolle, und der Sopran erklärte mit Bestimmtheit und im dreigestrichenen B, dass absolut gar nichts vorhanden sei.

Halef schlichtete den Zwiespalt, indem er in seiner Weise die höhere Stimme des Duetts beim Ohr nahm und mit ihr im Innern des Hauses verschwand.

Es dauerte fast eine halbe Stunde, bevor er wieder erschien. Während dieser Zeit herrschte eine fast beängstigende Stille in den inneren Gemächern der Gastlichkeit. Als er dann zum Vorschein kam, wurde er von der Wirtin begleitet, die unter Unheil verkündenden Gestikulationen in einer Mundart schimpfte, von der ich kein Wort verstand. Sie gab sich Mühe, ihm eine Flasche zu entreißen, er aber hielt sie heldenhaft fest.

„Sihdi, es gibt etwas zu trinken!“, rief er triumphierend. „Ich habe es entdeckt.“

Er hielt die Flasche hoch empor. Die Wirtin suchte sie mit der Hand zu erreichen und schrie dabei etwas, wovon ich nur die Silben ‚Bullik jak‘ verstehen konnte. Aber, obgleich ich mit meinem Türkischen überall so leidlich ausgekommen war, was ‚Bullik jak‘ bedeutete, wusste ich noch nicht.

Der Hadschi zog endlich, um sich von der Anhänglichkeit der widerwilligen Hebe zu befreien, die Peitsche aus dem Gürtel, worauf sie um mehrere Schritte zurückwich und dann stehen blieb, um sein Beginnen mit entsetztem Blick weiter zu verfolgen.

Er zog den Stöpsel heraus, winkte mir verführerisch mit der Flasche zu und setzte sie an den Mund.

Die Farbe des Getränks war weder hell noch dunkel. Ich konnte nicht erkennen, ob dieser Raki dick oder dünn war. Jedenfalls hätte ich vor dem Trinken die Flasche erst einmal gegen das Licht und dann an die Nase gehalten. Halef aber war über seinen Fund so erfreut, dass er an eine solche Prüfung gar nicht dachte. Er tat einen langen, langen Zug.

Ich kannte den kleinen Hadschi schon eine geraume Zeit, aber das Gesicht das er jetzt machte, hatte ich noch nie bei ihm gesehen. Es hatte plötzlich einige hundert Falten bekommen. Man sah, dass er sich bemühte, die Flüssigkeit auszuspucken, aber der Schreck hatte dem unteren Teil seines Gesichts alle Fähigkeit der Bewegung geraubt. Der Mund war zum Erschrecken weit offen und blieb eine ganze, lange Weile so; ich befürchtete schon, es sei ein Kinnbackenkrampf eingetreten, der bekanntlich nur mit einer kräftigen Ohrfeige geheilt werden kann.

Nur die Zunge hatte einen geringen Teil ihrer Beweglichkeit behalten. Sie schwamm auf dem langsam und fett über die Lippen rinnenden Raki hin und her wie ein in saure Milch gelegter Blutegel. Dazu hatte der Hadschi die Brauen emporgezogen, dass sie den Rand des Turbans erreichten, und die Augen so fest zugekniffen, als ob er all seine Lebtag das Licht der Sonne nicht mehr sehen wollte. Die beiden Arme hielt er ausgestreckt und alle zehn Finger so weit wie möglich auseinandergespreizt. Die Flasche hatte er im ersten Augenblick des Entsetzens von sich geschleudert. Sie war in die vereinigte Flüssigkeit gefallen, aus der sie von der fast bis an die Knie darin watenden Frau mit Lebensgefahr gerettet wurde. Dabei hatte dieses weibliche Wesen die

Stimme wieder erhoben und schimpfte aus Leibeskräften. Von dem, was sie sagte, verstand ich abermals nur die edlen Runen des bereits erwähnten ‚Bullik jak'.

Da Halef zögerte, das ergreifende ‚lebende Bild', das er gegenwärtig stellte, zu Ende zu bringen, so trat ich zu ihm und fragte:

„Was ist denn? Was hast du getrunken?"

„Grrr – g – gh!", lautete die gurgelnde Antwort, die zwar keiner artikulierten Sprache angehörte, aber von allen verstanden wurde.

„So komm doch zu dir! Was war es denn für Zeug?"

„Grrr – g – gh – rrr!"

Er brachte den Mund noch immer nicht zu und hielt die Arme und die Finger noch ausgespreizt. Die Augen aber öffneten sich und sahen mich mit einem trostlos ersterbenden Blick an.

„Bullik jak!", rief die Frau als Antwort auf meine Frage.

Ich durchflog im Geist alle Wörterbücher, die mir jemals im Leben zu Gebot gestanden hatten, doch vergeblich. ‚Bullik' verstand ich absolut nicht. Und ‚jak'? Es konnte doch nicht etwa ein Yak oder Grunzochse gemeint sein!

„Mach doch den Mund zu! Spuck das Zeug aus!", riet ich ihm.

„Grrrr!"

Da näherte ich mich seinem offenen Mund – und der Geruch sagte mir alles. Ebenso schnell verstand ich nun auch die beiden Worte der Wirtin. Diese bediente sich der Mundart ihres Dorfes. Anstatt ‚Bullik jak' sollte es heißen ‚Balyk jaghi', wörtlich ins Deutsche übersetzt: Fischöl, also Fischtran. Der kleine Hadschi hatte Fischtran getrunken!

Als ich das meinen Begleitern erklärte, brachen sie in ein schallendes Gelächter aus. Dieser Ausdruck eines aller Hochachtung baren Gefühles gab dem stets so selbstbewussten Hadschi augenblicklich sein früheres Wesen zurück. Er zog die ausgestreckten Arme ein, sprudelte den Inhalt sei-

Man sah, dass Halef sich bemühte, die Flüssigkeit auszuspucken.

nes Mundes von sich, sprang wütend auf die Lacher zu und schrie:

„Wollt ihr still sein, ihr Kinder des Teufels, ihr Söhne und Vettern seiner Großmutter! Wenn ihr über mich lachen wollt, so fragt erst, ob ich es euch erlaube! Ist es euch so lächerlich zu Mute, so lasst euch doch einmal die Flasche geben und trinkt von diesem Öl der Verzweiflung! Wenn ihr dann noch lacht, so will ich es gelten lassen."

Ein noch lauteres Gelächter war die Antwort. Sogar die Wirtin stimmte mit ein. Da aber fuhr der Hadschi grimmig auf sie los und holte mit der Peitsche aus. Glücklicherweise schlug er durch die Luft, denn die Frau war blitzschnell mit einem fast lebensgefährlichen Sprung durch die Tür verschwunden.

Halef aber legte sich, ohne weiter ein Wort zu sagen, an dem Wässerchen auf die Erde, hielt das Gesicht hinein und spülte den Mund aus. Dann holte ich aus meinem Beutel drei tüchtige Fingerspitzen Rauchtabak und schob ihm diesen in den Mund. Er musste ihn kauen, um den schrecklichen Geschmack loszuwerden. Die Folgen dieses verhängnisvollen Schlucks waren umso außerordentlicher gewesen, als der Fischtran ein greisenhaftes Alter besaß, wie ich nachher von der Frau erfuhr.

Sie hatte sich zuerst über den gewaltsamen Raub des vermeintlichen Raki erbost. Durch die Wirkung des ungewöhnlichen Getränks aber fühlte sie sich ausgesöhnt und nun brachte sie, was sie vorher verheimlicht hatte – eine halb volle Flasche wirklichen Raki, dem der Hadschi mit großer Hingebung zusprach, denn es war selbst dem Tabak nicht gelungen, den ranzigen Fischtran vollständig zu überwältigen.

Dann schlenderte er wie absichtslos beiseite, aber bevor er hinter dem Gasthof verschwand, gab er mir einen heimlichen Wink, ihm zu folgen. Nach einer kleinen Weile spazierte ich ihm nach.

„Sihdi, ich habe dir etwas mitzuteilen, wovon die andern nichts wissen dürfen“, sagte er. „Die Frau behauptete, weder eine Speise noch ein Getränk zu haben; ich aber schenkte ihr keinen Glauben, denn in einem Konak muss stets etwas vorhanden sein. Darum suchte ich überall, obgleich sie das nicht dulden wollte. Zuerst fand ich die Flasche des Unheils und der Umstülpung des Magens. Sie wollte sie mir nicht geben, aber ich nahm sie mit Gewalt, denn ich verstand nicht die Worte, die sie sagte. Dann kam ich an einen Kasten. Ich öffnete ihn und fand ihn mit Kepek[1] gefüllt. Aber diese Kepek roch so eigentümlich, so verlockend! Diesen Geruch habe ich noch nicht vergessen, weil ich ihn erst gestern richtig kennengelernt habe.“

Er holte Atem. Ich wusste bereits, was kommen würde. Er hatte einen Schinken entdeckt, das war sicher.

„Glaubst du wirklich, Sihdi, dass der Prophet den Erzengel richtig verstanden hat in Beziehung auf das Schweinefleisch?“, hob er wieder an.

„Ich glaube, dass Mohammed das Verbot von Schweinefleisch ganz einfach nach dem Vorbild Musas[2] ausgesprochen hat.“

„Herr, du machst mir das Herz leicht. Denke dir: Durch den Geruch verleitet, griff ich tief in die Kleie. Ich fühlte harte Gegenstände, große und kleine, und zog sie hervor. Es waren Würste und ein Schinken. Ich tat sie in den Kasten zurück, denn die Frau klagte, dass ich sie berauben wolle; und sagen, dass ich sie dafür bezahlen würde, das durfte ich doch nicht. Du würdest meine Seele mit Dankbarkeit erfüllen, wenn du jetzt zu ihr gehen wolltest, um ihr eine Wurst und auch ein Stück von dem Schinken abzukaufen. Wirst du mir heimlich diesen Gefallen tun? Die andern dürfen natürlich nichts wissen und ahnen.“

Man denke, dass der kleine Hadschi sich mit großer Vorliebe einen treuen Anhänger des Propheten zu nennen pflegte. Und jetzt verlangte er von mir, Schinken und Wurst

[1] Kleie [2] Moses

heimlich für ihn einzukaufen! Dennoch war mein Erstaunen über seinen Wunsch keineswegs bedeutend. Hätte ich ihm während der ersten Monate unserer Bekanntschaft zugemutet, von dem Fleisch eines Chansir el hakir, eines ‚verächtlichen Schweins' zu essen, so hätte ich jedenfalls die Ausdrücke seines höchsten Zorns zu hören bekommen und auf seine fernere Begleitung verzichten müssen. Und jetzt wollte Halef das Fleisch des verachteten Tieres gar in seinen Körper aufnehmen! Ohne es zu ahnen, war er durch sein Zusammenleben mit mir nicht nur in Bezug auf seine Anschauungen, sondern auch betreffs der Befolgung vorgeschriebener Regeln ein sehr lässiger Bekenner des Islams geworden.

„Nun?", fragte er, als ich nicht gleich antwortete. „Muss ich zweifeln, ob du meine Bitte erfüllen wirst, Sihdi?"

„Nein, Halef. Wenn der Drache Ischtiha[1] in deinem Körper wütet, so muss ich dich, da ich dein Freund bin, von diesem Übel erlösen. Du sollst nicht ewig die Qualen erdulden, die er dir bereitet. Ich werde also mit der Frau sprechen."

„Tu das, ja tu es! Denn es steht geschrieben, dass Allah jede Wohltat tausendfach vergelten wird."

„So meinst du, dass Allah mich tausendfältig belohnen werde dafür, dass ich dir von dem Fleisch des Schweins kaufe?"

„Ja, denn er wird sich darüber freuen, dass ich diesem unschuldigen Tier die wohlverdiente Ehre erweise."

„Ich glaube aber nicht, dass das Schwein es als eine große Ehre empfinden wird, zu Wurst und Schinken verarbeitet zu werden."

„Das ist ja aber seine Bestimmung, und jedes Geschöpf, das seine Bestimmung erfüllt, ist glücklich zu preisen. Der Prophet sagt, das Sterben sei Glück; also ist das Schlachten des Schweines das Beste, wonach es sich sehnen kann. Nun geh zur Frau, lass aber die andern ja nicht sehen, was du

[1] Appetit

bringst. Ich werde von der anderen Seite des Hauses zu ihnen zurückkehren, denn sie brauchen gar nicht zu wissen, dass wir hier miteinander gesprochen haben."

Als ich dann lauten Schrittes wieder eintrat, kam mir die Frau entgegen und ich teilte ihr meinen Wunsch mit. Sie zeigte sich zur Erfüllung bereit, erkundigte sich jedoch, während sie mich misstrauisch betrachtete:

„Aber, Herr, hast du auch Geld? Verschenken kann ich nichts."

„Ich habe Geld."

„Und wirst du mich bezahlen?"

„Natürlich!"

„Das ist nicht so natürlich, wie du meinst. Ich bin eine Christin und darf dieses Fleisch essen. Auch an andere, wenn sie Christen sind, darf ich davon verkaufen. Aber wenn ich einem Moslem davon ablasse, begehe ich einen Fehler und werde Strafe anstatt des Geldes erhalten."

„Ich bin kein Mohammedaner, sondern ein Christ."

„Und doch bist du ein so schlech..."

Sie hielt inne. Sie hatte wohl sagen wollen: ‚schlechter Kerl', besann sich aber noch zur rechten Zeit und fügte schnell hinzu:

„Ich will es wagen, dir zu glauben. Komm also mit und schneide dir selbst so viel ab, wie du haben willst."

Ich nahm eine Wurst von vielleicht dreiviertel Kilo und dazu ein Stück Schinken, das ein halbes Kilo wiegen mochte. Sie verlangte fünf Piaster dafür, also ungefähr neunzig Pfennige. Als ich ihr drei Piaster mehr gab, sah sie mich höchst verwundert an.

„Das soll ich wirklich behalten?", fragte sie zweifelnd.

„Ja. Dafür werde ich mir aber irgendetwas erbitten, in das ich diese Sachen einwickeln kann."

„Ja, was soll das sein? Etwa ein Kiaghid[1]?"

„Das passt am besten dazu, aber es darf nicht schmutzig sein."

[1] Papier

„Es ist nicht schmutzig, denn wir haben keins. Wo soll hier im Dorf ein Stück Papier zu finden sein? Ich werde dir etwas anderes geben. Wir haben da ein Gömlek[1] meines Mannes liegen, das er nicht mehr trägt. Davon will ich dir ein Stück abreißen."

Sie langte in eine Ecke, in der allerlei Gerümpel lag, und zog ein Ding hervor, das wie ein Lappen aussah, mit dem man lange Jahre hindurch rauchige Lampenzylinder und schmutziges Topfgeschirr geputzt hat. Davon riss sie einen Fetzen ab, wickelte Wurst und Schinken hinein und reichte mir dann das Paket mit den Worten hin:

„Hier nimm und labe dich daran. Ich bin in der ganzen Gegend als die geschickteste Tuslama[2] bekannt. Du wirst wohl selten so etwas Wohlschmeckendes gegessen haben."

„Das glaube ich dir", antwortete ich verbindlich. „Alles, was ich hier sehe, hat die Farbe und den Geruch des Pökelfleisches und du selbst bist so appetitlich, als hättest du mit dem Schinken in der Salzlake gelegen und dann in der Esse gehangen. Ich beneide den Gefährten deines Lebens."

„O Herr, sage nicht gar zu viel!", rief sie geschmeichelt. „Es gibt noch Schönere im Land, als ich bin."

„Dennoch scheide ich von dir mit dem Bewusstsein, dass ich mich gern deiner erinnern werde. Möge dein Leben duftig und glänzend sein wie die Schwarte deines Schinkens!"

Als ich nun wieder hinaustrat, beeilte ich mich, das Päckchen loszuwerden, indem ich es in Halefs Satteltasche steckte. Niemand außer dem Hadschi bemerkte es.

(Gesammelte Werke Band 6 „Der Schut")

[1] Hemd [2] Einpöklerin

Die Schildkröte im Sand

Auf dem weiteren Ritt durch die einsamen Savannen des argentinischen Gran Chaco entdeckt der kleine Gelehrte Morgenstern eine auffällige Bodenformation, auf der fast kein Gras wächst. Schon sieht er sich am Ziel seiner Träume, denn er vermutet hier die Knochen einer urzeitlichen Riesenschildkröte. Die sofort begonnene Grabung bringt dann allerdings ganz andere Dinge ans Tageslicht.

Das Auge Morgensterns fiel auf eine gar nicht weit von dem Weiher entfernte Stelle des Grases, wo dieses äußerst klein und spärlich wuchs; auch hatte es eine gelbe anstatt eine grüne Farbe. Noch viel auffälliger war es jedoch, dass diese Stelle genau zirkelrund war und dass an der Grenzlinie dieses Kreises Sand lag und kein einziger Halm wuchs. Auch diese kleine, sandige Stelle in dem Lehmboden musste auffallen.

Morgenstern stand von seinem Platz auf und näherte sich diesem eigentümlichen Kreis, um ihn genauer in Augenschein zu nehmen. Da sah er zunächst, dass er erhaben wie eine umgestürzte Schale war.

‚Gewölbt und kreisrund', sagte er sich. ‚Das ist höchst sonderbar. Warum gedeiht das Gras hier nicht? Der Boden besteht ebenso aus Lehm wie derjenige der Umgebung. Sollten Steine oder ein anderer unfruchtbarer Grund darunter liegen, sodass die Wurzeln des Grases nicht tief einzudringen vermögen und also nicht genug Nahrung erlangen können?'

Um das zu untersuchen, zog er sein Messer und stach damit in die Erde. Die Klinge drang höchstens fünf Zoll tief ein und traf dann auf einen harten Gegenstand. Er probierte an anderen Stellen, und zwar mit genau demselben Erfolg. Der eigentümliche Kreis hatte eine sehr harte Unterlage, auf der eine überall fünf Zoll hohe Lehmschicht lag, welche dem Gras nicht genug Nahrung gewährte, sodass dieses nur spärlich stand, nicht hoch wurde und eine krankhafte gelbe Farbe besaß. Diese Regelmäßigkeiten mussten eine Ursache, und zwar eine ganz eigenartige und ungewöhnliche Ursache haben.

Und woher der schmale Sandfleck an der einen Stelle des Kreisumfangs? Es gab, so weit das Auge reichte, keinen Sand. Morgenstern bückte sich nieder und begann, mit dem Messer in den Sand zu bohren und ihn aufzuwerfen. Die beiden anderen hatten ihm verwundert zugeschaut. Jetzt kam Fritze herbei und fragte:

„Wat jibt es hier, Herr Doktor? Wat haben Sie mit det Messer? Wollen Sie unsere jute Mutter Erde totstechen?“ Wenn er mit dem Doktor allein und nicht auch mit dem Chirurgen redete, bediente er sich stets der deutschen Sprache.

„Mach keine dummen Witze!“, antwortete Morgenstern. „Es handelt sich hier um eine ernste Angelegenheit. Hast du vielleicht einmal von sogenannten Hexenringen gehört?“

„Sehr oft. Dat sind kreisrunde Stellen auf Wiesen, auf denen in der Walpurgisnacht die Hexen hippelschottisch jetanzt haben.“

„Unsinn! Diese Kreise verdanken ihre Entstehung verschiedenen Arten von Hutpilzen, deren Mycelium sich zentrifugal vermehrt. Vertilgt man diese Pilze, so hören auch die Ringe auf.“

„Ick verstehe! Hier haben Sie auch so ’nen Hexenring gefunden.“

„Ja, aber er ist ganz eigentümlicher Art. Während die bekannten Hexenringe von einem üppig grünenden Kreis umschlossen werden, ist dies hier nicht der Fall. Auch wächst hier Gras, während dort das Innere der Ringe vollständig kahl liegt. Und nun woher dieser Sand? Es ist sonst nirgends welcher zu sehen.“

„Hm. Diese Stelle kommt mir auch sehr sonderbar vor. Sollte hier ein Schatz verjraben liejen? Det wäre mich lieber, als wenn wir ein urweltliches Riesenjeschöpf herausbuddelten.“

„Vorweltliches Riesengeschöpf!“, rief Morgenstern aus, indem er den Sprecher mit freudiger Überraschung anblickte. „Fritze, vielleicht hast du das Richtige getroffen.“

„Mit dem Jeschöpf oder mit dem Schatz?“

„Mit beiden, denn wenn ich hier ein Mastodon oder so etwas finde, so ist das ein Schatz für mich, und du würdest auch nicht leer ausgehen.“

„Det lässt sich hören, sagte der Taube, als er eine Ohrfeige bekam. Aber im Ernste jesprochen, hier mitten in der Urwildnis so ’ne Stelle, det muss doch einen Jrund haben. Und nur man Jeduld, ick denke, wir finden diesen Jrund, wenn wir nur erst mal da den Sand fortschaffen.“

„Ganz dasselbe dachte auch ich. Hole die Spaten, die Hacken und die Schaufeln! Wir müssen schleunigst nachgraben.“

Fritze folgte dieser Aufforderung. Als die beiden den Sand aufzugraben begannen, kam Don Parmesan herbei und drängte unwirsch zum Aufbruch, da man heute noch den Vater Jaguar einholen müsse. Er machte aber sofort ein anderes, viel freundlicheres Gesicht, als der Doktor ihm sagte:

„Wenn wir ein Megatherium hier finden oder ein ähnliches Riesentier und Sie helfen mit, so schenke ich Ihnen tausend Papiertaler.“

„Da helfe ich mit, und wenn es eine ganze Woche dauert.“

Er ergriff sofort einen Spaten und begann mitzuarbeiten, denn tausend Papiertaler, soviel wie hundertsechzig deutsche Reichsmark, waren für ihn eine sehr begehrenswerte Summe.

Während er mit Fritze an der sandigen Stelle in den Boden eindrang, nahm Morgenstern eine Schaufel, um einen Punkt der harten Unterlage von der darauf liegenden Lehmschicht und dem darin wachsenden Grase zu befreien. Er kratzte diese Schicht ab und schob sie zur Seite; da kam eine undurchdringliche, glatte und schildplattähnliche Masse zum Vorschein, die, als er darauf schlug, einen dumpfen, hohlen Ton erzeugte. Da tat er vor Freude einen Luftsprung und rief jauchzend aus:

„Heureka[1], heureka! Ich hab's, ich hab's gefunden! Diese glasharte und panzerartige Masse! Ich hab's, ich hab's!“

„Wat haben Sie denn?“, fragte Fritze, indem er von seiner Arbeit aufsah.

„Das Tier, das Riesentier. Es ist ein Glyptodon, ganz gewiss ein Glyptodon!“

„Wer soll det Wort verstehen! Wie würde man es in Stralau oder Jüterbogk titulieren?“

„Riesenarmadill oder noch deutscher: Riesenpanzertier! Ein voreiszeitliches Geschöpf, Fritze!“

„Also in der Sintflut umjekommen und schmählich ertrunken? Da kann mich det arme Biest wirklich leid tun. Is es jross?“

„Wie ein Tapir oder Nashorn, anderthalb Meter lang.“

„Also nicht auf den Arm oder in die hohle Hand zu nehmen. Na, det schadet nichts; wir holen ihm dennoch heraus!“

„Natürlich muss es heraus! Also nehmt euch in Acht, dass ihr es nicht beschädigt! Jede, auch die kleinste Beschädigung, lateinisch *laesio* genannt, vermindert den Wert dieses kostbaren Fundes!“

Fritze grub mit dem Chirurgen weiter. Auch der Doktor arbeitete mit dem größten Eifer, mit der Schaufel die obere Lehmkruste von dem Panzer des vorweltlichen Tieres abzukratzen. Seine Augen strahlten, seine Wangen glühten und seine Hände zitterten. Er befand sich wie im Fieber. Dabei hielt er seinen beiden Gefährten einen Vortrag über die Urzeiten und die Wesen, die damals lebten. Fritze und Don Parmesan warfen den Sand nach rechts und links heraus und drangen immer tiefer ein. Da gab der Sand plötzlich nach; Fritze stieß einen Schrei aus und verschwand in der Erde. Sein Gefährte sprang schnell aus dem Loch, sonst wäre er ihm nachgestürzt.

[1] Griechisch = Ich hab's gefunden!

„Um des Himmels willen, was ist geschehen?“, rief Morgenstern. „Hoffentlich kein Unglück!“

„Er ist verschwunden“, entgegnete Parmesan. „Die Erde wich unter ihm und da war er fort.“

Der Doktor trat vorsichtig an das Loch und rief hinab:

„Fritze, lieber Fritze, lebst du noch?“

„Ja, ick lebe und bin verjnügt in meine Seele“, erklang es von unten herauf.

„Wie ist das gekommen und wohin bist du geraten?“

„Ick habe mit die Balance dat neunzehnte Jahrhundert verloren und bin herunter ins Diluvium jerutscht.“

„Bist du verletzt?“

„Nein. Det Panzervieh verhält sich sehr jebildet. Es ist janz still und hat mir nicht beschädigt.“

„So komm schnell herauf! Es können gefährliche Gase vorhanden sein.“

„Im Jejenteil! Es ist hier janz mollig. Kommen Sie herunter! Ick habe jrad noch zwei schöne Sitzplätze zu vermieten, zwei Plätze in der Urwelt. Immer rrrunter, meine Herren!“

Dieses lustige Gebaren des kleinen Dieners verscheuchte alle Besorgnisse des Doktors. Und da seine Wissbegierde so groß war, dass er sie kaum beherrschen konnte, folgte er der Aufforderung und stieg vorsichtig in das Loch. Dieses führte zunächst gegen vier Fuß senkrecht hinab und ging dann in einem stumpfen Winkel schief nach innen weiter. Der Diener war also nicht senkrecht hinuntergestürzt, sondern in geneigter Richtung vorwärtsgerutscht. Jetzt rief er von innen heraus:

„Da sind Sie ja! Ick sehe Ihre Beine. Sie befinden sich jrad vor dem Bauch des Riesentieres. Setzen Sie sich nieder, so ziehe ich Ihnen an die Füße herein zu mich.“

In diesem Augenblick fühlte Morgenstern sich bei den Füßen ergriffen und fortgezogen. Er kam in ein sanftes Gleiten und saß dann zu seinem Erstaunen neben Fritzen in einer kleinen, niedrigen Höhle, die infolge des Loches, durch das er soeben gekommen war, so viel Helligkeit besaß, dass man sich darin umsehen konnte. Sie war länglich rund, ungefähr zwei Ellen hoch und so groß, dass drei Personen bequem nebeneinander sitzen konnten. Die Decke war gewölbt, ungefähr wie das Innere eines Tellers, und von dunkelmelierter, mattglänzender Farbe. Der Boden der Höhle war eben und von dem hereinbrechenden Sand teilweise bedeckt. An den unbedeckten Stellen sah man, dass er aus hartem Lehm bestand.

Als Fritze seinen Herrn neben sich hatte, lachte er auf und sagte in fröhlichem Ton:

„So kann man aus die Ober- in die Unterwelt und aus die Jejenwart in die Verjangenheit jeraten. Wat sagen Sie zu diese schöne Mammuthöhle?“

„Von einem Mammut ist hier keine Rede. Wir befinden uns höchstwahrscheinlich im Leibe eines Glyptodon, also des Tieres, das ich vorhin Riesenarmadill nannte.“

„Haben diese Tiere Leiber aus Lehm jehabt?“

„Natürlich nein. Du kannst dir doch denken, dass der Leib mitsamt den Knochen nach und nach verweste und dass nur der unzerstörbare Panzer übrig geblieben ist. In seinem Innern sitzen wir jetzt.“

„Also mitten in der Armatur?“

„Ja. Man hat diese Panzer früher irrtümlicherweise für die Bedeckung des Megatheriums gehalten, weil auch Knochen dieses letzteren Tieres in der Nähe solcher Fundorte angetroffen wurden. Das Glyptodon ist aber für den Kenner unmöglich mit dem Megatherium zu verwechseln, obgleich es ebenso wie dieses einen runden, abgestutzten Kopf und am Jochbein einen absteigenden Fortsatz hatte. Der Panzer, der das Tier vom Hals bis zum Schwanz umschloss und nur am Bauch offen war, bestand aus einzelnen, sechseckigen Knochenstücken, die eine einzige starke und zusammenhängende Decke bildeten. Der Schwanz steckte in einer besonderen Panzerröhre, die wir jedenfalls noch finden werden.

Wir müssen den Panzer zunächst freilegen; wenn sich dann ergibt, welches der hintere und welches der vordere Teil ist, lässt sich leicht sagen, wo die Schwanzröhre liegt."

Fritze schüttelte den Kopf und sagte:

„Wenn det janze Tier im Panzer jesteckt hat, sodass nur der Bauch unbedeckt war, so muss dieser doch eine unten offene Höhlung bilden; die Seiten sind auch bepanzert jewesen, hier haben wir nur oben Panzer und an den beiden Seiten Lehm."

„Der ist durch den Druck eingedrungen. Wenn wir ihn entfernen, werden die Seiten des Panzers zum Vorschein kommen. Ich werde dir den Chirurgen herabschicken. Ihr beide schafft diesen Lehm hinaus, während ich von oben graben werde, um das Glyptodon von außen bloßzulegen. So arbeiten wir uns in die Hände und werden jedenfalls noch vor der Abenddämmerung, lateinisch *crepusculum* genannt, fertig sein."

Er stieg aus der Höhle empor und schickte Don Parmesan mit Hacke und Schaufel hinab. Während die beiden nun unten fleißig arbeiteten, drang er selbst oben mit der Hacke in die Erde ein, um sie rund um den Panzer aufzugraben und diesen bloßzulegen.

Er strengte sich so an, dass ihm der Schweiß über das Gesicht lief. Ganz begeistert war er für seine Arbeit, denn er dachte an den Ruhm, den es ihm bringen würde, wenn es ihm gelänge, ein fossiles Riesenarmadill in seiner heimatlichen Wohnung aufzustellen. Denn dass es sich hier um ein Glyptodon handelte, davon war er vollständig überzeugt, bis er gegen Mittag die Entdeckung machte, dass der Panzer nicht eine Röhre, sondern eine Schale bildete, die wie eine plattgewölbte Decke auf der unter ihr befindlichen Höhle lag. Sie wurde von den Lehmwänden der Letzteren getragen. Fritze und Don Parmesan drangen mit ihren Werkzeugen durch diese Wände, und da der Gelehrte ihnen von außen mit seiner Hacke entgegenkam, dauerte es gar nicht lange, so war die eine Seite der Panzerdecke, die einer umgestürzten Schale glich, freigelegt und Fritze kam mit dem Chirurgen herausgekrochen.

„Sehen Sie, dass Sie sich jeirrt haben", sagte der Erstere zu Morgenstern. „Es ist kein Jürteltier, denn die Seiten dieses Jeschöpfes sind unbepanzert jewesen; es hat nur oben auf dem Rücken einen Schild jehabt."

Der Gelehrte war einigermaßen enttäuscht. Er blickte nachdenklich vor sich nieder. Dann aber erhellte sich sein Gesicht plötzlich; er stieß einen Jubelruf aus und meinte dann:

„Fritze, du machst mir das Herz wieder leicht. Schon glaubte ich, dass unsere Arbeit vergeblich gewesen sei. Deine Worte aber überzeugen mich vom Gegenteil. Du hast das Richtige getroffen. Es hat oben auf dem Rücken einen Schild gehabt. Schild, Schild, ein runder Schild, lateinisch *clipeus* genannt. Kannst du mir ein Tier, ein berühmtes Tier nennen, dessen Name mit Schild – beginnt?"

„Ja."

„Nun?"

„Ein Schildbürjer."

„Unsinn! Ich meine natürlich die Schildkröte, lateinisch *testudo* geheißen. Dieses Tier ist kein Armadill, sondern eine Riesenschildkröte von ganz außergewöhnlichen Ausmaßen gewesen. Welche Wonne! Welch ein Ruhm wartet meiner, wenn die Kunde durch die gelehrten Kreise aller Länder geht, dass ich eine fossile Riesenschildkröte ausgegraben habe!"

„Wenn es wirklich eine ist!"

„Jedenfalls. Ich werde es gleich untersuchen."

Er holte in seinem Hut Wasser herbei und wusch mit Hilfe eines Graswisches eine Stelle des Panzers rein.

„Siehst du", rief er dann aus, „dass ich Recht habe. Diese Masse ist nichts anderes als Horn, starkes, dickes Horn. Diese gewölbte Platte ist nicht der Panzer eines Gürteltieres, sondern der Rückenschild einer Riesenschildkröte, lateinisch *Chelonia Midas* genannt."

„Soll mir aufrichtig freuen, wenn nicht etwa wieder ein Irrtum vorliegt, sodass det einstige Jürteltier und jetzige Schildkröte nachher der Abwechslung wejen für einen vorweltlichen Laubfrosch jehalten wird. Aber haben die Schildkröten nicht zwei Schilde?"

„Ja, einen Rücken- und einen Bauchschild."

„Dieses Tier hat aber doch nur einen jehabt! Sollte sie den anderen verloren oder in der Lotterie verspielt haben?"

„Keinen dummen Witz, Fritze! Der Brustschild muss auch da sein. Das Fleisch, das zwischen beiden gelegen hat, ist verwest. Dadurch entstand die Höhle, die wir hier vor uns sehen. Der Boden wird jedenfalls von dem Bauchschild gebildet. Wir werden ihn sofort finden, wenn wir den Lehm, der eingedrungen ist, wegräumen."

„Det leuchtet mich eher ein. Und wissen Sie, als wir da drinhockten, habe ick jehört, dass der Boden hohl klang."

„Hohl? Wirklich? Siehst du, Fritze, dass ich ganz richtig vermute! Du hast auf dem Bauchschild gestanden, und der klingt hohl, *cavus* auf lateinisch. Wir werden ihn ausgraben."

„Aber nicht jetzt, sondern nach dem Essen. Es ist Mittag jeworden und wir müssen etwas jenießen. Wir haben ja Fische, die wir uns backen oder braten können."

Der kleine Gelehrte war so entzückt über seinen Fund, dass er keinen Hunger fühlte und von dieser Arbeitspause gern abgesehen hätte. Es fiel ihm auch gar nicht ein, sich an der Zubereitung der Fische zu beteiligen. Er scharrte und kratzte vielmehr an der Schildkrötenschale herum, klopfte sie an, um zu hören, was für einen Ton sie hatte, prüfte, ob der Boden unter ihr wirklich hohl klang, was allerdings der Fall war, und kam erst dann zu den beiden anderen, als die Fische zum Essen fertig waren. Während sie tüchtig zulangten, nahm er sich nur ein kleines Stück, sprang, als er dieses gegessen hatte, wieder auf und sagte:

„Ich kann nicht essen; es lässt mir keine Ruhe, bis ich auch den Bauchschild gefunden habe. Der Magen, *ventri-*

culus oder *stomachus* geheißen, ist mir wie zugeschnürt. Ich kann nicht schlingen."

„Det ist nicht jesund", bemerkte Fritze. „Der Mensch muss essen können. Wenn ick mir über was freue, esse ick doppelt."

„Ist's denn ein Wunder? Ein solcher Fund ist geradezu großartig und steht ganz einzig da. Man freut sich, dass man sich kaum zu fassen weiß, und hat doch schwere Sorge, lateinisch *cura* genannt, dabei."

„Det begreife ick nicht. Mir hat noch keine Kröte Sorje jemacht. Um wat sorjen Sie sich denn?"

„Um Verschiedenes. Vor allen Dingen um den Namen, den ich ihr geben muss."

„Den hat sie ja schon. Sie wird ja Schildkröte jenannt. Oder ist dat nicht ihr rechtmäßiger Name?"

„Es ist der deutsche Name. Ich muss ihr aber einen wissenschaftlichen, einen lateinischen Namen geben!"

„Und det macht Ihnen Sorje? So werde ick Ihnen helfen. Dieser wissenschaftliche Name soll sofort jefunden werden. Wie heißt Schildkröte auf Lateinisch?"

„Testudo. Aber es gibt Arten, welche wissenschaftlich mit Cistudo, Emys, Chelydra, Tryonichida, Sphargis und Chelonia bezeichnet werden. Chelonia Midas zum Beispiel ist die Riesenschildkröte."

„So haben Sie ja den jesuchten Namen. Eine Riesenschildkröte ist's ja, die wir jefunden haben."

„Richtig! Aber ich darf sie doch nicht so nennen, da mit Chelonia Midas die jetzt noch lebenden gemeint sind; unsere aber ist eine vorsintflutliche und viel, viel größer als die heute noch lebenden."

„Det ist wahr. Sie ist ein wahrer Goliath, ein richtiger Gigant, und..."

„Halt, halt!", unterbrach ihn der Gelehrte. „Ich hab's, ich hab's! Du hast es eben gesagt. Du bist ein ganz tüchtiger Kerl, Fritze! Gigant und Chelonia! Das gibt eine ganz ausgezeichnete Zusammensetzung. Ich werde dieses riesige

Tier Gigantochelonia nennen. Vielleicht fügt man später, um mich als den Entdecker zu feiern, noch meinen Namen bei, was ich der gebotenen Bescheidenheit wegen heute nicht tun will. Ja, ja, diese fossile Riesenschildkröte wird Gigantochelonia genannt. Ich werde den Namen sofort aufschreiben und dazu den wichtigen Tag, an dem ich diesen unvergleichlichen Fund gemacht habe."

Er zog sein Merkbuch hervor und trug den Namen ein. Fritze aber meinte kopfschüttelnd:

„Diese jelehrten Herren sind doch sonderbare Individuummers! Objleich der schönste deutsche Name vorhanden ist, muss doch ein lateinischer jesucht werden. Dieses Tier ist jedenfalls zu Noahs Zeit ins Diluvium jeraten; darum würde ick sie einfach Riesen-Noah-Schildkröte nennen. Det würde für jedermann sofort verständlich sein. Schade nur, dass dat Fleisch nicht mehr vorhanden ist! Wie viel Turtlesuppen könnte man da machen!"

„Ja, bedenkt man, wie weit die beiden Schilde voneinander liegen, so kann man sich einen Begriff davon machen, wie stark und dick das Tier gewesen ist. Es muss eine wahre Unmasse von Fleisch, lateinisch *caro* genannt, gehabt haben. Aber ihr seid nun endlich fertig mit Essen. Beeilt euch nun! Wir müssen den Bauchschild ausgraben. Ihr hackt also den Boden auf, während ich fortfahren werde, die obere Schale loszumachen."

Fritze stieg mit Don Parmesan wieder in die Höhle, um der Anweisung seines Herrn nachzukommen, während dieser oben die begonnene Arbeit fortsetzte. Er war mit einem solchen Eifer dabei, dass er für nichts anderes Augen hatte und also auch nicht bemerkte, dass er der Gegenstand einer Beobachtung war, die für ihn und seine Genossen leicht schlimme Folgen haben konnte.

Im Osten von der Stelle, wo die drei mit so großem Fleiß beschäftigt waren, erschien nämlich ein Trupp von vielleicht fünfzig Reitern, deren Ziel allem Anschein nach das Wasser war, in dessen Nähe sich der Fundort der berühmten Gigantochelonia befand. Und zugleich kamen im Süden fünf andere Reiter, die aber noch so entfernt waren, dass man sie nur als kleine, bewegliche Punkte zu erkennen vermochte.

Der erstere Trupp befand sich in größerer Nähe. Er bestand aus Indianern, bei denen sich zwei Weiße befanden. Die Roten waren mit Pfeil und Bogen, langen Lanzen und Blasrohren bewaffnet; ein einziger von ihnen, der ihr Anführer zu sein schien, hatte eine Flinte. Die beiden Weißen waren wie Gauchos gekleidet und in rot und blau gestreifte Ponchos gehüllt. Als Waffen führten sie Messer, Revolver und Doppelflinten bei sich. Der eine war Antonio Perillo, der Stierkämpfer aus Buenos Aires, der andere aber jener ältere Mann, der mit Perillo am Abend vor dem Stierkampf an der Quinta des Bankiers den Vater Jaguar beobachtet hatte.

Sie kamen im Trab längs des Waldrandes dahergeritten. Nahe genug herangekommen, erblickten sie den kleinen Gelehrten, der, ihnen den Rücken zukehrend, ganz in seine Arbeit vertieft war. Die beiden Weißen ritten mit dem Häuptling an der Spitze. Der ältere von ihnen hob die Hand, um das Zeichen zum Halten zu geben, hielt sein Pferd an und sagte, sich an den Häuptling wendend:

„Was ist das? Wir sind nicht allein! Dort am Wasser ist ein Mann! Siehst du ihn? Er hackt die Erde auf."

Der Rote blickte in die angedeutete Richtung und antwortete in zwar gebrochenem, aber doch geläufigem Spanisch:

„Hola, ein Weißer bei unserer Quelle, bei unserem Versteck! Er hat es entdeckt und gräbt es auf. Vaya! Auf und hin zu ihm!"

Er wollte sein Pferd antreiben, der Weiße aber ergriff seinen Arm und sagte:

„Halt, nicht so eilig! Lasst uns ihn vorher beobachten. Er kann uns nicht entgehen. Er ist ja allein."

„Ob er allein ist oder ob sich viele bei ihm befinden, das ist mir gleich. Man nennt mich ‚el Brazo valiente'[1]. Ich bin der oberste Kriegshäuptling der Abipones und fürchte mich vor keinem Feind."

[1] Der ‚tapfere Arm'

„Ich weiß es. Aber wir wollen doch erst beobachten. Wer mag dieser Mensch sein und durch welchen Verrat hat er Euer Almacen de Polvora[1] entdeckt. Er ist übrigens nicht allein hier; er hat Gesellschaft bei sich, denn ich zähle fünf Pferde, die dort am Wasser weiden."

„Quedo – still!", rief da Antonio Perillo. „Er ist von kleiner Gestalt und rot gekleidet. Sollte es möglich sein? Wenn mich meine Augen nicht trügen, so machen wir einen wichtigen Fang. Es ist der Oberst, der sich in Buenos Aires für einen deutschen Gelehrten ausgab!"

„Demonio! Ist's wahr?", fragte der ältere von Perillos Begleitern.

„Ich möchte es beschwören. Jetzt haben wir den Beweis, dass ich mich in ihm nicht irrte! Wie käme ein harmloser deutscher Bücherwurm an die geheime Pulverkammer, die wir für unsere roten Verbündeten anlegten, damit sie im Augenblick des Losschlagens die nötige Munition besitzen? Es ist der Oberst Glotino, dieser Schurke, der sich über alle unsere Wege schleicht. In Buenos Aires traf ihn unsere Kugel nicht; hier aber soll sie ihn nicht fehlen!"

Er zog den Revolver drohend aus dem Gürtel.

„Still!", beruhigte ihn sein älterer Gefährte. „Keine Übereilung! Wir dürfen ihn nicht töten; er muss uns sagen, was er in dieser Gegend will und wie er zur Kenntnis unseres Verstecks gelangt ist. Schießen wir ihn nieder, so sind wir ihn los, ja; aber behalten wir ihn lebend in unseren Händen, so haben wir in ihm eine Geisel, die uns von größtem Vorteil werden kann. Und wer kommt da drüben? Sind das nicht Reiter?"

Er deutete nach Süden, wo die fünf Punkte indessen größer und deutlicher geworden waren. Die Blicke der anderen richteten sich dorthin. Antonio Perillo antwortete:

„Das kann kein anderer als der Hauptmann Pellejo sein, mit dem wir hier zusammentreffen wollten. Unsere List ist also gelungen. Er hat den Auftrag erhalten, die Grenze ab-

[1] Pulvermagazin

zusuchen, er, unser Genosse! Man bestellt den Bock zum Gärtner. Wir bekommen somit die Grenze und alle Niederlassungen am Fluss in die Hand. Dadurch sind unseren roten Verbündeten, wenn der Augenblick des Handelns kommt, sämtliche Einfallspforten geöffnet. Er ist's gewiss, ganz gewiss. Ich denke, wir überlassen es nicht ihm, den Kerl dort zu fangen, sondern tun das selbst, noch ehe er herangekommen ist. Seht, der Halunke steigt hinab ins Magazin! Das ist der letzte Augenblick. Wir umzingeln die Stelle. Vorwärts! Einige setzen sich in den Besitz der Pferde; dann gibt es kein Entrinnen für den Schurken."

Der Trupp setzte sich in rasche Bewegung gegen das Pulvermagazin, das Doktor Morgenstern für den Einbettungsort eines vorweltlichen Tieres gehalten hatte.

Fritze hatte mit dem Chirurgen den Lehm, der den Boden der Höhle bildete, aufgegraben. Jeder Hieb oder Stoß, den die beiden taten, war von einem dumpfen Ton begleitet, ein Beweis, dass es unter diesem Boden einen zweiten hohlen Raum gab. Als sie ungefähr einen Fuß tief gekommen waren, stießen sie zu ihrem Erstaunen auf starke Hölzer, aus abgeschnittenen Ästen gebildet, welche nebeneinander gelegt waren und die Träger des Lehmbodens bildeten. Sie zogen mehrere derselben heraus und so entstand eine große Öffnung, durch die sie hinabblicken konnten. Sie sahen da unter sich eine weit größere Höhle, als die obere gewesen war. Da standen oder lagen viele kleine, sorgfältig in geharztes Leder gehüllte Fässer und längliche, ebenso gegen die Feuchtigkeit geschützte Pakete. Fritz kniete nieder, um eins der Letzteren herauszulangen; es war schwer, sodass der Chirurg ihm helfen musste. Als sie es oben hatten, zerschnitt Fritze die Riemen, mit denen es zusammengebunden war; es enthielt – Gewehre, wohlerhaltene Gewehre.

„Welche Überraschung!", rief er aus. „Das sind ja Flinten! So steht zu erwarten, dass die Fässer Pulver und Blei enthalten!" Und in deutscher Sprache fortfahrend, rief er dem draußen hastig arbeitenden Privatgelehrten zu:

„Herr Doktor, kommen Sie doch mal herein! Wir haben etwas sehr Sonderbares jefunden."

„Etwas Sonderbares?", fragte der Angerufene. „Der Bauchschild einer Gigantochelonia ist etwas sehr Wichtiges, aber doch nichts Sonderbares. Habt ihr ihn?"

„Den Schild leider nicht, sondern eine janz andere Art von Armatur. Haben Sie doch die Jewogenheit, verehrter Herr Doktor, uns mit Ihrem jütigen Besuch zu bejlücken."

Morgenstern legte die Hacke weg und folgte der Aufforderung. Das war der Augenblick, wo Antonio Perillo sagte: „Seht, der Halunke steigt hinab ins Magazin!"

„Schauen Sie her!", meinte Fritze. „Es hat vor der Sintflut auch schon Pulver und Flinten jegeben. Diese Entdeckung jeht doch wohl noch über Ihre Gigantochelonia."

Der kleine Gelehrte machte ein ganz unbeschreibliches Gesicht. Sein Mund stand offen; seine Augen öffneten sich, so weit es möglich war, und seine Brauen stiegen hoch empor.

„Flinten?", stotterte er. „Ja, wahrhaftig, Flinten! Es ist gewiss, dass es weder im Silur oder gar vorher, noch in der nächstfolgenden Zeit Schießgewehre gegeben hat. Wenn diese Waffen sich hier unter dem Rückenschild meiner Gigantochelonia vorfinden, so sind sie von menschlichen Individuen, die höchstwahrscheinlich der geschichtlichen Zeit angehören, hergebracht worden. Diese Menschen haben keine paläozoologischen Kenntnisse gehabt, sonst hätten sie erkennen müssen, dass sie ihre nacheiszeitlichen Waffen in einen voreiszeitlichen Ort brachten, dessen Bedeutung für die Verhältnisse urweltlicher..."

Er kam nicht weiter. Nahendes starkes Pferdegetrappel brachte ihn aus der Urwelt in die Gegenwart zurück. Laute Stimmen ertönten, und als er den Kopf aus dem Loch steckte, um zu sehen, was draußen vorgehe, bemerkte er, dass mehrere Indianer die Pferde ergriffen und andere die Waffen, die er und seine Begleiter abgelegt hatten, an sich nahmen. Zwei Weiße hielten ihm ihre Revolver entgegen, und einer von ihnen rief ihm in gebieterischem Ton zu:

„Kommen Sie mit Ihren Genossen heraus, Señor! Wir haben ein Wörtchen mit Ihnen zu reden."

„Antonio Perillo!", rief der Gelehrte aus, der den Sprechenden erkannte.

„Ja, ich bin es. Gehorchen Sie und kommen Sie schnell, sonst zwingen Sie uns, Gewalt anzuwenden."

„Der Gewalt bedarf es nicht. Ich habe ein gutes Gewissen und kann mich vor jedem Menschen sehen lassen."

Er kam herausgestiegen und seine beiden Gefährten folgten ihm. Als Perillo den Chirurgen erblickte, rief er erstaunt aus:

„Der Carnicero! Señor, was tun Sie denn hier in dieser Gesellschaft?"

„Ich führte die Herren nach dem Gran Chaco", erwiderte der Gefragte.

„Zu welchem Zweck?"

„Um Tiere auszugraben."

„Tiere? Ausgraben? Was denn für welche?"

„Voreiszeitliche Urtiere."

„Das lassen Sie sich weismachen? Señor Parmesan, ich habe Sie bisher als einen Menschen gekannt, der zwar seine Schrullen hat, sonst aber ungefährlich ist und sich niemals mit Politik befasst. Heute aber lerne ich, anders von Ihnen zu denken!"

„Politik? Was geht mich diese an! Ich bin Chirurg und habe genug an meiner Wissenschaft. Sie wissen ja, es ist mir keine Operation und kein Schnitt zu schwierig; ich säble alles herunter."

„Diesmal aber scheinen Sie unter Säbel nicht Ihr Operationsmesser, sondern einen wirklichen Degen zu verstehen. Sie wissen doch, dass Ihre Begleiter politisch höchst verdächtige, ja sogar gefährliche Menschen sind?"

„Gefährliche Menschen? Das ist nicht wahr. Diese Señores

sind gelehrte Leute aus Deutschland; sie wollen Riesentiere ausgraben, mit der Politik aber haben sie nichts zu tun."

„Wenn das wirklich Ihre Überzeugung ist, so sind Sie von ihnen getäuscht worden. Wir aber wissen besser, woran wir mit ihnen sind. Glücklicherweise ist die Rolle dieser ehrenwerten Señores jetzt ausgespielt, da wir sie hier bei dem Diebstahl ertappt haben."

„Diebstahl?", fuhr da Fritze auf. „Wir sind keine Diebe, wohl aber können wir Sie eines Verbrechens zeihen, das noch schlimmer als Diebstahl ist."

„So?", lachte Perillo höhnisch auf. „Welches Verbrechen meinen Sie denn?"

„Den Mord. Sie haben in Buenos Aires meinen Herrn zu erschießen versucht!"

„So? Es dürfte Ihnen schwer werden, dies zu beweisen; wohl aber werden wir Ihnen den Beweis führen, dass Sie sich in Dinge eingelassen haben, durch die Ihr Kopf in die größte Gefahr gebracht wird. Ich erkläre Ihnen beiden, dass Sie unsere Gefangenen sind."

„Dazu haben Sie kein Recht. Oder gehören Sie etwa zur Polizei?"

„Das geht Sie nichts an! Übrigens gehört Ihre Angelegenheit nicht vor das Zivil-, sondern vor das Kriegsgericht. Man wird Sie standrechtlich erschießen. Hier kommt der Offizier, der Sie ins Verhör nehmen wird."

Er deutete auf die fünf Reiter, die jetzt von Süden her am Platz angekommen waren, vier Kavalleristen, angeführt von dem Hauptmann, der Morgenstern und Fritze in Santa Fe erst bewirtet und dann fortgewiesen hatte. Dieser sprang vom Pferd, nickte den Indianern zu, reichte dem Stierkämpfer wie einem alten Freund die Hand und gab sie dann auch dem Begleiter dieses Letzteren, indem er sich sehr höflich verbeugte und in beinahe ehrerbietigem Ton sagte:

„Viel Ehre für mich, ‚el gambusino maestro', den berühmtesten Gambusino[1] des Landes wiederzusehen! Sie bemer-

[1] Goldsucher

ken, dass ich Wort gehalten und mich zur rechten Zeit eingestellt habe. Aber welche Menschen finde ich bei Ihnen? Da ist ja der sonderbare Deutsche, den ich wegen seiner großen Ähnlichkeit für den Obersten Glotino hielt und dann..."

„Hielt? Nur hielt?", unterbrach ihn der Angeredete, der bis jetzt noch nicht gesprochen hatte. „Lassen Sie sich durch die Verkleidung nicht irremachen! Er ist es wirklich. Wo haben Sie ihn gesehen?"

Kapitän Pellejo erzählte kurz die Begegnung in Santa Fe, worauf der als Gambusino Bezeichnete achselzuckend meinte:

„Da haben Sie ja den Beweis, dass wir es mit dem richtigen Glotino zu tun haben. In Buenos Aires wohnte er bei dem Bankier Salido, der als Anhänger des Generals Mitre bekannt ist; in Santa Fe geht er nach dem Cuartel, um dessen Besatzung zu bespitzeln, und dann reitet er sofort hierher, um unser Magazin auszunehmen. Er wird uns zu sagen haben, wer ihm dessen Lage verraten hat."

„Mir hat niemand etwas verraten", bemerkte da der kleine Gelehrte. „Ich heiße Morgenstern und bin aus Deutschland. Wir wollen nach dem Gran Chaco, um vorweltliche Tiere auszugraben, und hier, wo wir Lager machten, entdeckte ich zufällig, lateinisch *fortuito*, die obere Schale einer vorsintflutlichen Riesenschildkröte, der ich den Namen Gigantochelonia gegeben habe."

„Die Schale einer Schildkröte? Wo ist sie denn?"

„Hier doch", antwortete der Kleine, indem er auf den vermeintlichen Panzer zeigte. „Sie werden doch zugeben, dass wir es hier mit dem Rückenschild einer Riesenschildkröte zu tun haben!"

„Herr, halten Sie uns nicht für verrückt!", fuhr der Gambusino auf. „Sie wissen sehr genau, in welcher Weise man derartige heimliche Magazine anlegt und dass man die Waffen und das Pulver dadurch vor der Feuchtigkeit schützt, dass man dem Versteck eine mit Harz durchtränkte Lehmdecke gibt. Halten Sie uns etwa für so dumm, zu glauben, dass Sie eine solche Decke für den Panzer einer Schildkröte angesehen haben?"

„Aber, Señor, das ist ja wirklich der Fall! Die Annahme, dass dies eine durchharzte Lehmdecke sei, beruht auf einem gewaltigen Irrtum. Ich bin Kenner und gebe Ihnen die Versicherung, dass wir es mit den Überresten eines einzig dastehenden paläozoologischen Wesens zu tun haben. Darauf können Sie sich verlassen."

„Verstellen Sie sich doch nicht auf eine so lächerliche Weise! Señor Kapitän, bemächtigen Sie sich dieser beiden sogenannten Deutschen! Der Carnicero ist ungefährlich; ihn wollen wir laufen lassen, da er, wenn wir ihn bei uns behielten, uns nur hinderlich sein würde. Er mag sein Pferd und seine Waffen nehmen und reiten, wohin es ihm beliebt."

Nichts konnte dem Chirurgen lieber sein als diese Entscheidung. Er sattelte schnell sein Pferd, nahm seine Flinte und stieg auf, um davonzureiten. Aber wohin?

„Eine tolle Geschichte!", brummte er in den Bart. „Dieser deutsche Knochensucher soll der Oberst Glotino sein. Fällt ihm gar nicht ein! Er hat das Waffenversteck wirklich für das Lager eines uralten Tieres gehalten. Diese Kerls, die uns überraschten, wollen sich mit den Indianern verbinden, um sich gegen die Regierung zu empören. Sie sind Halunken. Sie sprechen davon, den Deutschen töten zu wollen. Er ist ein guter Mensch und ich möchte ihn retten. Ich muss versuchen, den Vater Jaguar zu finden!"

Mit der Entdeckung der mächtigen Gigantochelonia war es also leider nichts; dafür bekommen es die kuriosen Gelehrten im nächsten Abenteuer anstatt mit riesigen Urwelttieren mit sehr kleinen, aber nichtsdestotrotz bemerkenswerten Lebewesen zu tun – ab Seite 409.

(Gesammelte Werke Band 39 „Das Vermächtnis des Inka")

Besuch bei Vitzliputzli

Der Ich-Erzähler dieser Geschichte trifft in einer Buchhandlung einen Sonderling, einen Fachmann für indianische Sprachen, der ausgerechnet jenes Buch erwerben möchte, welches der Erzähler seinerseits gerade zu kaufen im Begriff ist. Nach anfänglichem Streit, bei dem beiden die indianischen Ausdrücke nur so um die Ohren fliegen, schließen sie Freundschaft und der Professor lädt seinen früheren Kontrahenten zu einem Besuch ein. Dieser kommt der Einladung gerne nach, allerdings gilt es dabei einiger Weltfremdheit des Gelehrten Rechung zu tragen

Es war ein wunderschöner Herbsttag, als ich die Bahn verließ, um meinen alten Freund zu besuchen. Von der Bahnstelle hatte man damals bis zu dem betreffenden Dorf volle drei Stunden zu gehen, wenn man nicht die Post benutzen wollte, die freilich nur einmal täglich verkehrte. Ich entschloss mich deshalb, nicht zu fahren, sondern zu Fuß zu wandern. Ich mochte einschlagen, welchen Weg ich wollte, so kam ich meist durch Wald. Und wie schön ist der deutsche Wald im Herbst, wenn die Färbung der Blätter vom dunkelsten Grün bis zum hellsten Rotgelb in allen möglichen Schattierungen wechselt!

Die Strecke kannte ich leidlich; ich sage leidlich, denn ich ging nicht die Poststraße, auf der niemand fehlen konnte, sondern schlug, wie man da oben sich ausdrückt, ‚Bauernwege' ein, die mich so recht mitten durch den Wald und durch einige kleine Dörfer führen mussten.

Ich dachte dabei an die Wälder des Südens und die Urwälder Nordamerikas, soweit ich sie kennengelernt hatte, und sagte mir wieder und immer wieder, dass die Fremde keinesfalls das bietet, was es in der Heimat Schönes gibt und was doch so wenig geschätzt und beachtet wird.

Die Dörfchen, durch die ich kam, boten in der stillen Einsamkeit, in der sie lagen, einen reizenden Anblick. An den kleinen Fenstern erschienen neugierige Köpfe, um sich darüber zu wundern, dass es einen Fremden gab, der in diese abgelegene Gegend kam. Wenn mir jemand begegnete, erhielt ich auf meinen freundlichen Gruß eine noch freundlichere Antwort. Als ich nun gar in einer Schenke einkehrte, waren bald ein Dutzend Männer da, die den fremden Gast angucken wollten, und in der Küche versammelten sich, von der angeborenen Wissbegier herbeigetrieben, eine Anzahl von Weiblein und Jungfräulein, die zu schüchtern waren, hereinzukommen, und von Zeit zu Zeit die Äuglein an die Türspalte hielten, um mich zu betrachten. Wenn ich dann hinsah und ihnen zunickte, so erklang ein verschämtes Kichern und eine hörte ich sagen: „Er hat's halt gesehn, dass ich hineingeguckt hab. Der hat aber ein scharfes Gesicht! Und genickt hat er ooch. Een sauberer Herr! Beinah wie ein Wachmeister von's Gericht!"

Nur um etwas zu verzehren, trank ich ein Glas Bier und aß Brot mit Butter und Käse. Ich bekam ein ganzes, sechspfündiges Bauernbrot, ein Halbpfundstück Butter und einen mächtigen Kümmelkäse vorgesetzt und langte, da es mir mit jedem ‚Happen' besser schmeckte, tüchtig zu. Und als ich nach meiner Schuldigkeit fragte, klang es fast wie in Uhlands Gedicht vom Apfelbaum:

„Und frag' ich nach der Schuldigkeit,
so schüttelt er den Wipfel,
gesegnet sei er allezeit,
von der Wurzel bis zum Gipfel!"

Das Bier kostete sechs Pfennige, Brot, Butter und Käse zusammen fünfundzwanzig Pfennige. Ich erklärte, dass ich doch für viel mehr verzehrt habe. Da erklärte die Wirtin:

„Das kommt bei uns halt net so drauf an; wir erbauen's ja selber. Hier ist's halt anders als in der Stadt. Die Portion kostet fünfundzwanzig, eener isst mehr und der andre weniger; da gleicht sich's wieder aus. Da sollten Sie erst mal unsre Leute hier einhaun sehn! Da langt's halt nicht weiter als vom Maul bis 'nunter zum Magen."

Ich zahlte eine Mark. Als ich mich weigerte, das zu nehmen, was herausgegeben wurde, war das Erstaunen ungeheuer, und als die Wirtin einem, der hinter mir saß, einen Schnaps brachte, flüsterte ihr dieser zu:

„Du, Karline, mit dem ist es nich richtig. Das is entweder een heemlicher Bankier oder gar een verkappter Millionär. Er wird wohl in den Reichstag gewählt sein wollen und tut darum so dicke hier. Ich aber lasse mich nicht irremachen und wähle den alten wieder. Meenste nich ooch?"

Nun ging es wieder weiter. Als ich mich umschaute, sah ich, dass mir Männlein, Weiblein und Jungfräulein alle nachsahen. Ich schwenkte den Hut. Da riefen sie mir nach:

„Glückliche Reise und auf Wiedersehn!"

Einer aber, jedenfalls der mit dem Schnaps, schrie hinterdrein:

„Adjeh, Lasker, adjeh, Bebel! Mit dem Reichstag, da hast dich verrechnet!"

Dann kam wieder Wald, breiter und weiter Wald. Er lag still und majestätisch wie ein Opferhain unserer Vorfahren. Es regte sich kein Lüftchen; nicht das leiseste Rauschen ging durch die Wipfel, nur der Hall meiner Schritte war dumpf zu hören.

Nach vielleicht eineinviertel Stunden hatte ich mein Ziel erreicht. Das Haus des Professors war das erste vor dem Dorf. Ich zog die Glocke. Zweimal, viermal, fünfmal klingelte ich, dann endlich ließ sich eine verkehrt aufgesetzte Perücke im kleinen Treppenfenster sehen.

„Wer – wie – was?", schnarrte es von oben herab. Die Haushälterin bediente sich, um sich weitere Fragen zu ersparen, dieser knappen Zusammenfassung.

„Ist der Kaffee fertig?", rief ich hinauf, wie stets, ganz gleich, ob es morgens, mittags oder abends war.

„Herr des Himmels! Sie sind's, Sie! Ich wird's gleich melden. Ich mahle gleich und tu ein Mäßchen mehr hinein. Heißes Wasser habe ich immer; das wissen Sie ja!"

Die Perücke verschwand – und ward nicht mehr gesehen. Ich wartete fünf Minuten, zehn Minuten. Als aber auch dann die Magd nicht wiederkam, um mir wenigstens die Haustür zu öffnen, wurde mir die Sache zu dumm. Ich erinnerte mich des günstigen Umstands, dass die gute Hanne sich der Kaffeemilch wegen eine Ziege hielt. Vielleicht konnte ich durch oder über den Ziegenstall ins Haus gelangen. Ich sprang also über den Zaun, ging hinters Haus und prüfte das Gelände. Über den Stall hinweg war nicht hineinzukommen, das bemerkte ich beim ersten Blick. Nun, dann vielleicht durch den Stall hindurch! Es würde sich wohl irgendein Loch finden, durch das ich hineinzuschlüpfen vermochte. Ich war auf meinen Reisen schon schwierigeren Verhältnissen begegnet. Was war dieses einfache Häuschen im Vergleich zu dem siebenfach verschlossenen Haus des Abrahim Mamur am Ufer des Nils[1] oder gar zu dem unzugänglichen Felsenpueblo im fernen New Mexiko[2]! Und doch hatte ich in beide den Weg gefunden. Also würde es mir auch hier glücken. Wozu war ich denn Old Shatterhand? Ich begann also die äußere Wand des Ziegenstalls loszureißen. Leider stellte sich meinem Vorhaben ein Hindernis entgegen in Gestalt der Ziege, die mich nicht durchkriechen lassen wollte. Nachdem ich sie siegreich hinausgeworfen hatte, bemerkte ich zu meiner Befriedigung, dass sich in der Wand des Hauses, an die der Stall grenzte, ein Fenster befand, das nur angelehnt war. Ich stieß es auf und stieg in einen Raum, der nach der Unordnung, die darin herrschte, und zufolge einiger Gewandstücke, die ich als der Magd gehörig erkannte, das Zimmer Johannas sein musste. Nachdem ich das auf solch scharfsinnige Weise festgestellt hatte, wollte ich durch die Tür auf den Gang hinaustreten, und ich hätte es auch getan, wenn sich nicht die Katze diesem meinem Beginnen widersetzt hätte. Sie lag mit ihren Jungen in einem Korb neben der Tür und machte Miene, mir ins Gesicht zu springen. In bewundernswerter

[1] Siehe Karl Mays Gesammelte Werke Bd. 1 „Durch die Wüste“

[2] Siehe Karl Mays Gesammelte Werke Bd. 22 „Satan und Ischariot“

Geistesgegenwart ergriff ich einen Regenschirm, der unter dem Bett ein friedliches Dasein fristete. Ich spannte ihn auf, um mich zu schützen, und so gelang es mir, mit seiner Hilfe die Alte nebst den Jungen samt dem Korb in den Ziegenstall zu treiben. Nun hätte meinem weiteren Vordringen nichts mehr im Weg gestanden, aber zuvor musste ich noch ein Gezänk wegen Hausfriedensbruchs schlichten, weil die Ziege inzwischen hereingekommen war und mit den Hörnern auf die Katze losging. Endlich war auch diese Aufgabe zu gegenseitiger Zufriedenheit gelöst und ich konnte meinen Weg fortsetzen. Als ich auf den Gang hinaustrat, sah ich eben Johanna mit dem Kaffee die Treppe hinauf verschwinden. Ich folgte ihr und wurde nun, da die Tür zum Zimmer des Professors nur angelehnt war, Zeuge folgender Unterhaltung:

„Da, gnädiger Herr, der Kaffee!"

Vitzliputzlis Nase steckte wahrscheinlich in irgendeiner indianischen Grammatik, er hörte nicht.

„Herr Professor!"

Da nahm er das Haupt aus Alaska empor und blickte sie abwesend an.

„Der Kaffee!", wiederholte sie.

„Ja, ja doch – *ovui* sagen die Moqui."

Die Nase steckte sich wieder ins Buch.

Da gab ihm die Magd einen gelinden Stoß in die Seite und rief.

„Herr Professor, zwei Tassen! Sehen Sie denn nicht?"

Er fuhr in die Höhe, kam zu sich, sah nun allerdings die Tassen misstrauisch an und fragte erstaunt:

„Zwei? – bei den Zuñiindianern[1] *quilli*. Warum denn das? Es soll doch niemand zu mir! Sie wissen, liebe Johanna, dass ich für mich wohne und keinen Verkehr haben will!"

„Nun, bei einem machen Sie wohl eine Ausnahme."

„Wen meinen Sie denn?"

„Ihren Freund halt, Karl May aus Dresden."

[1] Sprich: sunji

„Wie kommen Sie grad jetzt – *titschi* sagen die Apatschen – auf den?"

„Weil er da ist."

„Da? Wo? – *hetetá* auf Tonkawa."

„Herr des Himmels! Fragt er, wo? Natürlich unten an der Haustür! Da steht er schon eine Stunde lang und Sie kommen nicht zu sich!"

„Eine Stunde! Weshalb lassen Sie ihn denn nicht herein?"

„Weil er gleich nach dem Kaffee fragte. Ich musste also sofort alles für den Besuch herrichten. Er scheint einen schauderhaften Durst zu haben. Wenn Sie meinen, dass zwei Tassen nicht reichen, so..."

Jetzt endlich war der Professor völlig mit der Lage vertraut. Er frohlockte:

„Schweigen Sie, laufen Sie, rennen Sie, machen Sie unten auf. Er kommt mir eben recht! Er soll mir vor allen Dingen erst einmal sagen, ob der für die archäologische Forschung wertvolle Schluss wichtig ist, den ich daraus zu ziehen geneigt bin, dass im Keioweh die beiden Worte ‚Kessel' und ‚Stein' die gleiche Bezeichnung haben, nämlich *tsu*. Ich möchte daraus schließen, dass man ein nicht allzu weit zurückliegendes Fortbestehen der Steinzeit in Amerika anzunehmen hätte."

„Es ist richtig, liebster Herr Professor", fiel ich von der Stubentür her ein. „Besonders von den Keiowehs weiß ich, dass ihre Kochtöpfe zum Teil heute noch aus gebrannter Erde oder Steingut bestehen. Und denken Sie auch daran, dass – vor der Einführung von Metallkesseln – in Rindenkesseln mit Hilfe erhitzter Steine gekocht wurde."

„Dachte es, dachte es mir", nickte er zufrieden. „Aber, lieber Freund – *tiguvh* im Utah –, Sie sind hier oben? Ich hörte, Sie ständen unten an der Haustür!"

„Dort habe ich gestanden. Da aber die Tür verschlossen blieb und ich das liebliche Knarren der Kaffeemühle vernahm, suchte ich anderswo einen Zugang. Ich bin durch den Ziegenstall und das Zimmer Johannas eingestiegen, wobei ich leider die Ziege und die Katze, die sich mir feindlich entgegenstellten, aus ihren gewohnten Wigwams vertreiben musste und…“

„Meine Ziege, meine Katzen!“, kreischte Johanna, mich unterbrechend, auf, stürzte hinaus und rannte die Treppe hinab.

Der Professor aber schüttelte mir die Hand, deutete auf die Tassen und sagte:

„Trinken Sie, bevor er kalt wird! – *gosgasé* heißt das im Navajo.“

Ich folgte seiner Aufforderung.

„Wollen Sie noch eine Tasse?“, fragte Vitzliputzli.

„Nein, danke! Jetzt nicht, vielleicht später.“

„So kommen Sie schnell mal her! Ich habe mir eben jetzt die Aufgabe gesetzt, zu beweisen, dass die Sprache der Ugalenzen mit dem athabaskischen Sprachstamm verwandt ist. Dabei sollen Sie mir helfen. Setzen Sie sich – die Acoma sagen dafür *tschiyoya*. So! Hier ist das Wörterverzeichnis. Schlagen wir einmal Seite – – was ist denn das da unten?“

Im Erdgeschoss begann es nämlich in diesem Augenblick auch ugalenzisch oder athabaskisch herzugehen. Man hörte die Ziege meckern, die Katze miauen und die Johanna heulen. Wir eilten hinab in ihre Schlafstube. Da saß die Katze hoch oben im Wandkober und Hanne kniete klagend beim Bett, um die jungen Katzen unter die Decke zu bergen. Die Ziege war nämlich unterdessen des Katzengeschlechts Herr geworden, hatte es in die Schlafstube zurückgetrieben und stand, durch ein wahrhaft homerisches Meckern verratend, dass sie sich in einem höchst aufgeregten Zustand befinde, mit den Hinterfüßen in dem herabgeworfenen und zerbrochenen Spiegel, während sie für die Vorderbeine auf dem Waschtisch ein Unterkommen gesucht hatte. Da steckte der eine Fuß im Waschkrug und der andere in Johannas Sonntagshaube. Mit den Hörnern aber stieß sie unausgesetzt nach der Wand über dem Tisch, wo der Kober mit der Katze hing. Links schien die liebe Sonne durchs Fenster und rechts drang es wie trauter Mondenschein durch den eingerissenen Ziegenstall herein. Leider hätte ein Maler oder Zeichner keine Zeit gefunden, dieses liebliche Stillleben seiner Mappe einzuverleiben, denn das Bild wurde durch den Professor blitzschnell verändert. Er warf sich mit Todesverachtung auf die Ziege und riss sie zu Boden. Die liebliche Spenderin der Kaffeemilch wollte sich das nicht gefallen lassen und ging zur Vergeltung in einer unbegreiflichen Verwechslung der Personen auf die gute Johanna los. Die kniete noch am Bett, sprang aber entsetzt auf und warf der Angreiferin die junge Katze, die sie gerade in der Hand hielt, an den Kopf. Das Kätzchen jammerte auf, wodurch die Katzenmama an ihre Mutterpflicht erinnert wurde. Sie schnellte aus dem Wandkober herunter, schwang sich auf Johanna und begann mit den Vorderpfoten deren Perücke so zu bearbeiten, dass die langjährige Vertreterin der Hausfrau sich Hilfe suchend auf den Professor stürzte. Dieser riss ihr in verwegener Tatkraft das liebe Vieh vom Kopf und warf es samt der Perücke durchs offene Fenster. Da er aber unterließ, das Fenster zu schließen, so kam die Katze wieder hereingesaust, nicht aber auch die Perücke, die einstweilen draußen blieb, freundlich von der Sonne beäugelt. Mir war es inzwischen geglückt, die Ziege in den Stall hinauszudrängen, und da die Katze ihr Junges aufnahm und mit ihm ins Bett zu den anderen sprang, so war scheinbar zunächst kein weiterer Angriff zu erwarten.

Leider musste ich sofort erkennen, dass diese Ansicht falsch war, denn es gab einen Angriff, und was für einen! Und der Unglückliche, auf den er sich richtete, war leider ich. Johanna stemmte nämlich die Fäuste in die Seite und fauchte mich an:

„Nein, so eine Bescherung! Ich bin ganz außer mir! Sagen Sie doch einmal, wer sie angerichtet hat!“

„Nun wer?“

„Wer? Das fragen Sie noch? Sie sind es, Sie! Man sollte Sie für einen Räuberhauptmann halten. Sie reißen den Leuten die Häuser ein und steigen am offenen Tag in die Zimmer achtbarer Persönlichkeiten!“

„Nicht ein Haus, sondern einen Ziegenstall habe ich geöffnet, und dieses Zimmer war die Schlafstube der Katzen. Sind diese auch achtbare Persönlichkeiten, liebe Hanne?“

„Seien Sie still! Ich bin nicht Ihre liebe Hanne! Liebe Hanne sagt man nur zu einer Geliebten oder Braut, und ich bin Ihre Braut noch lange nicht!“

„Johanna, Johanna!“, wagte der Professor in beruhigendem Ton dazwischen zu werfen.

„Halten Sie den Mund!“, fuhr sie ihn an. „Sie sind auch mit schuld! Warum haben Sie die Ziege zurückgerissen? Ist das verständig? Ist das zart, wie ein so gutes, treues Tier es verlangen kann? Sehen Sie doch einmal, wie es nun hier bei uns aussieht! Alles liegt am Boden! Und da der Wasserkrug und die Hau…“ Sie hielt inne, starrte die Haube an, schlug dann die Hände zusammen und wehklagte: „Meine Haube, meine gute Sonntagshaube! Wie sieht die aus!“

Sie stürzte auf den Waschtisch zu, nahm das Schmuck- und Bedeckungsstück ihres ehrwürdigen weiblichen Hauptes beim Band, wirbelte uns die Haube vor der Nase herum und fuhr fort:

„Ist das eine Haube, ist das noch eine?“

„Ich denke doch, dass es nichts anderes sein soll“, entgegnete ich.

„Soll, soll! Jawohl soll es eine sein, aber es ist keine mehr! Herr des Himmels! Zu Weihnachten werden es erst vier Jahre, dass mir der Herr Professor das Geld dazu gegeben hat; es ist meine neueste, meine allerneueste! Wie habe ich sie gehalten und behütet! Und nun ist mir heute die Ziege hineingeraten! Sagen Sie doch, Herr Professor, und Sie, Sie Räuberhauptmann, ist die Haube für die Ziege oder für mich?“

„Für Sie!“, antworteten wir im schönsten Einklang.

„Also! Wenn sie aber für mich ist, so konnten Sie zu Hause bleiben, anstatt hierherzukommen und mir die Ziege

Der Professor warf sich mit Todesverachtung auf die Ziege.

hineinzutreiben! Wer richtet mir die Haube wieder vor? Hier in dem einsamen Dorf gibt's ja keine Menschenseele, die einem solch ein Prachtstück wiederherstellen kann. Was setze ich nun auf, wenn ich in die Kirche gehen will oder gar wenn ich Gevatter stehe? Der Bäcker drüben, bei dem ich früh die Semmeln hole, hat schon so von Weitem gemunkelt, dass ich Pate werden soll. Und nun mit dieser Haube! Da muss ich ja mit der größten Schande davonlaufen!"

Sie war in gutem Fahrwasser und wollte weitersprechen. Wenn sie einmal angefangen hatte, so spann sie in einem Atem weiter und fand kein Aufhören, das wusste ich. Aber es gab ein Mittel, sie augenblicklich zum Schweigen zu bringen, und das wandte ich an, indem ich den zerbrochenen Spiegel aufnahm und ihr vors Gesicht hielt. Es steckten noch einige größere Scherben darin, sodass sie sich darin betrachten konnte. Sie sah aber zunächst gar nicht hinein, sondern blickte mich verwundert an:

„Was ist's mit dem Spiegel? Soll etwa ich ihn wieder ganz machen?"

„Das verlangt niemand, aber schauen Sie einmal hinein!"

Sie folgte dieser Aufforderung und staunte dann:

„Das ist ein Globus, ein Glo..."

„Kein Globus", unterbrach ich sie. „Wahrscheinlich haben Sie nur die obere Rundung erblickt. Ich werde den Spiegel tiefer halten. So, sehen Sie jetzt?"

Kaum hatte sie einen Blick hineingeworfen, so fuhr sie zurück und rief verdutzt:

„Das ist doch mein Gesicht, das meinige!"

„Natürlich!"

„Aber ohne – ohne..."

Jetzt griff sie nach dem Kopf. Die liebe Johanna hatte nämlich keine Haare mehr; sie war kahl, vollständig kahl.

Als sie die Nacktheit desjenigen Teils ihrer Person fühlte, den sie vorher für einen Globus gehalten hatte, zeterte sie:

„Meine Perücke, meine Perücke! Wo ist meine Perücke?"

„Zur Katze!"
„Wer – wie – was?"
„Zur Katze. Die Katze hat sie mit durchs Fenster genommen."
„So liegt sie noch draußen, draußen im Schmutz, wo wir gestern noch Kohlen abgeladen haben. Herr des Himmels, so ein Unheil!"
Sie schoss hinaus, wir dagegen gingen ins Arbeitszimmer des Professors. Dort angekommen, trank der gute Vitzliputzli einen Schluck Kaffee, sann mit einer so ernsten Miene nach, als ob er über die Quadratur des Zirkels nachdenke, und fragte hierauf:
„Lieber Kollege, wissen Sie vielleicht, wo – *he-uvan* im Tonkawa – sich in meiner Wohnung Hammer – *maziyape* im Dakota – und Nägel befinden?"
„Nein."
„Die Wand des Ziegenstalls ist doch, wenn ich mich recht besinne, aus Holz – *thleloeve* im Zuñi?"
„Ja, sie besteht aus Brettern."
„Aus Brettern! Wie man so etwas auseinanderzureißen vermag! Sie sind ein wahrer Goliath! Hoffentlich aber lassen sich Bretter durch Nägel wieder vereinigen?"
„Ja, Herr Professor, man nennt das zusammennageln."
„Gut, sehr gut – *avan at* sagen die Utah. Aber wer soll das hier in diesem entlegenen Dorf tun?"
„Ich, Herr Professor!"
„Ach, ich entsinne mich – *schi binaschna* heißt dies im Apatsche. – Sie können alles, durchaus alles. Sie haben mir, wenn ich mich recht erinnere, schon einmal einen Regenschirm zusammengeleimt, eine Stiefelstrippe angeflickt und einen Strohhut – *taki* sagen die Digger – gewaschen. Ja, Sie können alles. Sie werden also die Güte haben, die Bretter wieder in feste Vereinigung zu bringen. Das wäre erledigt – *täkiho-imbo-vay* sagen die Tehua. Das Übrige aber wird sich nicht so leicht verbessern und ergänzen lassen. Was den Spiegel betrifft, so..."

„So hole ich morgen einen aus Annaberg“, ergänzte ich.

„Sehr gut! Und die Haube, ja die Haube! Die macht mir Sorgen! Könnten Sie die nicht auch gleich mit dem Spiegel in Ordnung bringen lassen?“

„Ich werde sie zu einer Putzmacherin tragen und gehörig aufdonnern lassen, sodass die gute Johanna ihre helle Freude daran haben soll.“

„Vortrefflich – *ha-asch enokh-tso* sagen die Tonkawa. So sind wir also jetzt diese Sorgen los und können – doch vorher noch eins – *huänehpiyeh* wird dies im Tehua ausgedrückt. Es ist eine Bitte.“

„Sprechen Sie nur, Herr Professor!“

„Und Sie nehmen es mir nicht übel, ganz gewiss nicht übel? – *nischkandissiwinisch* heißt es im Odschibwä.“

„Ganz gewiss nicht!“

„Nun also: Wenn Sie mich einmal wieder besuchen, so bitte, liebster Freund – *ketepanon* im Tonkawa – kommen Sie nicht wieder durch den Ziegenstall herein! Die Johanna könnte sich darüber erregen. Nicht wahr, Sie lassen mich mit diesem bescheidenen Wunsch keine Fehlbitte tun?“

„Ich erfülle ihn. Aber neugierig bin ich, wie ich dann hineingelangen soll, wenn Johanna nicht aufmacht. Nachdem ich vorher klingelte, hat sie erst Holz gehackt, Feuer gemacht, Kaffee gemahlen und was sonst noch. Wenn ich wieder mal die Glocke ziehe, sollte sie mir wenigstens die Hausschlüssel zum Fenster herunterwerfen.“

„Ja, das kann sie, das soll sie sogar, denn Sie sind mir ein sehr lieber Besuch; ich lasse ja sonst keinen Menschen zu mir. Gut, Sie sollen den Hausschlüssel durchs Fenster haben; oder noch besser, ich werde gleich nachher, erinnern Sie mich daran, nach einer Schnur oder einer Leine suchen, an der Ihnen Johanna den Schlüssel langsam und bedächtig hinablassen kann. Sind Sie damit zufrieden?“

„Vollkommen!“

„Gott sei Dank! Nun das vorüber ist, können wir zur Hauptsache schreiten. Ich arbeite an einem Werk, dessen

Inhalt auch Ihnen gefallen wird. Soll ich Ihnen die Benennung sagen?"

„Ich bitte darum."

„Sie lautet: ‚Über die synthetischen Verbindungen der Präposition ah mit Nominalstämmen der Sprache der Pokonchiindianer'. Was sagen Sie dazu?"

„Nicht übel! Die Pokonchiindianer gehören doch zur Maya-Quichégruppe. Also beschäftigen Sie sich jetzt mit dieser?"

„Seit langer Zeit. Sie sind ja auch so ein Indianerfex. Es ist mir manches, ja wohl vieles, unklar und ich denke – *wa puschi da husch* sagen die Mandaner –, dass Sie mir nützen können. Nicht?"

„Vielleicht; falls es möglich ist, so geschieht es mit Vergnügen."

„Gut, schön! Also können wir beginnen – *bárebiire* sagen die Tehua. Ich werde Ihnen vorlesen, doch muss ich vorher erwähnen, dass die Präposition ah..."

„Bitte, bitte! Lassen wir dies zunächst! Ich habe Ihren Ziegenstall auszubessern und es werden sich wohl auch sonst noch Mängel finden, die meiner warten. – Diese Sachen müssen vor allen Dingen in Ordnung gebracht werden. Die Gelehrsamkeit nehmen wir dann am Abend vor."

„Ja, ich weiß, Sie arbeiten und schreiben nur am Abend und des Nachts – *autsunje* im Tuscarora. Aber ich möchte lieber gleich wissen, was..."

„Nichts, gar nichts werden Sie jetzt erfahren. Ich arbeite geistig nicht gern am Tag, weil der Geist da zuviel zerstreut und gestört wird; das halte ich auch hier bei Ihnen so. Jetzt besichtigen wir Ihr Haus und machen jedes Loch zu, das wir finden. Dann essen wir, hierauf gehen wir spazieren und..."

„Spazieren!", unterbrach er mich. „Sie wissen doch, dass ich das niemals tue!"

„Ja, Sie tun es leider niemals, aber ich werde Sie heute dazu zwingen. Sie sind ins Gebirge gezogen, um gesund zu werden, nun dürfen Sie sich aber auch nicht einschließen, sondern müssen tüchtig Luft und Sonne kneipen."

Als ich ihn nach dem Essen zu dem geplanten Spaziergang aufforderte, weigerte er sich eine Weile, dann musste er mit.

So war mein alter, lieber Professor Vitzliputzli. Er lebte nur für seine Wissenschaft und hatte fast keine Bedürfnisse. Er aß alles, was ihm vorgesetzt wurde, er trank alles, selbst das Schlechteste, wenn es nur den Körper zusammenhielt. Gesellschaft mied er und lebte von Jahr zu Jahr immer einsamer und zurückgezogener. Ich war der Einzige, mit dem er noch zeitweise verkehrte, worüber man sich allgemein im Dorf wunderte. Er arbeitete viel und seine Handschriften häuften sich zu ganzen Bergen an, aber er veröffentlichte nie etwas. Unter seinen Arbeiten befanden sich wahre Perlen, das wusste ich. Wie oft hatte ich gebeten, ihn förmlich gedrängt, mit einem Verleger in Verbindung zu treten, vergeblich! Seine stete Antwort war, dass er es seinen Erben überlasse, die Arbeit seines Lebens der Öffentlichkeit zu überantworten. Und wer der Erbe sei, das durfte und wollte ich nicht fragen.

(Gesammelte Werke Band 47 „Professor Vitzliputzli")

Don Parmesan und die Blutegel

Doktor Morgenstern und seine Freunde haben sich inzwischen der Gruppe um den legendären ‚Vater Jaguar' angeschlossen; sie sind noch immer im Gran Chaco unterwegs, die Gegend ist öde, es gibt kein Grünfutter für die Pferde. Nur ‚Vater Jaguar' kennt den Weg zu einer verborgenen Quelle. Der selbsternannte Meisterchirurg Don Parmesan Rui el Iberio de Sargunna y Castelguardiante, der gerne „alles heruntersäbelt", gerät in Verzückung, als er den Namen des Gewässers erfährt: die Blutegelquelle. Natürlich verspürt er sofort den Wunsch, sich einiger dieser medizinisch so nützlichen Weichtiere zu Studienzwecken zu bemächtigen; aber sein Forscherdrang führt zu einem von ihm nicht ganz so gewünschten Ergebnis.

Der Gran Chaco war früher als eine sterile, unfruchtbare Gegend verrufen, und es gibt allerdings bedeutende Strecken, die der Sandwüste Afrikas gleichen; aber wo Wasser vorhanden ist, entwickelt sich ein üppiger Pflanzenwuchs. Die Flüsse treten im November aus den Ufern und setzen große Flächen unter Wasser, bei ihrem Rücktritt so viel Feuchtigkeit zurücklassend, dass sich der Pflanzenwuchs entwickeln und bis weit in die trockene Jahreszeit hinein erhalten kann. An den Ufern dieser Flüsse gibt es Wälder, die den Urwäldern Brasiliens gleichen, und selbst in der Wüste findet man zahlreiche stehende Gewässer, die so viele Pflanzen ernähren, dass dadurch auch die Tierwelt angezogen wird.

Ein solches Gewässer war auch die ‚Fuente de los sanguijuelas'. Es gab da in der Sandwüste eine Lehmoase, deren Durchmesser mehrere Tausend Schritt betrug. Inmitten dieser Oase lag ein kleiner Süßwassersee, der durch eine ziemlich reich fließende Quelle gespeist wurde. Da diese am Rand der Oase entsprang, hatte sie bis zum See eine Strecke zurückzulegen, auf der sie einen Graben mit sehr wenig Gefälle bildete. Dieser Graben war halb angefüllt von verwesenden Pflanzenresten, die einen moorartigen Boden bildeten, in dem zahllose Blutegel ihre Entwicklung gefunden hatten. Daher war diese Quelle die Blutegelquelle genannt worden.

Übrigens hielten sich diese Tiere nur in dem Graben und nicht in der Quelle selbst auf, sodass deren Wasser sich trinken ließ. Auch in dem See, der nicht sehr tief war, gab es keine Egel, desto mehr aber Fische, die den in dieser Gegend umherschweifenden Roten oder Weißen ein willkommenes Mahl bieten konnten.

Um den See und an den beiden Ufern des Grabens hin zogen sich breite Ränder von Bäumen und Sträuchern, meist Channjars und Algaroten, in deren Laub eine muntere Vogelwelt ihr Wesen trieb. Und so weit der Einfluss der durchsickernden und verdunstenden Feuchtigkeit reichte, hatte sich auch außerhalb der Oase im Sand ein Graswuchs entwickelt, der zwar, je weiter entfernt, desto spärlicher wurde, aber in der Nähe der Bäume ein saftiges Grün bildete, das den Pferden der Truppe mehr als reichliche Nahrung bot.

Hier hielten die Reiter an. Sie tranken sich zunächst selbst erst satt und führten dann auch ihre Pferde zu der Quelle, um ihnen die seit gestern früh entbehrte Labung zu bieten. ‚Don Parmesan' hatte ebenso wie die anderen dürsten müssen, aber noch entzückter als über das ersehnte Wasser war er über die Blutegel, die er in dem Graben sah.

„Welch ein Fund!", rief er aus, indem er sich an Doktor Morgenstern wendete. „Hier könnte man tausend fieberkranken Menschen in einer halben Stunde tausend Liter Blut abzapfen. Freuen Sie sich nicht auch über diese prächtigen, allerliebsten Geschöpfe?"

„Wenn es lauter Mammuts oder Mastodons wären, würde es mich freuen", antwortete der Gefragte, „aber ein Blutegel, lateinisch *hirudo* genannt, kann mich nicht in Wonne versetzen."

„Weil Sie mehr vor als nach der Sintflut leben, Señor. Denken Sie sich irgendeinen entzündeten Zustand. Welches Glück, wenn man da Blutegel bei der Hand hat! Jede Geschwulst wird dadurch behoben, dass man einige Dutzend dieser nützlichen Geschöpfe daranlegt. Ich setze den Fall, Ihre Zunge oder Ihr Zahnfleisch wäre geschwollen, so würde ich Ihnen mit Vergnügen zwanzig oder dreißig Blutegel in den Mund stecken."

„Danke sehr, Señor..."

„Don, Don Parmesan, nicht Señor!", unterbrach ihn der andere in strafendem Ton.

„Schön! Verzeihen Sie, Don Parmesan! Ich danke für das Vergnügen, einen Egel in den Mund zu nehmen! Und nun gar zwanzig! Nein, niemals!"

„Nicht? Nun, so wünsche ich von ganzem Herzen, Ihre Zunge läge Ihnen so dick wie ein Ochsenfrosch im Munde! Dann würden Sie mit Vergnügen die Egel nehmen."

„Ich muss bemerken, dass dies kein sehr menschlicher Wunsch ist, Don Parmesan. Einem Freund wünscht man keinen Ochsenfrosch in den Mund. Übrigens ist es noch gar nicht erwiesen, ob dies auch die wirklichen medizinischen Blutegel sind."

„Sie sind es. Ich werde es Ihnen gleich beweisen."

Er brach einen Zweig ab und schlug damit auf das Wasser, um einige der gleich herbeischwimmenden Blutegel mit seinem Hut herauszufischen. Als er einen davon in die Hand nahm, formte sich dieser sofort in Kugelgestalt.

„Sehen Sie, dass er echt ist!", rief er aus. „Sobald sich der Egel zu einer Kugel zusammenrollt, ist er brauchbar. Ich werde Ihnen das noch weiter beweisen. Bitte, strecken Sie einmal die Zunge heraus! Ich will Ihnen diese Egel daran setzen, und Sie werden sehen, dass sie sofort anbeißen."

„Warum gerade die Zunge, Don Parmesan?"

„Weil sie der blutreichste Teil Ihres Körpers ist, den Sie augenblicklich zur Verfügung haben."

„So ersuche ich Sie ergebenst, dieses Experiment an Ihrer eigenen Zunge, lateinisch *lingua* genannt, vorzunehmen."

Er wich vor dem Chirurgen zurück. Dieser bemerkte kopfschüttelnd dazu:

„Ich kann nicht begreifen, wie ein Zoologe eine solche Scheu vor diesen reinlichen Tierchen haben kann. Ich werde diese schöne Gelegenheit benutzen, mir einen Vorrat zu fangen und aufzubewahren. Ich habe glücklicherweise gesehen, dass einer von unseren Leuten einige leere Weinflaschen bei sich hat. Er wollte sie hier mit Wasser füllen; aber ich hoffe, dass er sie mir um des guten Zweckes willen ablassen wird."

Er sprach mit dem betreffenden Mann, der ihm seine Bitte gewährte. Dann zog er seine Stiefel aus, setzte sich an den Rand des Grabens und stellte die nackten Füße in das Wasser. Sie bedeckten sich schnell mit Blutegeln, die er ablas und in die Flaschen tat.

In der Oase bei der Egelquelle wird vom Vater Jaguar ein weiteres unterirdisches Waffenversteck entdeckt und ausgehoben; danach fängt und grillt man Fische in großer Menge und isst sich richtig satt, um endlich gepflegt zu ruhen und früh am nächsten Morgen wieder aufzubrechen. Zuvor aber wird an den abendlichen Lagerfeuern noch geplaudert und gescherzt, wobei sich ein junger, lebhafter Mensch durch seine Sprachfertigkeit und seine Witze besonders hervortut. Da er die anderen unaufhörlich zum Lachen bringt, wird dieser Witzbold von der übrigen Gesellschaft nicht bei seinem eigentlichen Namen gerufen, sondern ‚el Picaro', der Schalk, genannt.

Interessant war es, den Chirurgen zu beobachten, welche Aufmerksamkeit er seinen Blutegeln widmete. Dass er sie überhaupt mitgenommen hatte, dafür gab es keinen bestimmten Grund. Es waren eben medizinische Tiere, und da er sich für einen berühmten Arzt hielt, wollte er auf seine Gefährten damit Eindruck machen. Er durfte die Flaschen, worin sie sich befanden, nicht luftdicht verschließen, da sie sonst erstickt wären. Darum hatte er die Ecken seines Kopftuches abgerissen und diese Fetzen um die Flaschenhälse gebunden. Er war ferner der Ansicht, dass seine Schützlinge vor jeder größeren Erschütterung zu bewahren seien, und hatte infolgedessen die Flaschen in seinen Gürtel gesteckt, aus dem sie wegen ihrer glatten Oberfläche immer unten herausrutschen wollten. Darum war er unausgesetzt damit beschäftigt, sie immer und immer wieder in die Höhe zu schieben; er hatte die Hände nie zu etwas anderem frei, und da sein Pferd nicht das beste war und er es an der Zügelführung mangeln lassen musste, wurde er tüchtig zusammengerüttelt und war, als man die ‚Krokodilquelle' erreichte, so ermüdet, dass er sogleich aus dem Sattel sprang, die Flaschen in das Gras stellte und sich daneben niederlegte.

Obwohl diese Quelle ihren Namen sehr zu Recht trägt und es tatsächlich von großen, gefräßigen Echsen nur so wimmelt, legt auch die restliche Truppe hier erst einmal Rast ein. Einige scharfe Schüsse vertreiben die Krokodile fürs Erste und dann herrschen – scheinbar – Ruhe und Frieden.

Die Nacht verging, ohne dass etwas Ungewöhnliches geschah, außer man wollte das, was einer der Wachtposten gegen Morgen tat, ungewöhnlich nennen. Dieser Posten war ‚el Picaro', der Schalk. Eben hatte er wieder einmal die Feuer geschürt, da ging er nicht wie vorher wieder fort, sondern er schlich sich auf den Fußspitzen nach der Stelle hin, wo der Chirurg sorglos schnarchte. Er lauschte eine Weile und griff, als niemand sich regte, nach den Blutegelflaschen; es waren ihrer drei. Er öffnete sie, indem er den Baumwollverschluss losband, und versuchte sodann, die Decke, in die Don Parmesan sich gewickelt hatte, unten auseinanderzuschlagen. Es gelang. Der Chirurg trug, wie schon früher erwähnt, lange Stiefel, deren Schäfte er heute nicht ganz emporgezogen hatte; sie reichten ihm nur bis an die Knie und bildeten dort trichterähnliche Öffnungen, in die ‚el Picaro' den Inhalt zweier Flaschen schüttete, dann schlug er die Decke wieder zusammen. Mit der dritten kroch er zu Fritze Kiesewetter hin. Auch dieser hatte sich in seinen Poncho gewickelt, den ‚el Picaro' an einer Stelle auseinanderzog, um dort die Flasche zu entleeren. Hierauf band er die drei Flaschen wieder zu, genauso, wie sie vorher verschlossen gewesen waren, und stellte sie an ihren Platz zurück. Dann schlich er zum anderen Wachtposten zurück.

„Nun, ist's gelungen?“, fragte dieser.

„Ja, vollständig“, kicherte der lustige Bursche.

„Prächtig!“, lachte auch der andere. „Was wird er sagen, wenn er merkt, dass er die Sanguijuelas auf dem Leib anstatt in den Flaschen hat!“

„Es gibt einen Hauptspaß, zumal ich die Flaschen wieder zugebunden habe. Dann kann er es sich nicht erklären, wie sie herausgekommen sind.“

„Hat er sie alle?“

„Alle nicht, obgleich ich die Flaschen leergemacht habe. Es war keine leichte Arbeit, diese klebrigen Dinger, nachdem ich das Wasser abgegossen hatte, herauszuschütten. Ein anderer hat auch welche.“

„Ein anderer? Wer?“

„Frederico mit dem unaussprechlichen deutschen Namen, der Diener des Gelehrten.“

„Dieser? Das hättest du nicht tun sollen. Er ist ein braver Bursche.“

„Ich beabsichtigte es eigentlich nicht; aber als ich ihn so schön nebenan liegen sah, da zuckte es mir so lange in den Fingern, bis er auch sein Teil erhielt.“

„Wie lange währt es, bis die Würmer angekrochen sind?“

„Wer kann das sagen! Ich bin kein Arzt und habe noch keinen Blutegel beobachtet. Vielleicht eine Stunde. Dann ist es Tag und es wird so hell, dass wir die Bescherung sehen können.“

Die beiden flüsterten und lachten noch eine Weile und gingen auseinander. Sie hatten die letzte Wache übernommen und waren also diejenigen, die zu wecken hatten. Die Zeit verging und der Tag begann zu grauen. Sie begaben sich in die Nähe der Schläfer, um, hinter zwei Bäumen versteckt, die beiden Opfer ihres Scherzes zu beobachten.

Die Blutegel hatten den Weg durch die Kleider gefunden und sich festgesaugt. Die von ihnen Überfallenen fühlten zwar den Angriff, der gegen verschiedene ihrer Körperteile gerichtet war, waren aber vom Schlaf noch so fest umfangen, dass sie nicht erwachten. Sie kratzten mit den Händen nach ihren Armen und Beinen; sie kratzten sich an allen Ecken und Enden und murmelten dabei leise Worte, die man nicht verstehen konnte.

Jetzt erst riefen ‚el Picaro' und sein Kamerad die Schläfer wach, und diese sprangen auf. Als der kleine Gelehrte seinen Diener erblickte, fragte er erstaunt:

„Fritze, was hast du da im Gesicht? Ich denke, wir befinden uns an der Quelle der Krokodile und nicht an derjenigen der Blutegel!"

„Freilich ist det richtig", antwortete der Gefragte. „Wir haben det Vergnüjen, uns bei die Krokodile zu befinden."

„Aber es ist doch kein Krokodil, sondern ein Blutegel, der dir an der Wange, lateinisch *gena*, hängt. Und über der Nase hast du dir einen zweiten zerdrückt! Greif nur an die rechte Wange! Da hängt einer, und was für einer! Er hat sich vollständig dick gesaugt."

Fritze wollte dieser Aufforderung folgen und erhob die Hand. Da fiel sein Blick auf diese; er ließ sie wieder sinken, starrte sie erstaunt an und rief so dann aus:

„Wat is denn dat? Da hängt ein fremdes Jeschöpf, das jar nicht zu mich jehört, an meine Hand! Is det ein Polyp oder eine jebackene Rettichsbirne?"

Er betrachtete den Egel, der in Birnenform von seiner Handoberfläche herniederhing. Er schüttelte die Hand, aber das Tier hing fest.

„Ein Blutegel ist's", erklärte Morgenstern. „Und der im Gesicht ist noch viel größer und dicker."

Fritze fuhr sich in das Gesicht, fühlte das Tier, fasste es fest, riss es los und warf es von sich. Natürlich begann die Stelle sofort zu bluten.

„Blutegel sind's, wahrhaftig, Blutegel! Pfui Spinne!", schrie er auf. „Die habe ick an der letzten Quelle aufjelesen."

Die Argentinier lachten alle, obgleich sie seine Worte nicht verstanden. Er hatte am Hals noch einen Egel und einen anderen hinter dem Ohr sitzen. Seitwärts hinter ihm stand Don Parmesan. Diesem hingen zwei Egel am Kinn. Er fühlte sie nicht. Er sah, um was es sich handelte, trat rasch vor und sagte zu Fritze in spanischer Sprache:

„Sie haben Sanguijuelas im Gesicht, am Hals und am Ohr, Señor. Ich werde sie Ihnen abnehmen. Ich verstehe das. Halten Sie still; ich tue Ihnen nicht weh."

Er griff nach dem Egel am Hals des anderen; dieser aber gab ihm lachend zurück:

„Operieren Sie erst sich selbst, Don Parmesan! Sie haben ja auch zwei Stück am Kinn hängen."

„Ich?", fragte der Chirurg erstaunt. Er griff nach der bezeichneten Stelle und fühlte die Anhängsel. Da fuhr er erfreut fort: „Das ist gut! Die sind mir angekrochen, als ich mit den Füßen im Wasser saß. Ich werde sie abnehmen, ohne ihnen wehe zu tun, und sie dann zu den anderen in die Flasche stecken. Warten Sie, Señor! Dann befreie ich Sie auch von den Ihrigen."

Er machte einen leisen Versuch, seine Blutsauger zu entfernen, und da sie voll und satt waren, gelang es ihm leicht. Dann bückte er sich nach seinen Flaschen nieder, hob die eine empor, machte ein verblüfftes Gesicht, nahm die andere und auch die dritte auf und rief dann bestürzt aus:

„Leer! Alle drei sind leer! Wo sind meine Sanguijuelas hin?"

Ein allgemeines Gelächter antwortete ihm. ‚El Picaro' hatte seinen Gefährten ein heimliches Zeichen gegeben; sie verstanden ihn und wussten, woran sie waren. Darum erwiderte Geronimo dem erstaunten Chirurgen:

„Wohin sie sind? Das müssen Sie doch fühlen, Don Parmesan. Ich glaube, Sie tragen sie an Ihrem Leib. Und unser lieber Señor Frederico mag auch einmal nachsehen, ob diejenigen, die wir bis jetzt an ihm sehen, die einzigen sind, die sich für ihn interessieren."

Er trat zu dem Genannten, nahm ihm den Gürtel ab, zog die Brustschlitze des Hemdes auseinander und fuhr dann lachend fort:

„Dachte es mir! Eine ganze Kolonie von Blutegeln, einer immer neben dem anderen! Señor, die lieben Tiere müssen eine ungemeine Zuneigung für Sie haben!"

„Danke für die Zuneigung!", entgegnete Fritze zornig, indem er nach seiner Brust griff, um die Egel abzureißen. Da aber fiel Don Parmesan ihm in die Arme, hielt diese fest und schrie entsetzt:

„Halt, Señor! Meine Flaschen sind leer; das sind also meine Sanguijuelas, an denen Sie sich nicht vergreifen dürfen! Sie sind mir entschlüpft und ich muss sie mir wieder einfangen, einzeln und behutsam, damit ich keinen verletze."

„Ach, was geht es mich an, wem diese Raubtiere gehören!", erwiderte Kiesewetter erbost. „Ich lasse mich nicht von ihnen anfallen und auffressen. Herunter mit ihnen!"

Er wollte diesen Vorsatz ausführen, doch der Chirurg hielt ihm die Arme noch immer fest und bat in flehendem Ton:

„Nein, nein, Señor! Ich ersuche Sie inständigst, mir den Gefallen zu tun. Ich lese sie Ihnen ab, und wenn alle an Ihnen hängen sollten!"

„Alle? Das fehlte noch! Ich habe genug an diesen da, und wenn..."

Er hielt inne und machte ein Gesicht, als ob er auf etwas lausche; dann schlug er sich mit den Händen kräftig gegen die Oberarme, die Schenkel und andere Körperteile und wetterte, im höchsten Grade ergrimmt:

„Ja, ich habe sie alle, alle! Ich fühle es jetzt deutlich!"

„Ich auch, ich auch!", rief Don Parmesan, von dem sich Fritze losgerissen hatte. Er fuhr sich mit der Hand unter das Gewand, um sich von der Anwesenheit der Blutegel zu überzeugen.

„Ich habe sie am ganzen Leib sitzen!“, fuhr Fritze fort. „An den Armen, an den Beinen und auf dem Rücken!“

„Ich auch, ich auch!“

„Diese Bestien, diese Vampire! Ich zerschlage sie, ich zerquetsche sie alle, alle!“

Da fiel ihm Don Parmesan abermals in die Arme und schrie:

„Halten Sie still! Ich nehme sie Ihnen so säuberlich ab, dass Sie Ihre Freude daran haben werden!“

„Still halten? Fällt mir gar nicht ein“, antwortete Fritze, sich gegen den Chirurgen wehrend. „Sterben müssen sie, elendiglich umkommen!“

„Nein, nein und abermals nein! Haben Sie Erbarmen! Ich nehme sie alle ab. Und wenn einer oder einige nicht wollen, so lassen wir sie hängen, bis sie satt sind; dann fallen sie freiwillig und ganz von selber ab.“

„Bis sie satt sind? So lange soll ich warten? Soll ich mich verbluten, Sie Ungeheuer? Soll ich Ihrer Würmer wegen mein Leben auf das Spiel setzen? Fort mit Ihnen! Packen Sie sich! Lassen Sie los, sonst...!“

„Señor, Euer Gnaden, vergessen Sie nicht, dass jede Wissenschaft ihre Opfer fordert. Haben Sie die Güte und...“

„Fort, sage ich! Opfer fordert! Sie sind toll, wahnsinnig! Ihrer Egelwissenschaft zulieb opfere ich mich noch lange nicht!“

Sie zerrten hin und her. Sie stolperten über die Flaschen und fielen zu Boden. Der eine wollte sich von dem anderen befreien, und dieser wollte nicht loslassen; so kam es, dass sie sich überkugelten, sich hin und herwälzten, sich einmal halb aufrichteten und doch wieder niederzerrten. Dabei schimpfte Fritze in allen Tonarten auf den Chirurgen, und dieser bat ebenso in allen Tonarten um Mitleid für die Wissenschaft und Blutegel. Um seine Blutegel zu retten, hatte der ‚Don‘ einen Kampf herbeigeführt, durch den sie erst recht vernichtet werden mussten. Sie wurden ja alle zerquetscht und zerdrückt. Endlich, als die beiden gerade im Begriff standen, in das Wasser der Quelle zu kollern, griff Hammer[1] zu und zog sie auseinander, indem er ihnen zurief:

„Nun hören Sie aber auf! Die Sache ist doch eher spaß- als ernsthaft zu nennen."

„Spaßhaft? Soll ich es einen Spaß nennen, dass dieser Señor, der alles heruntersäbelt, fünfhundert Blutegel mit sich schleppt, um sie mir bei nachtschlafender Zeit auf den Leib zu setzen?"

„Fünfhundert?", rief Don Parmesan. „Neunzig sind es gewesen, nicht mehr als neunzig. Es waren gerade nur dreißig in jeder Flasche!"

„Ist das nicht genug? Neunzig, sage und schreibe neunzig Blutegel sitzen mir auf der Haut. Sie nagen an meinem Leben; sie trinken den kostbaren Saft meines Blutes! Rechne ich auf jeden nur ein halbes Pfund, so habe ich in dieser Nacht fünfundvierzig Pfund Blut verloren!"

„Der Mensch hat ja nicht mehr als zehn Pfund Blut, lateinisch *sanguis* genannt", fiel Morgenstern belehrend ein.

„Ja, zehn Pfund lateinisches *sanguis*!", fuhr Fritze zornig auf. „Ich aber stamme vom Rummelsburger See und dort hat das Blut ein ganz anderes Gewicht. Wer gibt mir das Quantum, das ich verloren habe, wieder?"

Abermals mischte sich der Vater Jaguar beschwichtigend ein, indem er freundlich mahnte:

„Kommen Sie beide mit mir hinter das Gesträuch! Dort wollen wir einmal nachsehen, welchen Schaden die Tiere angerichtet haben."

„Gut, sehen wir nach!", willigte Fritze ein. „Sie werden da erkennen, dass ich nicht nur angezapft, sondern geradezu verzapft worden bin, wie ein Bierfass, das nicht mehr läuft."

„Ja, sehen wir nach!", stimmte auch der Chirurg bei. „Aber sehen wir nicht nach, welchen Schaden meine Blutegel bei ihm verursacht haben, sondern welchen er unter ihnen angerichtet hat!"

[1] Karl Hammer ist der eigentliche Name des ‚Vater Jaguar'.

Die drei verschwanden hinter den Büschen. Bald waren laute Ausrufe zu hören; dann kam Fritze plötzlich mit entblößtem Oberleib aus dem Gesträuch herbeigerannt und rief erbost:

„Señores, schauen Sie mich an! Bin ich noch ein Mensch? Oder bin ich eine Haut, die ein Blutegelhändler als Musterkarte vorzeigen kann?"

Und der Chirurg kam ihm mit ebenso entblößtem Oberkörper nachgesprungen und schrie:

„Sie sind hin, alle, alle! Es ist kein einziger am Leben geblieben. Sehen Sie mich und diesen Mörder an, Señores! Ich hätte sie ihm und mir mit der größten Kunstfertigkeit abgenommen. Er brauchte ihnen nur zu erlauben, sich vollzusaugen. Er aber hat sie erschlagen und sich mit mir so lange im Gras gewälzt, bis auch der allerletzte zerquetscht worden ist. Wer ersetzt mir nun meine Egel?"

„Und wer mir mein Blut?", fragte Fritze. „Und wer reinigt mich? Wer macht mich aus dieser Musterkarte wieder zu einem Menschen?"

„Don Parmesan", sagte Vater Jaguar, der ihnen langsam nachgegangen kam.

„Das will ich gelten lassen; das ist das erste gescheite Wort, das in dieser Angelegenheit gesprochen ist."

„Und wer säubert mich?", fragte der Chirurg dagegen.

„Ich", antwortete ‚el Picaro'. „Ich tue es aus Mitleid mit den lieben Tieren, die so mitten in ihrem schönsten Lebensgenuss haben sterben müssen."

„Hüte dich, dass ich dich nicht auch mitten aus deinem jetzigen Genuss reiße!", warnte ihn der Vater Jaguar. „Es scheint, dass auch du in vollster Wonne schwelgst."

Jetzt erklärten sich auch noch andere bereit, bei der Prozedur behilflich zu sein. Die beiden ‚An- und Abgezapften' wurden an das Wasser gestellt und gehörig eingeweicht und abgerieben. Was sie dabei fühlten, behielten sie für sich, doch wurde es durch ihre schmerzlich bewegten Mienen genugsam verraten. Als es zu Ende war, meinte Fritze lachend:

„Don Parmesan, reichen Sie mir Ihre Hand! Wir haben miteinander gelitten und wollen uns versöhnen. Hätten Sie Ihre Flaschen besser zugebunden, so wären wir verschont geblieben."

„Ich konnte sie nicht besser zubinden als es geschehen ist", erwiderte der Angeklagte, indem er ihm die Hand schüttelte. „Wie es gekommen ist, dass die Tiere heraus..."

Er hielt inne. Er hatte bei diesen Worten den Blick zufällig auf die Flaschen gerichtet. Vorhin hatte er in der Eile nur bemerkt, dass sie keine Egel mehr enthielten; jetzt aber sah er, dass der Verschluss noch da war. Er hob sie auf, betrachtete sie und fuhr dann in erstauntem Ton fort:

„Was ist denn das? Sie sind ja genau noch so fest verschlossen, wie ich sie zugebunden habe! Oder sind etwa Löcher darin?"

Er nahm sie von allen Seiten in Augenschein und schüttelte den Kopf, als er nicht das kleinste Löchlein zu bemerken vermochte.

„Wundern Sie sich nicht, Señor", sagte ‚el Picaro'. „Die Sache ist sehr einfach. Der erste Egel, der herauskam, hat die Flasche aufgemacht, und der letzte hat sie, wie es ganz in der Ordnung war, wieder zugebunden."

Alle lachten. Der Chirurg sah den Sprecher nachdenklich an. Dann blitzte es wie ein Erkennen über sein Gesicht und er fragte:

„Sind vielleicht Sie dieser letzte Egel gewesen, Señor? Hoffentlich erfahre ich bald mehr über diese Angelegenheit, und dann werden Sie mir Genugtuung geben müssen!"

„Sehr gern, Don Parmesan, aber nur jetzt noch nicht, denn wie ich sehe, sattelt Vater Jaguar schon sein Pferd."

Auf Seite 448 treffen wir Dr. Morgenstern und Anhang noch einmal zu ihrem letzten Abenteuer in diesem Band, in dem sich für den kleinen Forscher ein großer Traum erfüllt.

(Gesammelte Werke Band 39 „Das Vermächtnis des Inka")

Inkognito in der Eisenbahn

Der nordamerikanische Trapper William Sanders, wegen seines gewaltigen Riechkolbens ‚Geierschnabel' genannt, reist in geheimer diplomatischer Mission nach Deutschland, um Bismarck und den König von Preußen zu treffen. Er löst eine Bahnfahrkarte erster Klasse und begibt sich zum Waggon. Im einzigen Abteil dieser Klasse sitzt bereits ein Reisender, Leutnant von Ravenow. Der sonderbare Trapper und der arrogante Leutnant geraten umgehend aneinander und es hagelt Ohrfeigen.

Geierschnabel wanderte, angestaunt und verfolgt von neugierigen Menschen, zum Bahnhof. Dort betrachtete er die Inschriften über den Türen, löste eine Fahrkarte erster Klasse, wartete aber bis zum Abgang des Zuges im Wartezimmer dritter Klasse. Als der Zug bereitstand, wurde er von einem Beamten darauf aufmerksam gemacht, dass er einsteigen müsse, wenn er noch mitkommen wolle. Er ging hinaus und bemerkte mit einem raschen Blick, dass nur ein einziges Abteil erster Klasse vorhanden sei. Der Schaffner, an den er sich wandte, blickte ihn erstaunt an.

„Erster Klasse wollen Sie fahren?", fragte der Mann, der nicht begreifen konnte, dass ein so gekleideter Mensch sich der besten Klasse bedienen wolle. „Zeigen Sie mal Ihre Fahrkarte!"

Geierschnabel gab ihm diese. Der Schaffner überzeugte sich, schüttelte den Kopf und meinte dann:

„Na, da steigen Sie schnell hier ein, es geht sofort ab!"

Der sonderbare Fahrgast wurde samt Büchsenfutteral und Leinwandsack in das Abteil geschoben. Im gleichen Augenblick pfiff die Maschine, die Tür wurde zugeschlagen und der Zug setzte sich in Bewegung.

„Kreuzmillion!", tönte es dem Jäger entgegen. „Was fällt Ihm ein?"

Der diese Worte ausrief, war der einzige Reisende, der

schon in dem Abteil saß, und zwar kein anderer als Leutnant von Ravenow.

„Geht Ihn nichts an“, brummte Geierschnabel kurz, indem er seine Sachen ablegte und sich behaglich auf das Polster streckte. Damit aber war der einstige Offizier keineswegs einverstanden.

„Hat er denn eine Fahrkarte erster Klasse?“, fragte er.

„Geht Ihn abermals nichts an!“, lautete die Antwort.

„Das geht mich wohl etwas an. Ich muss mich überzeugen, ob Er wirklich berechtigt ist, hier einzusteigen.“

„Sei Er doch froh, dass ich Ihn nicht danach frage. Es ist sogar eine Ehre für Ihn, dass ich mich herablasse, mit Ihm zu fahren.“

„Kerl, nenne Er mich nicht ‚Er‘. Wenn Er erster Klasse fahren will, so hat Er sich nach den in dieser gebräuchlichen Umgangsformen zu richten, sonst lasse ich Ihn hinausschaffen.“

„Ah, so hat Er eine Karte vierter Klasse genommen, weil Er sich der in dieser gebräuchlichen Umgangsformen befleißigt. Wer hat mit dem ‚Er‘ begonnen, Er oder ich? Wenn Er mich herausfordern will, so werde nicht ich hinausgeschafft, sondern Er selber ist es, den ich an die Luft setzen lasse.“

„Himmeldonnerwetter!“, fauchte der vormalige Gardehusar den vermeintlichen Strolch an. „Will Er eine Ohrfeige haben, Er Lump, Er?“

„Oh, ich kann auch mit dieser Ware dienen. Hier hat Er eine Probe davon. Sie wird wohl gut geraten.“

Damit holte Geierschnabel mit der Schnelligkeit eines Blitzes aus und gab dem Leutnant eine so kräftige Ohrfeige, dass der Getroffene mit dem Kopf an die Wand flog.

„So“, lachte der Trapper. „Dies ist für den ‚Lump‘. Hat Er noch mehr solche Worte in Bereitschaft, so bin ich zu einer gleichen Antwort bereit.“

Ravenow raffte sich auf. Seine Wange brannte und seine Augen waren vor Grimm mit Blut unterlaufen. Er drang wieder auf Geierschnabel ein, ohne zu bedenken, dass er sich nur einer Hand zu bedienen vermochte. Nun erhob sich auch Geierschnabel, der bisher sitzen geblieben war, fasste ihn mit der Linken bei der Brust, drängte ihn in die Ecke, ohrfeigte ihn mit der Rechten und ließ ihn dann in den Sitz fallen.

„So", sagte er. „In Deutschland scheint man sich in den Abteilen erster Klasse ganz angenehm zu unterhalten. Ich bin zur Fortsetzung bereit."

Nach diesen Worten setzte er sich mit größter Seelenruhe wieder nieder. Der Leutnant aber kochte vor Wut. Seine Brust arbeitete mit aller Macht, seine Linke hatte sich krampfhaft geballt und aus seiner Nase floss Blut. Er fand vor Aufregung keine Worte und brachte es nur zu einem Stöhnen. Es war ihm unmöglich, sich zu bewegen. Erst nach geraumer Zeit, als er Sprache und Beweglichkeit wiedergefunden hatte, gab die Lokomotive das Zeichen, dass der Zug sich einer Haltestelle nähere. Ravenow sprang ans Fenster und riss es auf.

„Schaffner! Hierher, hierher!", brüllte er, obwohl der Zug noch lange nicht im Stehen war. Die Bremsen kreischten und der Zug hielt.

„Schaffner, hierher!", brüllte der Offizier abermals.

Der Gerufene hörte der Stimme an, dass hier Eile gewünscht werde. Er kam rasch herbei und fragte:

„Mein Herr, was wünschen Sie?"

„Machen Sie auf und bringen Sie den Zugführer und den Bahnhofsvorstand!"

Der Angeredete öffnete und Ravenow sprang hinaus. Die beiden Beamten kamen schleunigst herbei.

„Meine Herren, ich muss Ihre Hilfe in Anspruch nehmen", sagte Ravenow. „Hier zunächst meine Karte. Ich bin Graf Ravenow, Leutnant. Man hat mich hier in diesem Abteil überfallen."

„Ah! Wer?", fragte der Bahnhofsvorsteher.

„Dieser Mensch!"

Der Leutnant deutete bei diesen Worten auf Geierschnabel, der behaglich in dem offenen Abteil saß und den Auftritt mit größter Ruhe betrachtete.

„Dieser Mann? Wie kommt er in ein Abteil erster Klasse?“

Die beiden Bahnbeamten traten näher, um sich den Amerikaner zu betrachten.

„Wie kommen Sie hier herein?“, fragte der Bahnhofsvorsteher streng.

„Hm! Eingestiegen bin ich“, lachte der Trapper.

„Haben Sie eine Karte erster Klasse?“

„Die hat er“, bestätigte der Schaffner des betreffenden Wagens.

„Auch nicht übel“, meinte der Vorsteher. „Solche Leute und erster Klasse! Herr Graf von Ravenow, darf ich Sie fragen, was Sie unter dem Wort ‚überfallen‘ verstehen?“

„Er ist über mich hergefallen und hat mich geschlagen.“

„Ist das wahr?“, fragte der Vorsteher den Amerikaner.

„Ja“, nickte dieser sehr freundlich. „Er nannte mich einen Lump. Für dieses Wort habe ich ihm eine Ohrfeige gegeben. Haben Sie etwas dawider?“

Der Vorsteher beachtete die Frage nicht, sondern wandte sich an den vormaligen Leutnant:

„Ist es wahr, dass Sie sich dieses Ausdruckes bedienten?“

„Es fällt mir nicht ein, es zu leugnen. Sehen Sie den Menschen an! Soll ich mir etwa gefallen lassen, mit dergleichen Gelichter zusammenzutreffen, wenn ich erste Klasse bezahle?“

„Hm! Ich kann Ihnen nicht widersprechen, denn...“

„Oho“, unterbrach ihn Geierschnabel. „Habe ich nicht dasselbe bezahlt?“

„Das mag sein“, meinte der Vorstand achselzuckend.

„Gehe ich zerrissen oder zerlumpt?“

„Das gerade nicht, aber ich meine...“

In diesem Augenblick gab der Maschinist das Zeichen, dass die Zeit verflossen sei.

„Meine Herren“, meinte Ravenow, „ich höre, dass man fertig zum Abfahren ist. Ich verlange die Bestrafung dieses frechen Menschen.“

„Frech?“, rief Geierschnabel. „Willst du eine weitere Ohrfeige haben?“

„Ruhe!“, gebot ihm der Bahnhofsvorsteher. „Wenn Sie seine Bestrafung verlangen, so muss ich Sie ersuchen, die Reise zu unterbrechen, um Ihre Aussage zu Protokoll zu geben.“

„Dazu habe ich keine Zeit. Ich muss zur bestimmten Zeit in Berlin sein.“

„Das tut mir leid“, widersprach der Beamte. „Ich brauche aber Ihre Gegenwart.“

„Soll ich einem frechen Menschen meine Zeit opfern? Ich halte es übrigens gar nicht für notwendig, hier ein Protokoll abzufassen. Verhaften Sie den Kerl einfach, lassen Sie ihn verhören und dann mögen die Akten nach Berlin geschickt werden, um meine Aussage aufzunehmen. Meine Adresse haben Sie ja auf dieser Karte.“

„Ich stehe zu Diensten, gnädiger Herr.“

Mit diesen Worten trat der Beamte an die Tür des Abteils.

„Steigen Sie aus!“, gebot er Geierschnabel. „Sie sind verhaftet!“

„Alle Wetter! Ich muss nach Berlin, ganz ebenso wie dieser Graf.“

„Geht mich nichts an.“

„Er ist schuld an dem ganzen Vorgang.“

„Das wird sich finden. Steigen Sie aus!“

„Fällt mir nicht ein.“

„So werde ich Sie zu zwingen wissen.“

„Machen Sie keine Umstände mit ihm“, meinte Ravenow. „Ich war dabei, als er in Mainz festgenommen wurde. Er ist ein Vagabund, der aus übertriebener Frechheit erster Klasse fährt.“

„So, so! Also schon einmal festgenommen. Steigen Sie aus!“

„Wenn ich zum Aussteigen gezwungen werde, verlange ich das auch für den Grafen“, erklärte Geierschnabel.

„Halten Sie den Mund! Sie haben sich an ihm vergriffen.“

„Er hat gestanden, dass er mich vorher beleidigt hat.“

„Sie gehören nicht in die erste Klasse.“

„Das zu beweisen dürfte Ihnen große Mühe machen. Ich betone, dass ich die gleichen Rechte beanspruche, da ich das gleiche Geld bezahlt habe.“

„Ihr Recht wird Ihnen werden. Aussteigen!“

„Ich bin bereit, mich auszuweisen.“

„Dazu ist nachher Zeit.“

„Donnerwetter, ich will es aber jetzt.“

„Zügeln Sie Ihr Mundwerk! Wollen Sie endlich aussteigen oder soll ich meine Hilfsarbeiter herbeirufen?“

„Gut. Lassen Sie mich nicht weiterfahren, so mache ich Sie darauf aufmerksam, dass Sie den Schaden zu tragen haben werden.“

„Wollen Sie mir noch drohen?“

„Ich komme schon, lieber Freund.“

Bei diesen Worten stieg Geierschnabel aus, warf Leinwandsack und Gewehr über, ergriff seine Posaune und wartete, was nun mit ihm geschehen werde. Die Blicke der sämtlichen Anwesenden waren auf ihn gerichtet. Der Graf aber stieg mit triumphierender Miene ein und verabschiedete sich mit einem gnädigen Kopfnicken von dem Beamten. Der Stationsvorsteher gab das Zeichen, dass der Zug abgehen könne, ein kurzer Pfiff des Zugführers und die Räder setzten sich in Bewegung.

„Kommen Sie!“, gebot der Beamte seinem Gefangenen. Sie begaben sich ins Geschäftszimmer des Vorstehers, der zur Polizei schickte. Die betreffende Haltestelle war ein kleiner Ort, an dem nur ein Landjäger angestellt war. Es dauerte einige Zeit, bis er herbeigeholt werden konnte. Geierschnabel hatte sich bis dahin ruhig verhalten, zumal auch der Vorstand sich nicht die Mühe gegeben hatte, ein Gespräch mit ihm anzuknüpfen. Jetzt aber teilte er dem

Landjäger das Geschehene mit. Dieser betrachtete sich den Gefangenen mit hochmütigen Blicken.

„Sie haben den Grafen von Ravenow geohrfeigt?"

„Ja", nickte der Trapper. „Weil er mich beleidigte."

„Er hat Sie nur darauf aufmerksam gemacht, dass Sie nicht in ein Abteil erster Klasse gehören."

„Donnerwetter! Mit gleichem Recht könnte ich sagen, dass der Graf nicht in die erste Klasse gehört. Er hat mich Lump genannt, obwohl ich ihm nicht das Geringste zu Leide getan hatte. Wer ist da der Schuldige?"

„Sie durften ihn nicht schlagen und hätten ihn anzeigen können."

„Habe keine Zeit dazu. Ebenso konnte er mich anzeigen, anstatt mich zu beschimpfen, wenn er wirklich meinte, dass ich nicht in sein Abteil gehörte."

„Sie scheinen viel eher in die vierte Klasse zu gehören."

„Himmeldonnerwetter! Wissen Sie, wer und was ich bin?"

„Das werde ich schon erfahren", meinte der Landjäger. „Haben Sie einen Ausweis bei sich?"

„Das versteht sich. Ich habe mich dem Stationsvorsteher ausweisen wollen. Er aber hat es mir nicht erlaubt. Den Schaden wird er zu tragen haben."

„So zeigen Sie her!"

Geierschnabel zog alle die Urkunden hervor, die er dem Polizeikommissar in Mainz gezeigt hatte. Der Landjäger las sie durch und sein Gesicht wurde dabei immer länger. Als er fertig war, sagte er:

„Ist das eine verdammte Geschichte! Dieser Frack und dieser schreckliche Anzug können einen irremachen. Wissen Sie, Herr Vorsteher, was dieser Herr ist? Zunächst Präriejäger und dabei amerikanischer Offizier, nämlich Kapitän."

„Unmöglich!"

„Nein, wirklich! Mein bisschen Schulfranzösisch reicht gerade zu, um diese anderen Papiere zu entziffern. Der Herr Kapitän ist Gesandter des Präsidenten Juarez von Mexiko."

Der Bahnbeamte erbleichte.

„Und da ist noch eine Empfehlung des Baron Magnus, der preußischer Geschäftsträger in Mexiko ist."

„Wer hätte das gedacht!"

Die beiden Männer blickten einander fassungslos an.

„Na, wie steht es nun?", fragte Geierschnabel höflich.

„Aber, mein Herr, warum kleiden Sie sich in dieser Weise!", rief der Stationsvorsteher. „Ihr Gewand ist schuld, dass wir Sie für etwas anderes gehalten haben, als Sie sind."

„Mein Gewand? Pah! Suchen Sie keine Entschuldigung! Ich habe Ihnen angeboten, mich auszuweisen. Sie haben mir das nicht erlaubt. Das ist Ihre Schuld. Was wird nun geschehen?"

„Sie sind frei", sagte der Landjäger.

„Obwohl ich den Leutnant geohrfeigt habe?"

„Ja. Es ist das eine gegenseitige Beleidigung, die nur auf Antrag bestraft wird. Der Graf mag den Antrag stellen. Mich geht das nichts an."

„So, hm! Das ist seltsam! Weil ich Offizier bin, lässt man mich laufen. Wäre ich das nicht, so hätte man mich eingesperrt, weil der hochgnädige Graf es haben wollte. Der Teufel hole diese liebenswürdige Art von Gerechtigkeit!"

„Entschuldigung, Herr Kapitän", meinte der Bahnbeamte. „Der Graf sagte, Sie hätten ihn angefallen."

„Unsinn! Er hat zugegeben, dass meine Ohrfeigen nur die Antworten auf seine Beleidigung waren. Wissen Sie überhaupt, ob der Mensch, den ich geohrfeigt habe, wirklich Graf von Ravenow ist, für den er sich ausgab?"

„Natürlich. Er gab mir seine Karte."

„Donnerwetter! Mein Ausweis wurde nicht angesehen, aber die Karte dieses Menschen hatte Geltung. Eine solche Karte kann sich jeder Schwindler anfertigen lassen. Ihre Unvorsichtigkeit wird Ihnen noch zu schaffen machen!"

Der Bahnbeamte erschrak. „Der Herr Kapitän werden sich doch mit meiner Bitte um Verzeihung zufrieden geben!"

„Zufrieden? Ich? Na, meinetwegen! Ich bin einmal eine

gute Seele. Wie aber andere die Sache aufnehmen werden, das weiß ich nicht."

„Andere? Darf ich fragen, wer da gemeint ist?"

„Hm. Eigentlich nicht. Aber unter dem Siegel des Dienstgeheimnisses will ich es Ihnen anvertrauen. Ich gehe zu Herrn von Bismarck."

Der Bahnhofsvorstand trat einen Schritt zurück.

„Zu Bismarck? Ich hoffe, dass da das unangenehme Vorkommnis keine Erwähnung findet."

„Nicht? Im Gegenteil! Ich muss es sehr ausführlich erwähnen. Ich muss doch erklären, warum ich zu der anberaumten Sitzung nicht erscheinen konnte."

Jetzt war es dem Beamten, als hätte er selbst eine fürchterliche Ohrfeige erhalten. Er blickte den Amerikaner erstarrt an.

„Ja, eine wichtige diplomatische Sitzung, die ich nun versäumen werde. Hätten Sie meine Papiere gelesen, als ich Sie darum bat!"

„Mein Gott, ich bin verloren! Kommen denn der Herr Kapitän nicht noch zur rechten Zeit, wenn Sie den nächsten Zug benützen?"

„Nein. Es war genau auf die Viertelstunde ausgerechnet."

„Welch ein Unglück! Was ist zu tun?"

„Nichts! Oder meinen Sie etwa, dass ich, um Ihre Ungeschicklichkeit gutzumachen, einen Sonderzug nehmen werde?"

Da atmete der geängstigte Mann tief auf.

„Einen Sonderzug? Ah, das ginge! Das wäre das einzige Mittel, die verlorene Zeit wieder einzubringen."

„Das ist wahr. Aber ich werde mich nicht dazu verstehen. Ihr ganzes Verhalten war eine einzige große Beleidigung gegen mich. Soll ich diese Beleidigung noch belohnen? Soll ich sie etwa noch mit dem Preis für einen Sonderzug bezahlen?"

„Herr Kapitän, das verlange ich ja gar nicht. Ich stelle Ihnen eine Maschine mit Wagen kostenfrei zur Verfügung.

Die Maschine bringt Sie, wenn Sie den Zug nicht eher erreichen, bis Magdeburg; wo Sie ihn dann sicherlich noch treffen."

„Hm. Wann könnte es hier fortgehen?"

„Augenblicklich noch nicht. Ich muss nach Mainz um die Maschine und den Wagen telegrafieren. Ich bitte dringend, auf meinen Vorschlag einzugehen. Ich bedaure, einen Fehler begangen zu haben, aber Sie werden mir die Gelegenheit nicht versagen, ihn wieder gutzumachen."

Geierschnabel blickte dem Beamten nachdenklich ins Gesicht. In seinen Zügen zuckte es eigentümlich. Er rieb sich die Nase, machte ein höchst vergnügtes Gesicht und fragte:

„Sagte dieser Graf nicht, dass er nach Berlin will?"

„Ja."

„Fährt er über Magdeburg?"

„Bebra und Magdeburg. Dort ist ein längerer Aufenthalt."

„Kann ich den Zug vor Magdeburg einholen?"

„Es kann eingerichtet werden, dass Sie ihn auf einer Nebenstelle überholen."

„Sodass ich also eher in Magdeburg bin als der Graf? Gut. Ich gehe auf Ihren Vorschlag ein."

„Sie erlauben also, dass ich telegrafiere?", fragte der Mann erfreut. „Und würden die Güte haben, meinen Irrtum nicht zu erwähnen?"

„Na, ärgerlich war die Geschichte, doch ich will sie hingehen lassen. Aber sagen Sie, haben Sie ein hohes Einkommen?"

„Nein."

„Und der Sonderzug ist teuer?"

„Ich werde sehr lange Zeit an den Folgen dieser Ausgabe leiden."

„Hm. Es geschieht Ihnen eigentlich recht, aber Sie tun mir leid. Wie wäre es, wenn wir die Kosten untereinander teilten?"

Da klärte sich das Gesicht des Beamten blitzschnell auf. „Herr, ist das wahr?“, fragte er.

„Ja, was soll ich denn weiter tun, wenn ich Sie nicht unglücklich machen will!“

„Ich danke. Sie zeigen hier, dass Sie in Wahrheit Amerikaner und Gentleman sind.“

Der Trapper fühlte sich geschmeichelt. Er machte abermals ein höchst pfiffiges Gesicht und sagte:

„Besser wäre es wohl, wenn ich sämtliche Kosten trüge?“

„Das wäre mir am allerliebsten, Herr Kapitän“, strahlte der Eisenbahner.

„Na, da mag es sein. Ich zahle alles. Ich mache aber die Bedingung, dass ich vor dem Grafen in Magdeburg bin. Sodann verlange ich von Ihnen einige Zeilen, dass ich mich ausgewiesen habe und dass Sie infolge der Angaben des Grafen in Unannehmlichkeiten geraten sind.“

„Darf ich erfahren, welchen Gebrauch Sie von diesen Zeilen machen wollen?“

„Der Graf wird mich in Magdeburg sehen und wohl von neuem Händel suchen. Ihre Zeilen sollen mir als Ausweis dienen, dass ich Ihnen nicht etwa entflohen bin.“

„Ich werde sie Ihnen schreiben, sobald ich die Depesche nach Mainz besorgt habe.“

„Tun Sie das! Nun Sie, Herr Landjäger! Ich bin also entlassen?“

„Ganz und gar, Herr Kapitän“, antwortete der Hüter des Gesetzes.

„So sind Sie unnütz bemüht worden. Hier, nehmen Sie.“

Geierschnabel griff in die Tasche, langte zwei Talerstücke hervor und reichte sie ihm hin. Der also Beschenkte bedankte sich höflichst und verließ dann mit dem Bahnhofsvorstand, der die Depesche besorgen wollte, das Zimmer.

Eine halbe Stunde später kam die verlangte Maschine an. Geierschnabel stieg ein und dann rasselte der kurze Zug zum Bahnhof hinaus. –

*

Es war schon längst Nacht, als der Zug, mit dem Ravenow fuhr, Börßum erreichte. Hier gab es einige Minuten Aufenthalt. Ravenow hatte es sich bequem gemacht und sich sogar eine Zigarre angebrannt. Da ertönte draußen der Ruf:

„Magdeburg, erster Klasse!"

„Verdammt!", murmelte Ravenow. „Nun ist es aus mit dem Rauchen."

Er stand bereits im Begriff, die Zigarre aus dem Fenster zu werfen, als das Abteil geöffnet wurde und sein Blick auf den Einsteigenden fiel. Er behielt die Zigarre in der Hand.

„Guten Abend!", grüßte der neue Fahrgast.

„Alle Wetter! Guten Abend, Herr Oberst", dankte Ravenow.

Der Neuangekommene blickte den Sprecher schärfer an.

„Sie kennen mich, mein Herr? Mit wem habe ich die Ehre?"

Ravenow wusste gar nicht, was er denken sollte.

„Was, Sie kennen mich nicht? Und dabei sind doch erst vier Monate seit dem ‚Glückstag' unseres letzten Beisammenseins verstrichen! Muss ich Ihnen wirklich meinen Namen sagen?"

„Ich ersuche Sie um die Gefälligkeit."

Das Abteil war geschlossen worden, der Zug hatte sich in Bewegung gesetzt.

„Sollte ich mich wirklich so verändert haben?", fragte Ravenow.

„Möglich", lächelte Oberst Winslow. „Also bitte, Ihr Name."

„Pah, der ist gar nicht notwendig. Hier ist das Erkennungszeichen!"

Dabei reckte Ravenow den rechten Arm empor, sodass man die künstliche Hand deutlich bemerken konnte.

Der Oberst fuhr zurück.

„Was?", rief er. „Sie wären Leutnant Ravenow? Mensch, wie sehen Sie aus?"

Der Leutnant blickte Winslow erstaunt an.

„Dort ist der Spiegel“, fuhr dieser fort. „Haben Sie noch nicht hineingesehen?“

Ravenow war bis jetzt so mit seinem Zorn beschäftigt gewesen, dass er merkwürdigerweise keinen Blick in den Spiegel geworfen hatte. Er stand auf, trat vor das Glas, fuhr aber sofort erschrocken zurück.

„Hölle und Teufel!“, rief er. „So, so also bin ich zugerichtet! Na, warte, mein Bursche, ich werde dir den Satan auf den Leib schicken! Ich kann mich weiß Gott vor keinem Menschen sehen lassen.“

„Das scheint mir auch so. Was haben Sie denn gehabt? Man müsste meinen, dass Sie aus einer recht heftigen Schlägerei kommen.“

„Ich werde Ihnen die Sache erzählen, Herr Oberst.“

Ravenow schnippste mit den Fingern verächtlich in die Luft, aber seine Augen funkelten doch wie unter einer zornigen Erregung. Die Schläge des Amerikaners waren sehr kräftig gewesen. Das ganze Gesicht des Leutnants war geschwollen. Nase und Lippen hatten eine dunkle, blauschwarze Färbung angenommen. Es war wirklich kein Wunder, dass Oberst von Winslow ihn nicht erkannt hatte.

„Hm“, meinte dieser. „Eine Ohrfeige ist doch etwas höchst Heikles, man mag es betrachten, wie man es will.“

„Aber auch der größte Ehrenmann ist nicht sicher vor einer solchen.“

„Das klingt ja gerade, als hätten Sie die eigentümliche Färbung Ihres Gesichts einer Anzahl von Ohrfeigen zuzuschreiben.“

„Nun, und wenn es in Wirklichkeit so wäre?“

„Man hat Ihnen eine Ohrfeige zu geben gewagt?“

„Eine? Viel mehr!“, lachte der Leutnant, aber sein Lachen war ein Lachen der Wut und des Grimms.

„Wer wäre das gewesen? Hoffentlich ein – ein Mensch, dessen Berührung nicht ganz und gar vernichtend auf das wirkt, was man Ehre nennt?“

„Gerade das Gegenteil. Der Kerl war ein ganz gewöhnlicher Vagabund, ein herumziehender Musikant. Hören Sie!“

Ravenow erzählte nun den Vorgang.

„Ich erstaune. Ich hätte ihn ermordet. Sie bemächtigten sich doch des Burschen?“, rief endlich der Oberst.

„Das versteht sich. Er befindet sich jetzt hinter Schloss und Riegel und sieht seiner Bestrafung entgegen.“

„Ravenow, Ravenow! Diese Angelegenheit ist nicht etwa sehr ehrenhaft für Sie.“

„Ich weiß das selbst. Sie wundern sich, dass ich überhaupt davon erzähle. Aber wie sollte ich Ihnen die Geschwulst erklären? Der Teufel weiß, wie lange die anhalten wird.“

„Ich rate Ihnen, rohes Fleisch aufzulegen, und zwar sofort.“

„Woher es bekommen?“

„In Magdeburg. Wir werden sogleich Niederndodeleben, die letzte Haltestelle vor dieser Stadt, erreichen. Am Schanktisch oder in der Küche gibt es auf jeden Fall rohes Fleisch. Sie können es gut auflegen, da wir uns allein im Abteil befinden. Wir fahren mehrere Stunden bis Berlin, bis dahin kann die größte Hitze bereits gewichen sein.“

Sie fuhren jetzt eben in den kleinen Bahnhof ein, wo sie längere Zeit halten blieben. Dies fiel dem Obersten so auf, dass er das Fenster öffnete, um sich nach der Ursache dieser Verzögerung zu erkundigen.

„Schaffner“, fragte er, „warum wartet man so lange?“

„Es ist ein Sonderzug angekündigt, den wir vorüberlassen müssen“, lautete die Antwort.

Es dauerte auch nicht lange, so kam dieser herangerollt. Er bestand aus der Maschine und nur einem Wagen. Aus einem seiner Fenster blickte ein Kopf, dessen Augen den hier haltenden Zug lebhaft musterten. Der Oberst erblickte den Kopf, obwohl der Sonderzug mit großer Geschwindigkeit vorüberfuhr.

„Himmelbataillon!“, rief er. „Aus dem Fenster guckte ein Kerl, der hatte eine Nase, fast so groß wie eine Pflugschar.“

„Ha! Größer kann sie unmöglich gewesen sein als die Nase des Landstreichers, mit dem ich es heute zu tun hatte."

Jetzt setzte sich nun auch ihr Zug wieder in Bewegung. Als sie Magdeburg erreichten, war von dem Sonderzug nichts mehr zu sehen. Da Ravenow es vermeiden wollte, sich blicken zu lassen, so ging Winslow an das Büfett und ließ sich roh gewiegtes Fleisch geben, das er seinem Reisegefährten brachte. Dieser legte es, als sie wieder im Abteil saßen, in sein Taschentuch und band sich dieses aufs Gesicht, gerade als der Zug sich wieder in Bewegung setzte. Der Leutnant hatte das geschwulststillende Mittel kaum eine Minute aufliegen, so ließ er ein Stöhnen hören.

„Was gibt's? Was haben Sie?"

„Wissen Sie genau, dass rohes Fleisch hilft?"

„Ja, es zieht in kürzester Zeit die Geschwulst zusammen."

„Aber es brennt furchtbar."

„Das muss es auch."

Ravenow schwieg, begann aber bald wieder zu stöhnen und riss endlich das Tuch herunter.

„Ich halte es nicht mehr aus", knurrte er.

„So schlimm kann es doch unmöglich sein", sagte der Oberst verwundert..

Da hielt Ravenow das Fleisch an die Nase.

„Haben Sie gesagt, wozu Sie das Fleisch wollen?"

„Nein. Ich fragte nach rohem Rindfleisch und erhielt zur Antwort, dass solches in Stücken nicht mehr zu haben, sondern nur noch gewiegt vorrätig sei. Deshalb ließ ich mir davon geben."

„Ohne zu fragen, ob es auch rein sei?"

„Unsinn. Womit sollte man es verunreinigt haben?"

„Verunreinigt nicht. Aber es ist eine ganz unverschämte Menge Salz und Pfeffer daran. Und das soll eine Geschwulst mildern?"

„Hm! Das tun Salz und Pfeffer freilich nicht. Wie dumm von diesen Leuten! Werfen Sie das Zeug zum Fenster hinaus!"

Gleich nachdem Ravenow dem Ruf des Obersten Folge leistete, rollte der Zug in Magdeburg-Neustadt ein und hielt. Da erklang in der Nähe des Abteils die Frage:

„Nach Berlin, Schaffner?"

„Ja, weiter hinten."

„Hinten ist ja die dritte Klasse. Ich will die erste."

„Sie? Wirklich erste? Zeigen Sie Ihre Karte!"

„Hier."

„Richtig! Steigen Sie schnell hier ein! Es geht augenblicklich fort."

Der Beamte öffnete die Tür und der Fahrgast stieg ein.

„Guten Morgen!", grüßte er höflich.

Er erhielt keine Antwort, denn Ravenow konnte vor Staunen nicht sprechen und der Oberst antwortete aus Entrüstung nicht, da der Eingetretene nicht ein Mann zu sein schien, dessen Gruß man zu beantworten brauchte.

Der Fremde setzte sich und sofort brauste der Zug weiter.

„Beim Satan!", stieß da Ravenow hervor.

„Was ist?", fragte Winslow.

Der Gefragte deutete wortlos auf den Fremden, der es sich mit seinem Sack, seiner Flinte und Posaune so bequem wie möglich zu machen suchte. Der Oberst betrachtete ihn ein Weilchen und richtete dann den Blick auf Ravenow. Dieser hatte sich inzwischen von seiner Bestürzung erholt.

„Oberst, wissen Sie, wer dieser Mensch ist?", flüsterte er hastig.

Winslow entgegnete halblaut:

„Ganz sicher jener Kerl, dessen fürchterliche Nase mit dem Sonderzug angerasselt kam."

„Es ist mein Mann! Der Vagabund, der – ach, die Ohrfeigen."

„Donnerwetter! Ich denke, er ist gefangen?"

„Ja, er wird abermals geflohen sein."

„Mit einem Sonderzug?"

„Wer kann wissen, wie es zugegangen ist. Wann kommen wir zur nächsten Haltestelle?"

„In sechs Minuten treffen wir in Biederitz ein."
„Dort lassen wir ihn festnehmen."
„Irren Sie sich nicht? Wissen Sie genau, dass er es ist?"
„Wie wäre bei dieser Nase und der Posaune ein Irrtum möglich!"
„Werde gleich sehen."
Der Oberst warf sich in eine höchst unternehmende Haltung, wandte sich an Geierschnabel und fragte:
„Wer sind Sie?"
Geierschnabel antwortete nicht.
„Wer sind Sie?", wiederholte Winslow. Abermals keine Antwort.
„Hören Sie! Ich habe gefragt, wer Sie sind!"
Da nickte Geierschnabel ihm äußerst freundlich zu. „Wer ich bin? Ein Reisender."
„Das weiß ich! Ihren Namen will ich wissen!"
„O weh! Ich habe ihn gerade nicht bei der Hand."
„Treiben Sie keinen Blödsinn! Woher kommen Sie?"
„Von Mainz."
„Ah, Sie waren beim Polizeikommissar von Ravenow und unterwegs wurden Sie abermals verhaftet?"
„Leider."
„Wie kommen Sie nach Magdeburg?"
„Mittels Sonderzugs."
„In den Sie sich eingeschmuggelt haben? Man wird dafür sorgen, dass Sie nicht wieder entkommen, Sie Lumpazivagabundus!"
„Lumpazi? Vagabundus? Hören Sie, gutes Männchen, sprechen Sie in meiner Gegenwart diese beiden Worte nicht wieder aus!"
Der Oberst bog sich herausfordernd zu ihm herüber. „Weshalb?", fragte er.
„Die Antwort könnte Ihnen nicht gefallen."
„Soll dies etwa eine Drohung sein?"
„Nein, sondern eine Warnung."

Endlich hatte Ravenow einen Entschluss gefasst. Er sah in dem Oberst einen Verbündeten, auf den er rechnen konnte. Beide vereint waren dem Fremden jedenfalls gewachsen.

„Bitte, sprechen Sie nicht mit diesem flegelhaften Geschöpf", sagte Ravenow daher zu dem Oberst. „Ich werde ihn der Polizei übergeben, die am besten weiß, was mit einem solchen Lumpen anzufangen ist."

Ravenow hatte das letzte Wort noch nicht ausgesprochen, so hatte ihm Geierschnabel eine so fürchterliche Ohrfeige versetzt, dass er von seinem Sitz herunterflog. Da sprang der Oberst empor und fasste Geierschnabel bei der Brust.

„Halunke!", rief er. „Das sollst du büßen!"

„Hand weg!", gebot der Trapper und seine Augen funkelten.

„Was?", brauste der Oberst auf. „Befehlen willst du mir? Da nimm hin, was dir gehört!"

Winslow holte zu einer Ohrfeige aus, brach aber im selben Augenblick mit einem lauten Schmerzensschrei zusammen. Geierschnabel hatte den Hieb abgewehrt und ihm die Faust boxgerecht in die Magengrube gestoßen, dass er sofort kampfunfähig war. Ravenow konnte seinem Verbündeten nicht zu Hilfe kommen. Die letzte Ohrfeige war derartig gewesen, dass er genug hatte. Und der Oberst hockte mit zusammengeklapptem Leib auf dem Sitz und stieß ein angstvolles Wimmern aus.

„Das habt ihr von dem Lumpazivagabundus!", rief Geierschnabel. „Ich werde euch lehren, höflicher zu sein."

„Mensch, was hast du gewagt?", stöhnte der Oberst.

„Gar nichts. Was wäre bei euch zu wagen!"

„Ich lasse dich festnehmen!"

„Das wird sich sogleich zeigen."

Die Maschine gab in diesem Augenblick das Zeichen, dass man an einer Haltestelle ankomme. Als der Zug hielt, öffnete Geierschnabel das Fenster und rief den Schaffner an. Dieser kam herbeigeeilt.

„Was befehlen Sie?“, fragte er diensteifrig.

„Schnell den Zugführer und Bahnhofsvorsteher her! Ich bin im Abteil überfallen worden.“

Das half sofort. Der Schaffner sprang davon und zwei Sekunden später kamen die beiden Gewünschten herbei. Geierschnabel hatte die ganze Fensteröffnung eingenommen, sodass seine beiden Mitreisenden nicht gehört werden konnten.

„Was ist's? Was wünschen Sie?“, fragte der Zugführer von Weitem.

„Wie lange halten Sie hier?“

„Nur eine Minute. Sie ist schon verflossen. Wir müssen fort.“

„Gedulden Sie sich nur noch eine! Ich werde Sie nicht länger aufhalten. Herr Bahnhofsvorsteher, ich bin heute im Abteil zu zweiten Mal überfallen worden. Ich bitte, meine beiden Mitreisenden zu verhaften. Hier, mein Pass!“

Geierschnabel hatte ihn bereit gehalten. Es war noch nicht Tag. Der Vorsteher prüfte den Pass beim Schein der Laterne und sagte dann:

„Ich stelle mich zur Verfügung, Herr Kapitän. Wer sind die beiden Männer?“

„Der eine gibt sich für einen Grafen aus, der andere ist sein Spießgeselle. Glücklicherweise ist es mir gelungen, sie einstweilen unschädlich zu machen. Darf ich aussteigen?“

„Ich bitte Sie darum. Leute her!“

Es war kein Schutzmann zugegen, aber infolge des letzten Rufes kamen einige Bahnarbeiter herbei, die genügend erschienen, zwei Männer zu überwältigen. Der Oberst und Ravenow hatten jedes Wort gehört, das gesprochen wurde, und beide waren über das unerwartete Vorgehen Geierschnabels so verwirrt, dass sie sprachlos sitzen blieben, selbst als der Schaffner die Tür öffnete und der Amerikaner hinaussprang.

„Wo sind sie?“, fragte der Vorsteher.

„Da sitzen sie“, erwiderte Geierschnabel.

Da bog sich der Vorsteher ins Abteil hinein und befahl:
„Bitte aussteigen! Aber schnell!“
„Das geht nicht“, weigerte sich der Oberst. „Wir sind...“
„Weiß schon“, unterbrach ihn der Beamte. „Heraus! Heraus!“
„Donner und Doria!“, rief jetzt Ravenow. „Wissen Sie, dass ich Leutnant Graf von Ravenow bin!“
Der Beamte leuchtete ihm mit einer Laterne ins Gesicht und entgegnete mit einem überlegenen Achselzucken:
„Schön! Sie sehen ganz wie ein Graf aus. Steigen Sie endlich aus, sonst werde ich Gewalt anwenden müssen!“
„Unser Gepäck...“, wandte der Oberst ein.
„Wird alles besorgt. Heraus damit, ihr Leute!“
Die beiden früheren Offiziere mussten folgen. Sie wurden einstweilen in einem sicheren Zimmer bewacht. Geierschnabel blieb bei dem Vorsteher, der die Wegnahme des Gepäcks überwachte.
„Schöne Sachen!“, lachte der Arbeiter. „Das ist wahrhaftig eine alte Posaune! Hurrjesses, diese Knillen und Löcher! Welch ein Elend muss es sein, diese alte Karline brummen zu hören.“
„Und hier ein Sack!“, meinte der andere. „Das ist der richtige Beweis, dass diese Kerle Spitzbuben sind. Gehören eine Posaune und so ein Sack in die erste Klasse? Na, der Trödel, der darin stecken wird!“
Sie hielten Geierschnabels Gepäck für das Eigentum der beiden anderen und er gab sich keine Mühe, sie über den richtigen Sachverhalt aufzuklären. Als das Abteil geleert war, rollte der Zug von dannen. Das Gepäck der beiden Offiziere führte er mit sich, da es sich nicht im Abteil, sondern unter dem Reisegut befunden hatte.
„Bitte, wollen Sie mir folgen, Herr Kapitän!“, bat der Vorstand und geleitete ihn in sein Geschäftszimmer, wo er ihn einlud, sich niederzusetzen.
Der Trapper tat es und zog seine übrigen Schriftstücke hervor.

„Ich will meinen Ausweis vervollständigen“, betonte er. „Haben Sie die Güte, Einsicht zu nehmen!“

Der Beamte las die Urkunden durch. Er fühlte sich von Achtung durchdrungen. Ein Bekannter des berühmten Juarez! Nur eines kam ihm sonderbar vor: die Kleidung dieses berühmten Mannes. Daher sagte er:

„Hier Ihre Papiere zurück, Herr Kapitän. Es genügte der zuerst gelesene Pass. Ich sehe nun aber, mit welch einem Herrn ich zu tun habe. Würden Sie mir eine Frage gestatten?“

„Sprechen Sie!“

„Selbst wenn diese Frage zudringlich erscheint? Weshalb kleiden Sie sich nicht Ihrem Stand gemäß?“

Da machte Geierschnabel eine geheimnisvolle Miene, legte die Hand an den Mund und flüstere:

„Inkognito.“

„Ah, so! Man soll nicht wissen, wer Sie sind?“

„Nein. Darum der Sack, das Futteral und die Posaune.“

„Ah, diese sind Ihr Eigentum?“

„Ja, ich reiste als Musikus. Ich hoffe, dass mein Inkognito bei Ihnen nicht Gefahr läuft.“

„Ich habe gelernt zu schweigen. Darf ich nun vielleicht um Ihren Bericht bitten?“

„Ich komme von Mainz. Als ich dort ins Abteil erster Klasse stieg, saß der Mensch drin. Er war der jüngere der beiden. Er gab sich für einen Grafen aus und fing Händel mit mir an. Ich vermute, dass er ein französischer Spion ist, der mir folgt, um mich auf alle Weise zu verhindern, bei Herrn v. Bismarck zu erscheinen, zu dem ich als Vertreter des Präsidenten Juarez geschickt wurde.“

„Wir werden dafür sorgen, dass diesem Herrn Franzosen alle weitere Lust zu Bosheiten vergeht.“

„Ich hoffe es. Also, er fing Händel mit mir an und ich verabreichte ihm einige Ohrfeigen. Den Aufenthalt auf dem nächsten Bahnhof benutzte der Herr ‚Graf‘, mich als Landstreicher verhaften zu lassen. Der dortige Bahnhofsvorsteher besaß nicht Ihren Scharfblick und Ihre Menschenkenntnis. Ich wurde festgehalten, den anderen aber ließ man weiterfahren."

„Welch eine ungeheure Albernheit!", rief der geschmeichelte Beamte. „Man sieht doch schon beim ersten Blick, dass Sie ein einflussreicher Mann inkognito sind. Weiter!"

„Der so genannte Graf hatte sich nur durch eine Visitenkarte ausgewiesen. Mich hörte man gar nicht an. Aber als ich später meine Urkunden vorlegte und erklärte, dass ich eine Zusammenkunft versäume, zu der Bismarck mich erwarte, fühlte sich dieser gute Vorsteher geradezu niedergeschmettert. Eigentlich beabsichtigte ich, ihn bestrafen zu lassen, aber er gab so gute Worte, dass ich davon absah. Ich nahm bis Magdeburg einen Sonderzug, um meinem Zug nachzukommen, ließ mir aber vom Vorstand erst diese Zeilen geben. Ich ahnte nämlich, dass der so genannte Graf, sobald er mich wieder erblickte, mir neue Hindernisse in den Weg legen werde."

Der Beamte las die Bescheinigung durch und sagte dann:

„Das ist mir von hohem Wert. Mein Kollege dahinten erklärt, dass er durch die falschen Angaben des Grafen irregeleitet worden sei. Mich soll der Bursche nicht täuschen! Bitte, fahren Sie fort!"

„Ich kam nach Magdeburg-Neustadt, und als ich in das Abteil stieg, erblickte ich meinen Widersacher. Ein zweiter war bei ihm. Sie fingen wieder Streit an. Der andere wollte mich prügeln. Ich gab dem so genannten Grafen eine neue Ohrfeige und dem zweiten einen Stoß in die Magengrube. Glücklicherweise langten wir dann gleich hier an. Hätten sich die beiden wieder erholen können, so wäre es wohl um mich geschehen gewesen."

„Ich werde sie bei den Haaren nehmen. Aber beiläufig, halten Sie den anderen auch für einen Franzosen?"

„Nein, sondern für einen Russen. Sie wissen doch, dass Russland gerade die westlichen Grenzen besetzt. Der Teufel weiß, was dieser Mann hier machen soll."

„Wir wollen ihm das Handwerk legen. Genehmigen Sie, dass ich sie verhöre?"

„Gern."

„Sie sind dabei. Ich bitte, mir zu folgen."

Der Beamte führte Geierschnabel in das Zimmer, worin die beiden Verhafteten untergebracht waren. Sie befanden sich da unter der Aufsicht von zwei Bahnarbeitern, die ihnen sorgsamste Aufmerksamkeit widmeten. Gleich als die beiden eintraten, brauste Ravenow auf.

„Wie können Sie sich unterstehen, uns als Gefangene zu behandeln!"

„Ruhe!", rief ihm der Beamte entgegen. „Sie haben nur dann zu antworten, wenn ich frage!"

Geierschnabel bekam einen Stuhl und nun fragte der Stationsvorsteher zunächst den Oberst v. Winslow nach seinem Namen. Dieser nannte ihn.

„Haben Sie einen Ausweis bei sich?"

„Wozu? Ich werde doch nicht ein Dutzend Pässe einstecken, wenn ich von Wolfenbüttel nach Berlin fahre."

„Hm, hm. Sind Sie in Russland bekannt?"

„Ich war einmal auf Urlaub dort. Ich habe Verwandte da. Aber wie kommen Sie auf Russland zu sprechen?"

„Das werden Sie besser wissen als ich."

„Donnerwetter! Sie wollen mich wohl gar als im Einvernehmen mit Russland herausspielen? Das wäre denn doch spaßhaft!"

„Was Sie für spaßhaft halten, ist mir gleichgültig. Einstweilen zu dem anderen! Wie heißen Sie und was sind Sie?"

„Ich bin Leutnant Graf v. Ravenow."

„Sie haben einen Ausweis?"

„Ja, hier."

Ravenow griff in die Tasche und brachte eine Visitenkarte hervor.

„Haben Sie nichts anderes? Die Karte gilt nichts. Jeder kann sich auf irgendeinen beliebigen Namen Karten drucken lassen."

„Alle Teufel, ich gebe aber mein Wort, dass ich der bin, für den ich mich ausgebe!“

„Was geht mich Ihr Wort an! Kennen Sie Frankreich?“

„Sehr gut. Warum?“

„Sie geben zu, dass Sie Frankreich kennen, das genügt“, fuhr der Beamte fort. „Sie haben mir nun zu sagen, woher Sie kommen!“

„Aus Mainz.“

„Dort stieg dieser Herr mit ein?“

„Ja. Aber ein Herr soll er sein? Ein Lump ist er!“

„Bemühen Sie sich nicht, ihn anzuschwärzen. Ich kenne ihn genau. Sie haben ihn an einem Halteplatz hinter Mainz verhaften lassen?“

„Ja.“

„Das kann Ihnen teuer zu stehen kommen. Der dortige Vorstand schreibt mir, dass Sie ihn irregeleitet haben.“

„Wie könnte sein Brief bereits hier sein?“

„Das ist meine Sache. Wo trafen Sie mit dem anderen hier zusammen, der sich für einen Oberst ausgibt?“

„Unterwegs, es war zufällig.“

„Sie kannten sich?“

„Ja, schon sehr lange.“

„Woher?“

„Dumme Frage! Wir haben im gleichen Regiment gedient.“

„Wenn Sie noch einmal den Ausdruck gebrauchen, dessen Sie sich bedienten, werde ich mein Verhalten gegen Sie verschärfen.“

„Richtig. So muss es sein“, meinte der eine der Arbeiter, indem er Ravenow einen Stoß in die Seite versetzte.

„Kerl!“, brauste der Leutnant auf. „Rühre mich nicht noch einmal an, sonst schlage ich dich zu Boden!“

„Das werden wir zu verhindern wissen“, sagte der Vorstand. „Herr Kapitän, wünschen Sie, dass wir sie binden lassen?“

„Ja, ich beantrage, sie zu fesseln“, erklärte Geierschnabel.

„Was?“, fragte Ravenow. „Kapitän will dieser Mensch sein? Was denn für einer, he?“

Der Arbeiter war zur Seite getreten, um eine Rolle starke Packschnur hervorzusuchen. Jetzt kam er damit herbei und sagte:

„Her mit den Händen!“

Ravenow blickte den Obersten fragend an. Dieser erwiderte:

„Keine Gegenwehr! Diese Leute sind der Beachtung gar nicht wert. Man wird uns glänzende Genugtuung geben müssen.“

„Davon bin ich überzeugt. Aber wehe dann diesen Kerlen! Da, bindet mich, doch sage ich euch, dass es euch teuer zu stehen kommen wird!“

„Ein Graf, der sich Ohrfeigen geben lässt, wird uns nicht sehr gefährlich werden können“, meinte der Vorstand. „Aber was ist denn das? Es fehlt Ihnen beiden ja die rechte Hand.“

Der Beamte erhielt keine Antwort. Über Geierschnabels Gesicht ging ein lustiges Wetterleuchten; er sagte rasch:

„Donner, da fällt mir etwas ein. Das ist außerordentlich wichtig. Vor zwei Jahren wurden in Konstantinopel zwei Spione ertappt. Der eine war ein Russe, gab sich aber für einen preußischen Oberst aus, und der andere war ein Franzose, der als deutscher Graf und Leutnant auftrat. Der Sultan milderte das Todesurteil, er schenkte ihnen das Leben, ließ aber beiden die rechte Hand abhacken.“

„Unsinn!“, rief der Oberst.

„Verdammte Lüge!“, knirschte der Leutnant.

„Ruhe!“, gebot der Bahnhofsvorsteher. „Ich weiß jetzt genau, woran ich mit euch bin. Herr Kapitän, wünschen Sie, dass eine Niederschrift aufgenommen werde?“

„Das ist nicht nötig. Der Prozess wird in Berlin gemacht werden. Die Hauptsache ist, dass man sie hier nicht entkommen lässt.“

„Dafür werde ich sorgen. Ich werde sie den Gendarmen

übergeben, bis dahin aber sollen sie gefesselt und hinten im Gewölbe bewacht werden. Schafft sie fort!"

Die beiden verunglückten Offiziere verzichteten auf jede weiteren Einsprüche. Es wurden ihnen die gesunden Arme an den Leib gebunden und darauf brachte man sie in das Gewölbe.

„Da haben wir einen wichtigen Fang gemacht", sagte der Bahnhofsvorsteher erfreut zu Geierschnabel.

„Einen höchst wichtigen", stimmte dieser bei. „Wann geht der nächste Zug nach Berlin ab?"

„In einer halben Stunde kommt ein Schnellzug von Hannover."

„Mit diesem fahre ich. Ich werde unseren Fang dort gleich zur Meldung bringen und dann empfangen Sie telegrafische Anweisung."

So geschah es. Mit dem nächsten Zug dampfte Geierschnabel nach Berlin, während die beiden Gegner des listigen und übermütigen Jägers in ihrem Gewölbe auf Rache sannen.

(Gesammelte Werke Band 54 „Trapper Geierschnabel")

Doktor Morgenstern und das Riesenfaultier

Die Reisegesellschaft um ‚Vater Jaguar' hat gerade einem befreundeten Indianerstamm gegen dessen Feinde beigestanden und man feiert den Sieg bis spät in die Nacht. Doktor Morgenstern, der noch immer den Chaco nach den Knochen ausgestorbener Riesentiere absucht, hat Geburtstag. Er ahnt nicht, was seine Freunde vorhaben, die sich am Abend, angeblich um Feuerholz zu sammeln, von der Gruppe entfernen. Hat nicht der Häuptling der befreundeten Indianer erst kürzlich gesagt, er wisse, wo sehr alte Knochen zu finden sind?

Doktor Morgenstern und sein Fritze saßen in grämlicher Laune abseits im Dunkeln und sprachen, nur mit ihrem Ärger beschäftigt, selten ein Wort miteinander. Warum? Das konnte man eben jetzt hören, als Fritze seinem Herrn zuraunte:

„Inwiefern könnte es denn eine jrosse Dummheit jewesen sind?"

„Weiß ich's?", antwortete Morgenstern. „In Jüterbogk im Gesangverein werde ich anders anerkannt."

„Det mag die Möglichkeit sind; aber hier im Gran Chaco wird mehr verlangt als nur eine jute, wohljefällige Baritonstimme. Da muss man vor allem Haare auf die Zähne haben und ein jehöriges Quantum Tapferkeit besitzen."

„Sind wir denn nicht tapfer gewesen? Wir haben uns doch nicht nur in die vorderste Reihe gestellt, sondern sind sogar auf den Felsen gestiegen, um den Feind aus erster Hand zu haben!"

„Hm! Soll ick aufrichtig sind?"

„Natürlich!"

„Jut! Es kommt mich jetzt vor, als ob wir voreilig jewesen wären."

„Voreilig, lateinisch *praeproperus* genannt? Wieso denn, mein Lieber?"

„Weil wir so rasch nach vorn jeeilt sind, obwohl wir keine Erlaubnis dazu hatten."

„Erlaubnis brauche ich nicht. Ich bin ein freier Mann!“

„Ick auch. Dennoch kommt es auf jewisse Verhältnisse an. Im Gran Chaco muss man sich anders benehmen als in Stralau am Rummelsburger See. Dort bin ick dem Vater Jaguar über; hier aber ist er mich über, und darum finde ich es jeraten, mir nach seine Weisung zu verhalten.“

„Aber du bist es ja doch gewesen, der den Vorschlag gemacht hat, von den Pferden fort und in das Tal zu gehen!“

„Es fällt mir jar nicht ein, dies fälschlicherweise zu leugnen. Meine Absichten sind die besten und tapfersten jewesen. Ick wollte mir hervortun und auch Sie Jelegenheit jeben, Ihnen Ruhm und Ehre zu erwerben. Aber konnte ick wissen, dass der Felsen hier so locker und so mürbe ist wie ein Eierkuchen? Konnte ick ahnen, dass er mir so verräterisch hinunterschicken würde bis jerade vor die Fußzehen dieses Jambusino? Wäre det nicht jewesen, so wäre er nicht aufmerksam jeworden, sondern in det Tal jekommen und jefangen jenommen worden. Da muss ick dem Vater Jaguar vollständig Recht jeben.“

„Wenn du die Sache so darstellst, kann ich dir nicht widersprechen. Wir sind wirklich bloßgestellt!“

„Ja, wir sind beschämt trotz die schönen Knüppels, die wir uns abjeschnitten hatten. Sie sind oben liejenjeblieben, während wir hinunterjekollert sind. Umjekehrt wär's besser jewesen. Wir konnten oben bleiben und die Prügel hinunterschicken. Aber da es jeschehen, ist's nicht mehr zu ändern.“

„Zu ändern freilich nicht. Aber es geht mir doch zu Herzen. Könnten wir die Schande nicht von uns abwaschen? Könnten wir nicht eine tapfere Tat begehen, die unsere befleckte Ehre, lateinisch *dignitas* oder *honor* geheißen, wieder zu reinigen vermag? Nenne mir eine kühne Tat, Fritze, und ich führe sie sofort aus!“

„Und ick helfe Sie dabei. Hier in der Jegend fliejen die Taten in der Luft herum; sie kommen von selbst. Nehmen wir die erste beste, die wir treffen, fest, um sie aus- und durchzuführen! Dann wird man wieder Achtung vor uns haben."

„Gut, ich bin dabei. Also die erste kühne Tat, die uns in den Weg kommt, wird ausgeführt!"

„Ja, sie wird ausjeführt, und sollten wir dabei eine Gigantochelonia versäumen."

„Nein", fiel Morgenstern schnell ein. „So weit würde ich mich von meiner Tapferkeit doch nicht hinreißen lassen. Ein vorweltliches Riesentier geht mir über alles. Übrigens werden wir bald zu einem solchen freudigen Ziel gelangen. Du weißt doch, dass der Häuptling mir ein Riesentier versprochen hat."

„Ob er es halten wird?"

„Jedenfalls. Wo nicht, so würde ich ihn zum Kampf auf Leben und Tod herausfordern, und dies würde zugleich die tapfere Tat sein, mit der ich meine verwundete Ehre herstellen könnte."

„Wenn ick an Ihre Stelle wäre, würde ick den Häuptling noch einmal fragen, zumal er soeben hier vorüberjehen wird."

Es passte wirklich so, dass der ‚Harte Schädel' jetzt auf die beiden zugeschritten kam. Sie standen auf und Morgenstern fragte ihn, ob er sich seines Versprechens noch erinnere.

„Ja", erwiderte er. „Ich habe noch nie einem Freund eine Lüge gesagt."

„So gibt es also wirklich ein solches Riesentier?"

„Ja. Es liegt einen Tagesritt hinter dem Dorf des klaren Bachs. Ich schwöre es Ihnen zu."

„Und Sie wollen es mir verkaufen?"

„Nicht verkaufen, sondern schenken, Señor. Ihre Kameraden haben uns einen großen Dienst erwiesen und vielen von uns das Leben und das Eigentum gerettet. Wie könnte ich da Bezahlung für die Knochen verlangen! Das Fortschaffen wird Sie ohnehin viel Geld kosten."

„Und wann werden Sie mir das Tier zeigen, Señor?"

„Morgen noch nicht, weil es da noch viel zu ordnen gibt; aber übermorgen bin ich gern bereit, mit Ihnen nach der Stelle zu reiten."

„Was ist's für ein Tier? Ein Glyptodon, ein Megatherium oder vielleicht ein Mastodon?"

„Ich habe diese Namen noch nie vernommen. Sie werden es sehen und dann wissen, wie Sie es zu nennen haben."

Nach diesen Worten entfernte er sich, um sich bei dem Vater Jaguar niederzusetzen. Dieser fragte ihn, was er mit dem kleinen Mann verhandelt habe, und als er es erfuhr, sagte er, indem ein unternehmendes Lächeln über sein Gesicht glitt:

„Dieser Doktor lebt und stirbt für seine Riesentiere. Er ist ein guter Mensch, und obgleich er mir schon manchen schlimmen Dienst erwiesen hat, möchte ich ihm eine frohe Überraschung bereiten. Wie weit habt ihr das Tier ausgegraben?"

„So weit, dass man den Kopf und die Knochen des Rückens bis zu denen des Schwanzes sah. Dann deckten wir es wieder zu."

„Sehr fest, sodass es nur sehr schwer auszugraben ist?"

„Nein, sondern leicht, weil wir es verkaufen wollten."

„Wie lange würde man zubringen, um das Gerippe vollständig freizulegen?"

„Wenn acht oder zehn Männer daran arbeiten, ist es in einigen Stunden geschehen, obgleich das Tier im harten Kalkboden steckt."

„Habt ihr Werkzeuge dazu?"

„Ja, Werkzeuge, nach unserer wenn auch nicht nach eurer Art; aber sie sind fast ebenso gut wie die eurigen."

„Und übermorgen willst du ihn an die betreffende Stelle führen?"

„Ja."

„Gut! Willst du mir morgen zehn Männer mit den nötigen Werkzeugen mitgeben? Ich möchte hin reiten und dafür sorgen, dass er das Tier ganz ausgegraben findet. Aber er darf vorher nichts davon wissen. Es soll eben eine Überraschung für ihn werden."

„Sie sollen haben, was Sie brauchen. Auch einen Führer, der die Stellen genau kennt, ebenso Riemen, um die einzelnen Knochen zusammenzubinden. Stützen, um das Gerippe an Ort und Stelle aufzurichten, können Sie sich dort abschneiden. Es wächst da Bambus und hohes Gebüsch in Menge."

Das Versprechen, dass er übermorgen das Riesentier zu sehen bekommen solle, ließ den Doktor nicht schlafen. Er war übrigens nicht der Einzige, der wachte. Die Abipones schliefen auch nicht, teils aus Aufregung über die erlittene Niederlage, teils wegen der Schmerzen, die ihre Wunden ihnen bereiteten. Es starben während der Nacht noch mehrere von ihnen.

Am anderen Morgen erteilte der Vater Jaguar seinem Geronimo die nötigen Verhaltensmaßregeln und ritt dann mit zehn Cambas fort, ohne zu sagen, wohin er zu gehen beabsichtige und wann er wiederkehren werde. Er glaubte sich im Tal entbehrlich, da er in Geronimo einen zuverlässigen Vertreter hatte.

Zunächst war über die Frage zu entscheiden, wo und wie die Leichen beerdigt werden sollten. Es waren ihrer so viele, dass zum Begraben viele Arbeitskräfte und auch eine lange Zeit gehörten. Darum kam man auf Geronimos Vorschlag darin überein, dass sie draußen vor dem Tal verbrannt werden sollten. Man schaffte die Toten hinaus und errichtete aus ihren Körpern und dürrem Holz hohe Scheiterhaufen, die in Brand gesteckt wurden. Als das vorüber war, war der Mittag vergangen und die gesunden und leicht verwundeten Abipones mussten abziehen. Sie wären zwar gern noch bei ihren Schwerverwundeten zurückgeblieben, aber man traute ihnen denn doch noch nicht so recht, obgleich sie entwaffnet worden waren. Sie erhielten das Versprechen, dass man ihre Zurückgelassenen gut verpflegen werde, und gingen dann ab, denn ihre Pferde waren selbstverständlich als Beute zurückbehalten worden. Ihre Messer hatte man ihnen mitgegeben, da sie diese unterwegs unmöglich entbehren konnten.

Nun wollten die Cambas nach ihren verschiedenen Dörfern und Wohnsitzen zurückkehren. Es wurde beschlossen, dass eine Anzahl von ihnen im Tal des ausgetrockneten Sees bleiben sollte, um die Schwerverwundeten da zu pflegen, bis sie stark genug seien, das Tal zu verlassen. Zu diesem Zweck sollten Hütten aus Laub und Zweigen errichtet werden. Mit all diesen Auseinandersetzungen und Vorbereitungen war man nach Ablauf der ersten Nachmittagsstunden fertig. Dann wurde zum allgemeinen Aufbruch geschritten, an dem sich nur die Kranken und deren Wärter nicht beteiligten. Die Folge dieses späten Aufbruchs war, dass der Zug erst nach Einbruch der Dunkelheit das Cambasdorf am klaren Bach erreichte. Die Krieger zogen dort als Sieger ein und wurden als solche empfangen und gefeiert. Es verstand sich von selbst, dass man vor allen Dingen die Weißen ehrte, denen man die Rettung aus so großer Gefahr zu verdanken hatte.

Die Feier des Sieges bestand auch hier wieder in einem Schmaus, der bis tief in die Nacht hinein währte. Am nächsten Morgen forderte der Häuptling den Doktor zu dem versprochenen Ritt auf. Die Weißen beteiligten sich ohne Ausnahme daran und auch mehrere Cambas ritten mit.

Der Weg führte nach Norden, durch Wälder und Wüsten, bis man gegen Abend einen Salzsee erreichte, der in einer tonigen Ebene lag und von Wald und Gebüsch umgeben war.

„Ist es hier?“, fragte Morgenstern, der vor Aufregung fieberte, den Häuptling.

„Ja, in der Nähe“, antwortete dieser.

„So führen Sie mich hin, schnell!“

„Haben Sie Geduld! Es ist für heute zu spät. Die Sonne ist schon hinter den Bäumen verschwunden und in wenigen Minuten wird es dunkel sein. Da können Sie doch nicht graben. Wir müssen bis morgen warten."

„Ist dies der Fall, so vergehe ich vor Aufregung. Wissen Sie, dass ich eigentlich das Recht habe, gerade heute die betreffende Stelle zu sehen, wenn ich auch keine Zeit zum Nachgraben finde?"

„Warum?"

„Weil heute mein Geburtstag ist, lateinisch *dies natalis* genannt."

„Ihr Geburtstag? Wer hat das gewusst! Doch, da es so steht, Señor, will ich Ihnen die Stelle heute noch zeigen. Aber nicht jetzt sogleich, denn wir brauchen alle Hände, um noch vor der Dunkelheit genug Holz zum Feuer zu sammeln. Dann, wenn wir für alles gesorgt haben, sollen Sie den Ort beim Schein einer Fackel sehen."

Man begann Holz zu sammeln, und zwar sehr langsam, denn man war eingeweiht in das, was geschehen sollte. Der Häuptling hatte es allen außer Morgenstern und Fritze gesagt. Es galt die völlige Dunkelheit abzuwarten, um die Überraschung wirken zu lassen.

Morgenstern suchte mit allem Eifer nach dürrem Holz, damit der ersehnte Augenblick baldigst eintrete. Dabei bemerkte er nicht, dass es in der Umgebung des Lagerplatzes Huf- und Fußspuren gab, die unmöglich von ihm und seinen Gefährten herrühren konnten. Ebenso wenig beobachtete er, dass der Häuptling mit Geronimo auf längere Zeit verschwunden war. Sie hatten sich zum Vater Jaguar begeben, um diesem mitzuteilen, dass heute gerade der Geburtstag des kleinen Vorsintflutlers sei, eine Kunde, die gar nicht besser zu ihrem Vorhaben passen konnte.

Endlich war Holz genug vorhanden und es wurde ein Feuer angezündet. Erst jetzt bemerkte Morgenstern, dass die beiden Personen fehlten. „Es ist doch gerade, als ob man sich gegen mich verschworen hätte", klagte er gegen seinen Diener. „Nun, da alles in Ordnung ist, fehlt der Häuptling, und doch weiß er, dass ich unmöglich länger warten kann."

„Fassen Sie Ihnen in Jeduld!", tröstete Fritze. „Wat lange währt, wird jut. Det heißt mit anderen Worten: Je länger Sie warten, desto größer wird det Tier, das aus der Unterwelt vor Ihre Augen kommen soll. Sehen Sie, da kommen die beiden, und die Besichtijung wird losjehen."

Der Häuptling kam allerdings mit Geronimo zurück, aber die Wissbegierde des Kleinen wurde trotzdem noch nicht befriedigt, da die beiden behaupteten, dass man vorher erst essen müsse, eine Zumutung, die Morgenstern mit Entsetzen erfüllte. Er ahnte nicht, dass seines Geburtstags wegen noch erst eine Vorbereitung zu treffen sei. Man aß, er aber brachte keinen Bissen über die Lippen. Da krachte aus nicht zu großer Entfernung ein Schuss. Morgenstern sprang erschrocken auf und rief:

„Was war das? Wer schießt da? Sollten etwa wieder Abipones in der Nähe sein?"

„Nein, Señor", antwortete Geronimo. „Dieser Schuss ist das Zeichen, dass die Zeit gekommen ist, da Sie die Stelle sehen sollen, die Sie zu betrachten wünschen. Geben Sie mir Ihren Arm! Ich werde Sie führen."

Er ergriff ihn beim Arm und ging mit ihm voran, die anderen folgten. Den Arm Fritzens hatte der Häuptling in den seinigen genommen. So ging es mit würdevollen Schritten zwischen mehreren Buschgruppen hindurch, bis man sich vor einem Dunkel befand, wo Geronimo stehen blieb und mit lauter Stimme sagte:

„Señor, heute an Ihrem Geburtstag befinden Sie sich an einem Ort, wo Ihr Liebling sich vor vielen Tausend Jahren an seinem Sterbetag niederlegte, um in Ihren zärtlichen Armen zu neuem Leben zu erwachen. La enhora buena, la enhora buena!"

„La enhora buena – wir wünschen Glück!", stimmten alle anderen ein.

Zu gleicher Zeit sah man vorn ein kleines Flämmchen

leuchten. Es huschte hin und her und auf und nieder; andere Flämmchen erschienen, bei deren Schein man ein breites und wohl vier Ellen hohes Bambusgestell bemerkte, an dem die aus dürren Bambusstücken gefertigten Buchstaben und Worte befestigt waren: ‚Zum Geburtstag!' Die Buchstaben wurden entzündet und brannten einige Minuten, sodass man die Worte deutlich lesen konnte.

„Welche Überraschung, Fritze!", rief der Doktor aus, indem er sich zu seinem Diener umwendete. „Hier im Gran Chaco bereitet man mir zum Geburtstag ein Feuerwerk. Aber das Riesentier wäre mir doch noch lieber."

„Hm!", brummte Fritze misstrauisch. „Wenn det nur kein Ulk ist, der damit ein Ende nimmt, dass man Sie Ihre eigene werte Persönlichkeit als Riesentier bezeichnet! Ah, wat ist det?"

Die Buchstaben waren verbrannt und der Bambusrahmen verschwand. Dann leuchteten rechts und links wieder kleine Lichtpünktchen auf, die sich schnell vergrößerten und zu hohen Flammen anwuchsen. Es brannten ungefähr sechzehn Schritt voneinander zwei mächtige Feuer und zwischen ihnen sah man das weiße, vollständige Gerippe eines riesigen Tieres stehen, das von starken Bambusschösslingen gestützt wurde. Seitwärts stand lächelnd der Vater Jaguar mit den zehn Cambas, die ihm geholfen hatten, dieses Werk zu vollenden. Morgenstern aber sah weder diesen noch jene; sein Auge hing starr an dem Skelett; seine Brust rang nach Atem; er reckte beide Arme aus; er wollte sprechen, brachte aber kein Wort hervor, bis er endlich mit Aufbietung aller seiner Kräfte in gellendem Ton und silbenweise schrie: „Ein – – Me – ga – the – ri – um! – – Ein – – Rie – sen – faul – tier!" Die beiden Worte waren heraus und nun schien der Bann, der auf ihm lastete, gebrochen zu sein. Er sprang auf das Gerippe zu, umarmte die starken Schenkel und küsste die anderen Knochen; er streichelte den Schädel wie den Kopf eines lieben Kindes und bückte sich zur Erde nieder, um die an den Zehen befindlichen, ungeheuren Sichelkral-

Ein – – Rie – sen – faul – tier!“

len zu liebkosen, und rief und schwatzte dabei allerhand Zeug durcheinander, dass man hätte glauben mögen, er sei verrückt geworden. Er zog seinen Fritze zu sich und zeigte ihm alle Herrlichkeiten des Skeletts:

„Dieser schöne, runde Schädel, die schönen, zylindrischen Backenzähne, die schönen, kurzen, breiten Füße, die herrlichen, langen Sichelkrallen, die großartige Länge von wenigstens vier und einem halben Meter, die gewaltige Höhe von zweieinhalb Metern."

Ohne sich durch die ebenso trockenen wie drastischen Randglossen seines Fritze beirren zu lassen, fuhr er begeistert fort:

„Und denke dir, dass nicht das kleinste Knöchelchen fehlt, während kein einziges Museum bis jetzt ein vollständiges Megatherium besessen hat!"

„Auch diese Vollständigkeit kann mir nicht bejeistern", warf Fritze ein, „denn sie kommt auch bei anderen Jeschöpfen vor. Da sehen Sie doch einmal mir jenauer an! Bei mich fehlt auch nichts; selbst det kleinste Knöchelchen ist da, und noch dazu mit Fleisch und schöner Haut überzogen!"

„Fritze, du bist ein Idiot. Dir kann man das Herrlichste bieten, ohne dass du Geschmack daran findest. Du bist für die Wissenschaft verloren."

„Wenn sie von weiter nichts als von Riesenfaultieren handelt, so kann sie mich allerdings oft und manchmal jestohlen werden. Wat werden Sie denn nun mit diesem toten Monstrum anfangen?"

„Welche Frage! Ich schaffe es fort, nach Hause."

„Auch jut. Wollen Sie es vor Jeld sehen lassen?"

„Nein. Ich werde es einer Universität, einem berühmten Museum schenken, wo man seinem Namen dann den meinigen hinzufügen wird."

„Da haben Sie aber ja die Jüte, zu bitten, dass nicht etwa auch der meinige mit anjehängt wird! Mit so 'nem Riesenfaultier will Fritze Kiesewetter auf keinen Fall verewigt werden. Wenn Sie det Vieh mit heim nehmen wollen, muss dies per Schiff jeschehen. Wie aber wollen Sie es bis an die See bringen? Ja, wenn es noch laufen könnte!"

„Es wird auseinandergenommen und jeder Knochen sorgfältig einzeln verpackt. Dabei musst du natürlich helfen."

„Sehr jern. Wann soll diese Arbeit losjehn?"

„Am liebsten sofort, aber das ist leider unmöglich, da es vorher sehr vieles zu beschaffen gilt. Man muss das aus der nächsten Stadt besorgen."

„Das wäre Salta", sagte der Vater Jaguar, indem er herbeitrat. „Ich stelle mich Ihnen dabei zur Verfügung, Herr Doktor. Wir reiten übermorgen nach Salta. Dort kann ich Ihnen alles Nötige besorgen. Einige Cambas, die wir mitnehmen, können Ihnen dann die Sachen bringen."

„Verstehen Sie sich denn auf solche Einkäufe?"

„Ich denke wohl", lächelte der Vater Jaguar. „Sehen Sie sich dieses Megatherium genau an! Besitzt irgendein Teil eine falsche, unrichtige Lage?"

„Nein. Es ist alles so genau am Platz, als ob die Sintflut erst gestern gewesen wäre."

„So sage ich Ihnen, dass dieses Gerippe, als wir es ausgruben, einen wirren Haufen von Knochen bildete."

„Wie? Sie haben es ausgegraben?"

„Ausgegraben und zusammengestellt. Sie meinen doch nicht etwa, dass es seit der Sintflut hier zwischen den Büschen gestanden hat?"

„Dann – sind – Sie ja – ein ausgezeichneter Geologe und Paläontologe!", rief der Kleine aus, indem er zwischen den Wörtern Pausen des Erstaunens machte.

„Wenn auch das nicht; aber wenn ich ein Megatherium fehlerlos zusammenzusetzen verstehe, bin ich wahrscheinlich auch im Stande, ihnen in Salta alles einzukaufen und zu senden, was zum Verpacken dieser Knochen gehört."

„Davon bin ich überzeugt. Also Sie reisen von hier ab? Schon übermorgen?"

„Ja."

„Wohin?"

„Hinauf nach der Barranca del Homicidio."

„Wie gern möchte ich mit! Aber Sie sehen ein, dass mir dies nun unmöglich ist. Meine Anwesenheit ist hier ungeheuer notwendig, und auch Fritze muss hierbleiben."

„Ich begreife es und werde Sie den Cambas empfehlen, auf deren Freundschaft Sie sich verlassen können."

Nach diesen Worten entfernte er sich und gab auch den anderen einen Wink, den Gelehrten und seinen Diener jetzt bei dem Skelett allein zu lassen.

Es fiel Morgenstern in seiner Freude nicht ein, sich zu bedanken oder auch nur zu fragen, wie der Vater Jaguar denn eigentlich auf den Gedanken gekommen sei, das Megatherium für ihn auszugraben. Er war so sehr mit seinem wertvollen Fund und dessen Einzelheiten beschäftigt, dass er zunächst für etwas anderes keine Gedanken hatte. Er betrachtete und betastete die einzelnen Knochen zum zehnten Mal und sprach dabei unaufhörlich erklärend auf Fritze ein, der die Feuer immerfort schüren musste, damit das Faultier im hellsten Licht strahle.

Der Vater Jaguar aber sagte zu Geronimo, als sie mit den anderen nach dem Lagerplatz zurückgekehrt waren und sich dort niederließen:

„Ich habe meinen Zweck erreicht. Dieser Gelehrte wird uns mit seinem Diener keinen Schaden mehr tun. Die beiden bleiben hier fest kleben. Wir können also ruhig hinauf in die Berge, ohne befürchten zu müssen, dass sie uns wieder einen ihrer Eulenspiegelstreiche spielen."

Auf Vater Jaguar und seine Truppe warten an der gruseligen Barranca del Homicidio noch mancherlei Abenteuer. Wir aber verabschieden uns hier sowohl von ihm als auch von den beiden ‚Eulenspiegeln' und dem wackeren Don Parmesan und schließen unseren heiteren Band mit dem schönen Bild des glücklich sein Megatherium umhüpfenden Dr. Morgenstern.

(Gesammelte Werke Band 39 „Das Vermächtnis des Inka")

Sonderbände zu den Gesammelten Werken Karl Mays

Dieter Sudhoff /
Hans-Dieter Steinmetz
KARL-MAY-CHRONIK
(5 Bände und ein Register)
ISBN 978-3-7802-0170-6

Christian Heermann
WINNETOUS BLUTSBRUDER
Karl-May-Biografie
ISBN 978-3-7802-0161-4

DER GESCHLIFFENE DIAMANT
Die Gesammelten Werke Karl Mays
ISBN 978-3-7802-0160-7

Karl May
MEIN HENGST RIH
Alle Rih-Abenteuer
zusammengestellt von Carl-Heinz Dömken
ISBN 978-3-7802-0151-5

Dieter Sudhoff (Hrsg.)
DIE BLAUE SCHLANGE
und andere Karl-May-Geschichten
ISBN 978-3-7802-0168-3

Karl May
ERKÄMPFTES GLÜCK
Liebesgeschichten aus dem Werk
Ausgewählt von Uwe Neßler
und Heinz Mees
ISBN 978-3-7802-0182-9

Christian Heermann
KARL MAY AUF SÄCHSISCHEN PFADEN
Erzählungen und Heimatgeschichtliches
ISBN 978-3-7802-0155-3

Heinz Grill
DIE SCHATTEN DES SCHAH-IN-SCHAH
Alternative Fortführung
der Bände 26 und 27 GW
ISBN 978-3-7802-0176-8

Karl May
AN DER QUELLE DES LÖWEN
und andere Jagdgeschichten
Hrsg. von Karlheinz Eckardt
ISBN 978-3-7802-0178-2

Friedrich Axmann
FÜRST UND JUNKER
(Drei Bände im Schuber)
Die Vorgeschichte von
GW Band 69 „Ritter und Rebellen“
ISBN 978-3-7802-0158-4

Friedrich Axmann
FÜRST UND JUNKER
(Drei Bände im Schuber)
Die Vorgeschichte von
GW Band 69 „Ritter und Rebellen“
ISBN 978-3-7802-0158-4

Karl-May-Großbände

Michael Petzel
KARL-MAY-FILMBUCH
Bilder und Stories aus
der deutschen Traumfabrik
ISBN 978-3-7802-0153-9

Marie Versini
ICH WAR WINNETOUS
SCHWESTER
Bilder und Geschichten
einer Karriere
ISBN 978-3-7802-0164-5

Hans-Henning Gerlach
KARL-MAY-ATLAS
Die ideale Ergänzung zu
den Gesammelten Werken
ISBN 978-3-7802-0150-8

Karlheinz Eckardt
MIT KARA BEN NEMSI
DURCH DEN ORIENT
Reiseberichte auf Karl Mays
Spuren in Nordafrika und im
Nahen Osten
ISBN 978-3-7802-0163-8

Thomas Jeier
AUF WINNETOUS
SPUREN
Reisereportagen aus
dem Wilden Westen
ISBN 978-3-7802-0156-0

Michael Petzel
KARL-MAY-STARS
Wer ist wer in der
Welt von Karl May
ISBN 978-3-7802-0162-1

Reinhard F. Gusky /
Willi Olbrich
AUF KARL MAYS FÄHRTE
Ein Bilderbogen auf 350
historischen Postkarten
ISBN 978-3-7802-0159-1

Wolfgang Hermesmeier /
Stefan Schmatz
KARL-MAY-BIBLIOGRAFIE
1913-1945
ISBN 978-3-7802-0157-7

Wolfgang Hermesmeier / Stefan
Schmatz
TRAUMWELTEN I – III
Bilder zum Werk Karl Mays
ISBN 978-3-7802-0166-9
ISBN 978-3-7802-0167-6
ISBN 978-3-7802-0179-9

Hartmut Kühne /
Christoph F. Lorenz
KARL MAY UND DIE MUSIK
Fünf Artikel, viele Noten
und eine CD
ISBN 978-3-7802-0154-6

KARL MAY[s] GESAMMELTE WERKE

1 Durch die Wüste
2 Durchs wilde Kurdistan
3 Von Bagdad nach Stambul
4 In den Schluchten des Balkan
5 Durch das Land der Skipetaren
6 Der Schut
7 Winnetou I
8 Winnetou II
9 Winnetou III
10 Sand des Verderbens
11 Am Stillen Ozean
12 Am Rio de la Plata
13 In den Kordilleren
14 Old Surehand I
15 Old Surehand II
16 Menschenjäger
17 Der Mahdi
18 Im Sudan
19 Kapitän Kaiman
20 Die Felsenburg
21 Krüger Bei
22 Satan und Ischariot
23 Auf fremden Pfaden
24 Weihnacht
25 Am Jenseits
26 Der Löwe der Blutrache
27 Bei den Trümmern von Babylon
28 Im Reiche des silbernen Löwen
29 Das versteinerte Gebet
30 Und Friede auf Erden
31 Ardistan
32 Der Mir von Dschinnistan
33 Winnetous Erben
34 »ICH«
35 Unter Geiern
36 Der Schatz im Silbersee
37 Der Ölprinz
38 Halbblut
39 Das Vermächtnis des Inka
40 Der blaurote Methusalem
41 Die Sklavenkarawane
42 Der alte Dessauer
43 Aus dunklem Tann
44 Der Waldschwarze
45 Zepter und Hammer
46 Die Juweleninsel
47 Professor Vitzliputzli
48 Das Zauberwasser
49 Lichte Höhen
50 In Mekka (von Franz Kandolf)
51 Schloss Rodriganda
52 Die Pyramide des Sonnengottes
53 Benito Juarez
54 Trapper Geierschnabel
55 Der sterbende Kaiser
56 Der Weg nach Waterloo
57 Das Geheimnis des Marabut
58 Der Spion von Ortry
59 Die Herren von Greifenklau
60 Allah il Allah!
61 Der Derwisch
62 Im Tal des Todes
63 Zobeljäger und Kosak
64 Das Buschgespenst
65 Der Fremde aus Indien
66 Der Peitschenmüller
67 Der Silberbauer
68 Der Wurzelsepp
69 Ritter und Rebellen
70 Der Waldläufer
71 Old Firehand
72 Schacht und Hütte
73 Der Habicht
74 Der verlorene Sohn
75 Sklaven der Schande
76 Der Eremit
77 Die Kinder des Herzogs
78 Das Rätsel von Miramare
79 Old Shatterhand in der Heimat
80 Auf der See gefangen
81 Abdahn Effendi
82 In fernen Zonen
83 Am Marterpfahl
84 Der Bowie-Pater
85 Von Ehefrauen und Ehrenmännern
86 Meine dankbaren Leser
87 Das Buch der Liebe
88 Deadly dust
89 *(in Vorbereitung)*
90 *(in Vorbereitung)*
91 Briefwechsel mit F. E. Fehsenfeld I
92 Briefwechsel mit F. E. Fehsenfeld II

KARL-MAY-VERLAG
BAMBERG·RADEBEUL
www.karl-may.de